戦わず
ロングセラー
にする

「強い売りモノ」の創り方

梅澤伸嘉
Umezawa Nobuyoshi

MIP

同文舘出版

はしがき――〝人を第一に考える〟100億超企業を量産したい！――

小企業は『強い売りモノ』次第で一代で100億を超える企業になる。

大企業もみんな初めは小企業であった。

大企業と小企業は規模の大小の違い以外何の違いもない。

学歴も、家系も、能力も、性格も、努力も、熱意も、いずれも大企業になった経営者と小企業の経営者に違いはないのだ。

私はおよそ50年間、サンスター「トニックシャンプー」をはじめとして新しく市場を創造するロングセラー商品（ＭＩＰと称す）を数々開発しつづけた。

同時に、企業の永続と成長、そして衰退についての研究を続けてきた。

そして、企業の永続も成長も、衰退も「これ次第」という大原則を見つけた。


戦い合いで勝ちつづける妙薬はない。

戦わず「自己増殖」して成長する「MIP経営」という道がある。


その大原則とは「強い売りモノ」にめぐり合えるか否かということである。

そして〝それ次第〟であると心に強く刻み、「強い売りモノ」をコンスタントに生みだす努力を続けたか否かのみである。

つまり、その結果として規模が大きくなっただけなのである。

その大原則を知り、実行した企業は大発展を遂げた。30年前小さな企業が今や数千億円の企業になっている。一方、大原則を知っても、〝当り前〟とタカをくくったり、大原則を単に知っただけで実行しなかった企業は何年経っても成長できないか、既に消えた。

「強い売りモノ」とは何か

「強い売りモノ」とは長い間、多くの人がお金を払いつづけてくれる商品やサービスのことである。

ここでいう、商品やサービスには一般の商品やサービスはじめ、美容院も、人も、ペットショップも、ネット通販も、農家など、およそお金を払う対象すべてである。

その「強い売りモノ」とは何か

これが多くの方々が予想もしていないMIPという新しく市場を創造し、ロングセラーで長く消費者の生活に貢献しつづけている商品やサービスなのである。

実はこれが多くの長寿企業の毎年の売上と利益を稼いでいるのだ。

この、新しく市場を創造するMIPは「競争優位戦略」からは生まれない。

競い合いからはMIPは生まれないのだ。

MIPは成功率が高く、ロングセラーになり、強いブランドになり、高収益を生みつづけることが実証されているのだ。

ここまで読みつづけてくださり、感謝します。

MIPを開発するという仕事は今までやってきたことのない仕事をするのだということと、MIPを創れば企業は売上も利益も伸びていくかもしれない、と気づいていただけたことであろう。

MIPとは出るまでは誰も欲しいと思わない、今までにない商品である。

今までにない商品は今までやったことのない方法でしか生まれないのだ。

それが「強い売りモノ」が生まれる秘密である。

〝人を第一に考える〟経営者が「強い売りモノ」（ＭＩＰ）を社員の方々と力を合わせて開発していただき、

（１）小で輝く老舗を目指していただく、または

（２）一代で１００億超を目指すための社内テキストにしていただくことを目的に本書をまとめた。

本書では、しつこく同じことがくり返しくり返し出てくる。これはクラシック音楽の主題部分がくり返される手法をまねている。

その目的は重要なことや、忘れてならないこと、つまり主題を知らず知らずに頭やカラダにしみこませていただくためである。テキストとはそういう役目をもつものと信ずるからである。

この本はアバンティ（株）主催の〝梅澤塾〟で中小企業経営者に語った【１００億超企業達成の『強い売りモノ創り』講座】の内容を大幅にまとめ直したものである。

その大元となった研究素材は以下のとおりである。

（１）30年以上前からの小の時から永く親交のある企業からご提供いただいたデータ

（２）95人の明治～昭和の巨人経営者のデータ

（３）２００人以上の老舗企業の経営者のデータ

（４）公表されている倒産のデータ

（５）私の永年の成功と失敗の膨大なデータ

と研究データ（「新市場創造型商品の研究」２００1年、愛知学院大学大学院博士論文）

本書の内容は永く主流となっている「競争優位戦略」と正反対の思想と理論に基づくものである。

それ故、多くの読者はとまどわれるにちがいない。

しかし、50年にわたり数々のロングセラー商品である「新市場創造型商品（ＭＩＰ）」を生んできた理論と手法で満たされている。

理論と手法が揃っているのでＭＩＰがシステマティックに開発でき、皆様の企業を永続、成長させることと確信する。

もしあなたが１００億超を目指すなら、その目的のための理論と手法が揃っている。

本書は企業を永続、成長させるための「心」「技」「知」という３つの要素で構成されている。

「技」は手法、「知」は理論、その両者を最大限生かす「心」、すなわち経営者あなたのマインドのありようやヒントを詳しくまとめた。

「心」なくして「技」も「知」もクズ同然なのであり、「技」や「知」が伴わなければ「心」は空まわりするのみである。

勝ちつづける妙薬はない。もし、勝ちたいのは企業繁栄のためなら「戦わないＭＩＰ経営」こそ、実は「勝ちたい願望の強い経営者」の勝てなくても嬉しい待望の処方箋なのだ。

勝てないけれど、勝ちたい目的が達成できる道があるのだ。

〝人を第一に考える１００億超企業を量産したい。〟

本書が１００億超を目指す中小企業の経営者の方々にその指針を与え、その中から１００億超企業が数々生まれることを祈って。

２０１６年４月４日

春の訪れがまぶしい日　梅澤　伸嘉

本書の読み方

〈読んでいただきたい方〉

一代で100億超企業を目指す〝人を第一に考える〟中小企業経営者

〈本書の意図〉

一代で100億超企業になるノウハウをまとめ、100億企業を一社でも多く生み出す「心」、「技」、「知」をまとめる。

それが「世界の平和と経済のためであり、地球環境を長く子孫に残すためである」との思いで。

〈本書の特徴〉

1　一項目を短くまとめた
2　社内のテキストに使える
3　筆者の50年に及ぶ、ロングセラー創りのノウハウをベースに
4　筆者オリジナルの理論と手法のみ
5　明治から平成にかけての数々の経営者のデータから本質を抽出
6　経営者が従業員へのスピーチのネタに使える
7　おそらく常識的な内容はないか少ない

〈MIP経営を成功させるために併せて読んでいただきたい中小企業経営者のためになる本〉

方法論を詳しく知りたい経営者の方に必読書。

『30年売れて儲かるロングセラーを意図してつくる仕組み』（日本経営合理化協会出版局、2016年）

「ＭＩＰ」の真髄

戦い合わず、奪い合わず、繁栄する。

これが「ＭＩＰ」の真髄である。

■「ＭＩＰ」は非ＭＩＰの１００倍の成功率
■「ＭＩＰ」はロングセラーになる
■「ＭＩＰ」は強いブランドになる
■「ＭＩＰ」は高利益を生みつづける
■「ＭＩＰ」は成長の本質は「自己増殖」
■「ＭＩＰ」特徴は「独自的」
■「ＭＩＰ」とは新市場創造型商品のこと
■「聖域化理論」
■共存共栄
■平和主義

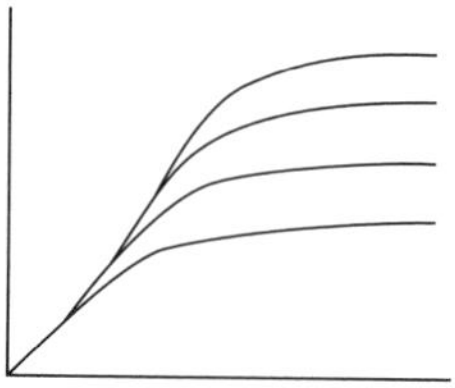

〈「ＭＩＰ」の典型企業はトヨタである〉
豊田章男社長曰く「クルマ作りだけではダメ。みんなでより良い社会を作る」と。
これがＭＩＰの神髄である。

◉目次

第4章 「MIP」の真髄——奪い合わず独自的に繁栄—— 101

第5章　強いブランドの創り方 133

第6章 「強い売りモノ」は消費者ニーズが創る 145

第11章 一流と主流
—「強い売りモノ」でどちらでも— 289

第12章 「強い売りモノ」づくりのための社員のアイデア発想力を高める「メラキアの発想」 297

第15章　「強い売りモノ」をもつ企業 373

第16章　MIP42の法則　389

第17章　「市場創造学」を拓く　403

戦わずロングセラーにする

「強い売りモノ〈MIP〉」の創り方

〝戦い合わない道〟

戦い合えば勝てるが負ける
戦わなければ
勝てぬが負けぬ
勝つことばかり皆
目的にするが
勝つことは目的でなく
〝何か〟の手段にすぎない
その〝何か〟を見定めれば
戦い合うことの愚かさが
わかる

序章

みんな初めは小企業

- みんな初めは小企業
- 大企業になれるか否かは「強い売りモノ」次第
- それが「MIP」（新市場創造型商品）という今まで思いもよらなかった手段
- 安定成長の決め手は「ロングセラー」
- 「MIP」はロングセラーとなる唯一のものである。
- 夢を追いつづける

経営者の日々の苦悩と努力と夢に敬意を表し、
成功への道しるべを捧ぐ

いのちの
おいしい
食べものは
夢

1 みんな初めは小企業

中小企業は大企業に成長する可能性をもっている。とり分け、小企業ほどその可能性は大きい。

大企業はわずかの例外を除くと「みんな初めは小企業」であった。

小企業と大企業はそれらの規模が異なるだけで本質的な違いはないのだ。ここがきわめて重要である。

小が成長した結果が大なのである。

しかし、すべての小が大になれるか、といえば言うまでもなく否である。ほとんどの小は小のまま消えてなくなるか、小のまま留まっている。

ごくわずかの小のみが大になるのだ。

そして小が大になり、大を維持しつづけるための知られざる明確な要因がある。それが「強い売りモノ」をもち、もちつづけることなのだ。

大と小の違いは規模のみ。それ以外根本的な違いはない。

だから小が大になりうるのであり、大は小にもなるのだ。小は卑下することなく、大は驕るべからず。

2 「強い売りモノ」次第
——「今ない＋α」

小が大になり、それを維持できるための唯一の共通要因は「強い売りモノ」をもつということである。

一代で小から大になった企業の経営者はそれを認め、しみじみと「それ次第でした」と言われる。

二代目以降経営がうまく行かない経営者にはこの自覚がないケースがほとんどで、その証拠に、経営不振の要因として資金繰りだ、景気がどうだ、取引先の条件が厳しくなった、などを上げるが、「強い売りモノ」がなくなった、と言わない。

「強い売りモノ」とは「今ないモノ」である。

しかし「今ないモノ」だけではない。

「今ないモノ」にプラスして〝『消費者の潜在ニーズ』に応える〟という条件がつくのだ。多くの消費者が長い間お金を払い続けてくれる商品やサービスのことである。

だから「強い売りモノ」創りはむずかしいし、手段が必要なのだ。

3 新しく市場を創るモノが「強い売りモノ」＝新市場創造型商品（ＭＩＰ）

新しく市場を創り、長く売れつづける商品の条件がある。

それはＣとＰが高くバランスがとれていて新カテゴリーである。

「Ｃ／Ｐバランスの優れた」とは**「買う前に欲しい」**と思わせる力（商品コンセプトの力）と**「買って良かった」**と思わせる力（商品パフォーマンスの力）が共に強い商品である。（2章参照）

しかし、これだけではロングセラー商品は保証されない。「新カテゴリー」である、という条件が付くのだ。

それがＭＩＰ*である。ＭＩＰの多くはロングである。

＊ＭＩＰとは「新市場創造型商品」の略号で消費者の「生活上の問題を解決」し、生活変化を与える商品であり、10年以上つづく市場を初めに創った商品のことである。（2章参照）

4 会社はＭＩＰで成長する
――こんなに利益に差がつく

奪い合いをやめ、市場を創造するＭＩＰ開発に経営の方向転換をすることによって、多くの企業、それも小さな企業は特に利益を増やすことができるようになる。

なぜならＭＩＰは既存市場に後発参入する商品と比べて１００倍の成功率だからである。ＭＩＰの１／２は10年以上シェアNo.１を保つのだ（２００１年、梅澤）*。

そして小さな企業はＭＩＰによってやがて大企業と発展していくのだ。

次の図表１－１および１－２に、２つの企業のＭＩＰの売上と利益の高さを示そう。

図表序-1 ●「新市場創造型商品の売上金額と利益の大きさ」（非上場外資系メーカー）*

＊金額を示せないので比率で表示した

		新市場創造型商品（10）（平均20年）	後発商品（15）（平均6年）
累積	売上金額	50	1
	利益	80	1
単年平均	売上金額	15	1
	利益	24	1

出所：『長期ナンバーワン商品の法則』梅澤伸嘉、ダイヤモンド社、2001年、125頁

図表序-2 ●「新市場創造型商品の売上金額と利益の大きさ」（非上場日用品メーカー）

金額単位：百万円

	MIP	後発商品
02-08年度　売上	49,776	214,227
利益	38,575	147,473
1品あたり売上	5,531	111
1品あたり利益	4,286	76
単年平均　売上	7,111	30,604
利益	5,511	21,068
1品あたり売上	790	16
1品あたり利益	612	11
02-08年　発売数	9品	1934品

利益＝売上－原価（振替価格）
出所：ホストコンピュータの売上ローデータ
→単年平均　1品あたり売上＝MIPは後発商品の約50倍
　　　　　　1品あたり利益＝MIPは後発商品の約56倍

5 MIPはロングセラー
――累積のすごさ

MIPの経営上の最大のメリットといえば何といってもロングセラーになる可能性が圧倒的に高いということである。

そして、ロングセラーである、ということは複数のMIPを開発すれば、それらが累積するというメリットを生むのだ。

次ページの図は45億の企業がMIPを10品出したことによって10年間で600億円の売上を達成した例である。

これら10品のMIP以外に15品の非MIP（後発品）があるが、それらを抜いたグラフである。それら非MIPを図に入れると複雑になる。ぜひ読者の皆様も作図してほしい。MIPのすごさを理解されよう。

図表序-3 ● 累積のすごさ

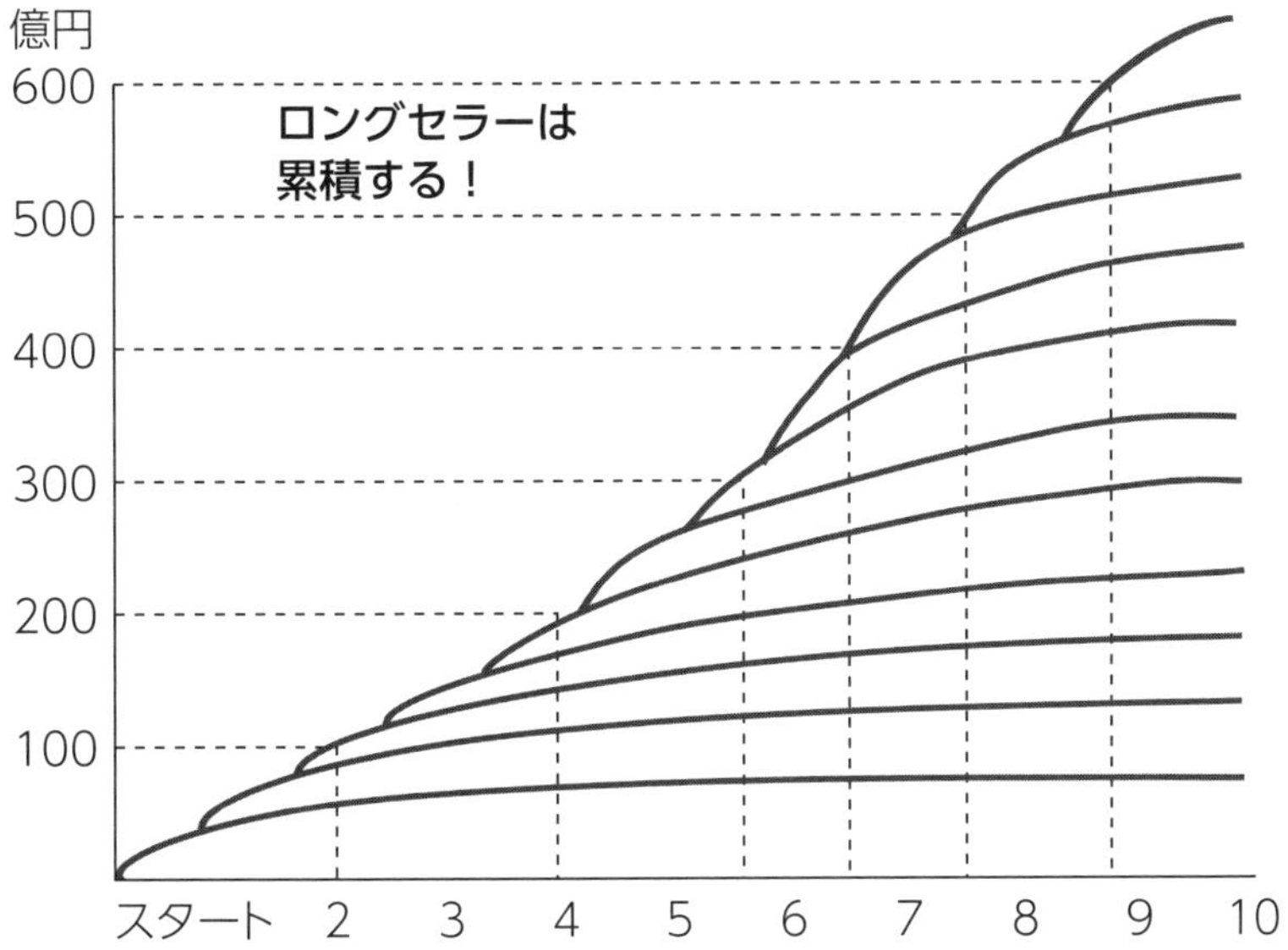

6 老舗を目指すか、100億企業を目指すか

小企業の経営者と面接すると、大別して大きくならなくてもいいから長寿の「老舗」と言われる会社になりたいと言われる方と、できることなら100億を超える会社にしたい、と言われる方に分かれる。

どちらをとるかはむろん経営者の判断であり、どちらも立派な選択である。

そこで重要なことはどちらを選ぶにしてもどうやって長寿の老舗や100億円を超える企業になるのか、である。

実は、細かいことを抜きにすれば、そして注意すべきことを別にすれば、両者とも「強い売りモノ」を開発し、もちつづけることが、その答えなのだ。

そして共に、企業のみならず、日本や世界の経済を豊かにし、従業員と消費者を豊かにし、地球環境へのダメージを減らしていく貢献ができるのだ。

7 「小企業のまま終わりたくない」

「小企業のまま終わりたくない」と思う経営者は、大きくなる資格を有する。100億、1000億企業の社長になる資格をもつ。

事実、大企業になった会社の社長は「小企業のまま終わりたくない」と念じていた方ばかりである。

面と向っては遠慮がちにおっしゃるのであるが。

「小企業のまま終りたくない」、「大企業になりたい」この思いがあなたを大企業の社長にするのだ。

しかし、この思いだけでは絶対に小企業から抜け出すことはできない。では何が不可欠なのか。

それを「小企業のまま終わりたくない」なら考えつづけよう。そして自らの口から正解を発しよう。

我がコトバで。あなた自身のコトバで。

「強い売りモノ」をもつことであり、もちつづけることである、ということを。

8 小企業のままで輝きつづけたい

小さいけれど輝いている会社の社長は、小企業のままでいいから輝きたいと念じていた方ばかりである。

小企業の社長の中には負け惜しみでなく小さいままでいいと本心で思っている方がおられる。

大きくすることの価値よりも小さいことで得られる価値を多とする方々がそれである。

しかし、そういう方々の心の奥をうかがわせていただくと、「大きくなれる確かな方法があるなら」とか、「容易になれるならなりたい」方が多いのも事実である。大きい方が社会に貢献できる度合が高いとお考えになるからである。

事実、「小企業のままで輝いていたい」と思っていた社長が、大企業の社長となったケースは結構多いのだ。

「輝きたい」気持が「強い売りモノ」にめぐり合わせてくれるからである。

9 小さい会社ほど市場創造しやすい

「あんなに小さい会社が市場を創るなんてすごい」と言うが、そもそも小さい会社は市場創造しなければ大になれないばかりか永続すらおぼつかないのだ。

しかも幸いなことに小さい会社ほど市場創造は容易なのだ。

それは大企業がなかなか市場を創れず衰退していく様子をよく観察すれば自ずとわかるのだ。
⑤で示した1973年40億そこそこの会社が10年後に600億強の会社になれたのは市場を次々と創造したからである。
小さい企業の経営者がＭＩＰを理解すれば、実行が早く、成果も早いのだ。

経営者がＭＩＰを深く理解し、スタッフがＭＩＰ開発スキルを身につければ、市場創造して経営を大きく飛躍させられるのだ。

10 創業支援より現業支援
――「強い売りモノ」創りが身につくだけで中小企業は「一流」の道でも「主流」の道でも選べる

起業、創業する率が先進国で最低の日本国は何とかそれを高めようとしている。しかし、それよりまず現業の中小企業を強くする方がよほど経済効果は高い。

この考え方は私の信念になってきている。

中小企業の経営者は既に人事、経理を含めトータルな経営を体験していて、それなりにノウハウも身につけている。その経営者が最も欠けているものは何か、というと「強い売りモノ」創りのノウハウである。

「強い売りモノ」創りがその会社のものとして身につけば、中小企業は「一流」の道でも「主流」の道でも選べるのだ。

大企業になった例が証明しているように。

それ故、志の高い中小企業の経営者に対して、
- 「強い売りモノ」次第で一流でも主流でもなれること
- そのためにはMIPを開発すること
- そのためにMIPの開発法はこのように行うこと、を伝え、中小企業の中で志の高い経営者方の支援をしていきたい。中小企業の方がMIP経営は早く具現化するからだ。

夢をもて
みんな
初めは
小企業

11 東北被災地で経済が発展した地区の意味するもの

東北で被災後伸びたのは従来の事業でなく、新しく始めた事業であることがNHK「サキドリ」（2014・9・14）で紹介されていた。いつまでもくよくよせず、自らの強味、自らにできるコトを知恵を絞って新カテゴリー事業（MIP）として創造したのである。

〈岩手県大船渡市三陸海岸〉

その1．「お抱え産地」

県外レストランのニーズに合わせて素材や文化を提供。具体的には大阪のたこ焼き屋へ、待ち時間を減らして売上も上るスルメの串焼きなどを提供。

その2．「家族向け釣船」

県外の都会に住む家族にメールで呼びかけ、今までやったことのない魚釣りを楽しませ、釣った魚は近くのレストランですぐ料理。

今までないことで消費者ニーズに合致する事業が成功している。

12 経済は、新市場の誕生によって成長する

これもほとんど知られていないことである。

約50年間の日本経済の盛衰（ＧＤＰ対策前伸び率）は下のグラフのとおりである。そのグラフに１００年間の新市場の発生件数（誕生比率）を重ねて見るとはっきりとわかることがある。

日本経済のマクロな成長と衰退は新市場の誕生の増減とみごとに相関しているのである。

ただし、お断りしておくが、筆者はＧＤＰの信奉者ではない。ＧＤＰでは国民の幸福を推し測れない。むしろ過剰生産、過剰消費するほど大きくなる指標だからである。

図表序-4 ● 過去100年間の日本おけるMIP誕生の推移とGDPの推移

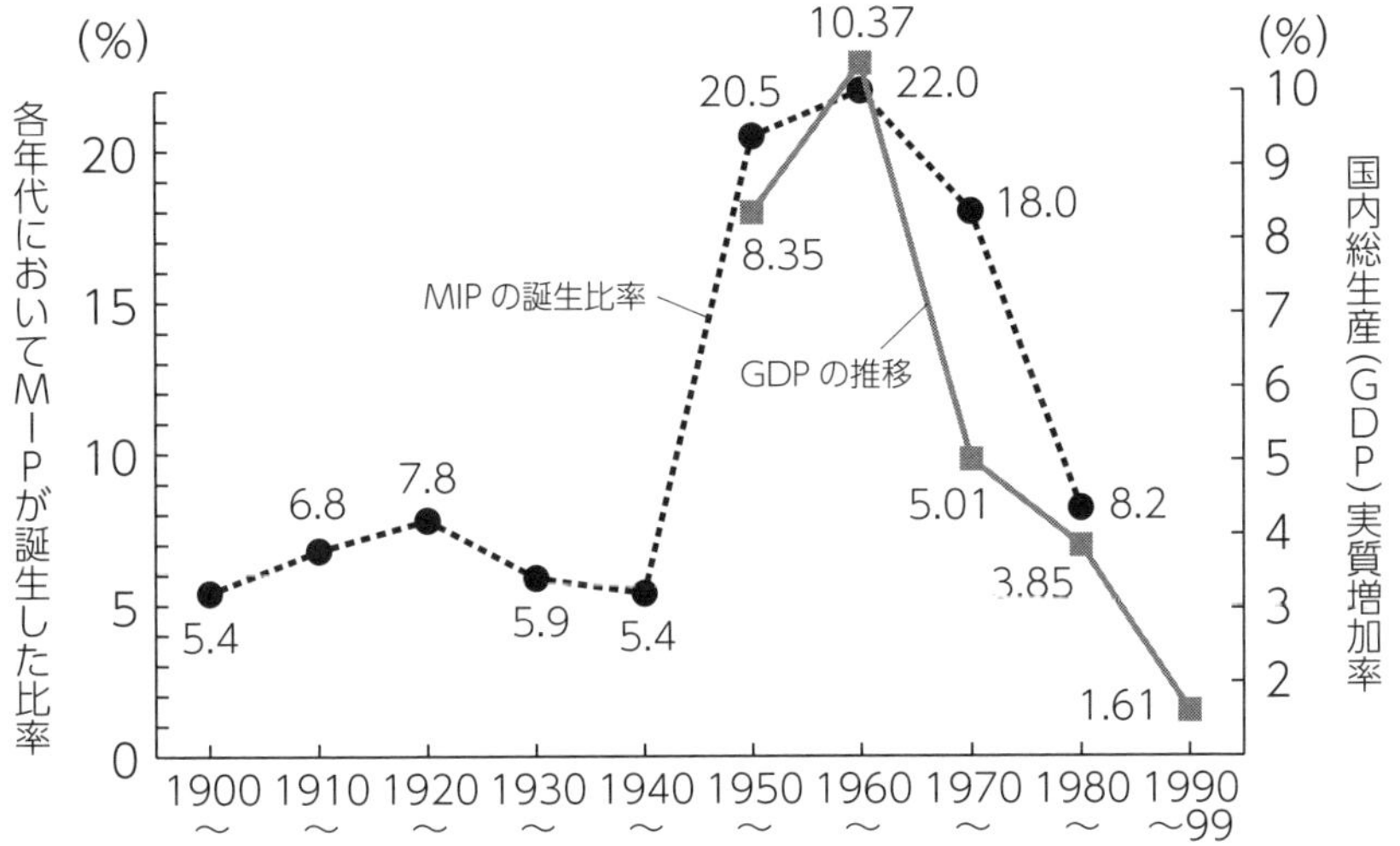

注：10年以上存続している現市場の誕生年表（1998年現在）。そのため、データは1988年までとなっている。

出所：『マーケティングホライズン』梅澤伸嘉、日本マーケティング協会、2002年、12月号

第1章

企業の永続と発展の要因

- ほとんどの小企業は小企業のままで終わる。
- ごくわずかの企業のみ大になれる。
- その主要因は「強い売りモノ」をもちつづけられるか否かである。そのことを納得していただく章。

企業永続と発展の要因を捧ぐ

いちばん幸せなこと

いちばん美しいものは
努力する姿
いちばん大切なものは
人の真心
いちばん尊いものは
夢を追う心
いちばんありがたいものは
人の情

いちばん忘れがたいものは
人の恩
いちばん悲しいことは
いい分けと人をうらむ心
いちばん心なごませるものは
人の笑顔とことば
いちばん幸せなことは
乗り越える壁をもつこと

1 ほとんどの小企業は小企業で終わる

倒産した会社を調べてみると、ほとんどの小企業は小企業のまま倒産している。これは何を意味するかと言えば、〝大きくなることができないまま消え去った〟ということである。

また現在、倒産はしていないものの、小企業の大半は創業からほとんど大きくなれず年月だけが積み上がっている。これは一体何を意味するのかと言えば、〝大きくなりたくてもなれない会社と、元々大きくなろうとしなかった会社がある、ということが面接調査の結果からあぶりだされる。〟そして小企業のまま終ったり、小企業のままでいる企業の大きな特徴の1つは売り上げが累積していない、ということである。それは、短命の小亀を乱発しているだけで、「強い売りモノ」がないことによるのだ。

ロングセラー商品が必要である。複数あるとそれらが累積するから驚くほどの速さで大きくなれる。（序－⑤）

2 小企業のままで終わる明確な原因がある

小企業のまま終わったり、現在も小企業のままでいる企業には気づかれていない重要な原因があるのだ。

それは煎じ詰めると2つある。

その1つは、「強い売りモノ」がないことである。これは調べた限り最大の事実である。もし「強い売りモノ」があれば、もうとっくに大企業になっているか、あるいはよほどひどい経営をしていたかである。

もう1つは「強い売りモノ」がないことが大きくなれなかったり倒産した真の理由だという認識がないことである。

なぜ大きくなれていないかを問うと、金がない、人材がいない、人脈がない、などは出されるが、「強い売りモノ」がないことは全くあげないのだ。

つまり、大きくなれない最も重要なことを気づいていないのである。

3 100億企業になる不可欠の要因は「強い売りモノ」をもつこと

「なぜ創業以来の減収減益に陥ったか考えると、価値ある新しい商品を作り出せていないからにほかならない」との書き出しでユニ・チャームの大ヒット商品、世界初の立体紙おむつ「ムーニー」の開発経緯がのっている（高原慶一朗「私の履歴書」日経新聞、2010年3月19日）。この高原氏の一文は「結局、強い売りモノ次第」であることを如実に、明快に示している。

紙おむつの元祖、P&Gの「パンパース」という「革新的MIP」も立派な「強い売りモノ」なら、その生活上の問題を解決して立体化した「市場代替的MIP」である「ムーニー」はそれ以上に「強い売りモノ」である。MIPは「強い売りモノ」であるが、このように「強い売りモノ」であるMIPを追い抜くほどの「強い売りモノ」は「市場代替的MIP」しかない。

世の中に初めて登場する「革新的MIP」、そしてその横に登場する「棲み分け的MIP」、そして上記の「市場代替的MIP」。

MIPはこの三種から成る「強い売りモノ」そのものである。

100億、1000億の企業をこれから目指すなら、絶対にMIPを開発し、天まで伸ばすしかあり得ないのだということを多くの大企業に成長したケースは物語っている。しかしほとんどの大企業はそのことに気づいていない。MIPはほとんど偶然生まれた。そのためMIPという認識をもつ企業はほとんどないし、その後コンスタントにMIPが生まれる確率は低い。

そのことが大企業を衰退に向かわせるかくれた要因なのだ。ということもこれから大を目指す経営者は知っておこう。

4 マンモスは森へ帰れ

大企業が大企業病*から解放されて、大企業ならではのメリットを楽しむためには、創業の原点に帰ることが何より求められている。

“すべての市場は「新市場創造型商品」から始まった。
はじめに先駆者ありき
そして市場が創られた
ひとたび市場が形成され拡大していくと人々は先駆者の先駆的努力と先駆的商品のことを忘れ、やがて先駆的商品、企業にとっての貢献までも忘れ、ひたすら他に追随して既存市場を奪うことのみ競い合う”
—筆者の博士論文（2001年）の「はしがき」より

巨大化したマンモスは森へ帰る道を選ばず滅び去った。

巨大化した企業は創業の原点に立ち帰り、企業の今日の礎に思いをはせ、力まかせの後発商品の乱発をやめ、じっくりと潜在ニーズを探索し、しっかりとした技術を磨いて新市場を創造する先発商品（新カテゴリー商品）に開発の中心をシフトさせることが肝心である。

大企業ほど「新市場創造型商品」開発への社内のカベが大きく厚い。

経営者自らが率先して企業誕生の原点に帰らねばならない。

*大企業病については⑮参照。

5 これだけ円安なのに輸出が伸びない真の理由

これだけ円安が進み、定着したのに輸出が伸び悩んでいる現象をエコノミスト達は〝不思議〟だと言ったり、その内、伸びるだろうと予測したりしている。

この現象の真の理由は、「強い売りモノ」の不足である。

いくら円安でモノが買いやすくなったとしても「欲しい」モノがなければ売れるワケはないのだ。これが本質である。

言い換えれば、円安でも円高でも「強い売りモノ」はよく売れるのだ。

任天堂は１９８３年「ファミコン」という「強い売りモノ」を出し、６２００万台売り上げ、一躍巨大企業入りを果たし、さらに２００６年にはＷｉｉを一億９０００万台も売り、その地位を不動のものにした。

しかし、２０１３年、３５０億の赤字に苦しみ先の見通しは見えない。もし任天堂が真の飛躍の要因を「強い売りモノ」をもつことと確信し、それを追求するなら復活は容易であろうし、要因を外にスリ変えたりすれば、もはや栄光は過去のものとなろう。

高くても「強い売りモノ」なら売れる

6 「売りモノ」があっても倒産するが、「売りモノ」がなければ絶対に永続も成長もない

「売りモノ」があっても倒産するが「売りモノ」がなければ絶対に永続も成長もない。

「売りモノ」がないということは初回購入も再購入もされないからである。

企業を永続、成長させるために、誤った考え方や知識は捨てなければならない。

永続、成長させたいと本気で思うなら「強い売りモノ」創りにすぐ着手すべきなのである。


「強い売りモノ」のない企業が大企業になった例はない。

「強い売りモノ」があれば大きくなれるのである。

しかし、「強い売りモノ」をもっていても倒産するケースはいくつもある。

特に大企業の倒産の中に「強い売りモノ」をもったまつぶれているケースがよくある。

だから「強い売りモノ」さえあれば倒産しない、と安心はできないのだ。

しかしよくできたもので、「強い売りモノ」をもったまま倒産した会社の多くの社員や商品や事業はそのまま買収された企業で生き残れるのだ。

まさに「強い売りモノ」の力という他ない。

言い方をかえれば倒産しても「強い売りモノ」があるから買収の対象になるのだ。

7 永続できる企業とできない企業。その最大の要因は唯一つである

企業が永続する、ということはどういうことかをまずあらためて考えなければならない。

すなわち企業がこの世の中に〝生きている〟ということの意味である。

とにかくつぶれていなければ〝生きている〟と考えるのか、世の中に貢献できている状態を〝生きている〟と考えるのか、ということである。

これは経営者の考え方次第で自由である。

しかし、100億をめざし、それを越えていこうとたくろむなら当然後者でないとその資格はない。

100億を超えようという企業にとって「企業の永続」とは世の中に貢献することと考え、定義づけることが実は100億を超える力になるのだ。

これはきれいごとではなく、そうすることが大きくなれる1つの手段なのである。

そのための唯一つの最大の要因は何か。

今まで読み進めてきた内容をふり返り、社長自らが心の中で自問自答し、確信をもってそれをご自分の信念にしていただくことが何よりである。

唯一つの最大要因は―

（ここにお書きください）

8 不祥事で倒産する会社には「強い売りモノ」がない

不祥事で倒産する会社は多いが、不祥事でも倒産しない会社もある。両者の違いは何なのか。

有名な土産菓子メーカーA社や大手パンメーカーB社など消費者を裏切るような不祥事を起こし、社会的批判を浴びたにもかかわらず、倒産せず、その後元気なのはなぜなのか。

一方、不祥事で倒産する会社は多い。これらの会社には共通性があり、「強い売りモノ」がないのだ。

つまり、不祥事による倒産は不祥事がキッカケにすぎず、それがキッカケとなって「売りモノ」が弱いから販売店や消費者にはなくても困らないから、わざわざ買う必要がないので販売が成り立たなくなって倒産するのだ。

9 大を目指すもよし、小で輝きつづけるもよし

社長、あなたが〝なりたいようになる〟ということが一番大切なことである。

ご自分の大志や夢を目指すということが経営者の特権と考えるべきなのである。

大を目指すも小で輝きつづけるも共に好きずきである。しかし、共に喜びである。

小で輝きつづけるには「強い売りモノ」を手にしたら「その一品」にこだわり、限られた固定客でいいから長寿化を目指す。

大を目指すには「強い売りモノ」を一定間隔で複数開発し、累積させ、多くの新規客と固定客をつかみつづける。

共に創業の大志と夢の継承が不可欠であることは、多くの成功企業や失敗企業が示している。

そのための典型的イメージは
大は「のれん分け」でかけ算拡大
小は「のれん継承」で長寿

「のれん分け」は売上拡大とリスク分散の意味もあり、小が採用すれば大になる。

千疋屋（1881年創業）はその好例である。

先般、品川のエキュートにある千疋屋のお土産をいただいたことがあるがその際、老舗の伝統のすごさを味わわせていただいた。

伝統のすごさ味わう老舗味

10 P&Gはなぜ8兆円のメーカーになれたのか

ファブリーズ、パンパース、アリエール、ジョイ、クレスト、オーラルBなどで有名なP&G。

75ヶ国に進出し、8兆円の売上をもつマーケティングカンパニーである。

P&Gについては色々に語られているが、真髄は広く知られていない。しかしP&G成功の真髄を正しく知ることは中小企業も大企業も等しくきわめて重要だ。なぜならP&Gも「小」からスタートしたのだから。

〝Consumer is Boss〟を社是に、消費者から教えを乞うことをマーケティングの第一に置き、新しく市場を創造するMIPを中心に開発、育成し、その市場を先導し、既存市場に後発参入する場合は大市場、安定市場に明らかな独自性の高い商品を投入し、カテゴリー代表度50％になるまで広販促投資をつづけ「天まで伸ばす」努力をつづける。

自社技術では不得意な新カテゴリー商品（将来MIP

となる）のパフォーマンス開発は世界中のメーカーとの協力で行う「コネクト&ディベロプメント」で早く、安く、開発する。コンセプトは自社で開発する。

そしてコンセプト先導で商品開発をすすめる。


特筆すべきは“Consumer is Boss”徹底のため、アンケートなど量的調査にかたよらず、消費者を深く、生々しく知る質的アプローチに調査の中心を置いていることである。家庭訪問して家事行動を観察したり、主婦との座談会を頻繁に開いて「直観」する手法を重視する。本音を知る優れた方法だ。

だから「C／Pバランスの良い新カテゴリー」*のヒントが生まれ易いのだ。

これが将来、M－Pとなる。


*「C／Pバランスの良い新カテゴリー」がロングセラーとなる。（2章参照）

11 絶対に倒産を防ぎ、永続・成長しつづける唯一の課題は何か

100年、200年と永きにわたって企業を永続させ、絶対に倒産しないためにはいろいろなことをしなければならない、と思うであろうし、実際にいろいろしなければならない。

しかし、いろいろやっても次のことが不十分では倒産はさけられないし、永続もおぼつかない。それはあまりにも当たり前に見えることである。

まず、100年、200年とずっと少しずつでも移動平均すると売上と利益は上昇しつづけなければならない、ということである。つまり少しずつでも成長しなければならないということである。

なぜならさまざまな必要経費が上昇するからであり、それを回避しようとすると時に従業員を失うことになったりする。

しかも1品で100億以上の上昇はむずかしく寿命も

来る。つまり、その前に「強い売りモノ」が出ている必要がある。

そのための最も重要な課題は「成功率の向上」なのである。経営者は何はともあれ「成功率向上」をかかげ社員に徹底させなければならない。（13章参照）

> そのためには、発売前に成功すると確信できることが不可欠である。
> そんなことは無理だ。ではなく、その可能性を高める努力をつづけなければならない。
> それがMIPの開発である。MIP開発にシフトすれば確実に成功率は向上する。（3章参照）

12 成長のための2大エンジン

成長しない要因を大別すると、1つ目は新カテゴリーでないこと。

2つ目はカテゴリー代表度を高めていないこと。

以上をふまえて成長の2大エンジンは
(1) 独自開発／独自化することで新カテゴリー化すること。
(2) 自己増殖しながら天まで伸ばすこと。
図表1－1はこれを図にしたものである。

要するに「MIP化」（独自化）と「MIP開発」（独自開発）によって「新カテゴリー」を生み、それを他と戦うのでなく「自己増殖」して天まで伸ばすのだ。

図表1-1 ● 成長の2大エンジン

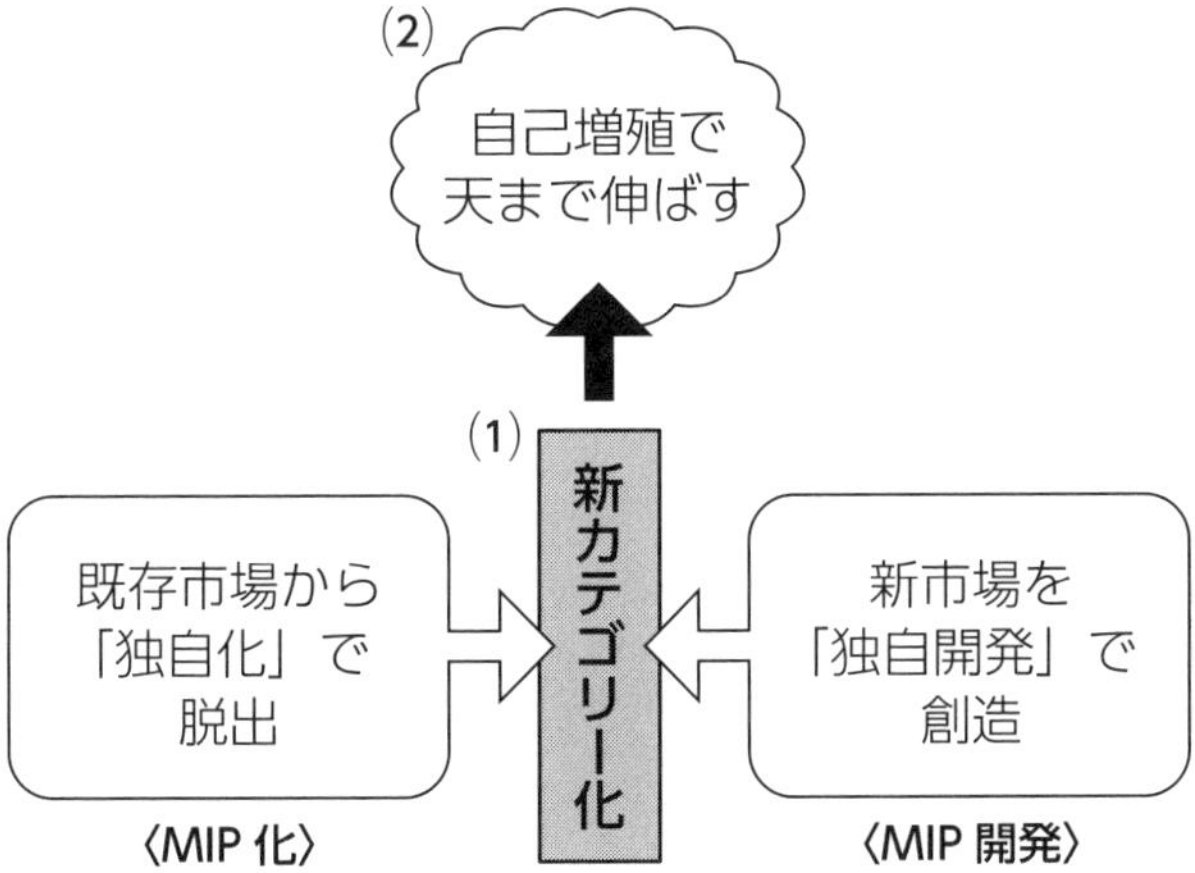

13 経営者はマーケティングの車の両輪を熟知せよ

経営学者ドラッガーは経営とはマーケティングとテクノロジーであると言った。

これが経営の車の両輪である。

そして、マーケティングは需要の創造と拡大である。

テクノロジーはその需要に応えることである。

マーケティングの車の両輪は需要の創造と拡大であり、前者が成功商品開発であり、後者がブランドの強化である。

図表1-2 ● マーケティングの車の両輪

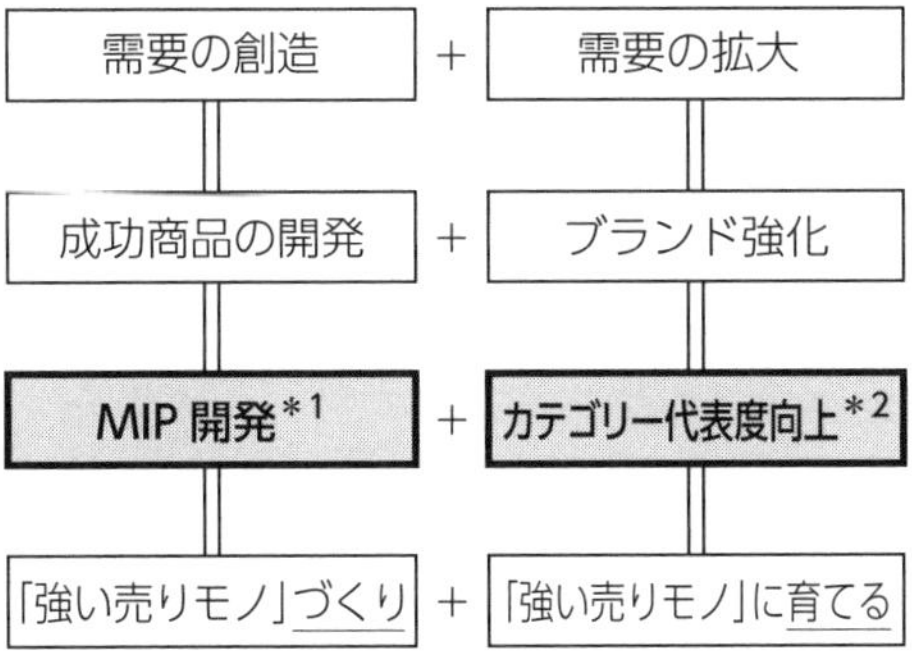

＊1：2章参照　＊2：7章参照

14 任天堂の苦戦は成功の要因と同じ

「あの任天堂が」と話題になる。強い企業だからこそのこと。現下の苦戦の要因はあの1980年代の成功要因と同じ。「強い売りモノ」が成長させ、「強い売りモノ」不足が苦戦を招いているだけのことである。

その背景の要因は何か。経営者でも開発者でもない。人の問題でもない。金がないからでもない。

それは、多くの巨人経営者の成功要因として共通していたことである。「強い売りモノ」次第であると確信し、その開発を怠りなくつづけるか否かなのだ。

あせらず、そこに着目すれば復活はありうるであろう。

企業を永続・成長させる根本的な要因は次の3点であることを任天堂の苦戦もまた実証してくれた。

1. 「強い売りモノ」をもつ
2. 「強い売りモノ」次第であるとの認識
3. 人を第一に考える

15 独自性で成長した後、独自化を失わせる大企業病

創業の時の想いや思想を時の経過と共に忘れ、スローガンは残っても魂は抜ける。その心のスキが大企業病を招く。やがて差別化という競争戦略で血まみれになる運命を多くの大企業は辿るのだ。大企業病の最大の特徴は、それが病気であると自覚されないことである。

中小企業の経営者はこのことを強く心に留めていただきたい。そして大企業になった時に思い出してほしい。

(1) 大企業になれたほとんどの企業は小企業の時、独自的であった。独自的商品（MIP）に恵まれ、大きく成長できたのだ。ところが大きくなると、小さい市場に入るより、大きな市場に入りたくなる＝大企業病①

(2) そして、独自的でなく差別的でも勝てると錯覚する＝大企業病②

(3) さらに、市場を拡大させる努力の代わりに、企業買収という力まかせの戦略で、企業の身の丈を越える見かけの規模を拡大させ、体力を脆弱化させる＝大企業病③

16 トヨタ自動車の強さの本質は「自己増殖」

創業80年になるトヨタについてもっともっと研究しようと思っていて、本質は決して「カンバン方式」ではないし、何か本質が探せないかと思いめぐらし、眠った。翌朝未明の夢の中で、トヨタの本質は「自己増殖」というイメージが浮かんだ。

覚醒し、冷静に考えると、既に気づいていた「独自性」、「ＭＩＰ」のことなのだが、それらより「自己増殖」の方がトヨタをより本質的に表現しているように思われる。

そもそもＭＩＰの本質は「自己増殖」と思える。

いずれにせよ世界に誇るトヨタの成長、成功の本質は「独自性」であり「ＭＩＰ」であることをもっと納得性高く表現する「自己増殖」という概念から、もっと掘り下げて研究を続けてみたい。

少なくともトヨタは「競争優位戦略」で成長してきたわけではないことは80年の歴史が証明している。

戦わず
自己増殖で
伸びつづく

第2章

「強い売りモノ」とは「MIP」

- 「強い売りモノ」とは多くの人が長い間お金を払いつづけてくれる対象（商品、サービス、ショップ、産物など）。
- 「強い売りモノ」はC／Pバランスの良い新カテゴリーである。
- それは「生活上の問題」を解決する「MIP」という新市場を創造する力である。
- 「MIP」は魚に例えると「鯉」

「強い売りモノ」とは何かの知恵を捧ぐ

ロングセラーパワー

永い間
人々に愛されつづける
長寿企業も
多くの人々に
愛される商品や
信頼されるサービスで
収益を高める
大企業も
共にロングセラーパワーに
支えられている

1 「強い売りモノ」とは何か

「強い売りモノ」とは長い間多くの消費者にお金を払いつづけてもらえる商品、サービス、組織、技術、ノウハウである。それはC／Pバランス*1の良い新カテゴリーの商品、サービス、組織、技術、ノウハウである。

それが毎年の売上と利益を支え、それが理想的な間隔で出ると売上・利益が累積して思わぬ規模となる。10億が3品ですぐ100億にすらなるのだ。

そのためには消費者の「未充足の強い生活ニーズ」*2に応える生活上の問題（アンバランス感情）を解決するベネフィットをもった商品、サービス、組織、技術、ノウハウの開発が不可欠である。

*1　C／Pバランスが良い＝コンセプトの魅力とパフォーマンスの出来ばえがともによく、釣り合っている状態が、売れる商品の条件である。
*2　未充足の強い生活ニーズ―6章参照。

2 消費者は二度評価する
――C／Pバランス理論

1960年代、私はサンスターの社員として失敗商品を連発していた。その苦悩を解消してくれたのが、ある映画（女主人公が男と出会ったり別れたりする洋画）であった。

その映画は私の失敗の本質を教えてくれた。それが「C／Pバランス理論」（1984年発表）のベースとなる考えである。男の中身がすごく良いにもかかわらず、主人公の女性と付き合えない。それを見て「あっ」と気がつくことがあった。付き合う前に付き合いたいと思わせる力が欠けているのだ。すなわち、商品も買う前にほしいと思わせる力（コンセプトの魅力）がないと買ってもらえない。

こんな当たり前のことが、それまでわからず失敗ばかりしていたのだ。

つまり、買う前に「欲しい」と思ってもらうのは、広告や販売の働きである、とそれまでは思っていたのだが、

図表2-1 ● C/Pバランス理論基本図（1984年）

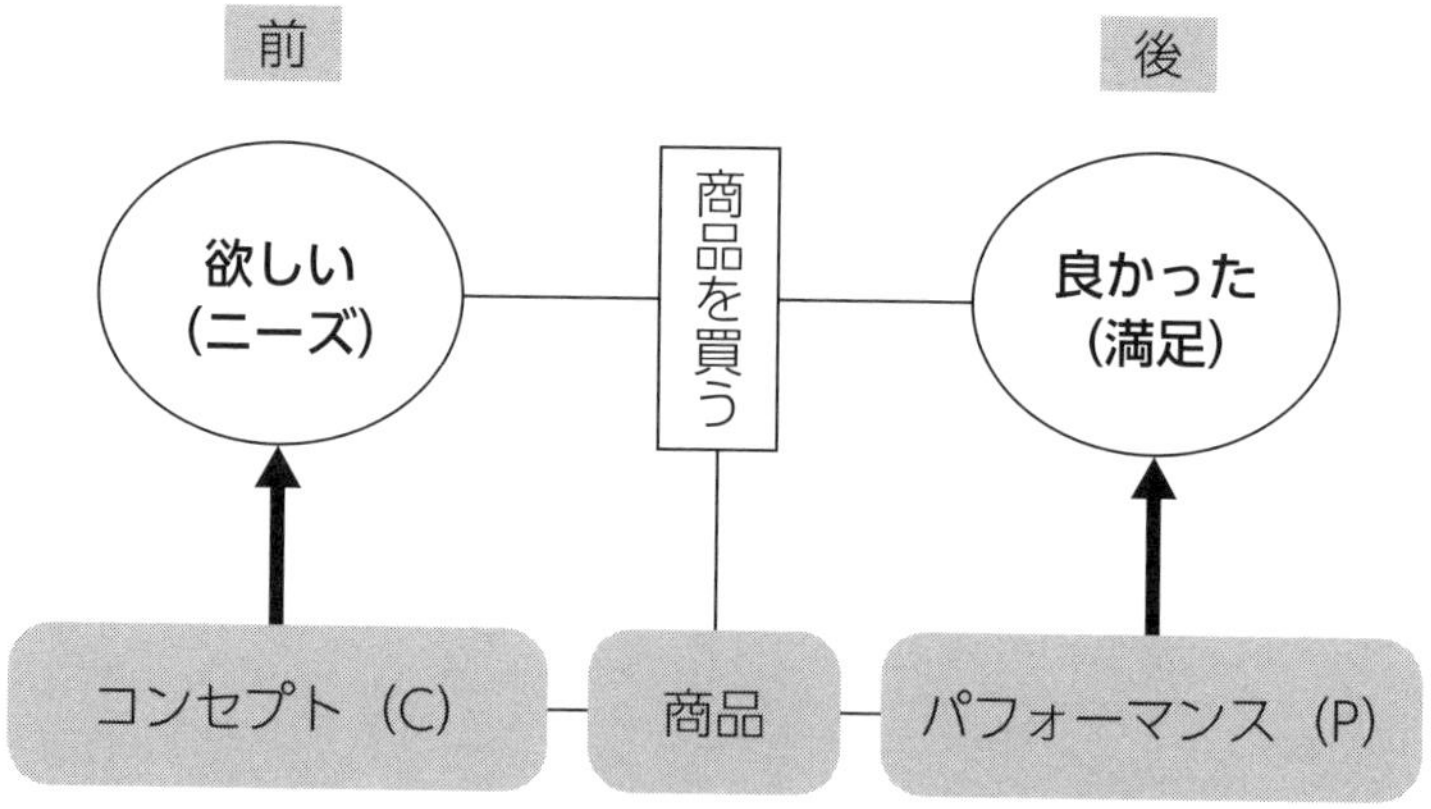

「買う前に欲しいと思わせるコンセプトの魅力」が商品になければならない、という気づきがその映画で得られたのだ。

その力を「商品コンセプト（C）」と名づけ、「買った後、買って良かったと思わせる力」を「商品パフォーマンス（P）」と名づけた。

売れる商品とは買う前に欲しいと思わせる力が強く、買った後良かったと思わせる力も強い商品である。
言い換えれば、売れる商品とはコンセプト（C）とパフォーマンス（P）が共に優れた商品である。

3 「強い売りモノ」は C/Pバランスの良い新カテゴリーである

商品であれ、サービスであれ、医者であれ、タクシーであれ、「強い売りモノ」は多くのお客様が長い間たくさんお金を払ってくれる対象である。

コンセプトが多くの人々に魅力を与えなければ、多くの人からたくさんお金を払ってもらえない。

パフォーマンスが多くの人々に満足を与えなければ多くの人に再購入してもらえず、悪い口コミが広がり尻すぼみになる。

新カテゴリーでないと多くの人々の生活を新しく変えられず、生活上の問題（*アンバランス感情）を解決できないので一時的によく売れ、よくはやっても長つづきしない。

C/Pバランスの良い新カテゴリーが「強い売りモノ」であり、これがMIP（「新市場創造型商品」）である。

「C/Pバランス理論」はすべてのビジネスの成功を支える基本となる理論である。

失敗の連続の苦しみの中で、神からさずかった宝物である。

1968年ごろ気づき、データをためて精致化して1984年に『消費者ニーズをヒット商品にしあげる法』（ダイヤモンド社）にて発表したものである。

今では大企業を中心に広く知られることになった。

この「C/Pバランス理論」の着想は私の人生の1つ目の大きな転機となった。（2つ目の転機は2001年の「MIP理論」の着想である。）

＊「アンバランス感情」は外的刺激をニーズに変換する内的刺激であり、「心の窓」とか「心の扉」ということができる。

「不」（不快や不安・不満など）を伴う心理と生理をアンバランス感情という。

（図表6－4 消費者の深層心理構造 参照）

4 MIPは「生活上の問題」を解決すると生まれる

消費者の「生活上の問題」を解決することによって、新市場を創造し、生活変化をもたらすことができる商品を「新市場創造型商品」（MIP：Market Initiating Products）と称す。*

したがって、MIPは物理的に最初に市場投入した商品ということでなく、10年以上続く市場を最初に創造した商品のことである。以上がMIPの定義であるが、その中で「生活上の問題（アンバランス感情）を解決する」という部分が開発していく上で取り分け重要である。

この部分が他の商品（すなわち後発参入して既存市場の商品上の問題を解決する商品）との決定的な違いだからである。

これが差別的ではなく、「独自的」商品を生むのだ。

*『長期ナンバーワン商品の法則』梅澤伸嘉、ダイヤモンド社、2001年を参照。

MIPとは消費者がしたくてもできない生活（行動）の道具化なのだ。

**生活の
問題探せば
新市場**

図表2-2 ● 世界のMIPはどんな「生活上の問題」を解決したか

世界のMIPの例	解決された生活上の問題（アンバランス感情）	それまでの生活行為
①タンポン「タンパックス」（1934年、アメリカ、タンパックス社）	毎月の経血のために運動や仕事が制約されるし、気分が悪い。	毎月の生理時、ナプキンや綿など当てがって、頻繁にトイレで洗っていた。
②インスタントカメラ「ポラロイド」（1948年、アメリカ、ポラロイド社）	撮った写真がすぐに見られない。	一眼レフで写真を取り、全フィルム撮り終えてから現像に出す。
③テレビ用リモコン「レイジーボーンズ」（1950年、アメリカ、ゼニス社）	TVチャンネルを変えるたびに席を立たねばならなくて面倒だ。	TVチャンネルを変えるたびに席を立って往復。
④面ファスナー「ベルクロ」（1952年、フランス、ベルクロ社）	金属など固い表面同士を着けたりはがしたりが大変だ。	表面を固定させるために強力に接着させる。
⑤修正液「リキッドペーパー」（1955年、アメリカ、リキッドペーパー社）	正式・公式の文書や図面は一箇所でも間違えるとまた作り直すしかない。	間違えるたびに初めからやり直し、間違えないよう細心の注意で書く。
⑥複写機「ゼロックス」（1959年、アメリカ、ゼロックス社）	図面や文書を正確に写しとるのは大変な手間と時間がかかる。	複数必要な時、細心の注意と技量で写し取る。
⑦紙おむつ「パンパース」（1961年、アメリカ、P&G社）	毎日何回ものおしめ洗いが大変。	毎日何回も取り替え、洗って再使用する。
⑧携帯電話（1973年、アメリカ、モトローラ社）	受発信の場所が拘束される。	電話機がある所からある所へ電話をする。
⑨のり付きメモ「ポストイット」（1979年、アメリカ、3M社）	仕事上のメモをいちいちセロテープなどで貼らなければならなくて面倒だ。	メモが飛ばないようセロテープなどで貼る。

5 生活上の問題（アンバランス感情）の見つけ方

「ＭＩＰ」は「生活上の問題（アンバランス感情）」を解決して生まれる。「アンバランス感情を伴わない商品の改良」をしてもＭＩＰは生まれず、既存品の後発品が生まれるのみである。

この「生活上の問題（アンバランス感情）」は「解決されたら嬉しい問題を伴う行動」を観察したり語ってもらうことによって得られる。その時、なるべく「問題（アンバランス感情）が大きく、多くの人が頻繁に行っている行動」を探すことがポイントだ。

行動に潜在ニーズの芽が見える

6 「潜在している問題（アンバランス感情）」の見つけ方

ＭＩＰのほとんどは「潜在ニーズ」に応えて成功する。この「潜在ニーズ」はＣＡＳ分析によってシステマティックに発掘できる。すなわち、「未充足の強い生活ニーズ」の創造である。しかも、ＣＡＳ分析で「未充足の強い生活ニーズ」に応えるＭＩＰを創るには「生活上の問題（アンバランス感情）」が大きいことが不可欠である。

しかしながら、多くの人が頻繁に行っている行動には大きい問題が見つけられないことが多い。そもそも、大きな問題がないから多くの人が頻繁に行っているとも言えるからである。

しかし、大きな問題が見つけられなければＭＩＰの成功はない。そこで、工夫したのが「潜在問題発掘法」である。

図表2-3 ● 潜在問題の見つけ方

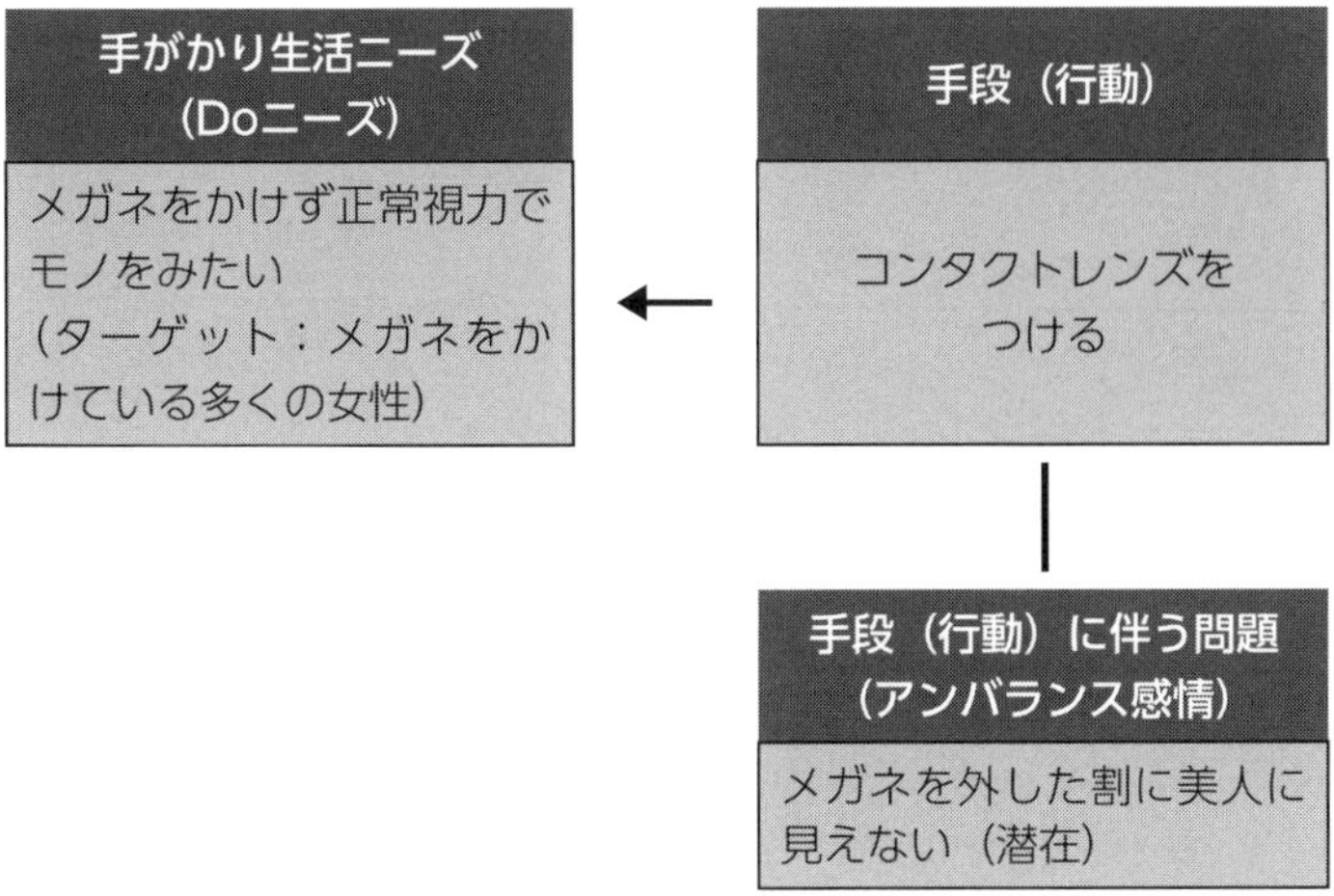

《未充足の強い生活ニーズ》正常視力でメガネをかけず（コンタクトで）美人に見られたい。
《要するにアイデア》カラーコンタクトレンズ

7 MIPの成功条件

「成功」の定義を、長期間（10年以上）シェアNo.1および利益を保ちつづけることとするとMIPは成功商品と同義となるが、MIPをさらに成功させるための条件を具体的に整理すると次のようになる。

大別して、商品開発上の条件、発売後の条件、そしてバックアップの条件がある。*

詳細は左記文献にゆずるが、項目は以下のとおりである。

〈1〉商品開発上の条件
①商品力すなわち、コンセプト（C）とパフォーマンス（P）を高める
②参入市場を配慮する
③新カテゴリー名を妥当に決める
〈2〉発売後の条件
①コンスタントなブランド強化策―カテゴリー代表度向上

②早期の配荷達成

〈3〉バックアップの条件

①MIP開発にふさわしいスタッフのスキルアップ

②トップマネジメントの深い理解とサポート

*『ヒット商品開発（第2版）』（梅澤伸嘉、同文舘出版、2004年）を参照。

8 MIPの成功実態

——MIPの成功率は後発商品の100倍

図表2-4 ● 数字で見るMIPの成功の実態

2つの成功率比較（223市場）

	見かけの成功率 （現在シェアNo.1がベース）	かくれた真実の成功率 （発売数がベース）
「MIP」が10年以上シェアNo.1を保つ	53.8%	**53.8%**
「後発商品」がNo.1になれる	46.2%	**0.5%**

見かけでは後発商品でもNo.1になれるが、その確率はMIPの100分の1なのだ。

MIPの3タイプ別No.1保持率

マーケッシェア順位 / タイプ	No.1	No.2以上	No.3以上	合計（構成比）
革新的	85 (53.5) %	112 (70.4) %	131 (82.4) %	159 (71.3) %
棲み分け的	26 (54.2) %	36 (75.0) %	42 (87.5) %	48 (21.5) %
市場代替的	9 (56.3) %	13 (81.3) %	15 (93.8) %	16 (7.2) %
合計	**120 (53.8) %**	**161 (72.2) %**	**188 (84.3) %**	**223 (100) %**

MIPのどのタイプも10年以上№1になれる率はおよそ50%強あり、№3以上で見ると80%を越える。

9 「強い売りモノ」は未充足の強い生活ニーズに応える

「強い売りモノ」とは多くの消費者が長い間十分なお金を払いつづけてくれる対象である。

多くの消費者が長い間十分なお金を払いつづけてくれるためには多くの消費者の未充足の強い生活ニーズに長い間応えつづけなければならない。

そのためには誰も応えていない、多くの人がもっていて、大きな生活上の問題（アンバランス感情）を伴う生活ニーズを探すことである。

今までやってこなかったことをやるのだ。

それが企業を発展、永続させるのだから。

図表2-5 ● 未充足の強い生活ニーズの発掘

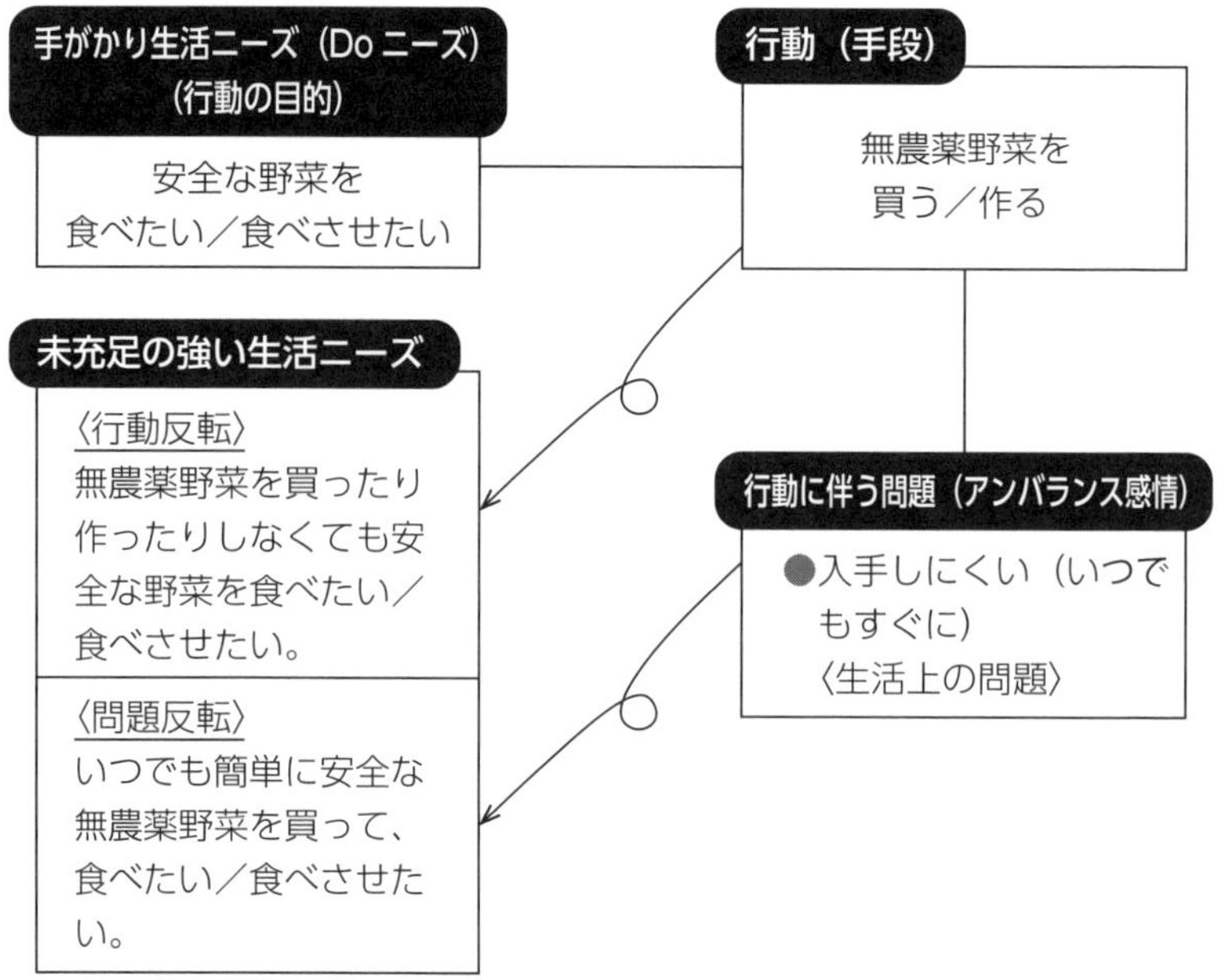

10 「強い売りモノ」づくりはワクワク、ドキドキ

「強い売りモノ」は消費者に喜ばれつづけるものを創るというワクワクした心が創るのである。

「強い売りモノ」は消費者の未充足の強い生活ニーズに応える。

その未充足の強い生活ニーズ探しはワクワクする。

「強い売りモノ」はよく売れるので売上、利益が増え、会社も社員も潤う。

「強い売りモノ」は長い間売れつづけることが多いので、毎年毎年その「売りモノ」のおかげで売上、利益の予定が立ちやすい。

「強い売りモノ」づくりはワクワクするし、ワクワクしてやるから「強い売りモノ」づくりがうまくいく。

何といってもＭＩＰは後発参入商品の１００倍もの成功率であり、ロングセラーの可能性が圧倒的に高いのだ。

それを知った以上、ＭＩＰ開発にカジを切らない理由はもはやないではないか。

11 世界初のＭＩＰは世界の市場でNo.１になれる

――グローバル時代のビジネスの捉え方
――まずは国内でＭＩＰを創れ

大手企業が国内で市場創造による新規需要の創出を放棄して我も我もと海外進出していく。

大手企業の下請け中小企業もそれについていくか、廃業かの選択をせまられる時代である。

「ＭＩＰ発想」「強い売りモノ発想」を学ぶ経営者の方々はそろそろ腰を据えて本質に目を向けてはいかがであろうか。

> 「世界初のM－I－P」を手にすれば国内はもとより海外の市場でNo.1になれる。
> ―M－I－P42の法則*の内の27「世界先導の法則」―
> クロネコヤマトの「宅配便」、セブン-イレブンの「CVS」、任天堂の「DS」、「Wii」、日清の「カップヌードル」、味の素の「味の素」、ブラザーの「テプラ（海外ではPタッチ）」、エースコックの「はるさめヌードル」……

これらは皆大企業だが、「初めはみんな小企業」であったことを忘れてはならない。１００億企業を目指す経営者ならば。

下請けとして大企業について行って苦戦するか、まずは国内でＭＩＰを作って世界にはばたくか。

しかも、ＭＩＰで海外へ進出することはその国の既存市場を荒らしたり、奪ったりせず、新しく需要を提供できるのだ。

だから歓迎されることが多い。

ベトナムに進出し、新市場を創造したエースコックの梶原さんのみごとなご活躍は海外で受け入れられ、大成功した好例である。

＊17章を参照。

12 ロングセラー商品の秘訣
――MIP理論

序−③で述べたとおり、ロングセラー商品の条件はコンセプト（C）とパフォーマンス（P）が高く、バランスがとれていて、新カテゴリーであることである。

実は「C／Pバランス理論」を発表した1984年当時はCとPが優れていればヒットするのみならず、ロングセラーにもなるものと考えていた。

ところがそうではないことが2001年の研究*でわかったのだ。

それが「新カテゴリー」であるという条件がつくという点である。

*「新市場創造型商品の研究」梅澤伸嘉、愛知学院大学大学院、博士論文、2001年を参照。

図表2-6 ● ヒット商品とロングセラー商品

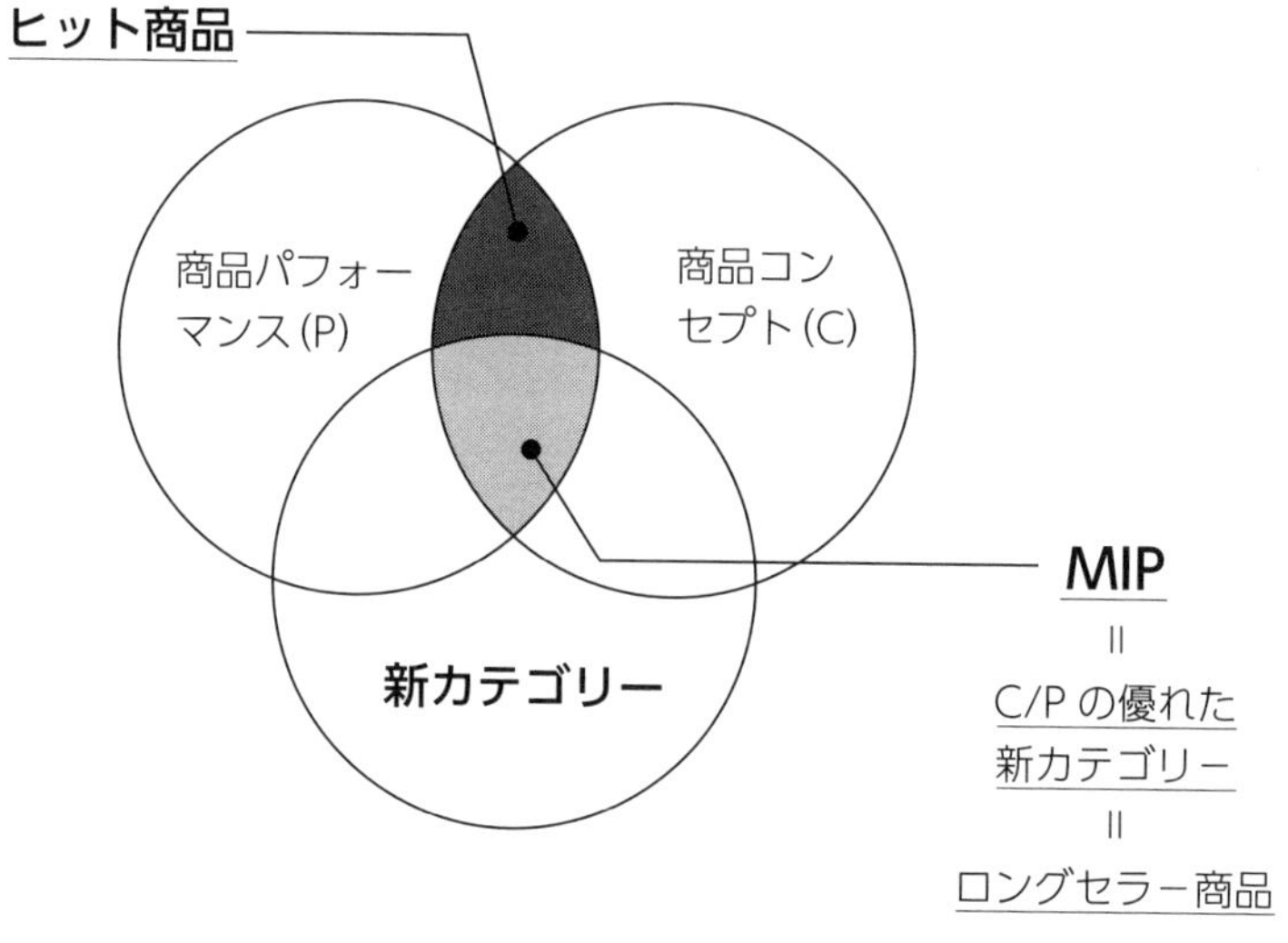

図表2-7 ● 日本生まれの「MIP」(新市場創造型商品)の例

クロネコヤマト(宅配便)	TOTO ウォシュレット(温水洗浄便座)	日清 カップヌードル(カップ入り麺)	日清 チキンラーメン(インスタントラーメン)
クールミントガム(口中爽快ガム)	グリーンガム(口臭除去ガム)	キシリトールガム(虫歯予防ガム)	写ルンです(使い捨てカメラ)
ポカリスエット(アイソトニック飲料)	カロリーメイト(バランス栄養食品)	ソイジョイ(大豆栄養スティック)	オロナミンC(栄養ドリンク)
テンプル(天ぷら油処理剤)	東芝電気釜(電気炊飯器)	ウォークマン(ヘッドホンステレオ)	おーいお茶(ペット入り緑茶)
新幹線(超特急列車)	LG-21(機能性胃腸ヨーグルト)	R-1(機能性免疫ヨーグルト)	カビキラー(カビ取り剤)
スキンガード(皮膚用虫よけ剤)	ジャバ(風呂釜洗浄剤)	モンカフェ(ドリップパックレギュラーコーヒー)	ファミコン(コンピューターゲーム)
味の素(うま味調味料)	クックドゥ(中華合わせ調味料)	エバラ焼き肉のタレ(焼き肉用タレ)	禁煙パイポ(禁煙・節煙パイプ)
シャウエッセン(粗びきウインナーソーセージ)	ふくや(辛子明太子)	シャープペン(シャープペンシル)	アイスノン(氷不要水枕)
カントリーマアム(しっとりクッキー)	ぐーぴたっ(空腹感解消菓子)	クレパス(クレパス)	トニックシャンプー(男性用頭皮爽快シャンプー)
塗るつけまつげ(ロングマスカラ)	楽天市場(インターネットショッピング)	パブロン(総合感冒薬)	リポビタンD(薬用栄養ドリンク剤)
雲海そば焼酎(そば焼酎)	ママ鼻水とって(吸引式鼻水取り器)	ズックリン(ズック専用洗剤)	ジョイサウンド(通信カラオケ)
DS脳トレ(脳トレーニングゲームソフト)	ウコンの力(ウコン飲料)	テプラ(テープライター)	フリクションボール(消せるボールペン)
ホチキス(ホチキス)	熱さまシート(解熱湿布薬)	ブレスケア(胃から上がる息消臭錠)	ナイシトール(内臓脂肪分解燃焼薬)
ぬれマスク(ぬれマスク)	GUM(歯周病ケア)	ポッキー(スティックチョコ菓子)	じゃがりこ(カップ入りポテトスナック)
クーリッシュ(飲むアイスクリーム)	オリンパス(内視鏡)	サクラクレパス(クレパス)	トヨタ・プリウス(ハイブリッド車)

※( )内は、新カテゴリー名称を示す。

13

長い間売れつづける有名商品に共通する唯一の要因は何か

——日本生まれのMIP

これらは個々の売上、利益もさることながら、それぞれが先導してきた市場を総合すると計りしれない経済効果をもたらしている。そして、これらの成功要因として唯一の共通点はMIPであるということである。

14 MIPの経営上のメリット

図表2－8にMIPの経営上のメリットとそれらの相乗効果を示した。

何といっても成功率の向上をもたらし、継続的な利益向上をもたらす、という点がMIPの経営上のメリットである。

経営者ならどなたも継続的利益を得たいと考えるわけで、それがMIPを開発しつづけることによってもたらされるのだ。

細かな関係についてはぜひ図表を見ていただきたい。

M・I・P
不思議な力で
利益生む

図表2-8 ● MIP開発の経営上のメリットの相乗効果関連図

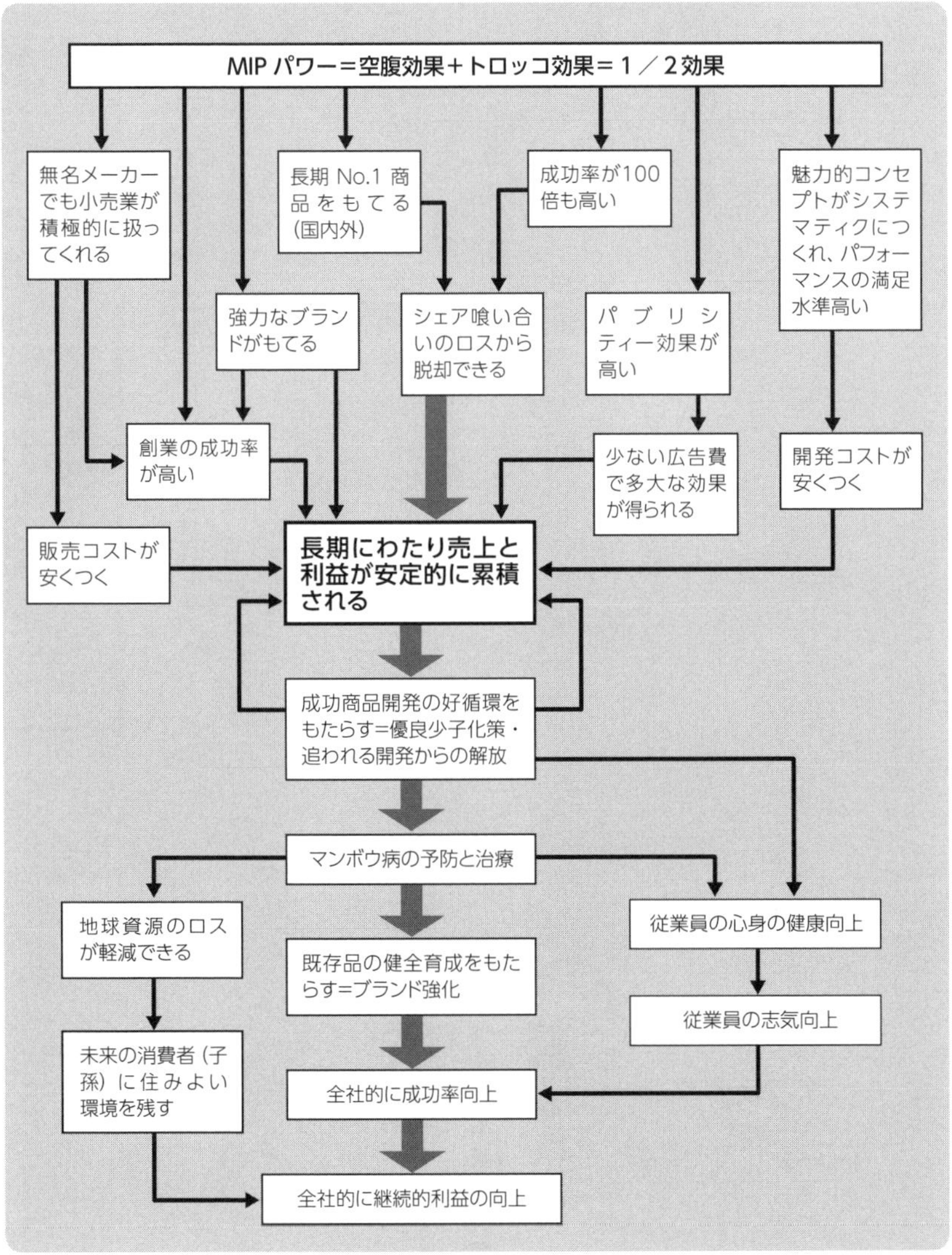

15 なぜＭＩＰはよく売れるのか(1)
―初期の効果＝「空腹効果」

⑧の図表２－４に示したとおり、ＭＩＰは２つに１つは10年以上シェア№１を得つづけている。一方、その市場に後発参入した商品が№１になれるのは２００に１つにすぎない。

この圧倒的なＭＩＰの力は何によるのであろうか。９７３人の成人男女を対象とした調査の分析で、初期の効果と長期間の効果に分けられることがわかった。

〈初期の効果〉―「１／２効果」をもたらす「空腹効果」

図表２－９に示したように、後発商品ができたとしても、最初に空腹を満たしてくれた商品すなわちＭＩＰを１／２の確率で選ぶ。

M・I・P
2つにひとつ
選ばれる

図表2-9 ● MIPが発売初期に受容される心理メカニズム—"空腹効果"

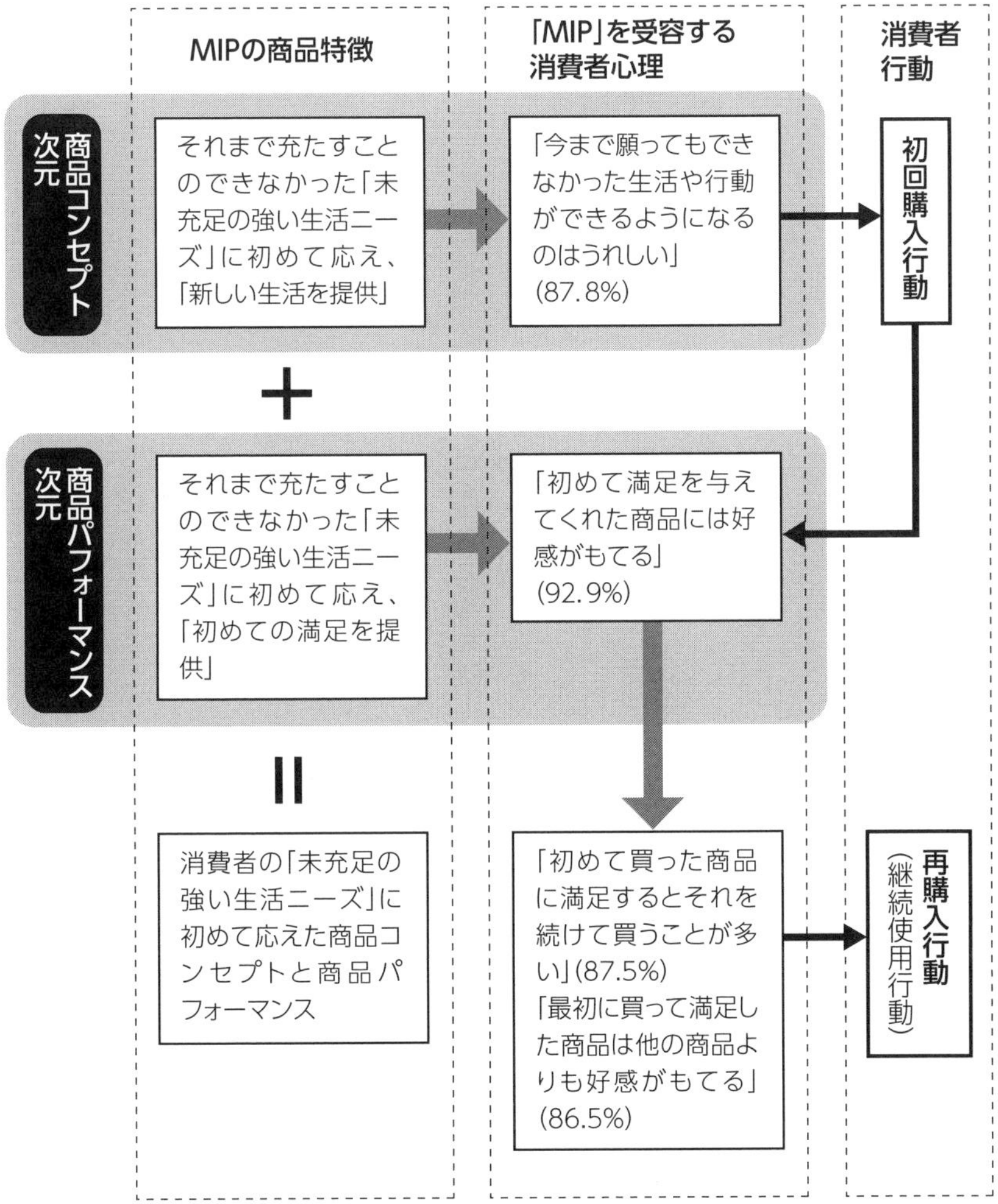

16 なぜMIPはよく売れるのか(2)

——長期間の効果=「トロッコ効果」

それでは、その後長期間にわたって売れつづける要因は何か。(図表2-10参照)

次の3つの要因が発見された。

『ベストセラー効果』

●「特に基準や決め手がない時は、一番よく売れている(と思う)商品を選ぶことが多い」(70・6%)

『カテゴリー代表効果(代名詞化効果)』

●「最初に発売された商品はその分野の代表的イメージがある」(60・5%)

『商品パフォーマンスの効果』

●「初めて買った商品に満足するとそれを続けて買うことが多い」(87・5%)

●「最初に買って満足した商品は他の商品より好感がもてる」(86・5%)

ひと押しで
走りつづける
M・I・P

図表2-10 ● MIPが長期シェアNo.1を保つ要因、およぴ後発参入してシェアNo.1になれる要因

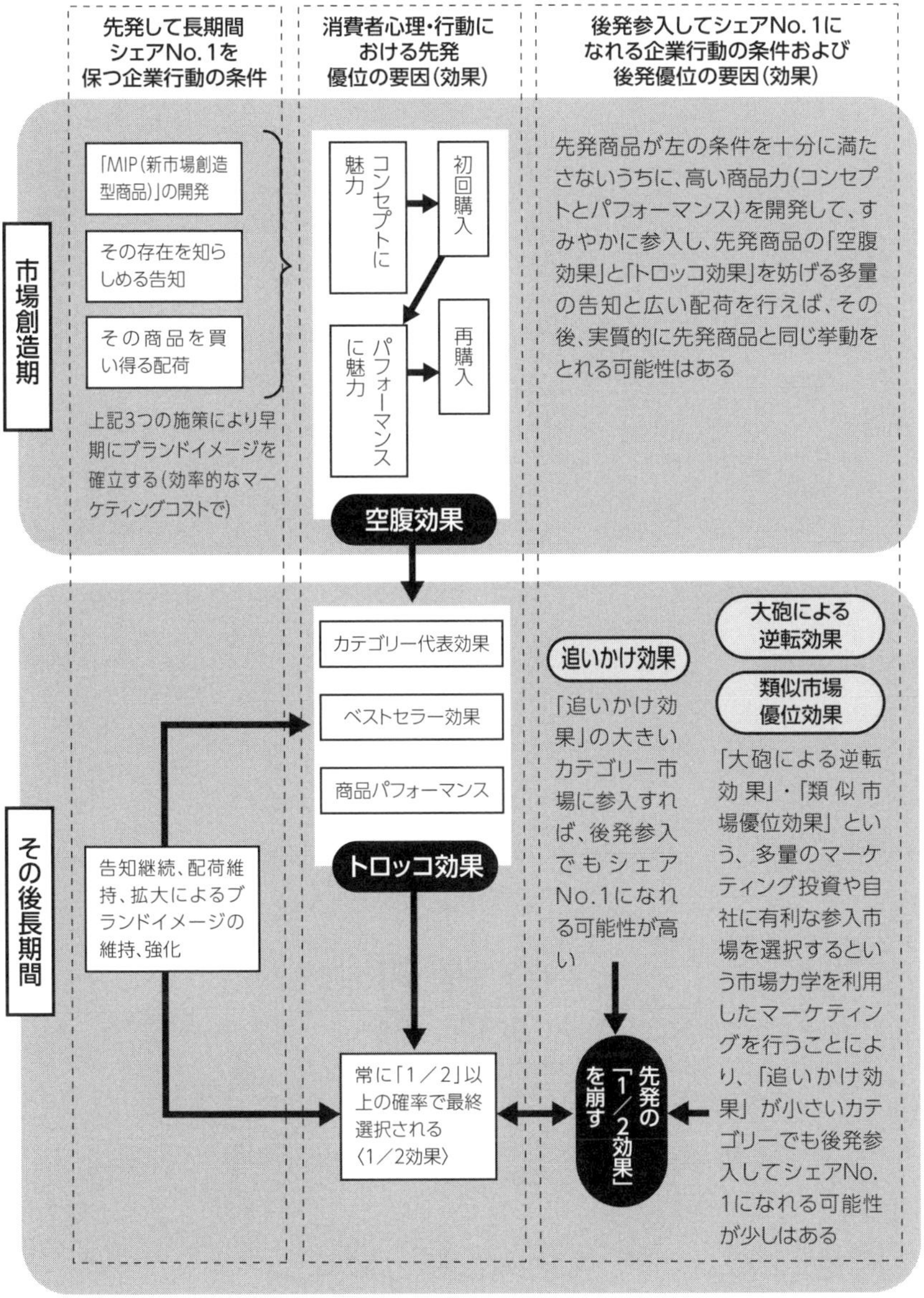

※「追いかけ効果」の小さいカテゴリーの多くは、上記メカニズムが成立しやすい

17 MIPが親亀になる

図表2－11の「親亀」とは長期間毎年売上と利益を稼ぎつづけている成功商品のことであり、その多くはMIPである。

図のAパターン〈理想型〉はMIPがある間隔で発売され、それらが累積している様子を示している。

一方、図中のB、C、Dはいずれも倒産企業に見られるパターンである。

BよりC、CよりDの方が倒産に近づいているパターンである。

これらはMIPが開発されていないことによって生ずるパターンである。

親亀の背中に子亀のっている

図表2-11 ● 親亀が元気を失うと倒産の可能性が高まる

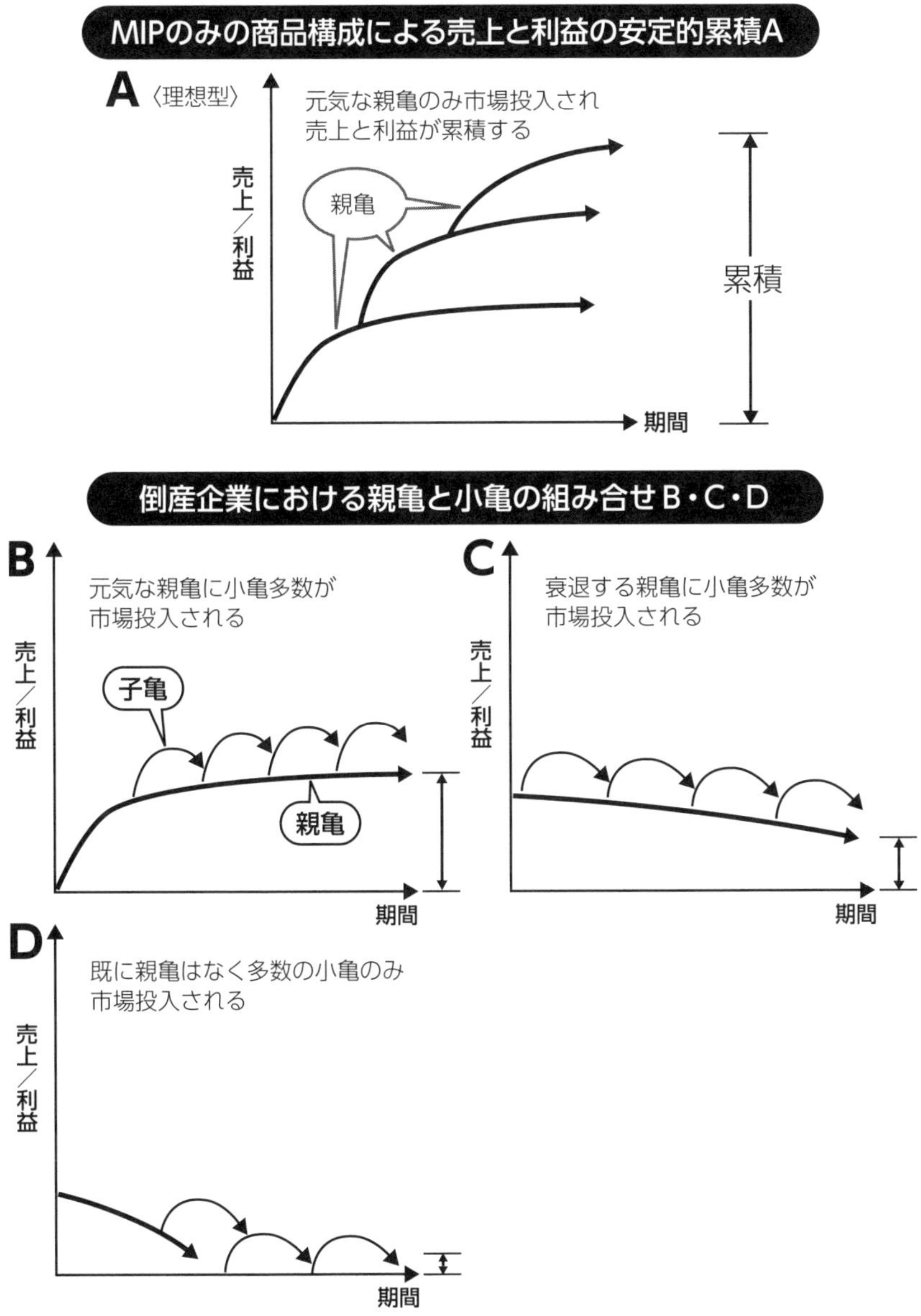

18 トヨタは最も典型的なMIP企業である

80年の歴史をもつトヨタ自動車は、既存市場に後発参入することなく、新しい「自動車」という市場を開拓、創造しつづけている新市場創造型企業の典型である。既存商品との差別化でなく、生活上の問題（アンバランス感情）を次々と解決する独自的商品を次々と開発し、市場を創り、拡大しつづけてきた。

MIPの本質を、トヨタという企業の今日までの成長軌道になぞらえて、ずっと考察をつづけてきて、〝自己増殖〟という概念に到ることができた。

トヨタの成長の姿はまさに〝自己増殖〟なのである。決して他の市場を奪うのではなく、「自ら」が年輪のごとく少しずつ増殖、成長、繁栄しつづけているのだ。

MIPの典型企業としてトヨタ以上の企業は見当たらない。まさに、トヨタの成長はMIPでスタートし、次々と定期的にMIPを開発しつづけた結果である。

19 MIPを魚に例えると「鯉」

黄河に竜門という滝があり、そこを登れるのは鯉だけ。そして登りきると竜になったという伝説。その故事より、鯉は古来より共存共栄、長寿、幸運、忍耐力の象徴。5月の節句に鯉のぼりを立てるのはその故事による。

「登竜門」とは立身出世や入学などの関門の意味であり、上記故事に由来する。「昇る」とは一気に昇ることを意味し、「鯉昇り」は鯉が滝を一気に昇る様を示す。

「MIP」は鯉が滝を昇るように上昇。
「MIP」はロングセラー（長寿）。
「MIP」は幸運を運び込む。
「MIP」開発は忍耐力を要す。

「聖域の新人」一気にカテゴリー代表度を50％以上を目指す＝「登竜門」

鯉は餌が少なくても大きく育つところもＭＩＰが「聖域」入りした姿に重なる。

ＭＩＰ発明者梅澤の干支は「竜」

鯉はＭＩＰのすべての特徴を備えている。

Ｍ・Ｉ・Ｐ
力を示す
鯉昇り

第 3 章

「強い売りモノ」の創り方 —MIP開発法—

- 「MIP」創りの基本は「MIP」のコンセプトを開発する手法である「キーニーズ法」。
- 特に、未充足の強い生活ニーズ（潜在ニーズ）の発掘法が役に立つ。
- 「MIP」は未充足の強い生活ニーズ（潜在ニーズ）に応えて今ない市場を創るものだから。

「強い売りモノ」MIPの創り方を捧ぐ

学ぶ

身にしみて
学ぶことが大切です
心をそこに置かずして
入って来る知識など
雲のように散り
霧のように
消えるのです。

1 ＭＩＰ開発システム
――成功のロードマップ

長い間ＭＩＰ開発のために行ってきたプロセスを図表３－１に示した。

私は今ではこれを「成功のロードマップ」と呼んでいる。

この流れを忠実に踏むことによって確実に成功率が向上する。

主なポイントは次のとおり。

〈１〉ステップバイステップで手を抜かない
〈２〉開発（独創）作業と評価（消費者洞察）をつなげる
〈３〉「売ってみる」ことが〝検証〟であるとの考えをベースに必ずテストマーケティングを行う
〈４〉トップのオーソライズのタイミングと内容を明確にする
〈５〉未充足の強い生活ニーズ（潜在ニーズ）の発掘をベースにしたコンセプト開発がすべてのスタート

「成功のロードマップ」が道しるべ

図表3-1 ● MIP開発システム〜成功のロードマップ〜

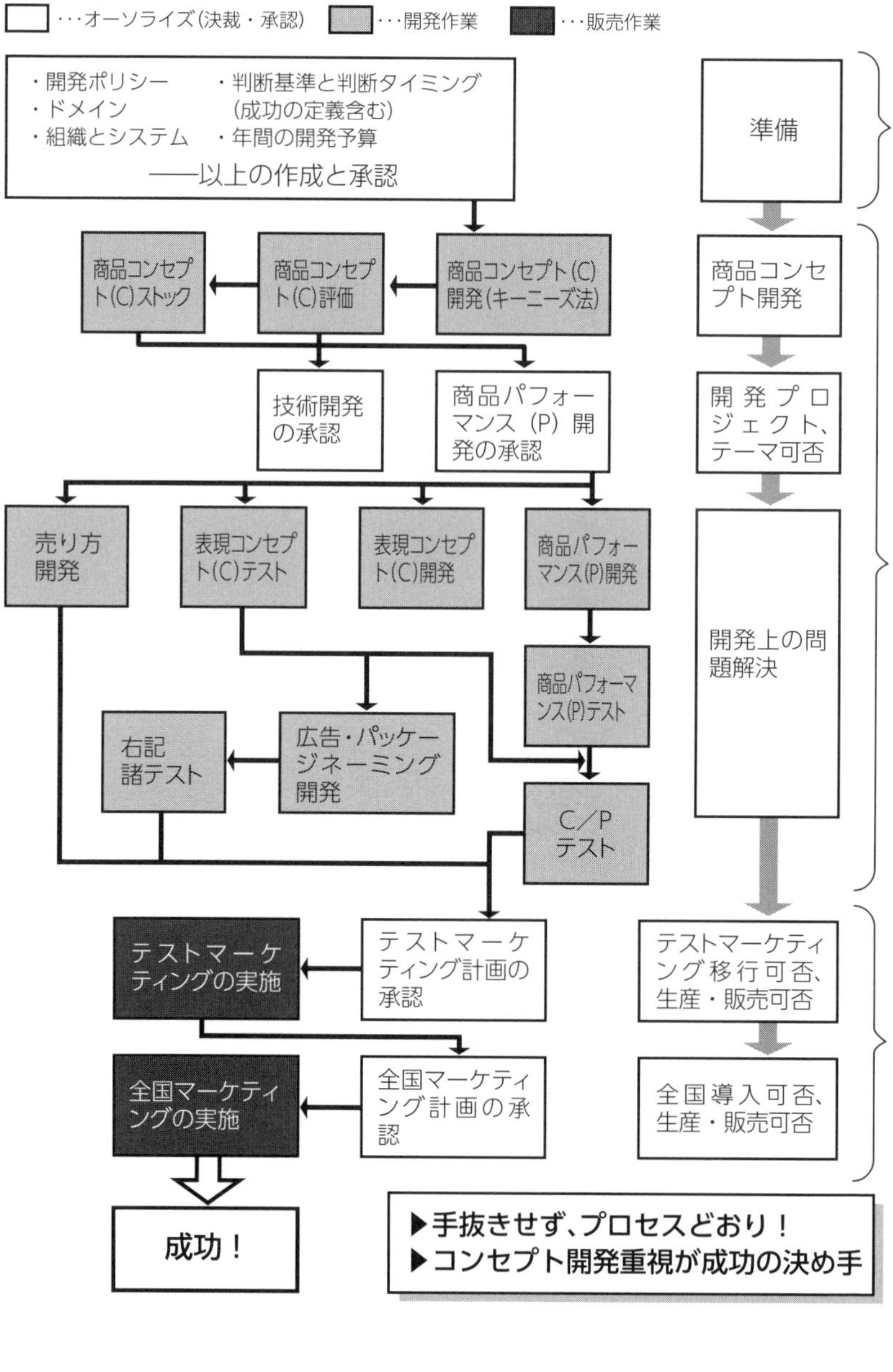

2 M1Pコンセプト開発プロセスのすべて
――キーニーズ法

以下の①〜⑤のプロセスを「キーニーズ法」（広義）と称す。

「キーニーズ法」は1969年私が開発した商品コンセプト開発技法である。

その後表現コンセプト開発まで含めて「キーニーズ法*」と呼ぶことにした。

①多くの消費者の「未充足の強い生活ニーズ」の発掘

- 「このニーズに応えたら売れる」の発見
- ほとんど「潜在ニーズ」の発掘

↓

②右記①に応える「商品コンセプト」の開発

- C＝I＋NCN＋B（コンセプトの公式）
  C＝コンセプト
  I＝商品アイデア（ベネフィットを達成するための手段）
  NCN＝新カテゴリー名
  B＝消費者に与えるベネフィット
- 「シーズアプローチ」
  自社開発または社外から入手した技術的シーズ情報をもとに「未充足の強い生活ニーズ」に応えるコンセプトを開発する。
- 「ニーズアプローチ」
  消費者のニーズ情報をもとに「未充足の強い生活ニーズ」に応える商品コンセプトを開発する。
- 「これをつくれば売れる」の発見

↓

③上記②の消費者受容性評価

- 「誰が、どういう理由で欲しがるか」の発見
- 商品コンセプトの改良点の発見
- 「商品パフォーマンス開発」と「表現コンセプト開発」のヒント発見

↓

④右記③に基づく「表現コンセプト開発」

- 「表現化された商品コンセプト」づくり

●「どう良い」、「何である」をコンパクトに、インパクト強く表現
●パッケージと広告づくり

↓

⑤右記④の消費者受容性評価

↓

●「誰が、どういう理由で欲しがるか」の確認と再発見
●表現コンセプトの改良点の発見
●パッケージと広告のヒント発見
●売上規模推計の根拠

＊「キーニーズ法」とその関連を示した⑤の「THE KEY NEEDS WORLD」参照。

3 MIP開発者の備えるべき特徴

ＭＩＰ開発を成功させるには、手法やシステムを完備するだけでは不十分である。ＭＩＰ開発システムを先導し、責任をもつ人が必要で、その人は次のような特徴をもつことが求められる。

① 「人の行かない道なき道」を開拓していくことを喜びとする人
② 「まだ誰もやっていないからやりたい」と思える人
③ リスクを避けるより、リスクに挑戦できる人
④ 追随するより、追随されることを好む人
⑤ 目的（ゴール）が決まればそれを達成することを優先し、手段を自主的に変えられる（または試行錯誤をいとわない）人
⑥ 「創れるもの」を創るのではなく、無理難題でも「消費者の未充足の強い生活ニーズに応えるものを創りたい」と思える人

⑦ 人々の生活向上や生活変化をもたらすことに至上の喜びを見いだせる人
⑧ 子孫のことに思いをはせることができる人

以上の特徴のうち、①、②、③、④はフロンティア精神とかパイオニア精神、⑤は目的志向、そして⑥、⑦は消費者志向であり、⑧は地球志向である。

これらの特徴を1つでも多くもつ人がMIPチームのリーダーとなるとよい。

しかし、このような特徴をもつ人の中には往々にして企業の中での人間関係が上手にできない人もいる。

そのためチームには調整能力に優れたスタッフを配置することと、トップマネジメントに直結する組織形態にすることによってそれを解決できるであろう。

社長自らが開発チームリーダーになるのがベストだ。

4 MIP開発の最小限の組織機能

〈経営者が決める〉
- 開発ポリシー
- 参入領域
- 開発組織、システム
- 判断基準
- 開発予算

→ MIPをコンスタントに開発することが会社を強くすることを確信し、開発チームが迷わず「強い売りモノ」づくりにまい進できるようサポート

〈開発チームの機能〉
- トップに直結
- コンセプト開発
- パフォーマンス開発（外注含む）
- 社内推進
- 社内スタッフとの調整
- 市場導入

→ MIPの理論と手法にのっとりC／Pバランスの良い新カテゴリー商品（MIP／2章－③参照）を基準に照らして予算に合わせて開発

〈大前提〉

- 経営者はすべてＭＩＰの経営上のメリットを深く理解する。
- 開発スタッフはＭＩＰの理論と手法のスキルを身につける。

図表3-2 ● THE KEY NEEDS WORLD

〈キーニーズ法〉 MIP コンセプト開発プロセスと企業の成長関連図

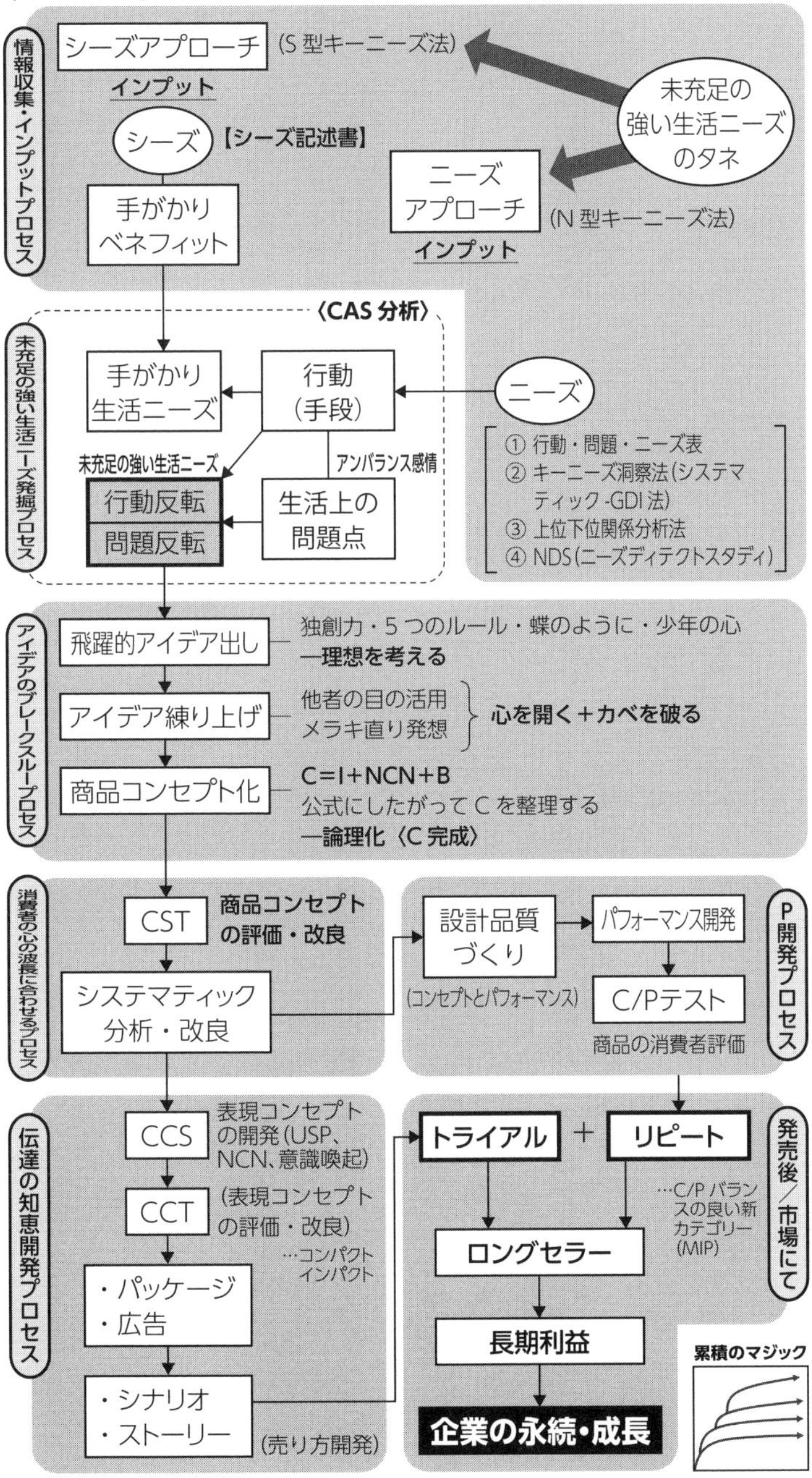

6

「強い売りモノ」を開発しつづけた根本要因

——「強い売りモノ」をもつ企業づくり

私の秘かな自負は長い間高打率で「強い売りモノ」を開発し、ロングセラー商品に育ててきたことである。その結果、企業には長年利益を与えつづけ、地球資源のムダを減らし、消費者にささやかな幸せを提供しつづけた。これは私一人でできることではなく、多くの仲間の協力の賜ものである。

〈目的〉社会的使命を果たしつつ企業を永続、成長させる。

〈課題〉「強い売りモノ」をもちつづける。

〈手段〉ＭＩＰをコンスタントに開発し、天まで育てる。

〈そのためには〉

1. 「強い売りモノ」を創る「心」「技」「知」
   - ＭＩＰ開発のマインド、理論、手法のレベルアップ
2. 「強い売りモノ」創りを妨げるカベ除去の「心」「技」「知」
   - メラキアの発想のマインド、理論、手法のレベルアップ
3. 「強い売りモノ」を創る人の力
   - 人を第一に考える〈理念〉
     (1) 社員を大切に―幸せ、動機づけ、健康
     (2) チームワーク、リーダーシップ、組織
     (3) お客様の満足を大切に―消費者心理
4. 「強い売りモノ」を創る〝地球を守る心〟
   - 地球は子孫からのあずかりもの。

この1〜4を私は一心不乱に徹底した。そして今もそうしている。

7 何を「売りモノ」にするかの概念が『コンセプト』

「何を売りモノにしようか」
「何を売りモノにした商品を創るべきか」
「何を売りモノにした事業開発をするか」
このことを決めることが「強い売りモノ」を手にするために、まずもって不可欠である。
これが「コンセプト開発」なのである。

コンセプトはアイデアとそれが消費者に与えるベネフィットによって構成される。

コンセプトはよくアイデアと混同されるが、アイデアはコンセプトの構成要素なのだ。（図表3－3参照）

「売りモノ」はコンセプト（C）とパフォーマンス（P）の側面をもつ。Cとしての「売りモノ」は初回購入を促し、Pとしての「売りモノ」は消費者の満足を規定し、再購入や口コミを促す力をもっている。

それ故、コンセプトが魅力的に創られていないと、初回購入を促すことができない「弱い売りモノ」ということになってしまう。

とりわけMIP開発成功のキーはコンセプト開発がにぎっている。

〈ベネフィット〉

消費者の未充足の強いニーズに対応する。すなわち、次の四種のニーズに応えればベネフィットである。

①維持ニーズ—健康を保ちたい。
②予防ニーズ—カゼを防ぎたい。
③復元ニーズ—カゼを治したい。
④向上ニーズ—今よりももっと健康体にしたい。

図表3-3 ● 売れる商品コンセプトの公式とプロセス

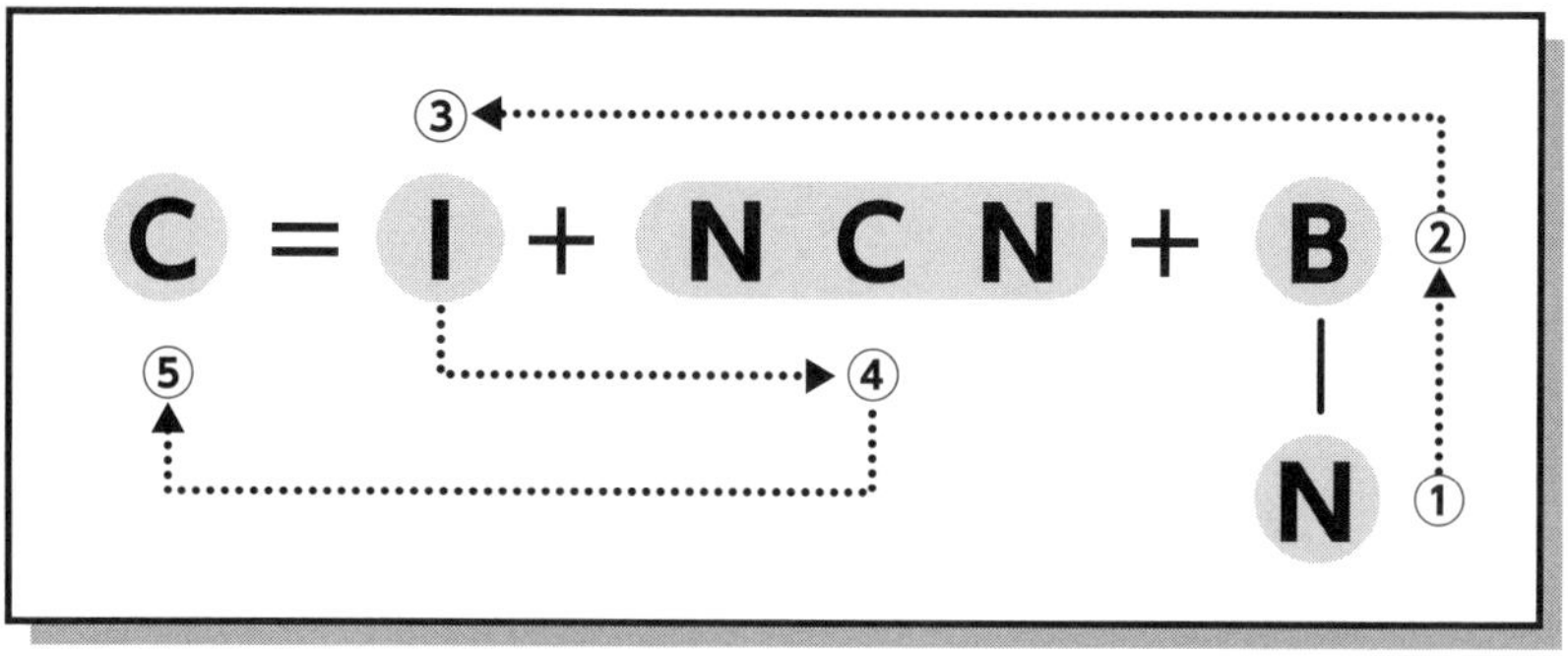

C＝商品コンセプト
I＝商品アイデア
NCN＝新カテゴリー名
B＝消費者の未充足の強い生活ニーズに応えるベネフィット
N＝消費者の未充足の強い生活ニーズ(Doニーズ)

〈売れる商品コンセプト作成プロセス～「キーニーズ法」のプロセス〉

①Nに「未充足の強い生活ニーズ」をインプットする
②それを機械的にベネフィット(B)に置き換える
③そのベネフィット(B)を達成するアイデア(I)を考える
④そのアイデア(I)をコンパクトにまとめて「新カテゴリー名」(NCN)を決める
⑤上記IとNCNとBをフォーマットにしたがって文章化すると、
　コンセプトステートメント(C)が完成する

〈IはBをヒントに、BはIをヒントにコンセプトを考える〉

- もしアイデア(I)を思いついたらどんなベネフィット(B)があるかを考えよう
- もしベネフィット(B)を思いついたらどんなアイデア(I)でそれを達成するかを考えよう

※この公式とプロセスは「キーニーズ法」固有のもの

8 成功商品にとってキーニーズ法がいかに重要か

――成功商品の条件はC／Pの優れた新カテゴリーである

P開発は誰でも必要だと考えるし、当然開発している。Pが伴っていない商品はあり得ない。消費者に満足を与えないからだ。

しかし、C開発は誰もやったことがない。せいぜい、「これつくろう」「何つくろう」である。

故に、消費者の「未充足の強い生活ニーズ」に合致せず売れない（トライされない）。C開発は消費者の「未充足の強い生活ニーズ」に応える経営手法なのだ。

C開発を今までやってこなかった企業にコンスタントな成功商品はもたらされるはずはなかった。

C開発の手法が「キーニーズ法」なのだ。私のコンスタントなロングセラー開発の秘密は「キーニーズ法」にある。

9 未充足の強い生活ニーズを探せば「強い売りモノ」を手にできる

「強い売りモノ」を創るには多くのお客様の未充足の強い生活ニーズに長い間応えつづけることが必要だ。

お客様はその商品やサービスのアイデアにお金を払ってくれるのではなく、それが自分に与えてくれるベネフィットにお金を払ってくれるのだ。

つまり「売りモノ」とはベネフィットのことである。

「強い売りモノ」とはお客様の未充足の強い生活ニーズに応えるベネフィットである。

故に「強い売りモノ」は未充足の強い生活ニーズを探せば手にできるのである。

「強い売りモノ」＝未充足の強い生活ニーズに応えるベネフィットをもつ新カテゴリー＊

未充足の強い生活ニーズに応えるベネフィットはC（コンセプト）とP（パフォーマンス）で具現化される。

〈1〉期待ベネフィット＝C＝初回購入を促す
〈2〉成就ベネフィット＝P＝再購入・良い口コミを促す

図表3-4 ● 強い売りモノ＝MIPの条件

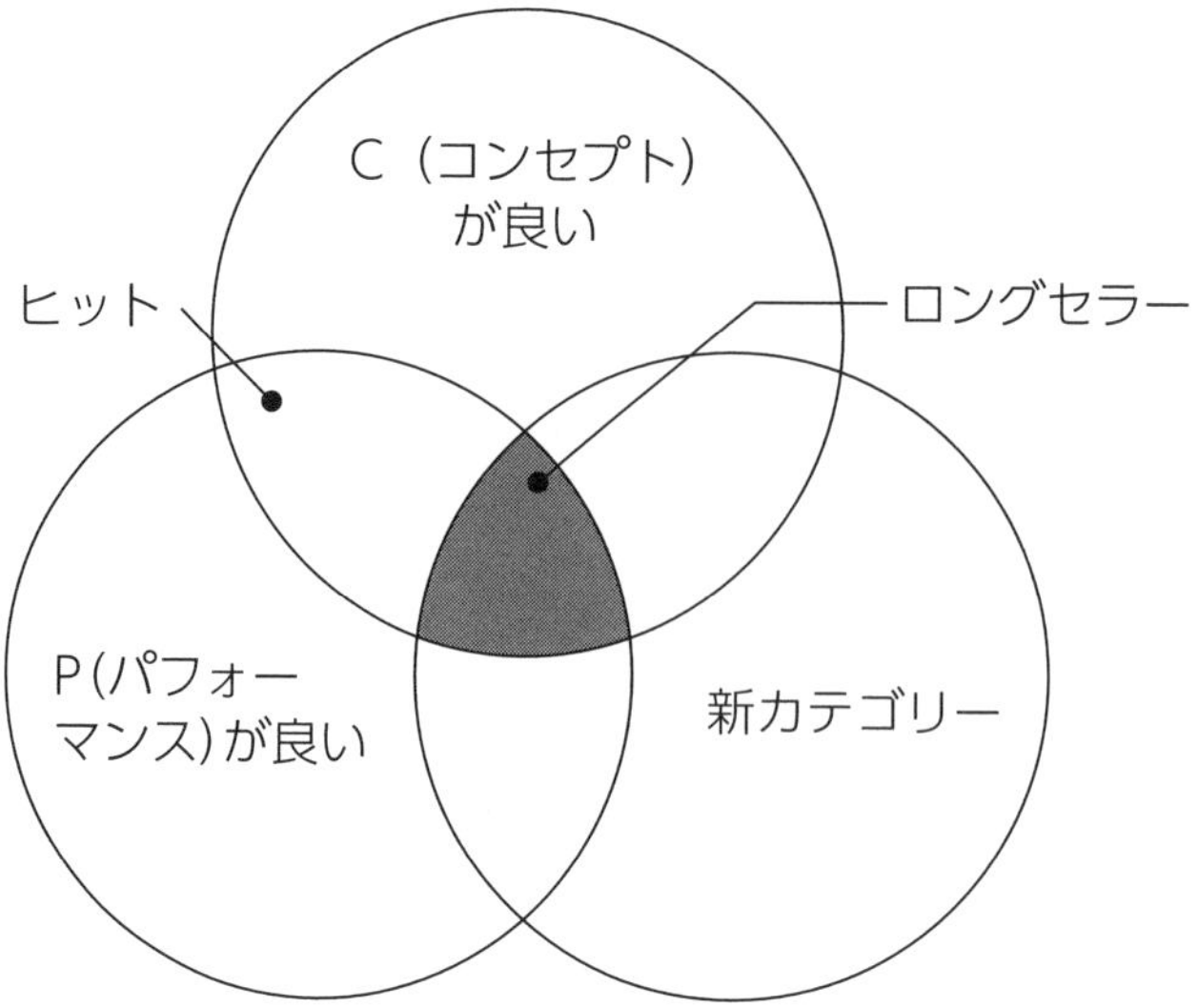

＊新カテゴリー＝ロングセラーの不可欠要因

10 MIPの三分類
――市場の生まれた歴史

すべての市場はMIPによって創造され、次のような歴史を経て現在の市場が形成されている。

●「革新的MIP」が生まれた――すべての市場の始まり

まず、それまでは一切の商品がなく、したがって充たすことのできなかった「未充足の強い生活ニーズ」を充たす「革新的MIP」が生まれた。これがすべての市場の始まりである。既存類似市場がないということと、消費者にとって〝生活の底上げ〟（たとえば、省労働、省時間、楽しさ、おいしさ、栄養など）という特徴がある。主な例としては、洗濯機、電子レンジ、電話、テレビ、ラジオ、パソコン、VTR、石けん、洗剤、シャンプー、ビール、アイスクリーム、ヨーグルト、カビ取り剤、皮膚用虫よけ剤、天ぷら油処理剤など、である。

●次に「棲み分け的MIP」が生まれた

次に、そのカテゴリーが普及していくにつれて、消費者の生活が変化し、それにつれて周辺の新たな「未充足の強い生活ニーズ」が発生する。それはいわば「専用化」的なニーズである。そしてそのニーズを充たす「棲み分け的MIP」が生まれる。「革新的MIP」が創造した市場をヒントとし、そのカテゴリー名が付くことが多い、という特徴がある。主な例としては、リチウムイオン電池、液晶テレビ、スプレー洗濯のり、男性用頭皮爽快シャンプー、使い捨てカメラ、缶コーヒー、ドリップコーヒー、軽自動車などである。

●「市場代替的MIP」が生まれ、それまでの市場を飲み込む

やがて、それまでの商品（革新的、棲み分け的共に）のベネフィットを、非連続的な技術によって達成してそれらの市場をほとんど取り込んでしまう「市場代替的MIP」が登場する。取り込まれた商品より高価格になる点と、それらのカテゴリー名が付くことが多いという特徴がある。また「革新的MIP」が市場を完成させた後、イノベーティブな技術で取り込むことやベネフィットが画期的で広いことも特徴だ。主な例としては、カラーテレビ、コンパクトバイオ洗剤、エアコン、CDプレーヤー、DVD、電子カメラなどである。

図表3-5 ● 市場の発生史と消費者と市場にとっての意味

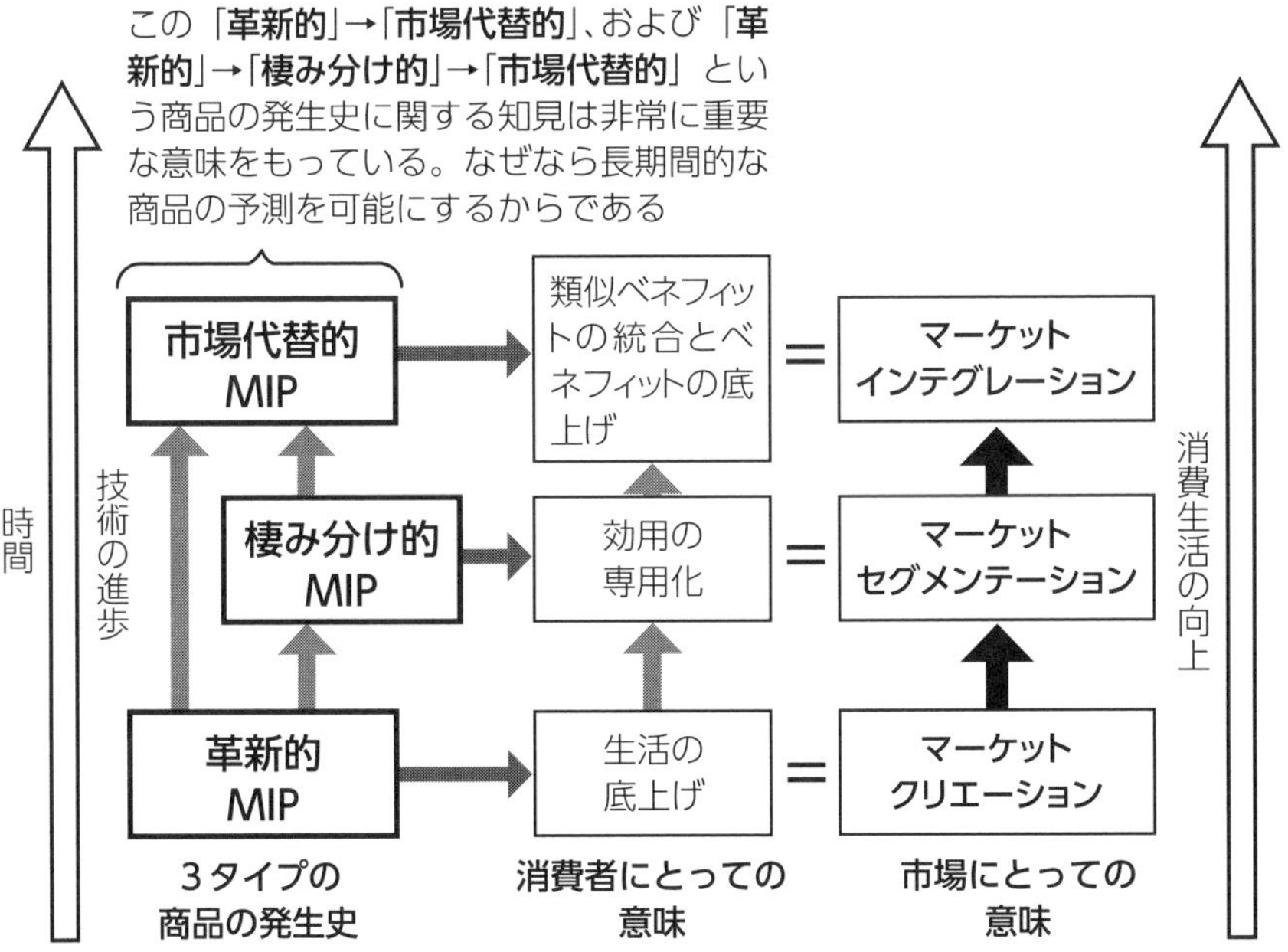

11 生活と商品の関係、人と商品の関係

——生活工学的アプローチと人間工学的アプローチ

ＭＩＰは生活工学的アプローチで生まれる。つまり、生活と商品の関係を考えるアプローチである。

それは「よりおいしく」とか「もっと手軽に」というベターニーズではなく、「健康的に」とか、「豊かな気分で」という生活変化をもたらすディファレントニーズに応えるアプローチといえる。

一方、人と商品を考えるアプローチが人間工学的アプローチである。これは「よりおいしく」とか「もっと手軽に」というベターニーズに応えるアプローチである。

図表3-6 ● 未充足の強い生活ニーズの比較

	ディファレントニーズ	ベターニーズ
例	手軽に、健康的に、洗わずに、 薬を飲まず、経済的に、 河川を汚さず (アキラメ、潜在ニーズ多い)	もっと手軽に もっと健康的に もっと早く もっと安く もっとおいしく (顕在ニーズ多い)
アプローチ	生活と商品の関係を考える (生活工学)	人と商品の関係を考える (人間工学)
開発の視点	生活上の問題を解決	商品上の問題を解決
マーケティング目的	市場創造	市場内シェア戦争
思想	奪わない・戦わない・生み出す	奪う・戦い合う、差をつける
価値	生活を変える 人を第一に考える	商品の水準を上げる 商品間の差をつける
応えた代表者	スティーブ・ジョブズ、豊田喜一郎、井深大、本田宗一郎、小倉昌男	松下幸之助、他多数

12 MIPを意図して開発する

成長している企業には多くの売上と利益を毎年あげている商品が幾つかある。

そのほとんどはMIPである。

しかし、それらはMIPと気づかれていない。

なぜなら、偶然生まれたにすぎないからである。

私はそれを意図して開発する理論と手法を開発した。

だから私は「これだけ多くのロングセラー商品をこれだけコンスタントに開発したチームや個人はいない」と言われる。光栄なことである。

本書を通じてそのエキスをお伝えする。

「MIP」を意図して開発するから成功率が飛躍的に高まり、企業を高利益体質にし、繁栄させるのだ。

13 多くの人が買わない（トライしない）要因と対策

広告量十分、店頭配荷十分、価格妥当、でも多くの人が買わない（トライしない）2大要因と対策がある。

〈要因〉	〈対策〉
1　その商品のベネフィットが多くの人の未充足の強い生活ニーズに応えない	未充足の強い生活ニーズに応える商品コンセプト開発＝キーニーズ法
2　その商品のベネフィットが多くの人にとって魅力的に伝わらない	表現コンセプト開発＝表現コンセプト化技法（CCS法）

14 「キーニーズ法」がMIPコンセプトを意図的に生む

「キーニーズ法」はアイデア発想法ではなく、コンセプト発想法である。

20代の頃の私は数々のアイデア発想法をかたっぱしから学び、使えるようになった。

しかし成功商品には恵まれなかった。アイデア発想法では成功商品は生まれないのだ。アイデア発想法は「いかに（How to）」の知恵をもたらすが「何を（What）」の知恵は生まないことを体験した。

成功商品に恵まれず苦悩していた私は自分のために「何を開発したら売れるか」の発想法を模索しつづけ、ついに1969年「キーニーズ法」の原型を発明することができた。

1968年発売の「サンスタートニックシャンプー」を皮切りに、ジョンソンに移ってからの「スキンガード」「カンターチ」「ズックリン」「ジャバ」「カビキラー」そして「テンプル」とロング&ヒット商品を連発。1984年に独立して「禁煙パイポ」「写ルンです」「テプラ」「カントリーマーム」「クリンスイ」「塗るつけまつげ」「ぐーぴたっ」「ジョイサウンド」「モンカフェ」……とロング&ヒットが続いた。

「キーニーズ法」はこれらのMIPコンセプトを見事に意図して生み出すことができた手法なのだ。

15 未充足の強い生活ニーズに応えるＭＩＰはシーズからでもニーズからでも生まれる

ＭＩＰコンセプト開発プロセスの最初のプロセスが「未充足の強い生活ニーズの発掘」である。

ＭＩＰのほとんどすべては潜在ニーズに応えて生まれる。

なぜなら「未充足の強い生活ニーズ」の多くは潜在しているからである。

その「未充足の強い生活ニーズ」に応えるＭＩＰはニーズアプローチでもシーズアプローチ（3章－②参照）からでも生まれる。

1．ニーズアプローチもシーズアプローチも共に「CAS分析」を手法として「未充足の強い生活ニーズ」を発掘する。

2．「未充足の強い生活ニーズ」の元となる「手がかり生活（Do）ニーズ」は

(1) シーズからベネフィットを介して得られる―シーズアプローチ

(2) 行動と問題から得られる―ニーズアプローチ

3．「CAS分析」は「キーニーズ法」の中心的ステップであり、それを用いることで「キーニーズ法」はニーズからでもシーズからでもMIPコンセプトを生むことができる。

それはCAS分析が「生活上の問題を発掘し、それを解決するプロセスをもっているからである。

16 未充足の強い生活ニーズ（潜在ニーズ）発掘プロセス
――CAS分析

MIPは「未充足の強い生活ニーズ」に応える。

この「未充足の強い生活ニーズ」のほとんどは消費者の心の中に潜在している。

「潜在ニーズ」は消費者が気づいていないニーズであり、調査などで聴いたり、調べてもわからない。

そこで「発掘」というプロセスを用いるのだ。

図表3－7に示したとおり、大きな問題（アンバランス感情）を伴う行動を手がかりにする。

この「大きな問題を伴う行動」は、「キーニーズ洞察法（S－GDI）*」によっても、行動分析によってもシステマティックに収集することができる。

*キーニーズ洞察法（S－GDI）…早く、安く、役立つ情報をシステマティックに集める手法のこと。（⑲項参照）

図表3-7 ● 潜在ニーズ発掘プロセス

行動を手がかりとした「固めるテンプル」（ジョンソン）の CAS 分析の例

1．大きな問題（アンバランス感情）を伴う消費者の行動※1
〈例〉古くなった天ぷら油を新聞紙をまるめて吸わせ、牛乳パックに詰めてゴミとして出す（その行動をとっている消費者属性：良心的な主婦）

↓

2．その行動に伴う問題（アンバランス感情）※2
〈例〉めんどう
手が汚れる

↓

3．その行動を発生させている生活ニーズ
〈例〉良心的に天ぷら油を捨てたい

4．問題の反転※3（2.より）
〈例〉手軽に
手を汚すことなく

↓

5．未充足の強い生活ニーズの創造（3.・4.より）
〈例〉手軽に、手を汚すことなく、良心的に天ぷら油を捨てたい

※1 なるべく多くの人が頻繁に行っている「行動」を探す
※2「行動に伴う問題」すなわち、「生活上の問題」を解決するシステムだから機械的に MIP になる
※3「問題の反転」ではく「行動の反転」でも潜在ニーズを発掘できる

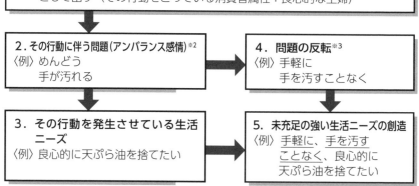

17 パフォーマンス評価の基準

「パフォーマンス」（P）とは消費者が購入した後、それを評価して「良かった」と思わせる商品の力であり、再購入や口コミを規定する。

ＭＩＰは従来、ニーズを充足する商品やサービスがないので、「従来の手段」（行動）と比較される。

「強い売りモノ」であればあるほど、「消費者の要求」と比較して高い性能を果たす必要がある。

「消費者の要求」する性能には特性項目のウェートがあり、それはターゲットによって変わる。どんなＭＩＰでもパフォーマンスを果たすための特性項目をもつ。

以上を組み合わせて「パフォーマンス評価」を行って合格点をとってから発売しないとＣ／Ｐバランスが悪く「期待はずれ」商品となる。

＊消費者の要求性能のウェートの高い特性項目の評価が高いことが重要。

従来の手段　≦　本品　≧　消費者の要求の性能か品質

記入例

No.	特性項目	性能・品質			
		従来の手段	本品	消費者要求	ウェート（%）
1	施行の早さ	10cm／m	50cm／m		
2	騒音抑制	95dB	70dB		
3	仕上がり	±3m／m	±1m／m		
4	安全性				
5	操作性				

18 強い売りモノの2タイプ
——開発してよいモノ、開発してはいけないモノ

「強い売りモノ」とは多くの消費者が永い間お金を払いつづけてくれる商品やサービスである。

それをふまえて、企業が開発してよいものが2つある。

1つはいうまでもなくMIPである。

もう1つは既存ブランドを強化し、天まで伸ばすためのライン拡張品や改良品である。

その2つ共「売れる商品を創り、天まで伸ばす」という理にかなったものである。

その2つ以外は、さまざまな理由がつけられようとも開発することはドロ沼への一歩となる。

むろん例外はあってよいのだが、1つ例外を認めるとずるずると例外が増えることを恐れなければならない。

19 消費者調査を早く、安く、役立つように工夫したキーニーズ洞察法
——システマティックGDI法

- 生々しい消費者心理（心の叫び）をシステマティックに読み解く法
- 「数字」や「ことば」の背景に潜む「心」が解る
- MIP開発のための消費者洞察法として40年以上前に梅澤が確立し、1981年に発表
- 1000人以上のマーケター・リサーチャーがマスターし、現場で実践している手法（since1990）の進化形である。

早く安くできるようになるから必要なグループ数が設定でき、結論の妥当性が高まる。そして外注せず内製化できるのだ。基本的には、目的ごとにフローが決まっており、分析、結論づけもシステマティックに短時間で行えるように改良した。

早　い	コスト圧縮
①目的（テーマ）ごとにフローが用意 ②リクルート条件は、目的を達成する最小限の厳しさ ③モニターなど十分に許容できる ④目的（テーマ）別に用意された「判断のフレーム」に当てはめて結論づける	①フローづくりと分析プロセスの時短 ②リクルート費用の圧縮 ③目的に応える「結論」「根拠」がレポート ④会場はミラールームを条件としない ⑤会社の会議室も十分に許容できる（※企業名を伏せたい時以外）

MIP開発者のための洞察法
①「売れる商品をつくる」「天まで伸ばす」という目的達成のための固有の理論がベース ②「消費者ニーズ240の法則」がベース ③40年以上の実績に基づき構築されたシステム ④消費者心理の洞察に関する蓄積されたノウハウ

特徴

インタビューフロー	該当するテーマ（調査目的）ごとに最適なフローが用意
リクルート条件	目的を達成する最小限の厳しさ（モニターなどの活用）
調査会場	ミラールームを条件としない　※会議室などで可
実査・司会法	「話題」提供による、自由な話し合い形式
分析・レポート	目的別に用意された「判断のフレーム」に従い結論付け、レポート納品
費用	安価に実施できるので必要なグループ数（属性）を費用のために犠牲にせずにすむ

テーマ（目的）

テーマ（目的）		レポート概要
生々しく聴取される消費者の深層心理に基づき、システマティックに結論づけ	①「未充足の強い生活ニーズ」の発掘	●「行動」「問題」からシステマティックに発掘される「未充足の強い生活ニーズ」 ※キーニーズ法によるMIPコンセプト開発ワークショップへ
	②コンセプト（商品）の評価、改良	●「属性分析」、「意向理由分析」（魅力条件・必要条件） ●改良点
	③コンセプト（表現）の評価、改良	●表現コンセプト「各要素別の完成度」、「属性分析」、「意向理由分析」 ●改良点
	④パッケージ(ネーミング）の効果測定、改良	●パッケージの告知要素の伝達力 ●改良点
	⑤C/P商品力評価、診断、改良	●商品力（C/Pバランス）の診断チャート／C・Pそれぞれの評価結果 ●改良点
	⑥発売〈直後〉の健康診断	●消費者の受容状況／将来の伸び予測 ●マーケティング施策の改良点・継続すべき点
	⑦発売後の定期健康診断	●消費者の受容状況／今後の伸び予測 ●マーケティング施策の改良点・継続すべき点
	⑧TV広告の効果測定、改良	●告知要素の伝達力 ●改良点
	⑨発売前にMIPになりうるか否かの診断	●生活上の問題解決度 ●改良点
	⑩ブランドパワーの診断	●該当商品の見られ方（カテゴリー） ●聖域化理論／カテゴリー名（仮説）
	⑪カテゴリーの本質的ニーズの探索	●該当カテゴリーに関するニーズ層構造図（上位下位関係分析法ほか） ※ワークショップ分析
	⑫アイデア(商品・売り方)の評価、改良	●M/D分析とベネフィットの天才度による評価 ●改良点
	⑬カテゴリー代表度診断	●カテゴリー代表度 ●ふさわしい新カテゴリー名探索

⬇

〈システマティックに結論づけ〉

20 発売する前に「強い売りモノ」に仕上がったことを判定する方法

コンセプトの魅力が大きいかどうかを左記項目に従って判定する。

〈Concept〉＝買う前に欲しいと思わせる力

		ニーズの未充足度	
		小	大
ニーズの強さ	強	×	◎
	弱	×	×

〈C＝I＋NCN＋B…コンセプトの公式〉
- B（ベネフィット）は未充足の強い生活ニーズに応えるか
- I（アイデア）とB（ベネフィット）の因果OKか
- そのベネフィットが応える未充足の強い生活ニーズをもつ人数は十分か
- それは生活上の問題（アンバランス感情）を解決するか
- 新カテゴリー名（NCN）は「何であるか」よくわかり、「今までにない商品のイメージ」を明らかに与えるか
- 価格は妥当か
- 新カテゴリーか（生活に乗り、生活を変えるか）

パフォーマンスの魅力が大きいかを左記項目に従って判定する。

〈Performance〉＝買った後、買ってよかったと思わせる力

		リピート Pの満足度	
		低	高
Cの魅力度トライ	高	×	◎
	低	×	×

- 期待してくれた人が満足するか
  －期待どおり／期待以上
- 価格は妥当か
- 生活に乗るか
  －生活になくてはならないか
  －生活の何が変わるか

これだけは消費者調査（S－GDI）を内製化して自分の手と目と耳で調べてほしい。

21 ニーズ・シーズ相関図 ——どの領域にM1Pが埋まっているか

図表3-8 ● ニーズ・シーズ相関図（ニーズ・シーズの田んぼ）

		技術的シーズ開発の難易度	
		難（新）	易（既存）
ニーズの顕在性	顕在	消費者のニーズは見えるが、それに応える技術が難しく、商品となってそのニーズに応えているのはまだ少ない。現在少しずつ拡大している市場。次の時代を支える商品群 B：革新的ヒット商品領域	企業は消費者のニーズが見え、それに応える技術も容易なので、商品が続出する。その結果、主たるニーズは既に充足され、飽和している市場が多い A：大穴的ヒット商品領域
	潜在	消費者のニーズが見えず、しかも技術もまだ開発されていない（技術開発を企業が動機付けられていない）。通常、ニーズが存在しないように考えられている最も未開拓の市場 C：革新的意外性ヒット商品領域	技術はあるのだが、消費者のニーズは見えず、企業は商品開発を動機付けられていない。通常、このニーズが存在しないように考えられているほとんど未開拓の市場 D：意外性ヒット商品領域

- 新商品開発における3つ目の“田んぼ”で、「ニーズ・シーズ相関図」と呼ぶ
- 縦軸に消費者ニーズの顕在性をとり、横軸には技術的シーズ開発の難易度をとる
- ここでいう「ニーズ」とは商品コンセプトの中のベネフィットが応える生活（Do）ニーズのことである
- ニーズの顕在性は顕在ニーズと潜在ニーズに分ける。前者は消費者が気付いているニーズで、多くの場合、企業からも見えるニーズである。後者は消費者が気付いていないニーズで、したがって企業からも見えないニーズである
- 技術的シーズの難易度は難（新技術開発が必要）、易（既存技術で可能）に分ける
- 以上で4つに区分し、市場領域とする

＊スティーブ・ジョブズのMIPはすべてD領域

22 「キーニーズ洞察法」（システマティックＧＤ１）を早く、安くできるようにした最大の理由

――内製化のすすめ

「キーニーズ洞察法」は非常に役立つ消費者深層心理調査法である。

その手法をなぜ早く、安くを目指したのか。これはとても重要な意味をもっている。

それは、必要なグループ数を経済（費用）上の理由で減らすことなく、必要なグループ数を確保するためである。

グループ数が必要なだけ確保できれば、それだけ結果の確かさは高まるからだ。それは各属性間の違いについても妥当に論じうることを意味する。

従来は必要なグループ数は費用的な制約で確保できないことが多く、そのため読み誤りが多発したのである。

この問題を早く、安くする工夫によって解決した手法が

「キーニーズ洞察法」（システマティックＧＤＩ法）なのである。
しかも、この「キーニーズ洞察法」は非常にシステマティックでかつ論理的な手法なので、企業研修を受けていただくことで内製化できる、という企業にとってのメリットも大きい。主として「司会法」を中心にマスターしていただくだけで、内製化に移行できるのだ。

23 10人に1人か、5人に1人が強い意向を示せば大ヒット

——MIPは発売前に高い精度で成功が占える

既存カテゴリーの新商品のコンセプトの受容性は何%以上ないと成功しないか。

その答えはないのだ。既存カテゴリーの後発品の99・5%は№1になれない。それは仮にトライされてもパフォーマンスで7：3以上で勝っていないとリピートがあまり発生しないことも大きな要因だ。何といっても先発したMIPがカテゴリーの代表になっていればその力によって、（既存カテゴリーの）後発者は首位に立てない。

一方MIPはどうか。

10人に1人でも強い意向を示せばそれは比較する商品がないので母集団の1／10が買ってくれる（告知、配荷上昇につれて）。5人に1人ならもう確実に大成功なのだ＊。

商品コンセプトの受容性テストで成功するか否かが正確に占えるのはMIPだけである。そのことは既存カテゴリーの商品コンセプトの受容性テスト結果が実際の売上なり、成功を予言できていないことで実証される。

＊ただし、そのように言えるためには条件がある。それは次のとおりである。

(1) その商品のベネフィットがその人の未充足の強い生活ニーズに合致する。
(2) そのニーズが強いということが行動的に実証される。
(3) そのニーズを強くもつ人がビジネス的に十分多い。
(4) 特に重要なことはどういう「生活上の問題（アンバランス感情）」をもつ、どういう人が、どういう理由で欲しいと言うか、を分析することである。

この分析が妥当に行われればMIPは未充足の強い生活ニーズに応える商品なので1／10〜1／5人が「ぜひ欲しい」と答えれば十分なのだ。量的な調査では、この条件のうち、(3)はわかるが、(1)(2)(4)は、「キーニーズ洞察法（S－GDI）」にかなわない。費用と時間を考えれば、なおいっそう「キーニーズ洞察法（S－GDI）」に軍配があがる。

24 コンセプト開発後、すみやかに行うべきこと

――私のロングセラーづくりの秘訣

〈コンセプト開発直後〉
① 技術的可能性
② 概算コスト
③ 消費者受容性
これら3点はコンセプト開発直後に行うべきこととして、あらかじめスケジューリングされること。
〈上記3点確認直後〉
① 特許申請の検討開始
② カテゴリー代表度向上策立案開始
これらの検討は上記3点さえ確認されていれば、いつ着手しても早すぎることはない。

特に、カテゴリー代表度向上策は発売前からじっくり時間をかけて立案し、できるだけ経済的かつ効果的なプランであればあるほどロングセラーづくりに貢献するのだ。

図表3-9 ● コンセプト開発軽視が利益低下をもたらすカラクリ

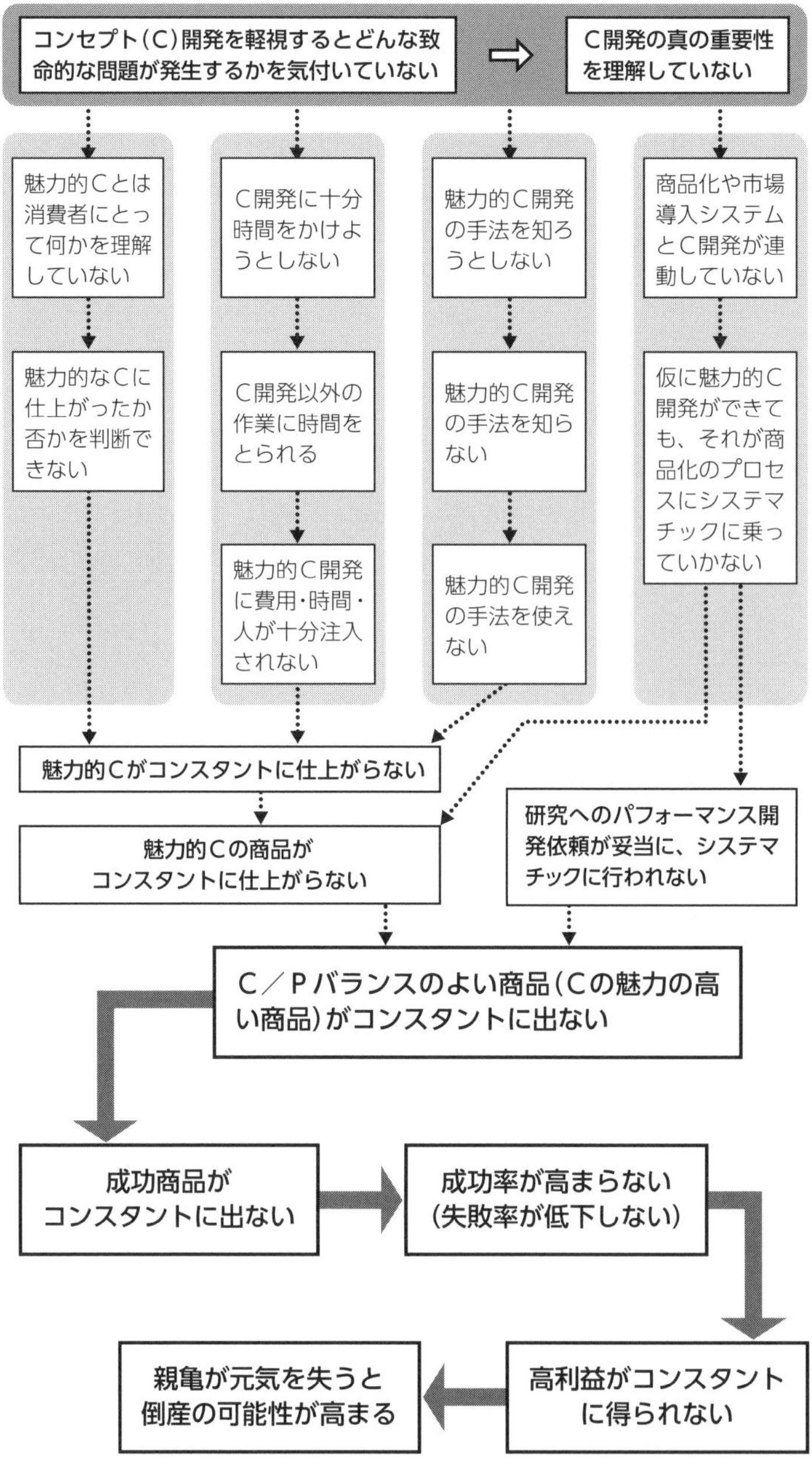

26 成功率向上のカギは「キーニーズ法」

――「キーニーズ法」はMIPのコンセプトをシステマティックに開発する手法

上記により「キーニーズ法」は魅力的な商品コンセプトをシステマティックに開発する発想法である。

成功率の向上のカギは「キーニーズ法」が握っている、といっても過言ではない。

なぜなら成功率の圧倒的に高い（100倍）MIPのコンセプトを開発する手法だからである。

図表3-10 ●「キーニーズ法」が新商品の成功率を高めるカギ

❶ 未充足の強い生活ニーズに応えるベネフィット(B)を独創する ＋ ❷ それを達成するアイデア(I)を独創する ＝ ❸ 天才コンセプト(C)の独創

【キーニーズ法のプロセス】

①消費者の「未充足の強い生活ニーズ」に応えるベネフィット（B）を生む

- ニーズまたはシーズ情報をインプット
- 「CAS 分析」による「未充足の強い生活ニ　ズ創造」

②そのベネフィット（B）を達成するアイデア（I）を生む

- 「AHA の華」（マンダラのようにアイデアを拡げるアイデア発想法）や「メラクロス」（強制統合と「メラキアの発想」でアイデアを生む発想法）による飛躍的アイデア発想法
- 「IBU」（アイデアをブラッシュアップする法）によるアイデアの改良、変身
- 「新カテゴリー名」の発明

③公式にしたがって「基本コンセプトシート」を用いて天才コンセプト(C)を生む

- 「基本コンセプトシート」で商品コンセプトを完成
- コンセプトスクリーニングテストで消費者受容性を確認する
- 「CCS シート」で表現コンセプトを完成
- 表現コンセプトテストで消費者受容性を確認する

27 ＭＩＰが生まれにくい企業内環境
――悪循環を断ってＭＩＰで成功率を高めよ

ＭＩＰの数々の経営上のメリットを最大に生かすために企業内悪循環を早く断ち切ることが不可欠である。

下図の関連を社内の実態に当てはめることをおすすめする。

一つ一つのつながりが納得できれば、ＭＩＰが生まれにくい企業内の要因が腹おちし、打開策を考えることができよう。

この図は「ＭＩＰ」開発が進まない要因を企業内調査で集めた主なものを〝因果図〟としてつなげたものである。すべての「ＭＩＰ」阻害要因が完全に因果関係としてつながっているのだ。そして、大元の要因が「ＭＩＰ」開発の重要性の認識の欠如なのだ。ぜひ自社の要因を明確にしていただきたい。

図表3-11 ● MIPが生まれにくい企業内悪循環

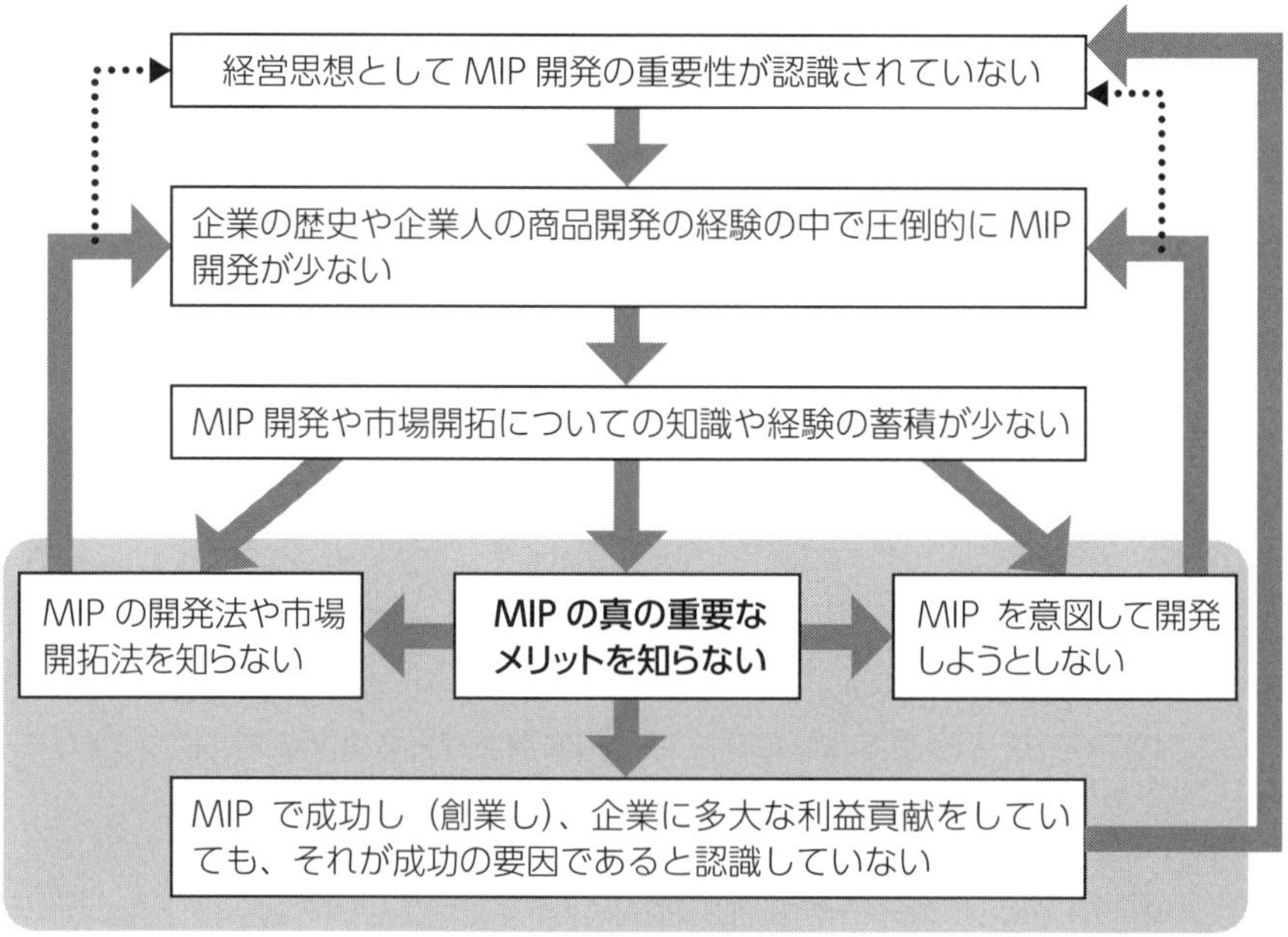

28 MIPコンセプトの着眼点

MIPが生まれる着眼点は次の6つである。すべてのMIPは6つのどれかに相当する。

〈視点A〉手作りや手作業でしか達成できない未充足の強い生活ニーズを満たす商品化

〈視点B〉専用品がなく、代用品に頼るしか達成できない未充足の強い生活ニーズを満たす商品化

〈視点C〉専門店でしか達成できない未充足の強い生活ニーズを満たす商品化

〈視点D〉2つ以上の商品や道具で達成していた未充足の強い生活ニーズを単一の商品で満たす商品化

〈視点E〉達成する手段が全くなかった未充足の強い生活ニーズを満たす商品化

〈視点F〉それぞれの個別ニーズに対応した専用品の凡用商品化

図表3-12 ● MIPコンセプト探索の6つの視点

視点	意味	MIPコンセプトを探索する6つの視点
A	行為の商品化	消費者の行動を調べ、それに伴う問題が大きければ（解決されるとうれしければ）、その問題を解決して、その行動の目的を達成
B	専用化	消費者の行動を調べ、それに伴う問題が代用品（代用手段）を用いていることにあるなら、その問題を解決して、その行動の目的を達成
C	家庭化 一般化	専門店でしかできないとか、プロ仕様しかないことに伴う問題を解決して、専門店に行く目的やプロ仕様のものを使う目的を達成
D	機能や商品の複合化	別々に使っている行動を調べ、それに伴う問題を解決して、その行動の目的を複合的に達成
E	夢想の商品化	「こんなことができたらいいのに」（細胞を拡大して見てみたい、など）と願っても行動すらできない生活ニーズを革新的技術で達成
F*	汎用化	1つひとつ専用品を用いている行動を調べ、それに伴う問題を解決して、その行動の目的を１つの商品の使い方を工夫することで達成

＊Fはこれからのを考える新しい視点

29 商品コンセプトと表現コンセプト

図表3-13 ● 商品コンセプトと表現コンセプト
～その違いと関係～

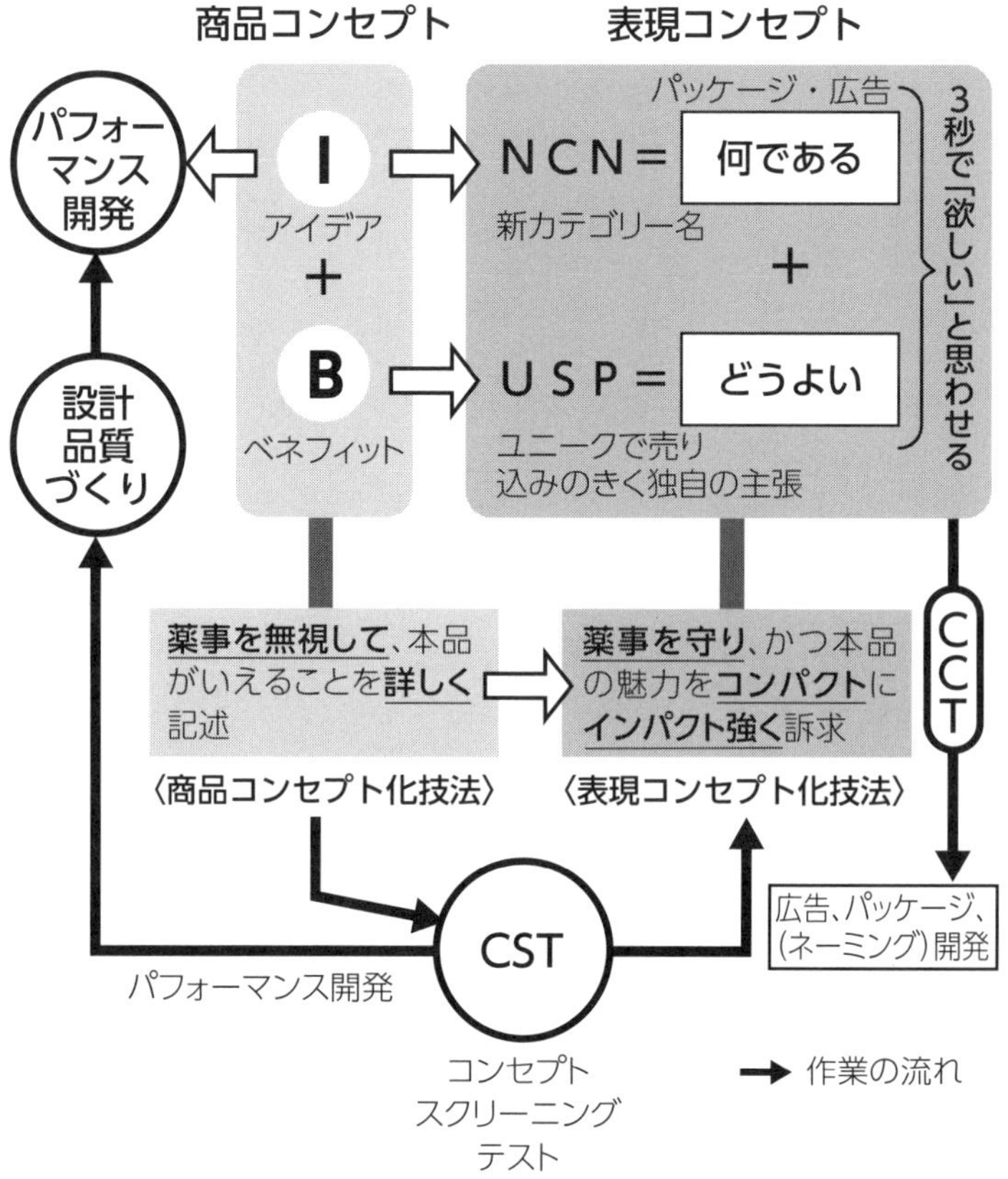

「商品コンセプト」がお見合い写真や経歴書なら、「表現コンセプト」はお見合いのイメージ。お見合い写真や経歴書でもつき合う前の評価はある程度できるし、お見合いをすればもう少しよくわかる。少なくとも、つき合うか否かは十分に判断できる。

図表3-14 ● 商品コンセプトと表現コンセプトの例

【お見合い写真・経歴書】

商品コンセプト

〈PD〉*一切暖房を使わずに1日中暖かく過ごせる
吸熱、保温内装パネル

C ‥‥〈コンセプトステートメント〉
=
I 太陽が約１時間当たると、その熱を吸収して約３日間平均約25℃の温度を保つ、天然リサイクル素材を用いた、室内のインテリアになるデザインの吸熱、保温内装パネルなので
+
B ‥‥一切暖房を使わずに１日中暖かく過ごせる

〈特徴〉
1. 暖房を使わず１日中暖かく過ごせるので、経済的に省エネできる
2. 薄型で、インテリアにマッチするデザインなので、狭い部屋でもじゃまにならない
3. 太陽熱を約25℃に保つので、ヤケドや火事の心配が全くない
4. 天然リサイクル素材なので資源の無駄がない

商品コンセプトの受容性は「コンセプトスクリーニングテスト」(CST)で調べる。

【お見合い】

表現コンセプト

〜ガスも電気も無駄使いしたくない人へ〜‥‥意識喚起
暖房がいらない！‥‥USP
太陽熱保温パネル‥‥新カテゴリー
『sunサン』‥‥ブランド名

表現コンセプトの受容性は「表現コンセプトテスト」(CCT)で調べる。

＊PDとはProduct Designationの略で、商品コンセプトを最もコンパクトにまとめたもの（ベネフィット＋新カテゴリー名）

30 「未充足の強い生活ニーズ」の発掘とアイデアのブレークスルーの例
——キーニーズ法

次に出てくる8つのロングセラー商品（ＭＩＰ）のすべてに共通している「未充足の強い生活ニーズ」の発掘とアイデアのブレークスループロセスは次のとおりである。

①　消費者の「未充足の強い生活ニーズ」を発掘し、それを「目標」とし、「これに応えたらすごい！」という気持ちでスタート。

②　「未充足の強い生活ニーズ」に応えるということは無理難題に挑戦することなので、いきなり具体的なアイデアを考えるのではなく、まず、「要するに」と考え、少しアイデアを前進させて、次への「つなぎ」とする。

③　それを具体化していくと必ずカベが出現する。それでもアキラメず、「メラキアの発想」（12章参照）でブレークスルーアイデアに到る。

図表3-15 ● 「未充足の強い生活ニーズ」の発掘とアイデアのブレークスルー

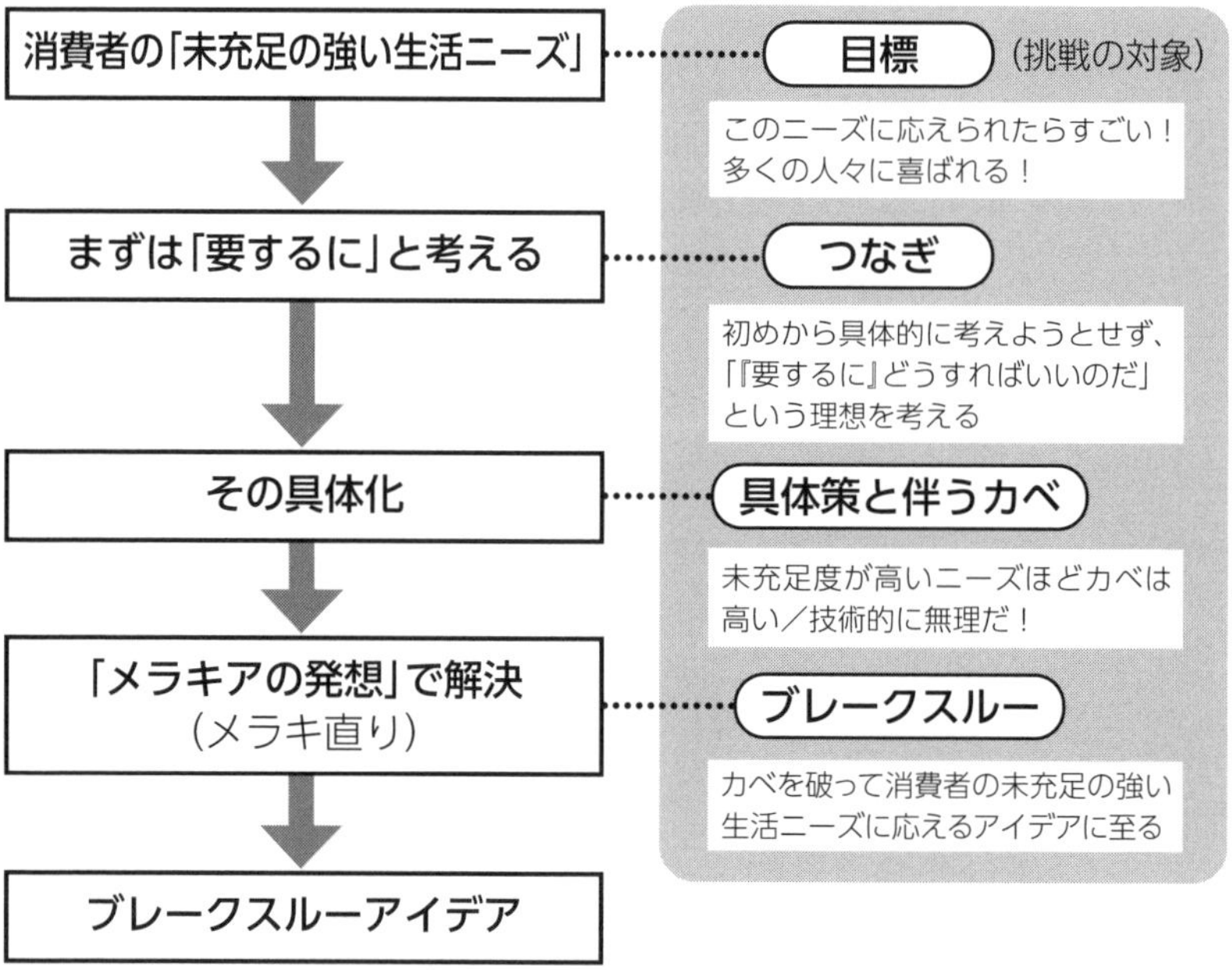

図表3-16 ● サンスタートニックシャンプー（サンスター 1968年）

未充足の強い生活ニーズの創造プロセスのCAS分析

洗髪行動分析

生活ニーズ（行動の目的）
頭を洗いたい（男性）

→ **行動（充足手段）**
女性用シャンプーや石けんで洗う

→ **手段に伴う問題点（アンバランス感情）**
気分まではスッキリしない〈生活上の問題〉

→ **未充足の強い生活ニーズの創造**
気分もスッキリ頭を洗いたい（同上の人）

キーとなったアイデアのブレークスループロセスの分析

未充足の強い生活ベネフィット
気分も頭もスッキリ洗える

→ **達成アイデア**
従来のシャンプーにメントールを配合する（要するに）

→ **解決するべき問題**
・メントールが目に入るととても痛い
・メントールの配合量を減らすとスッキリ効果が得られない
（つまり、技術的にムリだ！）

→ **ブレークスルー**（メラキ直り）
・目に入って痛くてもかまわない（メラキアの発想）。要は目に入らなければよい
・メントールの配合量は効果が出る十分な量にしよう

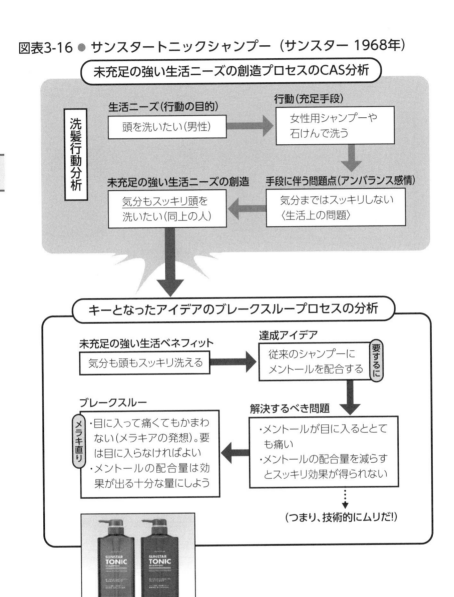

図表3-17 ● カラクリン（ジョンソン 1973年）

未充足の強い生活ニーズの創造プロセスのCAS分析

ファブリックケア・ベーシックサーベイ（調査）

生活ニーズ（行動の目的）
ワイシャツ類のエリ、ソデの汚れを落としたい（ワイシャツ類を頻繁に着る人のいる家族）

→ **行動（充足手段）**
固形石けんをつけ、ブラッシングする

→ **手段に伴う問題点（アンバランス感情）**
・エリ、ソデがいたむ
・めんどう〈生活上の問題〉

→ **未充足の強い生活ニーズの創造**
ワイシャツのエリ、ソデの汚れを繊維をいためず、簡単に落としたい

キーとなったアイデアのブレークスループロセスの分析

未充足の強い生活ベネフィット
ワイシャツ類のエリ、ソデの汚れを繊維をいためず、簡単に落とせる

→ **達成アイデア**
・ブラシでこすらない
・洗濯洗剤の洗浄力を高める
（要するに）

→ **解決するべき問題**
・洗剤の洗浄力をこれ以上高めると肌や下水に悪影響を及ぼす
・ブラシでこすらないと汚れが落ちない
（つまり、技術的にムリだ！）

→ **ブレークスルー**
（メラキ直り）
・洗剤の洗浄力はこれ以上高めなくてもよい（メラキアの発想）
・別の助剤であらかじめ汚れを浮き上がらせよう
・そうすればブラシでこする必要がなくなり、繊維をいためない

図表3-18 ● スキンガード（ジョンソン 1974年）

未充足の強い生活ニーズの創造プロセスのCAS分析

害虫対策に関するグループインタビュー

生活ニーズ（行動の目的）

蚊やブヨに刺されることなく、アウトドアで長時間過ごしたい／させたい
（虫にさされたくない人）

行動（充足手段）

うちわで追い払う、蚊取り線香を持ち歩く、寄ってきたらたたく

手段に伴う問題点（アンバランス感情）

・めんどう
・気を抜くとさされる

未充足の強い生活ニーズの創造

皮膚に塗るだけで、蚊やブヨに刺されることなく、アウトドアで長時間すごしたい／すごさせたい

キーとなったアイデアのブレークスループロセスの分析

未充足の強い生活ベネフィット

皮膚に塗るだけで、蚊やブヨに刺されることなく、アウトドアで長時間過ごすこと／過ごさせることができる

達成アイデア

蚊が嫌う成分を肌に付ける（要するに）

解決するべき問題

刺されないが寄ってきてしまう（効果がないように思われてしまう）

（つまり、技術的にムリだ!）

ブレークスルー

（メラキ直り）寄ってきてもかまわない。要は刺されない実感を与えればよい、とメラキ直った

図表3-19 ● カンターチ（ジョンソン 1975年）

未充足の強い生活ニーズの創造プロセスのCAS分析

ファブリックケア・グループインタビュー

生活ニーズ（行動の目的）
アイロンがけの時にすぐのり付けしたい（主婦）

→ **行動（充足手段）**
そんな方法はない

→ **手段に伴う問題点（アンバランス感情）**
上記の充足手段が「そんな方法はない」なので、問題点はブランク

→ **未充足の強い生活ニーズの創造**
既に上記生活ニーズ自体が未充足の強い生活ニーズ

キーとなったアイデアのブレークスループロセスの分析

未充足の強い生活ベネフィット
アイロンがけの時にすぐにのり付けできる

→ **達成アイデア**（要するに）
のり付けの必要な時（その多くはアイロンがけの時）水に濡らしたりせず、その場ですぐにのり付けするためには霧吹きのようなスプレー式がベスト

→ **解決するべき問題**
のり成分は粘着性が高いのでスプレーのノズルを詰まらせてしまう。ノズルを詰まらせない程度ののりの濃度ではパリッと仕上がらない

（つまり、技術的にムリだ!）

→ **ブレークスルー**（メラキ直り）
のり成分はスプレーノズルを詰まらせてもかまわない（メラキアの発想）。ノズルを詰まらせず、パリッと仕上げるためには「のり」以外の成分を使えばよい
⇒特殊シリコンを主成分とすればよい

図表3-20 ● ジャバ（ジョンソン 1981年）

未充足の強い生活ニーズの創造プロセスのCAS分析

風呂の手入れに関するグループインタビュー

生活ニーズ（行動の目的）
風呂釜の汚れ（湯ドロ）を手軽にとり去りたい（浴槽を清潔に保ちたい人）

行動（充足手段）
ホースで釜を洗う
（週1回以上:70%）

手段に伴う問題点（アンバランス感情）
こびりついた湯アカがほとんどとれない（目に見えない細菌がウヨウヨいる不安）〈生活上の問題〉

未充足の強い生活ニーズの創造
ホース洗いではとれない風呂釜の汚れ（湯ドロ）を手軽に残らずとり去りたい

キーとなったアイデアのブレークスループロセスの分析

未充足の強い生活ベネフィット
ホース洗いではとれない風呂釜の汚れを手軽に残らずとり去れる

達成アイデア
要するに
最も確実にとるにはブラシでこするのがベスト

解決するべき問題
・釜の中にはブラシを入れにくいし、こすりにくい
・釜の中に湯アカがたまっていることを認識している人が少ない

（つまり、技術的にムリだ!）

ブレークスルー
メラキ直り
釜の中にブラシが入らなくてもかまわない（メラキア発想）。要はたまった湯アカがとれればよい
⇒化学的に分解
ホース洗いだけでは、湯アカは確実にはとれないことを知らせる広告が必要

図表3-21 ● カビキラー（ジョンソン 1982年）

未充足の強い生活ニーズの創造プロセスのCAS分析

風呂の手入れに関するグループインタビュー

生活ニーズ（行動の目的）

タイルの目地のカビ（黒い汚れ）をとりたい（タイルの目地が黒く汚れ、それを気にしている人）

→

行動（充足手段）

従来の各種（専用でない）洗剤を使ってタワシでこすって洗う

↓

手段に伴う問題点（アンバランス感情）

- こすっても落ちない
- こすりすぎるとタイルがはげる
- とにかく大変な作業

〈生活上の問題〉

←

未充足の強い生活ニーズの創造

(ゴシゴシ)こすらずに、タイルの目地のカビ（黒い汚れ）をとりたい

↓

キーとなったアイデアのブレークスループロセスの分析

未充足の強い生活ベネフィット

こすらずに、タイルの目地のカビをとることができる

→

達成アイデア（要するに）

目地に発生するカビを殺す成分をスプレーにする

↓

解決するべき問題

- カビを殺す成分はすぐに見つかったが、それは刺激臭が強く、かつ目に入ったり　吸収したりすると、危険性が高い
- 別のマイルド処方では使用者の満足が低い（パフォーマンステスト結果）

（つまり、技術的にムリだ！）

←

ブレークスルー（メラキ直り）

- 成分は人体に危険でもかまわない。要は使用上危険が少なくなる工夫をすればよいとメラキ直り、泡状のスプレータイプにした
- 泡状にすると、たれにくいというメリットも得られることがわかった

図表3-22 ● 固めるテンプル（ジョンソン 1983年）

未充足の強い生活ニーズの創造プロセスのCAS分析

台所まわりの不満に関するグループインタビュー

生活ニーズ（行動の目的）

良心的な方法で天ぷら油を処理したい（良心的に処理している人）

→

行動（充足手段）

新聞紙をまるめ、油を吸わせ、牛乳パックにつめてゴミとして出す

↓

手段に伴う問題点（アンバランス感情）

・とてもめんどう
・手が汚れる
・完璧ではない
〈生活上の問題〉

←

未充足の強い生活ニーズの創造

手軽に、手を汚さずに、良心的な方法で天ぷら油をより完璧に処理したい

↓

キーとなったアイデアのブレークスループロセスの分析

未充足の強い生活ベネフィット

手軽に、手を汚さず、良心的に天ぷら油がより完璧に処理できる

→

達成アイデア

（要するに）

・新聞紙や牛乳パックは使わない（手軽で、手を汚させないため）
・良心的にゴミとして出せる方法
⇒固めるか強力に吸わせる

↓

解決するべき問題

・固める⇒廃油を石けんにする技術でOK
・強力に吸わせる⇒生理用品をヒントにすればOK
故にモノづくりの上の問題はほとんどなかった

←

ブレークスルー

（メラキ直り）

・油がきれいに固まらない⇒きれいに固まらなくてもかまわない。要は捨てやすければよいとメラキ直った
・「今まで捨てていたのに、消費者が300円も払うわけがない」という抵抗⇒バイヤーにこの商品の魅力が理解されなくてもかまわない。要は店に扱ってもらえれば、消費者には魅力が理解され、そうすればバイヤーにも納得してもらえるとメラキ直った

図表3-23 ● 禁煙パイポ（アルマン 1984年）

未充足の強い生活ニーズの創造プロセスのCAS分析

禁煙に関するグループインタビュー

生活ニーズ（行動の目的）

他人に迷惑をかけず、健康的にタバコを吸いつづけたい（健康と他人を気づかう喫煙者:78%）

→

行動（充足手段）

・減らす努力をする
・場所を選ぶ

↓

手段に伴う問題点（アンバランス感情）

・努力が苦痛で続かない
・吸いたい時に吸えない
〈生活上の問題〉

←

未充足の強い生活ニーズの創造

減らす苦痛を味わわず、吸いたい時に吸って、他人に迷惑をかけず健康的にタバコを吸いつづけたい

↓

キーとなったアイデアのブレークスループロセスの分析

未充足の強い生活のベネフィット

減らす苦痛を味わわず、吸いたい時に吸っても、他人に迷惑をかけず健康的にタバコが吸いつづけられる

→

達成アイデア（要するに）

・煙が他人にいかないように
・吸いたい時に吸っても本数が減るように
・タバコをやめるわけではないので、タバコがまずくなってはならない

↓

解決するべき問題

・火をつければ必ず煙が出る
・吸いたい時に吸っていては本数は減らない
・自分の好きなタバコを吸えばよいのだから、タバコはまずくならない

⋮
（つまり、技術的にムリだ!）

←

ブレークスルー（メラキ直り）

・火をつけなければ煙は出ない
・タバコの代わりになるものを吸えばその分タバコの本数は減る。だから、それを吸いたい時に吸えばよい
⇒タバコの代わりに口にくわえて、吸うとスッキリ気分になれるパイプ状のものを!
⇒それなら、吸いたい時に吸っても他人に迷惑をかけず、吸いすぎも防げる

女性の独創力と洞察力はすごい。スキルを身につけ目的と責任と権限を明確にするのみ。

在宅でできる作業が多いので結婚して、子供がいても十分に可能な仕事である。

また、その方が生活に密着した優れたＭＩＰコンセプトが生まれやすい。

31 ＭＩＰ開発のための主婦（女性）の活用

ＭＩＰ開発の課題は大別して2つある。

1つはトップの理解が得られないとすすみにくいこと。

2つ目は開発するには種々のスキルが必要なことである。

1つ目の課題は中小企業の経営者に啓蒙活動を行うことで解決する。中小企業はトップが理解すればすぐ実行がスタートし、成果が早い。

2つ目の課題が本題である。主婦を中心とした女性にＭＩＰ開発のための理論や手法（キーニーズ洞察法とキーニーズ独創法）を学んでいただく機会を作り、マスターした女性に次の役割を果たしていただく。

1．ＭＩＰコンセプトを開発し、受容性を評価し、ストックする「コンセプター」

2．企業とコンタクトし、そのコンセプトの商品化を支援する派けん「プロシューマー」

第4章

「MIP」の真髄
―奪い合わず独自的に繁栄―

- 「MIP」の真髄は戦い合わず奪い合わず繁栄することである。
- 「MIP」は市場を創造するのであって、市場内でシェアを奪う商品ではない。
- だから長年、高い利益、強いブランドを継続できるのだ。
- その典型はトヨタである。
- 「競争優位戦略」は「差別的」「奪い合い」であるのに対し、「MIP理論」は「独自的」かつ「自己増殖的」という特徴をもつ。
- 「聖域化理論」

「MIP」の真髄を捧ぐ

湖畔の驛

人のなき
湖畔の驛
すぎし日の青春
ふつふつと
想い出させて
赤いコスモスが
咲いていた。

1 ＭＩＰの真髄

「ＭＩＰの真髄」

戦わず、独自的に繁栄する

これが「ＭＩＰ」の真髄である

●「強い売りもの」はＭＩＰ開発とＭＩＰ化で創る

●ＭＩＰは非ＭＩＰの１００倍の成功率

●ＭＩＰはロングセラーになる

●ＭＩＰは強いブランドになる

●ＭＩＰは高利益を生みつづける

●ＭＩＰの拡大の本質は「自己増殖」

●ＭＩＰの特徴は「独自的」

●ＭＩＰとは新市場創造型商品のこと

●ＭＩＰは平和主義・共存共栄

――「ＭＩＰ」の典型企業はトヨタである――

2 戦わず、独自的に、繁栄する

――ＭＩＰは戦い合わず、市場を創るから強い

一代で大企業になった企業に共通していることの１つは、既存市場に後発参入するのではなく、新しい市場を開拓、創造しつづけている点である。

２００１年に発表した私の研究によると、新しく市場を創造して創業が成功できたのが65・３％である。

それに対して、既存市場に後発参入して創業が成功できた率はわずか０・３％にすぎず、99・７％は創業に失敗しているのだ。

実に創業の成功率は２００倍も高いのが、市場を創造した企業なのである。

一方、商品やビジネスで見ると、新市場創造型の商品（ＭＩＰ）やビジネスはその50％が10年以上シェア№１、高利益を得ている。それに対して後発した商品やビジネスはその０・５％しか№１になれていないのだ。

実に新市場創造型の商品（ＭＩＰ）やビジネスの成功

率は１００倍も高いのである。

新しく市場を創造するということは「戦わない」、「奪い合わない」ということである。既存市場に参入するから戦い合うしかないのだ。
ＭＩＰはシェア競争による「差別化」からは生まれない。今ない、新市場創造という「独自化」によって生まれる。

出るまでは誰も欲しいと思わない

3 追随を歓迎する

ＭＩＰはひとたびカテゴリーの代名詞になったあかつきには後発の追随をむしろ歓迎する。それはＭＩＰは戦い合わないからである。

戦い合って、シェアを奪い合う状態の中では追随は避けなければならないだろう。追随を許せばシェアを奪われかねないからである。

ＭＩＰの真髄がわかると、「追随を歓迎する」という意味や価値がわかるようになろう。

ＭＩＰは1人市場を創造し、時を得てその市場の代名詞になる頃、換言すれば、市場が拡大するや否や競合はこぞって参入する。その時、参入を妨げようとしてはいけない。歓迎するのである。その秘密は⑤で明かされるＭＩＰの「１／２の力」（「１／２効果」）にある。

4 共存・共栄

トヨタ自動車が燃料電池車の特許5680件すべて無償で公開すると宣言した。2015年1月5日ラスベガスのコンシューマーエレクトロニクスショーでのこと。インフラ整備のために他社の協力を得るためではあるが、この事例は「共存・共栄」という視点から考えると重みのある出来事である。

「共存・共栄」は業界各社、関係会社が潤うのみならず、消費者にとっても早く・安く・エコカーに乗れるというベネフィットがあるのだ。

では特許とは一体何なのか。

本来、特許とは自社の権利を主張し、自らのビジネスを有利にするためのものだ。だから共存・共栄とは一見矛盾する。

しかし、特許を得たものが他に権利を譲るのだから、その人の名声が上がる。そしてルールを作ることによってきちんとした特典を授かるように工夫する。共存・共栄にはルールが必要。

トヨタがMIP企業の典型であることの1つは奪い合いではなく、共存・共栄思想をベースに自己増殖的に成長してきたことにある。

7章で解説する「聖域化理論」で理解されるように、MIP開発やMIP化は共に競合のない商品開発であり、商品育成法なので、他社と戦い合うことなく共存・共栄が図れるのだ。

「共存共栄」の考え方は平和主義である。

その共存共栄は大別して次の2つである。（⑭章参照）

(1) 企業同士で協力して市場を拡大、維持

(2) 大企業は小さい市場を奪わない

5 MIPで1／2の「分け前」、残りの市場を「分かち合う」
──2つのMIP

MIPとしてカテゴリーの代名詞になると、長い間、その時、その時の市場の1／2の「分け前」を天（消費者）から与えられる。

それ故、市場を拡大しつつ、MIPはカテゴリーベネフィットを訴求しつづけるだけで、売上、利益が増大する。（シェアの増大ではない。）

これは「奪い合う」のではない。「奪い合わず」成長できるのだ。

その時、1／2以上の「分け前」を「奪おう」としてはいけない。残りは後発者にゆずり、分け合ってもらうのだ。

そのためMIPはカテゴリーの代名詞になったあかつきには後発者を歓迎し、市場拡大に精を出す。

後発者が互いに活発な市場活動をしてくれること自体が市場の活性化をもたらし、消費者の関心を引くのでそれによっても市場が拡大する。

MIPは前述のとおり、1／2の分け前をもつので、市場の拡大につれて売上、利益が増大するのだ。

後発者は残った市場を分け合う。それぞれが独自的なサブカテゴリーを創出し（MIP化）、その代名詞になるよう訴求しつづけるマーケティングを行うことによって、互いに奪い合って出血することなく、共存・共栄を図れる。これを「自己増殖」と呼んでいる。

以上のように、MIPは長い間にわたって市場の1／2を聖域とするのだ。

図表4-1 ● MIPは1/2の「分け前」、後発品は残りを「分かち合う」

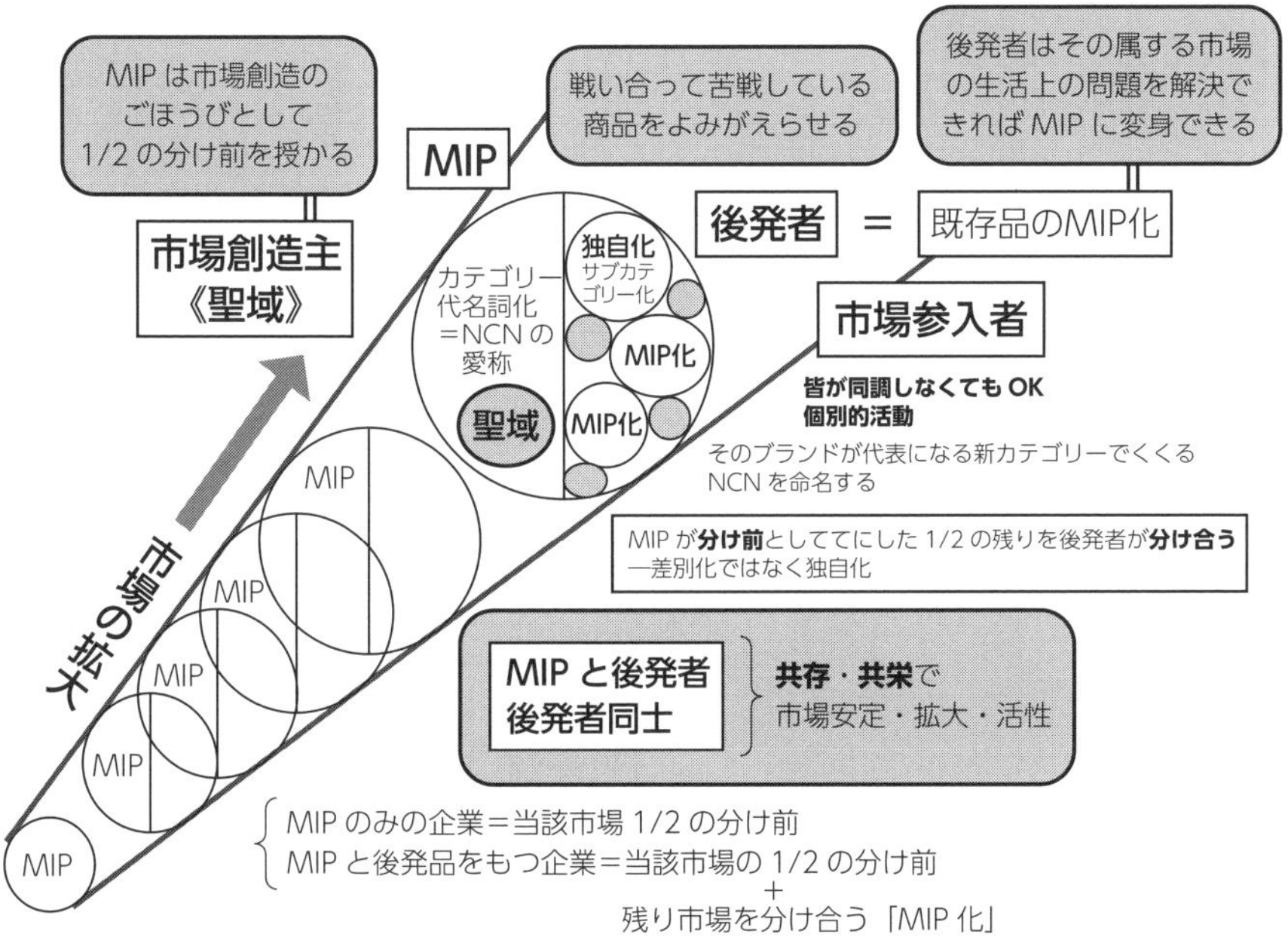

6 売りすぎず、計画的にロングセラー
——企業と戦わず、消費者の生活によりそう

ＭＩＰは奪い合いをしないので安定的に成長できる。売りすぎず、計画的にロングセラーになれるのもＭＩＰの真髄である。

ＭＩＰは企業と戦うかわりに消費者の生活によりそう。

その結果、「生活上の問題（アンバランス感情）」を発見できる機会を多くもてる分、「生活上の問題」を解決するＭＩＰが生まれやすいのだ。

それが企業と戦わずに、コンスタントな成長が叶う大きな要因である。

そして競合商品と戦わないので企業の身の丈に合った売上以上売ることはせず、次年度にその分をまわせるので計画的に年々、売上が向上し、ロングセラーになれる。

シェア戦争をしていれば、こんなことをしたら売上が減ってしまう。

7 「別品」の意味を社員と深く共有しよう

成功率の圧倒的に高いＭＩＰを開発するということは今までの市場にはなかった別物を生み出すということである。

それを漢語では「別品」という。

「別品」とは特別、別格、とりわけズバ抜けた、の意。

比較を超越した概念である。戦い合いの概念ではない。

これがＭＩＰの本質であり、真髄である。

「別品」の意味を社員と共に深く考えよう。

新しい生活には「別品」が必要。

生活を変化させるには「別品」が必要。

生活変化に対応するには「別品」が必要。

「別品」（別物）を目指そう。

とりわけ美しい女性を古来より「別嬪」という。

8 「生活上の問題（アンバランス感情）」を解決するから感動と話題を呼ぶ

ＭＩＰが「生活上の問題（アンバランス感情）」を解決するということの消費者にとっての意味は〝今までできなかったことができるようになる〟という感動や話題性である。

今まで願ってもできなかったような生活ができるようになる、ということである。

だから既存カテゴリーの差別的な商品とは比べものにならない生活上のインパクトを与えるのだ。

このようなＭＩＰの特徴が高い価格でもよく売れたり、少ない広告でも多くの人々に伝わりやすい、というメリットを生むのである。

ＭＩＰの最短かつ最重要の定義は「消費者の生活上の問題（アンバランス感情）を解決する商品」であり、消費者のしたくてもできない生活（行動）の道具化である。

9 競合と戦い合わないメリット

今まで多くの経営者やマーケターは「戦い合う」以外のビジネスを知らないために「戦わない」メリットなど考えたこともなかったであろう。

そこでこれから「戦わないメリット」を要約してお伝えしよう。

その内容は、戦わない戦略を既に採用し実践している経営者があげてくださったメリットである。

それはMIPのメリットそのものである。しかし、デメリット（課題）は知っておいていただきたいことであり、経営者が解決すべき内容である。

Satyagraha（真理の把捉）

Mahatma Gandhiは非暴力的手段で紛争を解決した平和主義者として有名。
氏の残したことば「勝つことは目的ではなく手段にすぎない。平和を手に入れるためには戦わないことこそ立派な手段である。」

図表4-2 ● 戦い合わない／MIPのメリット・デメリット（MIP開発企業の経営者アンケート）

メリット	デメリット＝課題
a. 1／2は10年以上№1保つ b. 1／2は10年以上高利益 c. ロングセラー多い d. 売上、利益の累積大 e. 新しい市場が生まれる f. 国の経済を向上させる g. 小企業が大企業になりやすい h. 話題性が高い／広告効率高い i. 後発参入がいくら多くても約1／2のシェアを保てる j. 業界の共存・共栄が計りやすい k. 業界のリーダーになりやすい l. 新商品の成功率が高い（100倍） m. 消費者の生活上の問題を解決 n. 消費者の生活を向上させる o. 社員の誇りが高まる p. 常に消費者に関心が向かう q. 1人勝ちは少ないが業界全体の利益が最大化 r. 後発者もMIP化すれば利益最大化 s. 売れる商品開発しやすい（消費者に関心が向かうので） t. 社会、業界が平和的 u. 海外進出が歓迎される v. 毎年、売上、利益計画が立てやすい ⇨ 以上をまとめると 1. 小企業が大企業になれるキッカケをつかみやすい 2. 1／2の高確率でロングセラー商品を手にでき、地球資源のムダ使いが少ない 3. それ故、毎年、コンスタントな売上と利益が得やすい 4. それは、競合にではなく、消費者の生活に関心が必然的に向くというメリットがあるからである つまり、市場を創造し、市場を拡大し、商品の成功率が圧倒的に高い。それ故に企業に永続的利益をもたらし、国の経済を豊かにする	a. 多くの企業の経験少なく、手法修得や理論の修得に時間を要す b. 経営者やマーケターの不安感 c. 経営者やマーケターの抵抗 d. 弱々しいイメージ e. 戦い合わず企業が潤うとは信じがたい人が多い f. 社内のカベが厚い g. 開発に慣れていない h. 市場がない i. 戦う敵が見えない j. 需要予測に慣れていない （g～j：売れるか不安感が強い） k. 店のコーナーがない l. 戦わないから勝つこともできない（勝つ喜びが味わえない） ⇨ 以上は当面解決すべきかなり難しい課題であるが、致命的なデメリットはない ⇨ MIPを志向する経営者は上記課題解決のためのプログラムをもたなければならない。そのめんどうさ、わずらわしさにチャレンジしなければならない ―左のメリットを多とするならば―

10 戦い合うメリットは知ってみると恐ろしく貧弱

一方、「戦い合うメリット」を実際に戦い合いのビジネスをしている多くの経営者やマーケターに列記していただいたものを要約すると図表4－3のようにまとめられる。

つまり、勝者にのみメリットがあるのであり、かつ、売上や利益に関するメリットがないということである。その上、デメリットを見ると、これはかなり致命的であることがわかろう。

この表を見た経営者は、おそらく「まさか」の思いであるに違いない。だからこそぜひともメリットだけでもじっくり時間をかけて思いめぐらせていただきたい。その上で、さらにじっくり「デメリット」を社員と共に熟慮してほしい。その時、表に列記してある「デメリット」は1つずつ精査して見ていただきたい。「戦い合う」メリットとデメリットをじっくり理解することがMIP経営の成功のスタートである。

図表4-3 ● 戦い合う／メリット・デメリット（非MIP開発企業　経営者アンケート）

戦い合う「競争優位マーケティング」のメリット	そのデメリット
a. No.1（勝ち組）の売上、利益が高い	a. No.1（勝ち組）以外利益うすい
b. 市場がある／見える	b. 競争優位のためのコストがかかる
c. 勝つ快感	c. 価格競争に明け暮れる
d. 社員の志気、団結力高まる	d. ロングセラー少ない
e. 商品開発しやすい	e. 売上、利益の累積性低い
f. 従来どおり開発に慣れている	f. 売上が小粒のまま終売するケース多い
g. 市場が活性化する	g. 市場が荒れること多い
h. 需要予測に慣れている	h. 攻撃的で血を流す
i. 戦い合って品質向上	i. 倒産する可能性が高い
j. 戦い合ってコスト下がる	j. 消費者より競合に関心が向かう
k. 戦い合って技術向上	k. MIP開発に人、物、金がまわらない
⇨以上まとめると 1. No.1（勝ち組）に有利 2. 市場があり、見えているので何をするかわかる 3. 勝った時の喜びがあり、従業員心理を操作しやすい 4. 慣れていて活動しやすい 5. 切磋琢磨で技術が高まる	l. 成功商品の確率が低い m. 競い合うことが目的化 n. 海外進出が歓迎されにくい（進出国から） o. 海外の先はない p. 話題性がない／低い q. 広告効率低い ⇨ 以上まとめると致命的 1. 一部を除いて利益が少ない 2. 先の破綻に目をおおい惰性的 3. 一定率の倒産は必然的に発生

11 高利益マシーン

ＭＩＰの経営上のメリットは長期間高利益が得られることである。

まさに「高利益」はＭＩＰの真髄である。

それ故、ＭＩＰは「高利益マシーン」そのものである。

経営者がＭＩＰの高利益効果を知れば今、すぐにでも社員にＭＩＰ開発を命ずるであろう。

ＭＩＰの開発着手は「高利益マシーン」を会社に入れたようなものだ。

利益を生むマシーン。

それがＭＩＰ開発である。（序章－④参照）

ＭＩＰ＝ロングセラー＝高利益

12 ＭＩＰは人を第一に考えることから生まれる

「ＭＩＰの真髄」の項にこれが入るのが不思議に思われる経営者もおられよう。

しかし「人を第一に考える」という心をもたずしてＭＩＰを創りつづけることはきっとできないであろう。

「人を第一に考える」とは次の２つの意味をもつ。

〈１〉従業員を大切にし、力をフルに引き出し、生かす。

〈２〉消費者ニーズに徹底して応える。

従業員を本当に大切に、力をフルに引き出し、生かせばＭＩＰを開発し、告知し、販売していく知恵が湧く。失敗して学び、成功して成長しつづける。

消費者ニーズに徹底的に応えれば次々とＭＩＰが発掘され、コンセプトもパフォーマンスも十分高まるまで商品化作業が練り上がる。

上記の「人を第一に考える」２つの内容とも非常に重い。

率直に申し上げてＭＩＰ導入企業でもまだ、徹底できているとは思えないところが多い。

13 差別化ではなく「独自化」

――ゼロから1を生む

「独自化」はMIPの真髄である。長い間、従来のマーケティングの主流は「差別化」であった。

新商品の開発ではもっぱら既存市場の既存商品との差別化であり、MIPの開発は偶然の結果のみであった。

既存品が弱ければポジショニングの変更と称して競合の弱い特性に標的を当てた差別化であった。

「差別的」とは他と比べて違う特徴をもつことであり、「差別化」とは他と比べて違いが出るような商品化や事業化のことである。

一方、「独自的」とは他にない優れた特徴をもっていることであり、「独自化」とは他にない優れた特徴を探し、それを商品化や事業化することである。

つまり「独自化」とはゼロから1を生むことである。

「独自的」な商品は「差別的」な商品よりも圧倒的に高い確率（100倍）で売れることが「MIP理論」で証明されている。

差別化の例	独自化の例
鮮度3日以内の配送のビール ＝その日以降鮮度低下 ＝他ビールよりは鮮度高い ＝比べる	開栓時が最高鮮度のビール ＝何日おいても、いつも鮮度最高 ＝比べない

14 「聖域」

ＭＩＰはカテゴリー代表度向上法（自己増殖策）によって押しも押されもしない不動の地位につく。そこが「聖域」である。

後発者を蹴落とそうとせず、カテゴリー名称とブランド名称を一対のものとして、そのベネフィットを告知しつづけることで市場を先導、拡大させる。

長きにわたり約１／２以上のシェアを奪い合わず獲得しつづけることができる。

これが市場創造主の「分け前」であり、特権である。

経営者よ！　聖域を目指せ！

15 奪い合う「占拠」経営と奪い合わない「自己増殖」経営

――主流の考え方に迎合するのか、それとも新天地を拓くのか

長い間、そして現在も「主流」となっている経営を一言で表現すれば、「占拠」の経営である。それは他企業や他商品と戦い合って市場（需要）を奪い合う経営であり、多くの経営者もマーケターも是としてきたものである。

その結果、倒産したり、価格競争に明け暮れ、利益がうすくてもそれは「占拠」経営のせいとはされてこなかった。

一方、全く「非主流」であるが、その恩恵を知ると納得する経営者やマーケターが増える「自己増殖」の経営は中小企業が永続・発展していく上で不可欠である。

企業と市場を奪い合うのに対して、消費者に寄り添う経営である。その目指すところも、その結果もいずれも100倍高い成功率とロングセラー比率は100倍以上も高い成果なのだ。

しかし、この考えは「戦い合いの経営（占拠経営）」と共存できるものである。

なお、奪い合いの比較対象は競合品であるのに対し、奪い合わない自己増殖の対象は「問題（アンバランス感情）を伴う生活行動」という決定的な違いがあることも明記しておきたい。

図表4-4 ●「占拠」経営と「自己増殖」経営と対比

	「占拠」経営・マーケティング	「自己増殖」経営・マーケティング
基本	有限（資源）の奪い合い、捕り合い	ゼロから育てる、無限性と成長性
比較対象	競合品／競合企業	問題（アンバランス感情）を伴う生活行動
成功条件	需要（市場）内奪い合う力 ＝競争力	需要（市場）の発見、開拓、拡大力＝増殖力
手段	既存市場の奪い合い	卵や種子から育てる
マーケティング	●市場占拠率（シェア）を高める ●市場セグメントして参入 ●No.1は高利益、他は利益少 ＝**既存市場内戦争**	●カテゴリー代表度向上 ●未充足の強い生活ニーズの発掘 ●MIP開発 ●高利益＝MIP化　市場を天まで伸ばす ＝**新市場の創造**
将来	需要（市場）を奪い尽くした後はない ＝**有限性**	生活変化に合わせて需要（市場）を発見し、育成するチャンスを生む ＝**無限性**
新商品	既存市場に参入	新市場の創造
現状	多くの経営、マーケティングが採用している主流の考え方	非主流 ほとんど気づかれていないが、知ると納得する経営者多い
理論	●競争優位戦略 ●ランチェスター戦略他多数	MIP（新市場創造型商品）理論
優位性	新商品開発しやすい、慣れ	●新商品の成功確率100倍 ●ロングセラー比率100倍以上
特徴	差別化	独自化
マーケティング界の地位	主流（メジャー）	非主流（マイナー）
象徴的な違い	まず店頭観察	まず生活観察

16 スターバックスは「独自化」で成長

この店は日本にお目見えした当時から孤高であった。この店は将来、どんな店になるのだろうと楽しみをこめてずっと眺めつづけた。

喫煙席がない点をとっても、それが他との違いではなく、この店らしさから考えると喫煙者は似合わなかった。

「独自的」というのは〝らしさ〟であり、個性である。孤高という個性をもってお目見えし、ずっとその個性をもちつづけている。そしてその個性を他と比べるのではなくて、自らを磨きつづけている。

決して他を見てマネしたり、差をつけたりはせず、スターバックスらしくありつづけている。

客席の回転率で収益向上を目指すこともせず、むしろ顧客がくつろぐ様を見て、それが顧客の満足の様と喜んでいる。

家でも職場でも学校でもくつろげない人々を受け入れ、くつろぎの場を提供している。

くつろぎのニーズはどこにもあり、これから全国的にこのくつろぎの空間は広がりつづけることであろう。

寄り場のない人々にとって〝なくてはならない〟場となっていく。「独自性」を保ちつづける限り。

くつろぎの場という意味の「独自性」

17 「独自化」の例 ――「うちだけ」

ＭＩＰ開発は新しく市場を拓く。

既存市場の中で「独自化」により新カテゴリーを築く。それが「うちだけ」発想である。すなわち「棲み分け的ＭＩＰ」である。

〈1〉「洗剤がいらない洗濯機」は「うちだけ」

●三洋電機の洗濯機「ＨＹＢＲＩＤ電解水で洗おう」

洗浄力競争でなく「肌の優しさ」に着目、特化（独自化）

〈2〉「水に浮く携帯」は「うちだけ」

●日本無線の携帯「Ｒ６９２ｉ」

大手と競わず、過去培ってきた技術を生かし独自色出す

〈3〉「胸元に収まるデジカメ」は「うちだけ」

●カシオ計算機のデジカメ「エクシリム」

大手との奪い合いを避け、デジカメならではの長所を生かし独自化

〈4〉「硬水で洗える食洗機」は「うちだけ」

●シャープの食洗機「なべピカさらピカ」

先発組と競わず消費者の理想を追求し、水で洗うことに特化

上記4品はいずれもエレクトロニクス市場に属すものであり、「追いかけ効果」によって10年未満にNo.１の座を奪われる可能性はあるが、家電品における「独自化」の好例ではある。（２０００年～２００２年に発売）

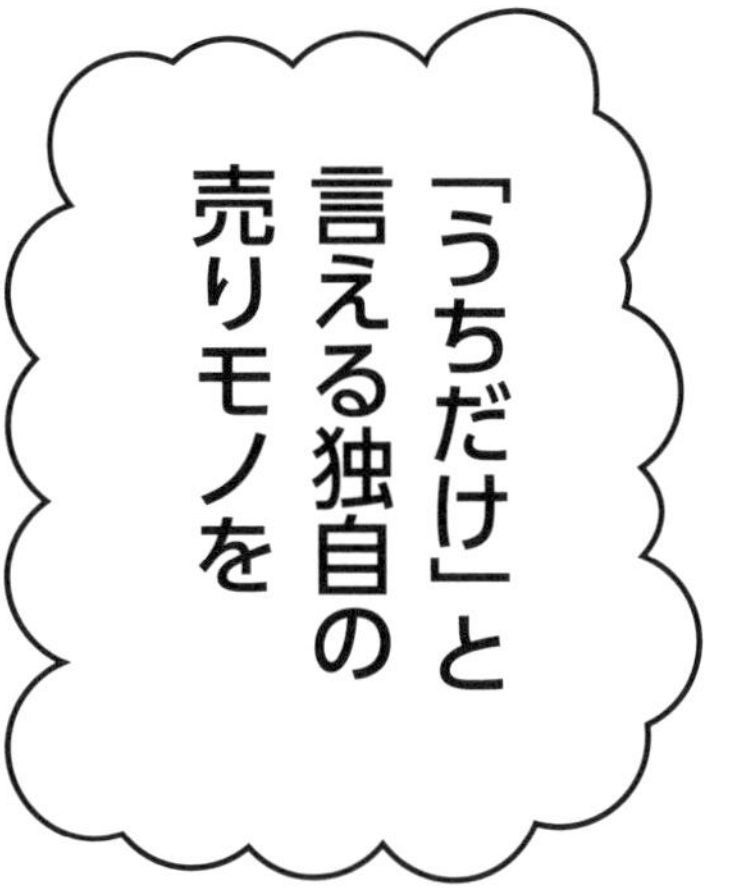
「うちだけ」と
言える独自の
売りモノを

18 市場としての「独自性」を失いつつあるビール業界
――本当の需要はまだ伸びる

長らく酒類市場の王者として君臨し、今も巨大な需要を誇るビール業界。

しかしダウントレンドは止まらない。

消費者はビールのパフォーマンスに比べてコンセプトの魅力を過小評価している。

その最たる要因は「独自化」の欠如である。

ビール、発泡酒、第三のビール、プリン体ゼロ…と矢継ぎ早に大手メーカーが戦い合ってきた。これらは「差別化」にすぎず、戦い合い、奪い合いであり、それは売上が累積せずに入れ替わっていることが何より示している。

つまり長く、競争優位戦略を大手メーカーが互いにとってきたつけがここに来て表われている。

しかも、大手各社はそろって今後需要は減少する、と見ているからますます減少するだろう。力がそがれるのだから。

しかし、ビールには復活の大きな可能性が残っているのだ。

たとえば、世界各地で愛飲されている多種多様な味の輸入ビールや、日本各地の地ビール（土地の特色を生かした）の開発や掘り起しを徹底することで「選べる楽しみ」がビールの新たな魅力となる。

ビール好きのみならず、ビールの頻度が向上する。今のビールは味がよく似ていて飽きやすいが上記を行えばまず飽きられにくい。

多品種少量という生産効率の悪さが課題となろうが、この非効率の効率化を業界一丸となって行ってみてはいかがであろう。ビール愛飲者にとってはどんなに朗報であろう。

「47都道府県の一番搾り」がキリンビールから発売された。各県別の独自のご当地〝らしい〟味を楽しめる。品質の均一化という固定観念をよくぞ破ってくれた。みごとなメラキア発想（12章参照）だ。

19 「人に真似されるような商品を作れ」
――シャープ創業者　早川徳次

シャープ創業者早川徳次は他社との不毛な価格競争に陥ることを避けるべく、かつて「人に真似されるような商品を作れ」というスローガンを打ち出した。

氏はシャープペンの生みの親。世界にむけたＭＩＰである。

「人に真似される商品」というのは消費者に魅力を与え、よく売れる見本とか手本のようなものだ。先発して最初の成功商品になることを意味している。

歴代の経営者もこれに倣い「他にないものを作れ」、「目のつけどころをシャープに」、そして「オンリーワン商品を創出せよ」とスローガンを出している。

しかしこれらは似て非なるものであると私には思える。

これらは「独自的」ではあるが、消費者ニーズを軽視する危険性をはらんでいるのだ。

特に「オンリーワン」は今でもはやり言葉だが、「オンリーワン商品」を作るのは簡単、しかし売れるのはごくわずかであることを忘れぬよう。ほとんどは変人コンセプト＊の商品になってしまうのだ。

創業者早川の意図は「消費者のニーズに合って、かつ今ないもの」なのだ。それが後継者のスローガンからは消えている。だからこのままだとシャープは厳しい状態におちいる。―本項執筆後、この予測は当たった。

＊変人コンセプトとは未充足だが、そのニーズを強くもつ一群がいないニーズに応えるコンセプトのことで売れない。

シャープの現状をもたらした根本は創業者早川徳次の思いが継承されていないことに尽きる。

過去、シャープの成功商品はすべてＭＩＰばかりであったことを忘れるべきではない。

20 出るまでは誰も欲しいと思わない
――未充足の強い生活ニーズを発掘せよ

ＭＩＰのヒントは明らかに未充足の強い生活ニーズが握っている。

「心の中にあって市場にない商品を探せ」

心の中にあって市場にない商品は「未充足の強い生活ニーズ」であり、それに応えると成功する。なぜならそれはＭＩＰになる商品だからである。

そして「未充足の強い生活ニーズ」の大半は潜在している。

それ故、ＭＩＰを探すヒントは潜在ニーズが握っているのである。

したがって企業はこぞって「潜在ニーズ発掘」の競争こそすべきである。これは奪い合いと比べて明らかに心豊かな高利益をもたらす競争なのである。図表４－５を参照されたい。

図表4-5 ● 心の中にあって市場にない商品を探せ

		市場に	
		有	無
心の中に	有	**失　敗** **凡人コンセプト** （他になければ欲しいけどあるからいらない）	**成功（MIP）** **天才コンセプト** （とにかく欲しい）
	無	**失　敗** **できの悪い凡人コンセプト** （めずらしくも欲しくもない）	**失　敗** **変人コンセプト** （めずらしくておもしろいけど欲しくない）

出所：『ビジュアル図解 ヒット商品を生む！消費者心理のしくみ』梅澤伸嘉、同文舘出版、2010年、153頁

21 既存品の「独自化」＝ＭＩＰ化
――メラキアの発想でうまくいく

苦戦している既存品でも「強味」があれば「独自化」によりブランド強化できる。

いわゆる「ＭＩＰ化」である。

この「独自化」の仕方はメラキアの発想（12章参照）を用いることでうまくいく。

北海道帯広市に「わくわくらんど」という屋内遊園地がある。

経営者の長原和宣氏は「晴れた日の来客が極端に少ない」ことを悩んでいた。

その悩みは「メラキアの発想」によってみごとに解決した。

メラキアのキーワード（ＫＷ）は「晴れた日の来客は少なくてもかまわない」要は強味である「屋根つき」を生かし、高収益事業になればよい、とメラキ直り、「雨の日、雪の日専用遊園地」（新カテゴリー名）とし、雨の日や雪の日ほど楽しいことを魅力のポイントとしてミニコミ誌に告知し、大成功を収めた。

このアイデアは屋外遊園地と「戦い合わず」、共存共栄できる「独自化」の好例である。「独自的」なものはフランチャイズ方式のビジネスに最適である。

〈ＵＳＰ〉雨の日、雪の日ほど楽しめる！

「独自化」とは他を切り捨てることである。この例では晴れた日の来客を捨てたのだ。それでも雨の日と雪の日は戦い合わずに客が押しかける。

帯広の年間降雨、降雪日は約40％である。雨や雪の日だけで十分ペイするのだ。

しかも晴れた日の来客を捨てたにもかかわらず、屋内遊具の魅力を知った消費者は晴れた日も来るのだ。奪い合わなくても魅力があれば消費者は選んでくれるのである。たとえば母親は子供だけ残して自分は買い物をゆっくり楽しめる、という魅力も売りもの。

22 「独自化」とは市場のパイオニアになること

ＭＩＰは既存商品のもつ問題ではなく、従来の生活上の問題（アンバランス感情）を解決する。

ＭＩＰは比較対象そのものが競合品ではない。従来の生活（行動）が対象であり、それに伴う問題（アンバランス感情）を解決する形で生まれる。それ故、シェアの戦い合いのロスがなく、すべて消費者の生活上の問題を解決し、市場のパイオニアとなる。

それに対して差別化のマーケティングでは市場にある自社や他社の商品上の問題を解決したり、レベル向上を目指す。

このこと自体は消費者にとって望ましいことである。

しかし、差別化のマーケティング、あるいはシェア競争のマーケティングは、奪われまいとして費用を投入し、奪おうとして費用を投入するのだ。つまり、この当り前のように行われるシェア競争そのものが収益性の足をひっぱっている、という事実をどう考えるかである。

図表4-6 ● MIPは差別化でなく、独自化だから新商品の成功率が高い

	差別化	独自化
比較対象	競合品	生活上の問題を伴う行動
マーケティング戦略	戦い合う ● シェアを奪い合う ● 4P戦略	戦い合わない ● 市場の創造、拡大 ● 成功率の向上 ● 長寿化 ● カテゴリー代表度向上
市場	今ある	今ない
カテゴリー	既存カテゴリー（差別的カテゴリー）	新カテゴリー（独自的カテゴリー）
利益	シェアNo.1以外は少	多
商品寿命（成功率）	短命（売上・利益が累積しない）	ロングセラー（累積的に売上・利益向上）
マーケティング界の位置	主流（メジャー）	非主流（マイナー）／新流
意味	distinctive ● 他と比べてどういう優れた特徴をもつ	original ● 他にない ● これでしか言えない ● 今までない }優れた特徴をもつ

23 戦い合わない「価格政策」

——価格は価値に見合うようにつける

戦い合わずに繁栄、成長するＭＩＰ経営における価格づけは、競合品がないのであるから、競合と比べることはない。左の図（不等号）のように「価格」は「価値」に見合うよう同等とし、「原価」より高く付ける。

それ故、限りなく「価値」を高めるようコンセプトとパフォーマンスを高めれば、その分「価格」は高く付けられる。

価値　＝　価格　＞　原価

売れる　もうかる

ＭＩＰは競合がないので、競合品の価格と比べて価格づけする必要がない。それ故、「原価」がどんなに安くても「価値」が高ければ高い「価格」がつけられる。

すなわち、純粋に「価値」を高めることに集中すればよい。「価値」を高めることは消費者が喜ぶのみならず、高い値付けでも消費者が喜んで買ってくれるという、企業にとっての大きなメリットがあるのだ。

競争戦略では、マーケティングの４Ｐと称して「価格」を差別化の道具として用いる。

それがドロ沼の価格競争をもたらすのだ。

この考え方は従来の価格についての革命である。金を払う人（生産者に対する消費者）は上位のような風潮が生まれたのも価値よりも価格は安くしないと買ってもらえないという従来の考えによる。14章で示すように、生産者と消費者は本来互いの得られる満足は等価であるべきなのだ。

24 戦い合わない道を行く2つの覚悟
――類人猿研究の教訓

私が「戦い合わない」マーケティングを志向し、それによってロングセラー商品を数々輩出し、最近では多くの経営者の方々に「戦い合わない」やり方を伝授しているのだが、そういう方向の是非についてあらためて「これだ！」と思えたキッカケはNHKのTVでアフリカ・コンゴ川左岸に棲むボノボの生態を知ったことである。

それからすぐ、古市剛史著「あなたはボノボ、それともチンパンジー」（朝日新聞出版、2013年）を買い求め読み進むうちに、ある種の確信に至った。著者の古市博士は本の終わりの方で「ボノボであることの2つの教訓と題して次のように述べておられる。

(1) 戦い合いによって人よりも得することを追い求めない覚悟
(2) 攻撃的に競争を仕掛けてくる人や国には負けることを受け入れる覚悟

この2つの覚悟をつきつけられても私は全くとまどうことはなかった。むしろ、「戦い合わないということはこういうことだ」と再確認できたのであった。そして、この2つの覚悟の代償として図表4－2にまとめた数々のMIPのメリットが多くの企業に及ぶのならば、多くの経営者はこの2つの覚悟を甘んじて受け入れるであろう、と思えるのだ。

25 チンパンジーとボノボ

人間にはチンパンジー的な性格とボノボ的な性格が共有し、時としてどちらかが前面に出ると言われる。

約600万年前に人類と同時に分かれたチンパンジーとボノボは人間に最も近い類人猿と考えられている。

チンパンジーは攻撃的、ボノボは平和的な行動が多いとされる。

両者を分けた要因はコンゴ川流域左岸に住みついたボノボは食べ物に恵まれ、右岸にとどまったチンパンジーは常に食べ物の不足と他の動物の攻撃にさらされ長く生きてきた。

私が主張する「戦い合わずに共存・共栄」のビジネスはまさにボノボ的である。戦い合わずに市場を創造し、その市場を先導・拡大していく、これがMIPの真髄である。㉔で触れた2つの覚悟は必要であるが、ボノボ的にビジネスを成功させることは十分可能である。

26 「禅」は戦い合わない生き方を示唆している。

東洋、とり分け日本独自の思想である「禅」は戦い合わない生き方を示唆している。

思えば日本の終戦前までは、商人の考え方は「禅」的であった。とり分け老舗企業の思想には「禅」的な考えが根本にあったし、今もつづいている企業は多い。

そもそも現代の商売における戦い合いのやり方は明らかに欧米から輸入されたものである。

それが飛躍的な経済成長をもたらし、同時に多くの倒産を生み出しつづけている。

それを認める考え方は、「勝ち組があれば負け組がでるのは当然」の考え方である。努力をせずに倒産するのはやむを得ないが、努力をしても一定の比率で倒産する、という現状は是とすべきものではない。元来、日本人の精神構造にはなじまない。

飛躍的な経済成長は、決して戦い合いによってもたらされたわけではない。

序章－⑫で見たとおり、新しい市場が欧米を手本として創造されたことが基本的な成長の要因である。

「禅」とは静慮／精神を統一して真理を徹底的に見きわめること。

長く日本商人の心にありつづけた禅の精神を今日的に学び直し、商人のあるべき道を考えることは企業の永続、繁栄にとってとても大切なことのように思われる。

27 戦い合うもよし、戦い合わなければなおよし

市場ができてから、その創造主を追って数々の後発が参入してくる。彼らは互いに戦い合って、その中で勝者と敗者が分かれ、敗者が何とかまき返そうと戦い、勝者は奪われまいと戦う。

このような戦い合いは、戦い合わないＭＩＰ経営と比べると明らかに利益をうすくし、その中から一定比率で倒産が発生する。

それ故、戦い合わずＭＩＰ経営をとる方がよいに決まっている。成功率も利益率も高い。

しかし、戦い合わないＭＩＰ経営などとても信じられないし、何よりＭＩＰ開発などという今まで行ったことのない新しいことをしなければならないのもわずらわしいと思うなら、今までどおり戦い合うのもよいだろう。

戦い合うか戦い合わないかの道の選択権は企業がもつのだから。

ただし、戦い合う道の選択をするなら、成功率と利益率が圧倒的に低いことを覚悟しなければならないし、その結果として倒産も覚悟が必要だ。

ここは経営者がはっきりと将来を見すえて判断しなければならないところだ。従業員にとって望ましいのはどちらか、消費者にとって望ましいのはいずれか。

従業員にも消費者にも「戦い合わない」選択がベターである、と確信をもっていただきたい。

戦って得をするのは一人だけ

28 MIP企業から見れば戦い合いは大歓迎

戦い合わないMIP企業から見れば、追随してくる後発参入商品同士が戦い合う方が市場が活性化するし、市場拡大しやすいというメリットがある。

まちがってもトップ（市場創造主）が戦い合いに入っていかない限り。

戦い合う選択も、戦い合わない選択も、それは企業の意思である。

MIP経営は、戦い合わずに成功する道を志向するが、かといって戦い合う戦略を否定するものではない。

それは戦略を選ぶ権利は企業がもつからである、という理由以外の理由ではないが。

29 「今　ないモノ」を創る
——発想を変えれば　ヒット&ロングが生まれる

「今　ないモノ」を創るしか大成功するロングセラー商品は生まれない。ということをご存知だろうか。

「今　ないモノ」を創るしかロングセラーとして大成功を手に出来ない。ということを確信すれば、今まで短命の商品しか生まれなかったワケが納得できるであろう。

「今　ないモノ」を創るという発想がなかったか、弱かったことが気づかされよう。

「今ないモノを創る」というのは今までほとんどの経営者が気づいていなかった成功率の高い、高利益体質の会社づくりになる特効薬なのである。
「今ないモノ」それが「MIP」である。

30 MIPの成功はプロセスであって結果ではない

戦い合って勝ち組になる、ということは現代のビジネスの王道なのであろうか。

戦い合わないで成功するというMIP経営があるなどということを知らないのであろう。とにかくほとんどの経営者やマーケターは戦い合いしかしない。

筆者は言うまでもなく、ある時からはMIPしか開発せず、高い成功率を収めてきた。しかし、多くの人はその成功率の高さは「結果」としか捉えていない。

長期間№1になっている「結果」だけに目を奪われてはならない。

MIPは結果ではなく、プロセスに目をやらないと本質を見誤る。
奪い合わず成功するために「他にない」独自的なものを発見し、それに応えるコンセプトとパフォーマンスを開発し、天まで伸ばすプロセスがある。

31 「未知の道」を覚悟しなければ「独自の道」は拓けない

「戦い合い」は勝つか負けるかしかない。

そこには何の多様性も、あいまいさもない。

「勝てば負ける」、「勝つから負ける」という深い意味すら存在しない精神の枯れた世界。潤いのない世界。

ビジネスでの負けは死につながる。

どうするか？「勝つか負けるか」のバクチの世界から足を洗うことである。それがＭＩＰの世界への入口。

MIPは「独自の道」。しかしその道は歩んだことのない「未知の道」。

「未知の道」に入ることが、MIPを手にする道であるということを覚悟しなければMIPの世界で成功はおぼつかない。

勝ち組にしか利のない「戦い合い」の世界で勝ち組を目指すか、それとも「戦い合わない」未体験の「未知の道」で永遠の成功をつかむか。

32 滲みついた「競争原理」

抜きつ抜かれつの「競争」は子供のころから滲みついた行動で、もはや無意識。

だから、その目的も善悪も、もはやなく、何の疑いもなく戦い合っている。

「競争原理」というのは勝ちが「正」、負けは「悪」。

それ故、勝つことにガムシャラになり、いきおい勝つためには手段を選ばず悪行すらも手を出す。

また、「競争原理」はいつまでも勝ちつづけられる保証はない。それ故、いつ負け組になるか、という不安がつきまとい、その不安解消のためにさらに戦い合う。

「禅」は「結果」を重んじない。結果が出るまでのプロセスを重視する。

今はとかく「結果」を優先。「とにかく結果を出せ」と社長は言う。しかし、その「結果」とは何かすら不明のままで。だから「結果」として「結果が出ない」。

より良い結果は他と比べるのではなく、「自らの過去と比較」することで得られる。

33 勝ちつづける妙薬はない

企業間競争やシェア競争でずっと負けないでいたいだろうか、と問うと「Yes」と答える経営者が多いはずだ。それでは静かに考えていただきたい。ずっと負けないでいつづけるにはどんな手段があるかを。すると次の2つしかないことに気づかれよう。

① ずっと勝ちつづける。

② 戦わない。

では、どちらが実現可能か考えてみていただきたい。答えは明らかに②であろう。つまり、「戦わない」やり方は実はずっと負けない、つまりずっと勝ちたい人の手段なのである。

勝った時の優越感だけ犠牲にすればよいのだ。このように冷静に論理的に考えれば、「戦わない」MIP経営こそ、実は多くの企業に受け入れられるものなのである。MIP経営は実は〝勝ちたい願望〟の強い経営者にこそ待望されていた処方箋なのだ。

34 「優良少子化理論」と企業の共存共栄

「優良少子化理論」を推進するとマイナーな商品（シェアの低い商品）を市場からカットせざるを得ない。しかし、マイナーな商品をカットするということはマイナーだが、それを愛用している消費者の愛顧を裏切ることになる。

したがって、両者の矛盾を解決する策が必要。

その1つが企業同士の共存共栄の立場から棲み分けのし方を決めるという策である。

大手同士がベネフィットが同じ後追い商品は出さない、とか。小さい企業の商品は大手が追随しない、とかを業界で決める。

また、MIPは基本的に1／2のシェアは独占できるので、それを守るようカテゴリー代表度を高め、残りを他社にゆずるという考え方も共存共栄の思想に合致する。この考え方は業界での取り決めの必要はなく、消費者心理主導で達成できる。

35 MIPが生まれにくい根本的な要因

――「市場」は無限のものと考えていない

多くの企業では「MIP」が意図して生まれない。その主な要因はせんじつめると「市場」の考え方にある。すなわち多くの企業人は「市場」とは既存市場を指し、既存の商品の分類と考えている。それ故、「市場」は有限のものと思っている。そのため「新しい市場を作れ」といわれてもそんなものはあるのか、ととまどう。

しかし「市場」は実は無限なのだ、と考えないとMIPは意図して生まれない。すなわち、私が考える「市場」とは消費者の生活ニーズの数だけ存在するものであり、潜在ニーズまで含むので無限なのだ。

以上より、MIPを積極的に開発しない主要因は「市場」を無限と捉えないことなのである。

第5章

強いブランドの創り方

- ブランドとはカテゴリーの代名詞である。
- 強いブランドとはその代名詞の度合の高いブランドのこと。
- つまり、強いブランドとはカテゴリー代表度が高いブランドである。
- MIPは強いブランドとなる。
- ブランドが弱いのはMIPでなない証拠

カテゴリー名を聞くとブランド名が浮び、
ブランド名を聞くとカテゴリー名が浮ぶ。
「強いブランド創り」の知恵を捧ぐ

報われない努力はない。

信念に基づく努力は
必ず報われる
少しばかりの努力で、
"報われない"とサジを投げてはいけない
報われないのはまだ
努力が足りないだけ。

ひ

1 消費者が欲しいのはブランドではなくカテゴリーである
——ブランドの「意味」がカテゴリー名

ブランドが価値をもつのはカテゴリーの代名詞になってからのことである。


発売間もない時は、消費者は自分の未充足の強い生活ニーズに応えてくれる新しいカテゴリーに関心があるのだ。

たとえば、「カビキラー」が1982年に登場した時、消費者は初めての「カビ取り剤」が出たことに感激し、買った。決して「カビキラー」が欲しかったのではないのだ。


そして、「カビキラー」がカテゴリー代表度向上策によって「カビ取り剤」の代名詞という意味をもった時、強いブランドとなる。つまり「カビを取りたい」と思ったら「カビキラーが欲しい」というブランドニーズが発生する。

2 新カテゴリー名の条件
——MIPの成功を助ける

新カテゴリー商品（MIP）が成功するための大きな条件の1つが「新カテゴリー名」である。

優れた新カテゴリー名の条件は次のとおりである。

(1) 何であるか良くわかる
(2) 今までない商品のイメージを明らかに与える
(3) 最短の名詞

「スキンガード」という皮膚用虫よけ剤は新カテゴリーであるにもかかわらずカテゴリー名が付いていなかった。電話で主婦にアンケート調査したところ、約60％が避妊具と答えた。発売直前であったので、あやうく失敗をまぬがれた。「皮膚用虫よけ剤」という新カテゴリー名を付け大成功。今日まで市場を代表する商品として40年間売れつづけている。「新カテゴリー名」をつける習慣をつけよう。

MIPは「新カテゴリー名」をつけなければほとんど失敗する。「何であるか」が不明だからである。

3 ブランド名はカテゴリーの愛称

「ブランド」はカテゴリーの代名詞であり、愛称である。MIPは初めての市場を創造した商品である。それ故、初めはそのカテゴリーには1つの「ブランド」しかない。

やがて市場が拡大し、後発品が参入してくるにつれて、さまざまなブランドが乱立するようになる。

それまでに、MIPはカテゴリーの代表度を高めておけば、カテゴリーの愛称とか代名詞になっている。

消費者はそのカテゴリーが必要になった時、その愛称が頭に浮ぶ。

しかし、後発参入がある前に、カテゴリー代表度を高める活動をおこたると、時に、後発に首位の座を奪われることになる。

カテゴリー代表度を高める活動を「カテゴリー代表度向上策」という。7章を参照されたい。

4 強いブランドの定義
——あなたのブランドの「カテゴリー名」は何か

「ブランド」とは単なる名前ではない。

カテゴリーの代表(代名詞)が「ブランド」である。カテゴリーの愛称といってもよい。

「強いブランド」とはカテゴリーの代表度が高いブランドである。代名詞の度合が高いブランドである。

カテゴリー名を聞いて、まっ先に思い浮かぶブランドは強いブランドである。

「そのカテゴリーが欲しい」というカテゴリーニーズが発生した時、まっ先に思い浮ぶブランドは強いブランドである。

そのために、③で述べた、カテゴリー代表度を高めることが不可欠なのだ。

そして、そのために「カテゴリー名」が妥当に決まっていることがこれも不可欠なのだ。

「カテゴリー名」が妥当に決まっていないといくらお金をかけて知名度は高くなっても、「代名詞」にはなり得ず、売上やシェアが思うように高まっていかない。

まずはご自分の会社の商品の「カテゴリー名」を考えてみよう。

代名詞になるということは、そのブランドに「意味」が付与され、消費者にどんな価値が与えられるかが消費者に伝わることである。

そのためにはブランド名はできるだけそのカテゴリーを連想しやすいものにすることが秘訣である。

5 強いブランドが「強い売りモノ」である

「強い売りモノ」とは多くの人が長い間お金を払いつづけてくれる対象のことである。

それは商品でもあり、サービスでもあり、ショップでもある。

それらが売れるためには「強いブランド」になっていなければならない。

そのためにはまず「新カテゴリー名」をしっかり決め、それをブランドと共に告知しつづけなければならない。

「○○（新カテゴリー名）といえば「××（ブランド名）」を心の中で連動するようにするのだ。


ちなみに、ブランド名の知名度がどんなに高くても、それが「何である」（カテゴリー名）かが理解されていなければその価値は低い。

お金をかけて知名度はこんなに高くなったのにその割に売上が伸びない、ということはないだろうか。

6 「強い売りモノ」を「強いブランド」にする(1)
――「強いブランド」とは何か

「強い売りモノ」は強いブランドになる。

「強い売りモノ」は早く経済的に強いブランドになれる。

「強い売りモノ」は強いブランドになった時、長く存在することができる。

「強い売りモノ」づくりは強いブランドづくりである。

では、「強いブランド」とは何か。

「ブランド」とはそのブランドが属するカテゴリーの代表（代名詞）という「意味」をもっている。

「ブランド」の強さによって、その代表度（代名詞度）は異なる。

「強いブランド」とはカテゴリーの代表度（代名詞度）の高いブランドである。

「クロネコヤマト」と言えば「宅配便」というカテゴリーをすぐ連想し、「宅配便」を頼もうとすると、まっ先に「クロネコヤマト」が思い浮かぶ。

「強いブランド」の代表格といえば、「クロネコヤマト」（宅配便）、「セブン-イレブン」（コンビニエンスストア）、「カビキラー」（カビ取り剤）、「パブロン」（カゼ薬）など。

これらはいずれもカテゴリーの〝連想価〟が高く、カテゴリーの完全な代名詞になっている。みな強いブランドである。

7 「強い売りモノ」を「強いブランド」にする(2)
——ブランディングとは何か

「ブランディング」とはブランドを強化しつづける活動である。

「ブランド」とはカテゴリーの代表（代名詞）という「意味」を消費者から与えられているものである。

それ故、「ブランディング」とはカテゴリーの代表（代名詞）という「意味」をそのブランドに与える活動と言える。

換言すれば「ブランディング」とは「意味化」の活動である。

消費者はブランドに限らず何でも〝認知〟する時、必ず「何である」という「意味」をつける。心理学で「意味化」とか「体制化」という心理である。

それ故、「強いブランド」に向けてブランドを強化するためには、そのブランドが属する「カテゴリー名」をまずもって妥当に決めることが大原則である。

このことはしかしほとんど知られていない。

そのためにブランディングに失敗しているケースはことのほか多いのだ。

ＭＩＰには「新カテゴリー名」が不可欠なのだ。

8 「強い売りモノ」を「強いブランド」にする(3)
——ブランド名のつけ方の秘訣

「強いブランド」にするために最大のポイントがある。
しかもほとんど知られていない。

それはカテゴリーの代名詞（代表）になりやすい名前を探すということである。
それは「カテゴリー連想価」が高い、と表現される。

この概念は心理学の古くからある概念で、ある名前がどのようなカテゴリー（意味）を連想させる力があるか、という概念。

「スーパードライ」と言えば「ドライビール」
「カビキラー」と言えば「カビ取り剤」
「クロネコヤマト」と言えば「宅配便」

〈ブランド名のつけ方〉

1. カテゴリーの代名詞（代表）になりやすい（カテゴリー連想価が高い）。
2. 商標権がとれる。
3. 「心」に残りやすい。—印象的
4. ブランド拡張しやすい。
5. 多国語に適用しやすい。

とり分け、1が最重要である。

ブランドは新カテゴリーの代名詞

9 ブランドパワー

ブランドとはカテゴリーの代名詞である。

強いブランドとはカテゴリーの代名詞の度合の高いブランドである。

ブランドパワーは三つの力の結合である。

そのカテゴリー（市場）の代表となったブランドは面積の大きな正三角形になる。

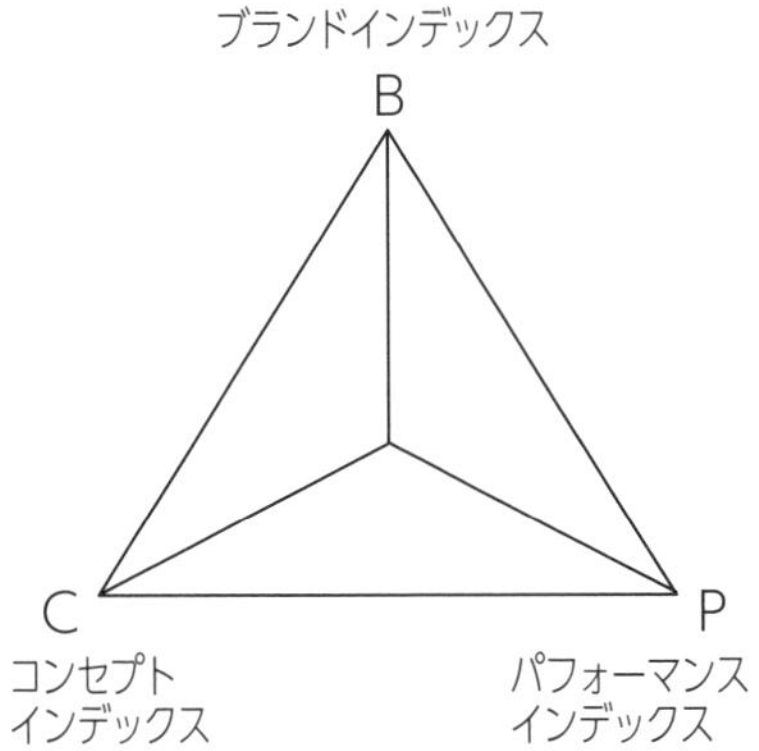

$$\text{B インデックス} = \frac{\text{非助成知名率}}{\text{助成知名率}}$$

$$\text{C インデックス} = \frac{\text{現使用率}}{\text{助成知名率}}$$

$$\text{P インデックス} = \frac{\text{現使用率}}{\text{過去経験率}}$$

10 「強い売りモノ」が「強いブランド」になる
——ＭＩＰ開発がベストアプローチ

強いブランド作りの決定打はＭＩＰを開発することである。それに勝る手段はない。

ＭＩＰはＣ／Ｐバランスの良い新カテゴリーであり、ロングセラーとなり易い「強い売りモノ」である。

それ故、カテゴリーの代名詞であり、「強いブランド」となる。

強いブランドづくりは、発売後の活動と考えられている。しかし、強いブランドは生まれにその秘密があるのだ。

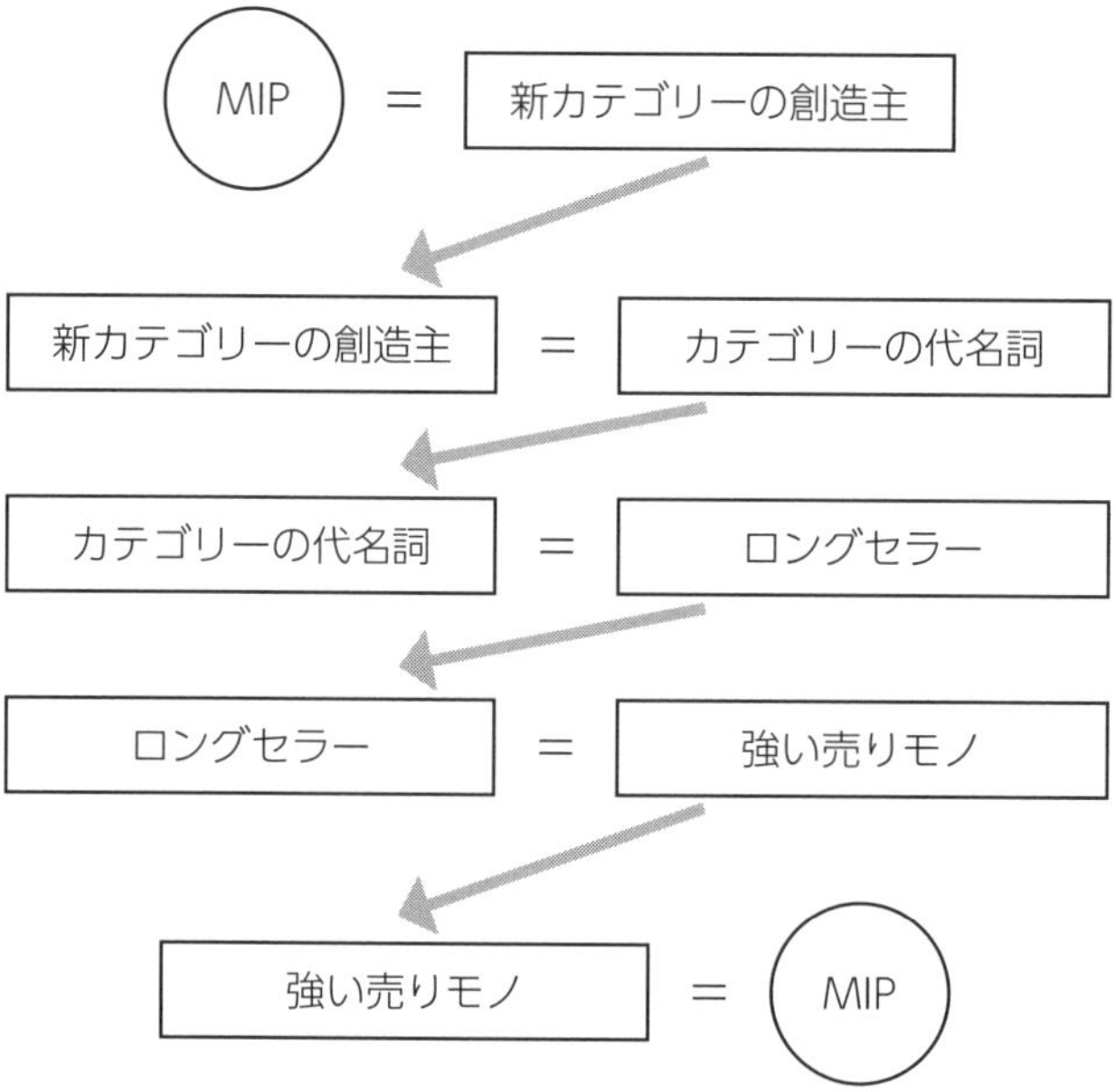

11 ブランドの強味の重要度と活用度

ブランド強化、強さ維持のためのカテゴリー代表度向上策を行うには、

- ●当該ブランドの強味の重要度の棚卸と
- ●活用度を常に（定期的に）チェックすることが必要。

〈記入例〉

重要度	強味の内容	活用度
1	カテゴリー代表度50％以上	不十分
2	技術的優位性	不十分
3		

「強味」とは捨ててはならぬもの、活用すべきもの、常に磨きつづけるもの、他にないもの。

記入例のケースは重要度№1と№2の強味の活用度が“不十分”の判定になっており、ブランド強化の課題がクローズアップされる。「カテゴリー代表度」が№1である強味の活用が不十分なのは、その後の天まで伸ばす活動に課題がある、ということを意味する。

既存品でもＭＩＰ化によってオリジナリティを認知させるように工夫すると、ブランドロイヤルティを高めることができる。その典型は「クロネコヤマト」である。

詳細は、７章の聖域化理論「独自化」（ＭＩＰ化とも呼ぶ）による既存品の強化を参照してほしい。

12 ブランドロイヤルティの向上はＭＩＰ開発やＭＩＰ化で

――従来型マーケティングとの決別

従来のマーケティングでは、ブランドロイヤルティ向上のためには既存顧客へのサービスの提供やリピートを促すプロモーション、およびトライアル向上のための継続的でタイミングのよい広告が主な施策であった。

「しかし、それらよりも強力な施策（トライアルとリピートの向上のための）はオリジナリティの創出と訴求である。

それがＭＩＰであることを梅澤は立証した。（「価値づくりマーケティング」―上原、大友、２０１４年）

ロングセラー商品はオリジナリティが高い、と消費者に認知されている。（梅澤 2001年）

ブランドロイヤルティの向上はロングセラーをもたらす。

そのためには消費者がオリジナリティが高いと認めるMIP開発が先決。

図表5-1 ● カテゴリー連想価の高いブランド名

ブランド(商品)名		カテゴリー名
クロネコヤマトの宅急便	—	宅配便
カンターチ	—	スプレー洗濯のり
クリンスイ	—	家庭用清水器
カップヌードル	—	即席カップ麺
カビキラー	—	カビ取り剤
なめらかかと	—	かかとしっとりパック
養命酒	—	薬用酒
カラムーチョ	—	激辛スナック
コカ・コーラ	—	コーラ飲料
ウォークマン	—	ヘッドホンステレオ
禁煙パイポ	—	禁煙節煙パイプ
固めるテンプル	—	天ぷら油処理剤
ウコンの力	—	ウコンエキスドリンク
トイレその後に	—	トイレ用瞬間消臭スプレー
ファブリーズ	—	布製品の消臭・除菌
ひかり	—	東海道新幹線超特急列車
ぐーぴたっ	—	空腹感解消ビスケット
スキンガード	—	皮膚用虫除け剤
ブルーレット	—	水洗トイレボールクリーナー
トヨタ・プリウス	—	ハイブリッド車

※「カテゴリー連想価」の高いブランドは相対的にコストと時間が少なくても「意味化」されやすい

13
ブランド名とカテゴリー名の例

第6章

「強い売りモノ」は消費者ニーズが創る

- 「消費者ニーズ」を読み誤れば、必ずビジネスは失敗する。
- しかし、あまりにも知られていないのが「消費者ニーズ」なのだ。
- 消費者ニーズとは「満足」を得るために「行動」を駆り立てる力である。
- MIPは潜在ニーズの世界からやってくる。
- 強いニーズは行動に表れる。
- 未充足の強い生活ニーズに応えよ。

本書では必要最小限のものだけ触れ、
消費者ニーズについて深く理解することを促し、
「消費者ニーズ」の基本を捧ぐ

生きる

生きるとは
生かされること
人に支えられ
親に守られ
自然に育まれ
かろうじて　人は
生きるのです.

1 消費者ニーズを読み誤れば必ずビジネスは失敗する

消費者は意識、無意識を問わず自分のニーズに応えてくれるものを買う。

それ故、消費者のニーズを読み誤れば、必ずビジネスは失敗する。

しかし、それにもかかわらず、ビジネスの失敗が消費者ニーズの読み誤りであると自覚している経営者やマーケターは驚くほどまれである。

だからたびたび読み誤りをおかしてたびたび失敗する。

そして、消費者ニーズを深く知ろうとも学ぼうともする人は少ない。

私のMIP開発の大きな秘密は『消費者ニーズ・ハンドブック』（同文舘、2013年）の240の法則を発見し、熟知していることである。

ぜひ、学び、自らのものにしていただきたい。

そもそも、消費者ニーズとは何か。なぜそれを買うのか、買わないのか。誰のどんなニーズに応えたら売れるのか。「強いニーズは行動に表れる」から何なのだ。何をしなければならないのか。

強くても行動に表れないニーズがあるが、それは何か。明らかに「強い」ニーズに応えたのに失敗したのはなぜか。

答えを出すのは、意外に難しいのだ。

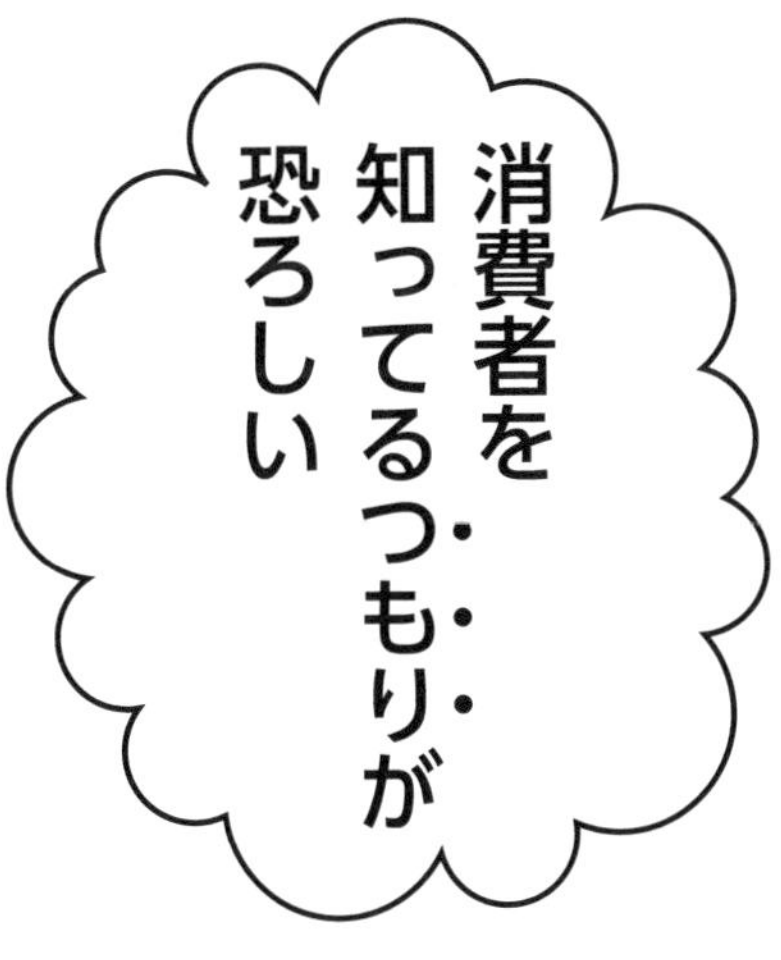
消費者を知ってるつもり・・・が恐ろしい

2 消費者ニーズの深い理解は「強い売りモノ」をもたらす

――「強い売りモノ」づくりの車の両輪

「強い売りモノ」づくりの車の両輪は「消費者ニーズ」の洞察と、商品コンセプトとそれに見合う商品パフォーマンスの独創である。

そして「消費者ニーズ」の洞察が「強い売りモノ」づくりのスタートなのだ。ここで多くはつまずく。「消費者ニーズ」に合致しなければ商品は作れても「強い売りモノ」は創れない。

故に、「消費者ニーズ」を深く知ることは「強い売りモノ」づくりにとって不可欠のことなのだ。「消費者ニーズ」を深く知る仕事は「強い売りモノ」づくりそのものの仕事なのである。

図表6-1 ●「強い売りモノ」づくりの車の両輪

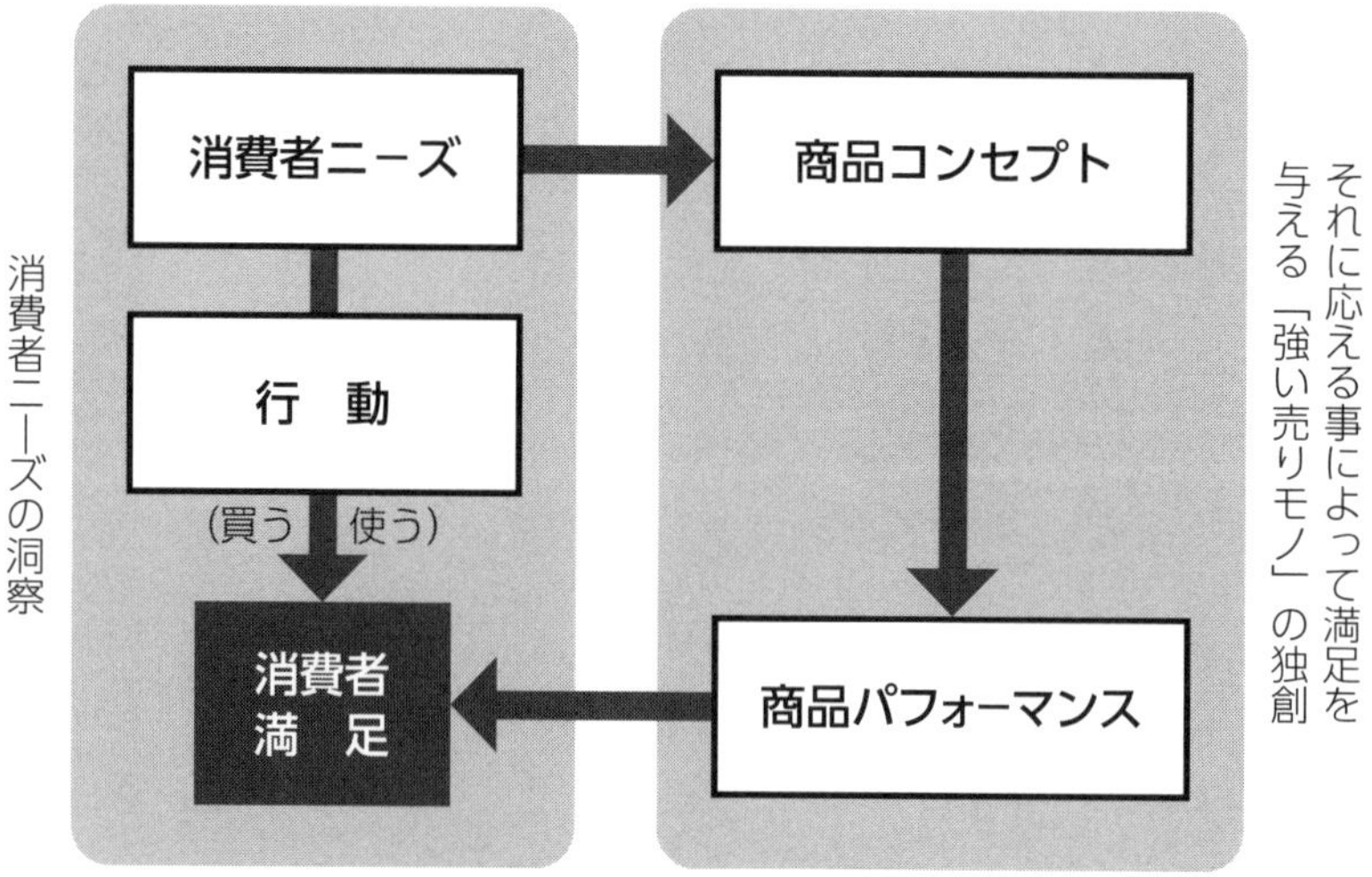
消費者ニーズを探し、それに応える事によって満足を与える「強い売りモノ」の独創

・消費者ニーズの洞察力が「強い売りモノ」づくりのスタート
・「商品コンセプト」＝買う前に欲しいと思わせる力
・「商品パフォーマンス」＝買った後買って良かったと思わせる力

3 消費者ニーズの深層はどうなっているか

消費者ニーズの深層は図6－2と図表6－3のように3層の構造になっている。

大元に万人共通で死ぬまで続く「人生ニーズ」（Ｂｅニーズ）がある。

これは「幸福追求ニーズ」である。

具体的生活場面では、Ｂｅニーズの指令を受けて「生活ニーズ」（Ｄｏニーズ）が発生する。

その「Ｄｏニーズ」を充足させるために「商品ニーズ」（Ｈａｖｅニーズ）が発生する。

店頭や広告で商品を見てある人が「欲しい」と思うのが「Ｈａｖｅニーズ」であり、それはその商品がその人の「Ｄｏニーズ」に応える「強い売りモノ」だからである。

図表6-2 ● 消費者ニーズの深層構造

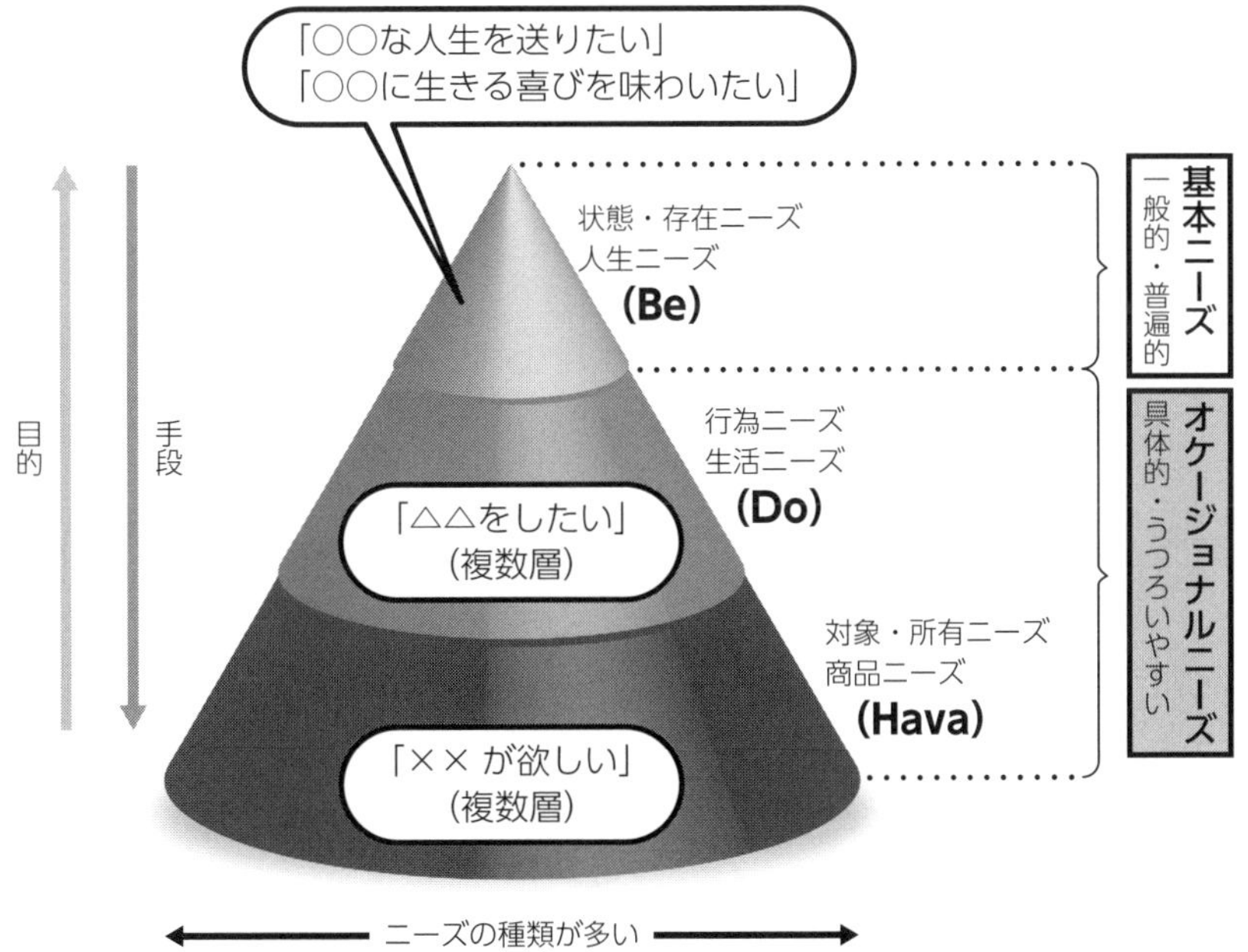

図表6-3 ● 追求ニーズと達成ニーズ

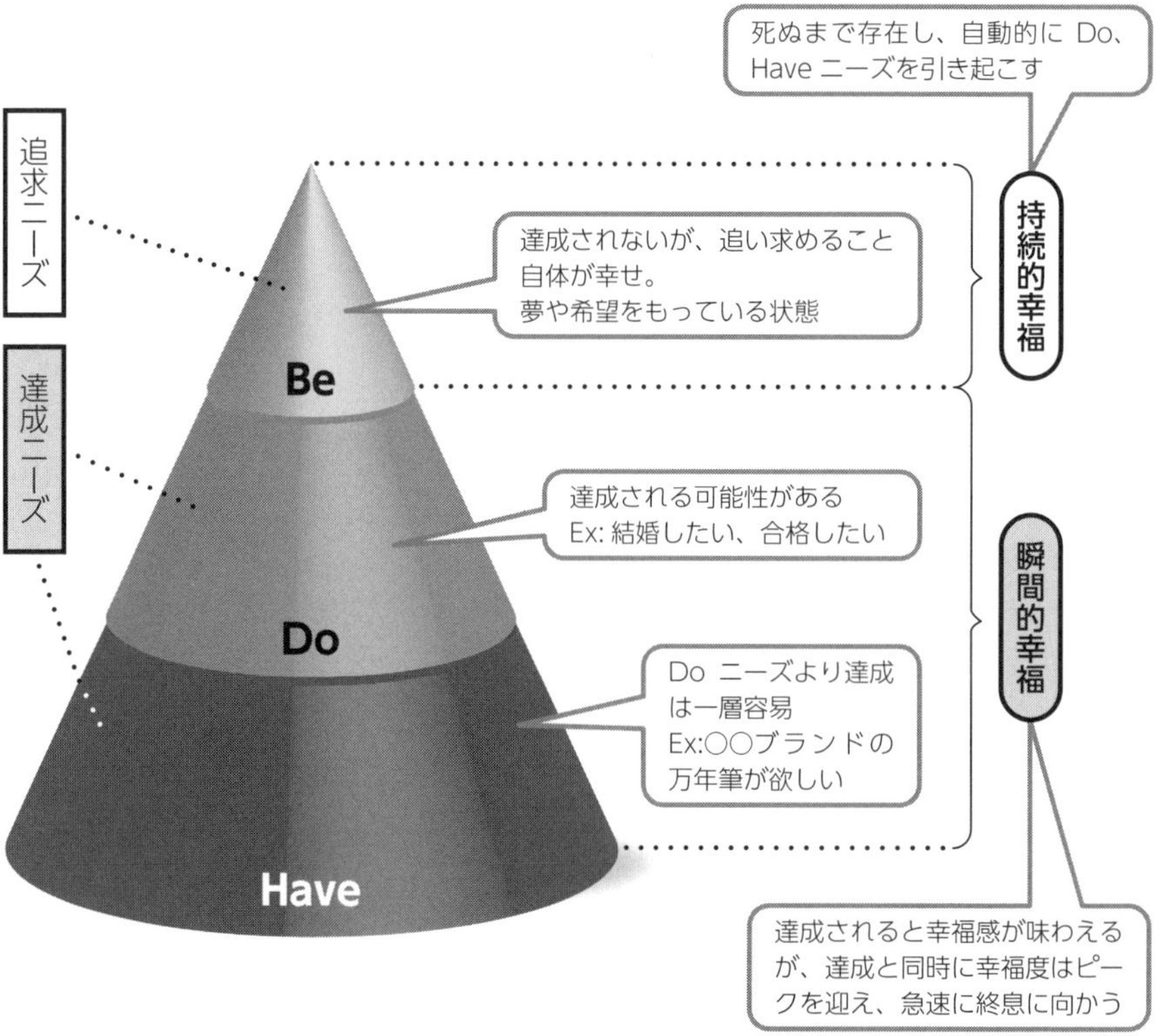

4 ニーズを柱とする深層心理の構造

前項③で述べた「消費者ニーズ」の深層構造は消費者の心の中のすべての心理の「柱」（または背骨）の役割を果たしている。

「長年にわたり、次々と「強い売りモノ」を連発して開発できる秘訣は何か」と問われて正直に答える時は次のように言う。

「消費者のニーズを深く深く掘り当てる努力をつづけ、それに応える努力をつづけ、積重ねてきたことである」と。

開発の方法や販売の方法は不可欠の重要な要因であるが、「強い売りモノ」になるためには、まずもって買ってくれる人のニーズがつかみきれなければ、立派な開発法も、販売法も〝宝のもちぐされ〟となる。

そうならないためにはまず、消費者の心の深層がどうなっているかを正しく理解することが先決である。

- 心の中は見えない。
- 行動は心の中を暗示する。
- それ故、見えない心の中は、行動を手がかりに推測することができる。
- 心の中は外界にある「ストレス源」の刺激を受け、心の大元にある人生ニーズの指令を受けて自動的に発生しつづける。

行動が
見えない心
暗示する

図表6-4 ● 消費者の深層心理構造

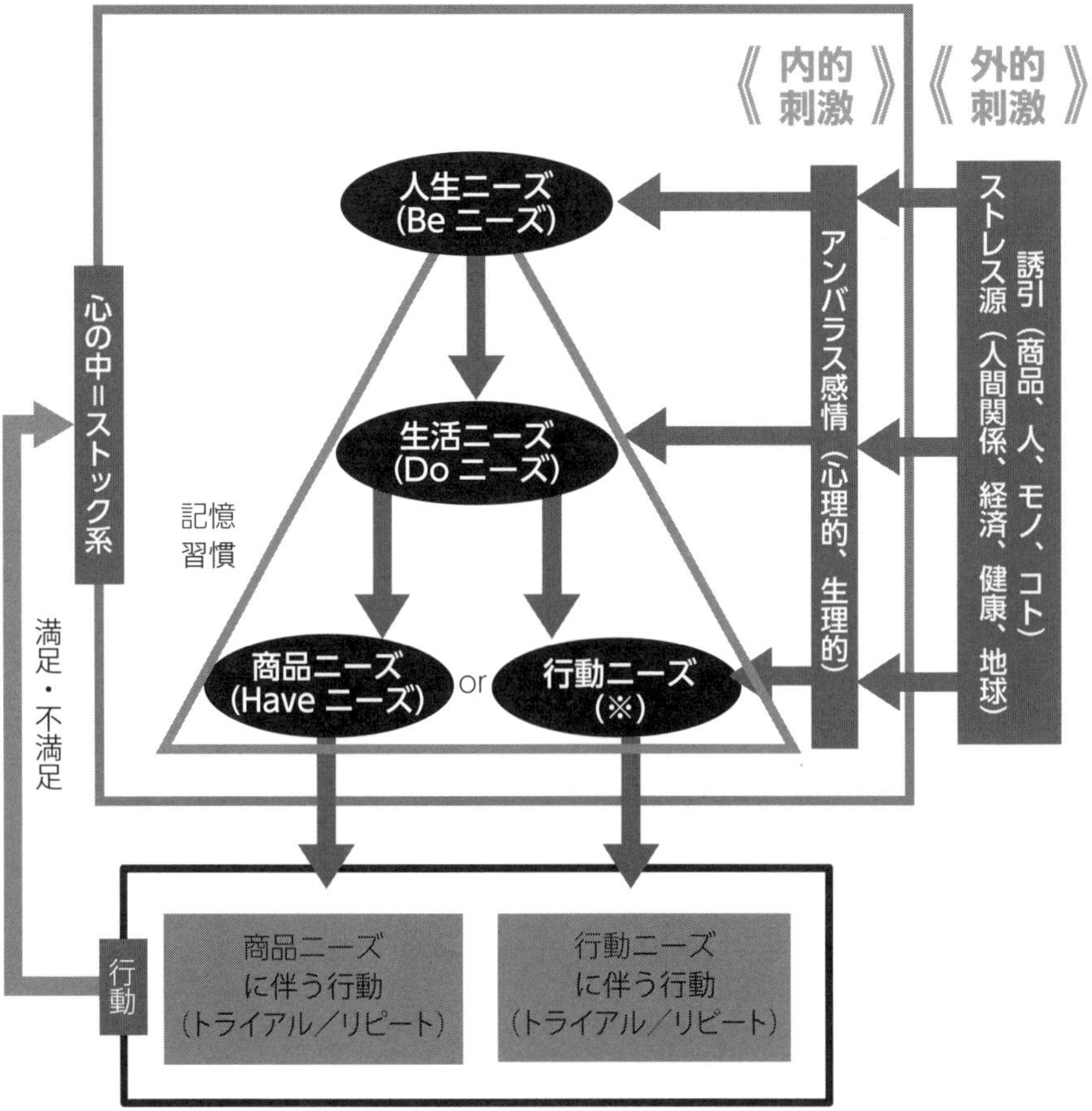

■行動ニーズ：行動（～している）を直接ニーズ表現化したもの
■Have ニーズ：好き嫌い＝選好＝Performance 行動を引き起こす。
※好きになる目的はある。
■誘引：広告 / 商品のこと
※商品（Have）ニーズ（トライアルニーズとリピートニーズ）は直接的には「誘引」に触れて発生するが、まずは「誘引」は潜在している生活（Do）ニーズを刺激して、「それが欲しい」という商品（Have）ニーズを発生させる。
　それ故、上図の線は「誘引」から、生活（Do）ニーズと、トライアルニーズ、リピートニーズへとダブルでつながる。

5 「強い売りモノ」づくりのために不可欠な消費者ニーズ
――未充足ニーズ理論

どんなに強いニーズに応えても、そのニーズを充足する手段が既にある時には売れない。

ニーズが強く、未充足の時、つまり充足する手段がない時、そのニーズに応えると売れる。

このように、「未充足の強い生活ニーズ」に応えた商品が消費者の購入を動機づけるという理論を「未充足ニーズ理論」という。(梅澤伸嘉『ヒット商品づくりの文法』ダイヤモンド社、一九八六年)

これは強いニーズに応えたのに商品が売れない理由を考えていて仮説的に気づき、量的に検証して完成した理論である。

商品コンセプトの受容性と「生活ニーズの強さ」と「未充足度」の関係

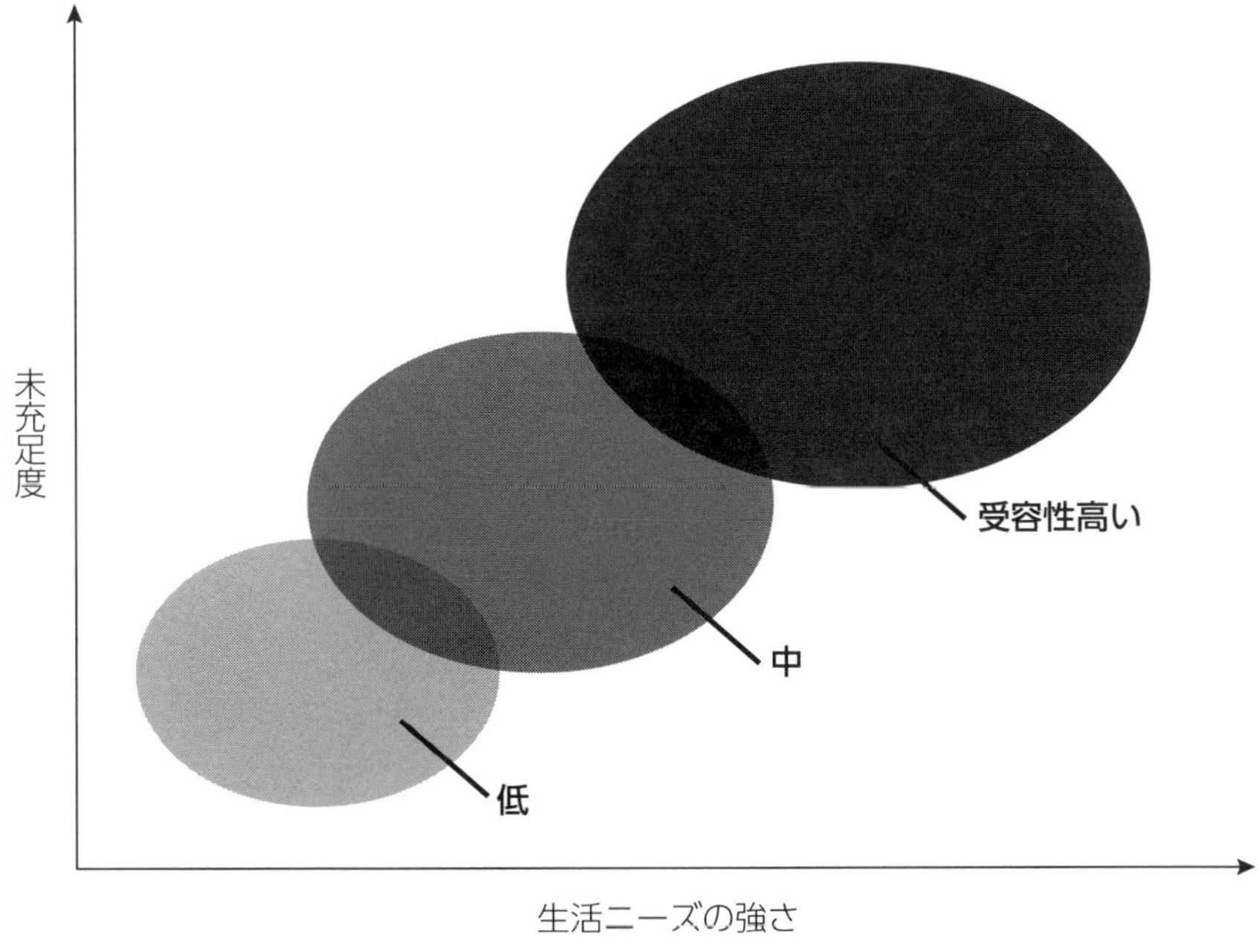

図表6-5 ● 未充足ニーズ理論の説明図

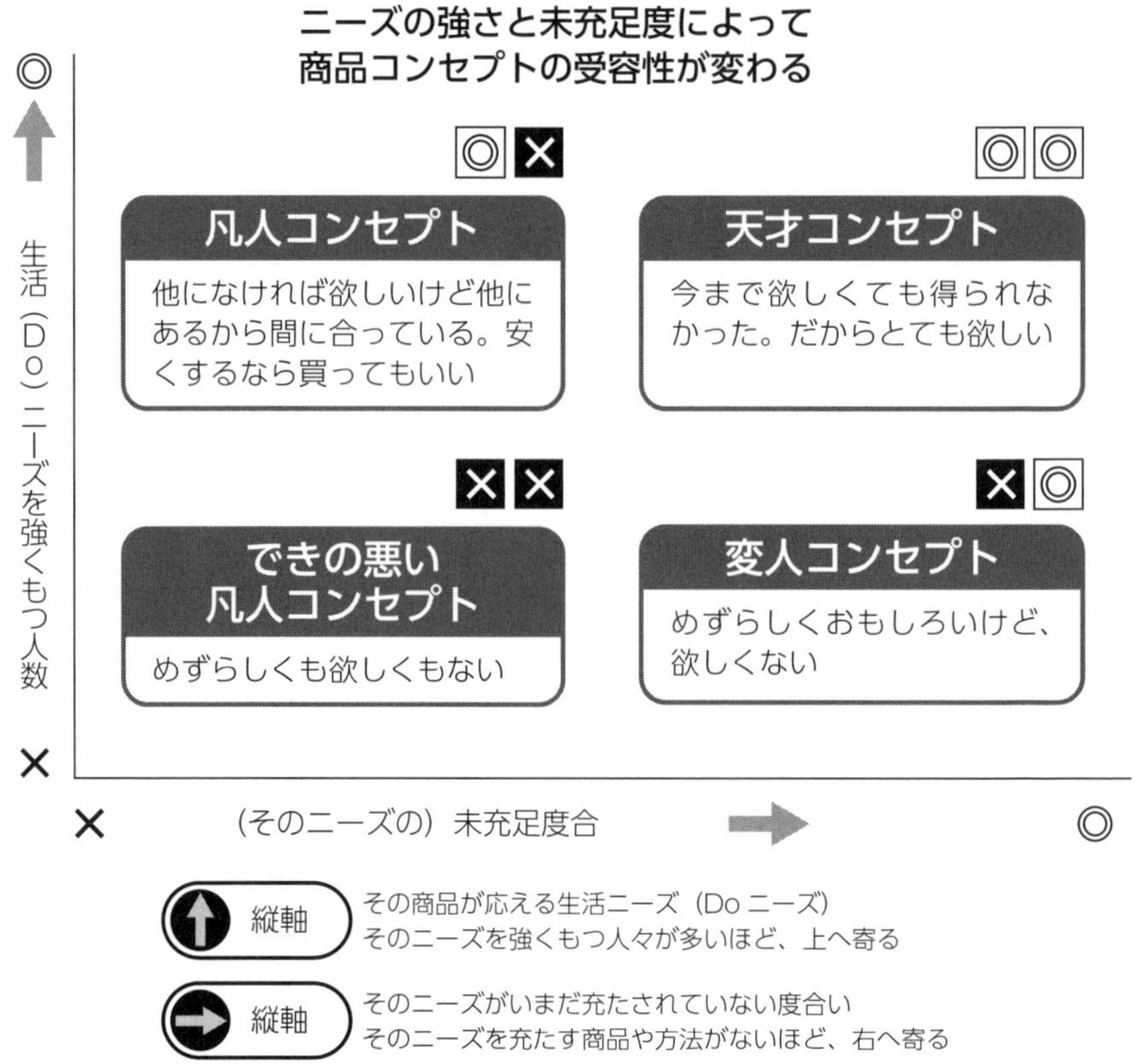
ニーズの強さと未充足度によって
商品コンセプトの受容性が変わる
◎
生活（Do）ニーズを強くもつ人数
×
◎ ×
凡人コンセプト
他になければ欲しいけど他にあるから間に合っている。安くするなら買ってもいい
◎ ◎
天才コンセプト
今まで欲しくても得られなかった。だからとても欲しい
× ×
できの悪い凡人コンセプト
めずらしくも欲しくもない
× ◎
変人コンセプト
めずらしくおもしろいけど、欲しくない
×
（そのニーズの）未充足度合
◎
縦軸
その商品が応える生活ニーズ（Do ニーズ）
そのニーズを強くもつ人々が多いほど、上へ寄る
縦軸
そのニーズがいまだ充たされていない度合い
そのニーズを充たす商品や方法がないほど、右へ寄る

＊「未充足ニーズ理論」は1986年、梅澤が発表した理論

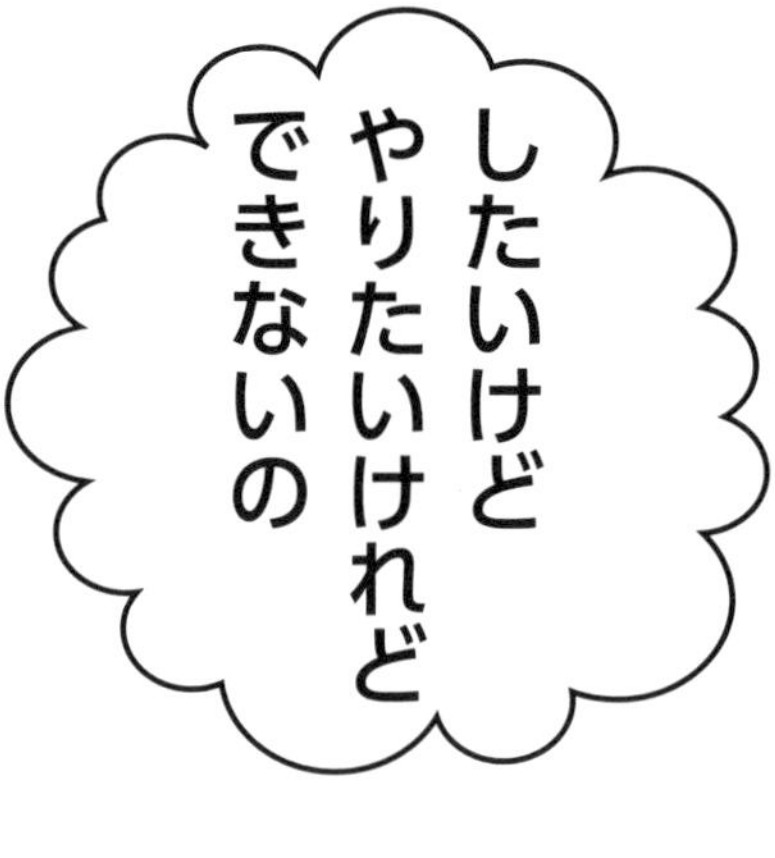
したいけど
やりたいけれど
できないの

6 社会の変化、要求に対応できない企業は存在価値を失う

何百年と続く老舗企業の多くの経営者が語ったり、社是や経営理念として明文化されている1つがこれである。

ひるがえって100億企業を目指す多くの経営者に目を移すと、やはり上記について疑問をはさむ方はいない。

それにもかかわらず、社会的存在価値を否定され倒産したり、苦しいビジネスを続けている企業は少なくない。

これは、右記の意味が当たり前すぎて深く顧みる経営者が少ないことを意味している。

時代の流れと共に常に社会や人々の生活は変化する。すると従来存在していたニーズ（要求）が消えたり減ったりする。そして新たなニーズが芽生える。この繰り返しの中に私たちは居るのだ。

変化に対応できないのはニーズに対応できないこと。

「ニーズを読み誤れば必ずビジネスは失敗する」

この言葉の意味をあなたがどれだけ心底考えるか否か。

7 消費者の声を耳で聞くから読み誤る

消費者の**声**を**耳**で**聞く**のではなく、

消費者の**心**を**心**で**聴く**　のだ

∴自らの**心**を磨き、研ぎ澄ますこと。

これが大切。何より大切。

心をこめて**心**で**聴**かないから読み誤るのだ。

「消費者ニーズハンドブック」（同文舘出版、2013年）を繰り返し読めば消費者の心がわかる

1日1章×365日

特に序章の「消費者の深層心理構造」の図はまっ先に頭に入れること。

8 市場創造の父と母

新しく市場を創造するには、その市場を受け入れる消費者の「未充足の強い生活ニーズ」が不可欠である。

これが市場創造の母である。

一方、その消費者ニーズに応える技術的シーズの開発も不可欠である。

これが市場創造の父である。

消費者ニーズは技術的シーズによって満たされ、技術的シーズは消費者ニーズによって活かされる。（梅澤伸嘉『企業分化革命』ダイヤモンド社、1988年）

この両者が等しく重要であることを再認識しなければならない。

まず、消費者の潜在している未充足の強い生活ニーズを発掘し、技術がそれに応えるという強固な関係が必要な時代である。

9 ニーズはスパイラルアップする

図表6-6 ● MIPの理解のために

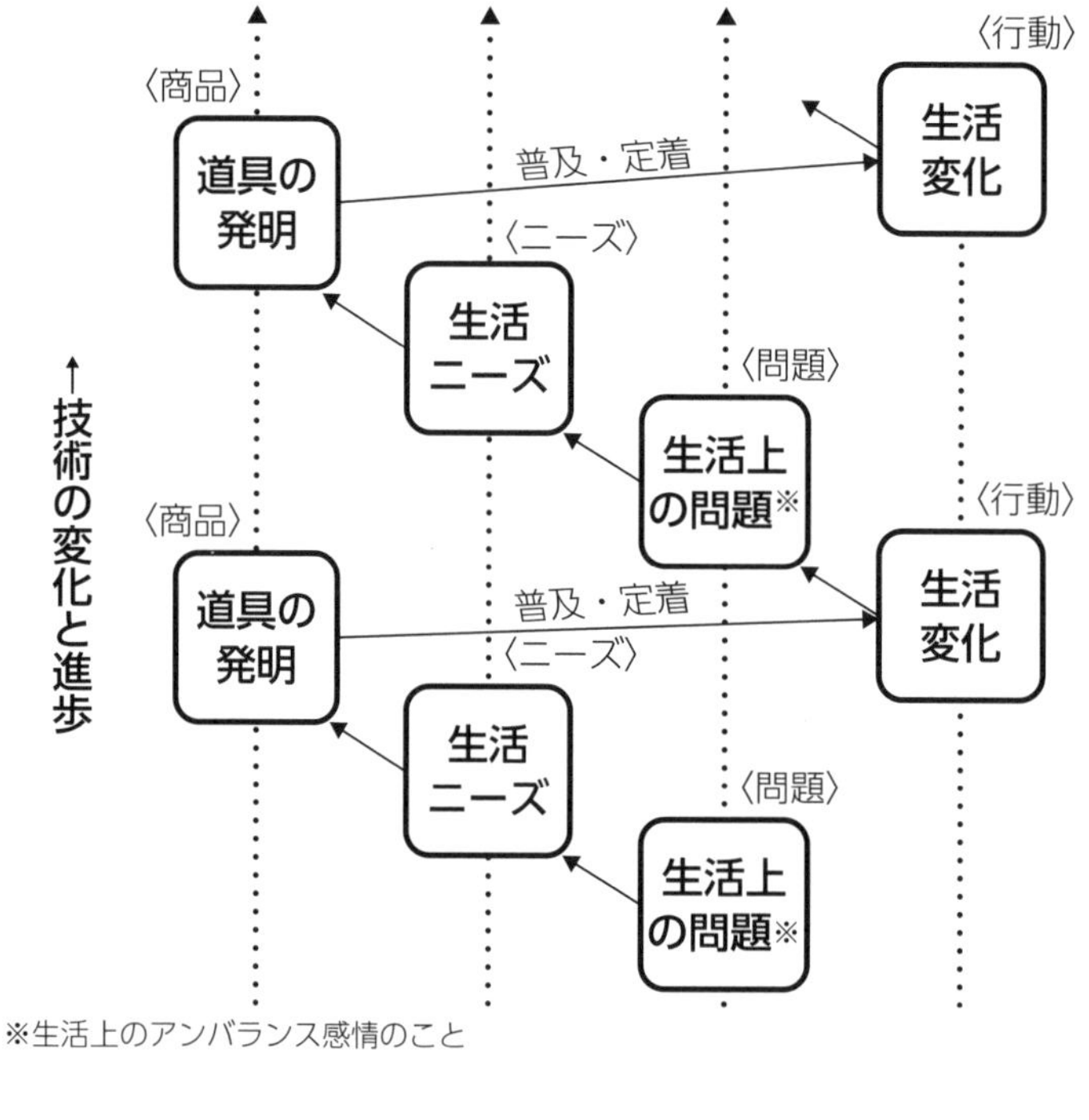

※生活上のアンバランス感情のこと

10 「強い売りモノ」と消費者の心の中

「強い売りモノ」は消費者に「よくわかり」「欲しい」、「良かった」と思わせる力の強いモノである。

A．「わかる」―「何である」「どう良い」がよくわかる

B．「欲しい」―それが自分の「未充足の強い生活ニーズ」に応えると直感し、「欲しい」と心の扉を開き、購入する

C．「良かった」―それが「期待どおり」や「期待以上」なら「良かった」と満足し、再購入を繰り返したり、良い口コミを広げる。

「強い売りモノ」には、次の4つが揃っている。

A．消費者が「わかる」ためのUSP、新カテゴリー名、がうまく表現され―**表現コンセプト**

B．買う前に「欲しい」と思ってもらうための商品コンセプトがあり―**商品コンセプト**

C．買った後「買って良かった」と思ってもらうための商品パフォーマンスがある―**商品パフォーマンス**

D．**新カテゴリーである**―競合品がなく、それまでの生活上のアンバランス感情を解決する商品（ＭＩＰ）である。

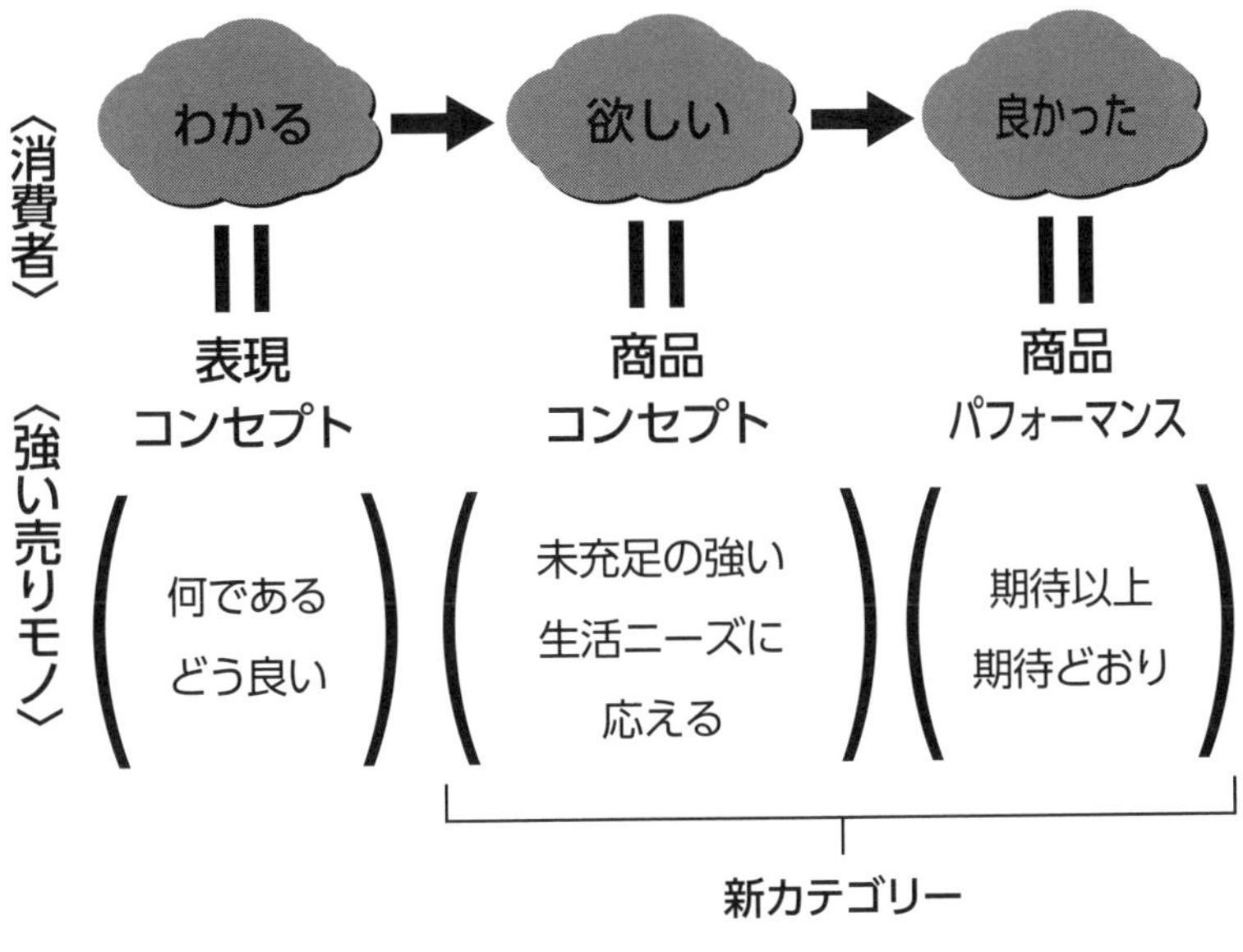

11 セブン-イレブンに学ぶこと
──MIPがギッシリ

今もセブン-イレブンを引っぱる鈴木敏文会長の基本姿勢は〝消費者心理学〟である。

消費者目線で徹底的に消費者を洞察し、求めを探し、それに応えることが先で利益はあとからついてくる。

この信念がゆらがない。しかも見事に実証しつづけている。

もはや完全にノウハウが「強い売りモノ」そのものとなり、「強い売りモノ」が「強い売りモノ」を再生産するスパイラルをつくっている。

深夜営業、できたて直送パン、おにぎり、銀行、入れたてコーヒー、高級食パン、など生活時間の変化に対応。「未充足の強い生活ニーズ」に応えるMIPをギッシリ1店舗に詰め込んでいる。

※本書執筆中に鈴木敏文会長の退任が発表された。

12 消費税アップ時代に安売りで対抗すれば死のみ
──MIPならこわくない

「高くても欲しい」と思ってもらえる「強い売りモノ」を創るしか生き残れない。

1950年代、まだ貧しい日本で当時にしては高額な家電品が普及していった事例を皆等しく学ばねばならない。

高くてもあの大変な家事（掃除、洗濯、料理…）が楽になり、主婦の労働が軽くなり、幸せを呼んだから普及したということを再確認しよう。

今の生活から家電品を取り上げ、便利食品を取り上げてみるがよい。いかにMIPがすごいかのみならず、高くても「未充足の強い生活ニーズ」にきちんと応えるものは売れる、ということを明確に理解できよう。

※4章㉓参照。

図表6-7 ● 価格は価値に見合うようにつける

価値	＝	価格	＞	原価
＝		＝		＝
未充足の強い生活ニーズに応えるベネフィット		・価値に見合うようつける ・高価格でも価値が高ければ売れる		・価値を担保する ・原価低減より価値向上で利益を
＝				
MIP が最も高価値				

13 海外での成功も未充足の強い生活ニーズに応えることで達成

〈インドのケース〉

長い間、政府の規制が厳しく、日本企業の進出がむずかしかったインド。最近は規制がゆるめられて、ドッと進出する企業が増えたが、うまくいかず撤退する企業も多い。

一方ではうまく定着して高収益をあげているケースもある。明暗を分けたのは現地（インド）の消費者の未充足の強い生活ニーズにしっかり応えたか否かの1点である。

ソニー：1994年進出し、低迷をつづけ、市場調査をしっかり行って2012年大飛躍。TVのカラーをインド人好みに赤・緑・青などクッキリ鮮明に調整して成功。

ユニリーバ：1970年進出。貧困層に合わせて小分けした石鹸を1個数円で販売。広く定着。

サムスン：画面サイズは28～35インチと小さめだが、市場価格を4000ルピー（約6700円）前後に抑え成功。

現代自動車：頭にターバンを巻く人向けに車高を高くした車を開発、売上伸ばす。

〈ベトナムエースコックのケース〉

日本では「激戦場」で苦戦しているエースコック。しかし、ベトナムに新市場を創造して大成功。ベトナムの麺市場で完全に「聖域」を誇っている。それはMIPのおかげである。

日本のエースコック時代につちかった「C／Pバランス理論」「未充足ニーズ理論」そして「MIP理論」をマスターした梶原社長のみごとな実行力のたまものである。

14 ソニーはなぜゴープロに抜かれたか

2014年にナスダック市場で新規株公開を果たしたゴープロ社は、ビデオカメラ市場でソニーを抜いてトップに躍り出た。

アクションカメラといわれる、ヘルメットにアームで取りつけるビデオカメラが大ヒット中。

なぜソニーや日本のメーカーでなく、ベンチャーのゴープロが先発できたのか。

それは日本の家電メーカーはじめ、他の業界にも共通する大きな要因がある。

消費者の生活（遊び、スポーツも）の中に「未充足の強い生活ニーズ」を発掘できない開発現場の実態である。技術的には全く新しいものはなく、ソニーはすぐ追随した。しかし、勝てない。

「アクションカメラ」といえば「ゴープロ」の関係（カテゴリーの代名詞化）が短期間に消費者の心の中にできてしまっているからである。

15 どんなにアイデアがユニークでも それを求める人がいなければ 価値がない――エジソン語録

これは発明王エジソンの残したことばである。彼は、ある地方議会の投票行動を見て、ニーズを読み誤り、自動投票機を作って大失敗した。

自分のアイデアのユニークさにほれた失敗である。日本の多くの開発現場では、ニーズを正しく洞察することより、ユニークアイデアの方が価値が高く、失敗商品を多発しても、まだその愚に気づいていない。

エジソンは唯一つの失敗から、正しい気づきを得て、世界の発明王になった。

〝どんなにアイデアがユニークでも それを求める人がいなければ価値がない〟

議員の多くは、「投票はゆっくり行って時間をかせぎたい」というニーズを強くもっていたので、瞬時に結果が出る機械など欲しくなかったのだ。

16 消費者ニーズと価格――価格とは何か

「価格」とは、「欲しい」と思った人が買うか否かを左右する唯一の要因である。

すなわち、「価格」とは使用意向と購入意向を分ける唯一の要因なのである。

そして、消費者が「妥当な価格だ」と思ってくれるためには、商品のCとP、つまり、商品コンセプトと商品パフォーマンスを高めることに尽きる。

「価値」は消費者のニーズの強さでもあり、消費者に与えるベネフィットの魅力（広義には商品の魅力）である。

それ故、「価格が高すぎる」と消費者が思うのは、価値が価格を下回っている証拠なのだ。

価格を下げるのではなく、価値を高めるべきなのだ。

ＭＩＰならその可能性は高い。

「価値」とは特定のその人（々）に与えるベネフィット。

故に未充足の強い生活ニーズを強くもつその人にとって

図表6-8 ● 売れて儲かる式

価値 ＝ 価格 ＞ 原価

⇒ 価値 ＞ 原価

⇒ 価格 ＞ 原価

※価値と価格は共に原価を上回ることで売れて儲かる

のうれしい対象となる。

主体が「未充足の強い生活ニーズ」をもっていて、その商品（対象）がそのニーズを満たす手段としての役割を果たすと認知した時に価値を感じる。

つまり未充足ニーズをもっている人に商品（対象）から跳ね返ってくるのが価値であり、商品そのものに価値が内在しているわけではない。

17 不足競争原理
——供給を減らすとニーズが強まる

供給を減らすとそれを求める人が増えるのだ。

季節限定ビール。ご当地ビール。数量限定車（日産Ｂ－１）はいずれもあらかじめ供給を減らすことを売りものにして告知し、売上をあげることに成功している。

これは「未充足の強い生活ニーズ」の分類では「不足ニーズ」である。「足らないと欲しくなる」のである。

以上のように供給を減らすことで消費者のニーズを強めることを「不足競争原理」と称す。（消費者ニーズの法則№．１４２）

１９８４年禁煙パイポで初めて用いた手法である。この手法はＭＩＰには効果的であり、計画的に翌年の売上を高めることができる。

応用例で目立つのはＴＶ通販であろう。

対象者や時間を限定し、購入をあおって効果をあげている。好きではないが効果的ではある。

18

購入意向の理由によってニーズの強さがわかる

——商品コンセプト受容性評価（CST）の意向理由分析で「自分理由」が重要なワケ

商品コンセプトの受容性を調べる「CST（コンセプトスクリーニングテスト）」の結果をシステマティック分析にかけ「意向理由」を分析すると、このコンセプトは誰に欲しがられ、どこが魅力で何が欠点かが教えられる。その意向の理由には「商品理由」と「自分理由」に分類される。

商品理由…商品を主語にして語られた理由のこと

例：この商品は〇〇だから使いたい。

自分理由…自分を主語にして語られた理由のこと

例：私は〇〇だから使いたい。

商品コンセプトを提示されて、「自分理由」が出るということは「アンバランス感情」が瞬時に気づかされたことを意味する。すなわち、商品コンセプトの魅力が強いことの証だ。商品理由だけだとそのコンセプトの魅力はあやしいと見た方が無難である。

図表6-9 ● コンセプト受容性の自分理由と商品理由

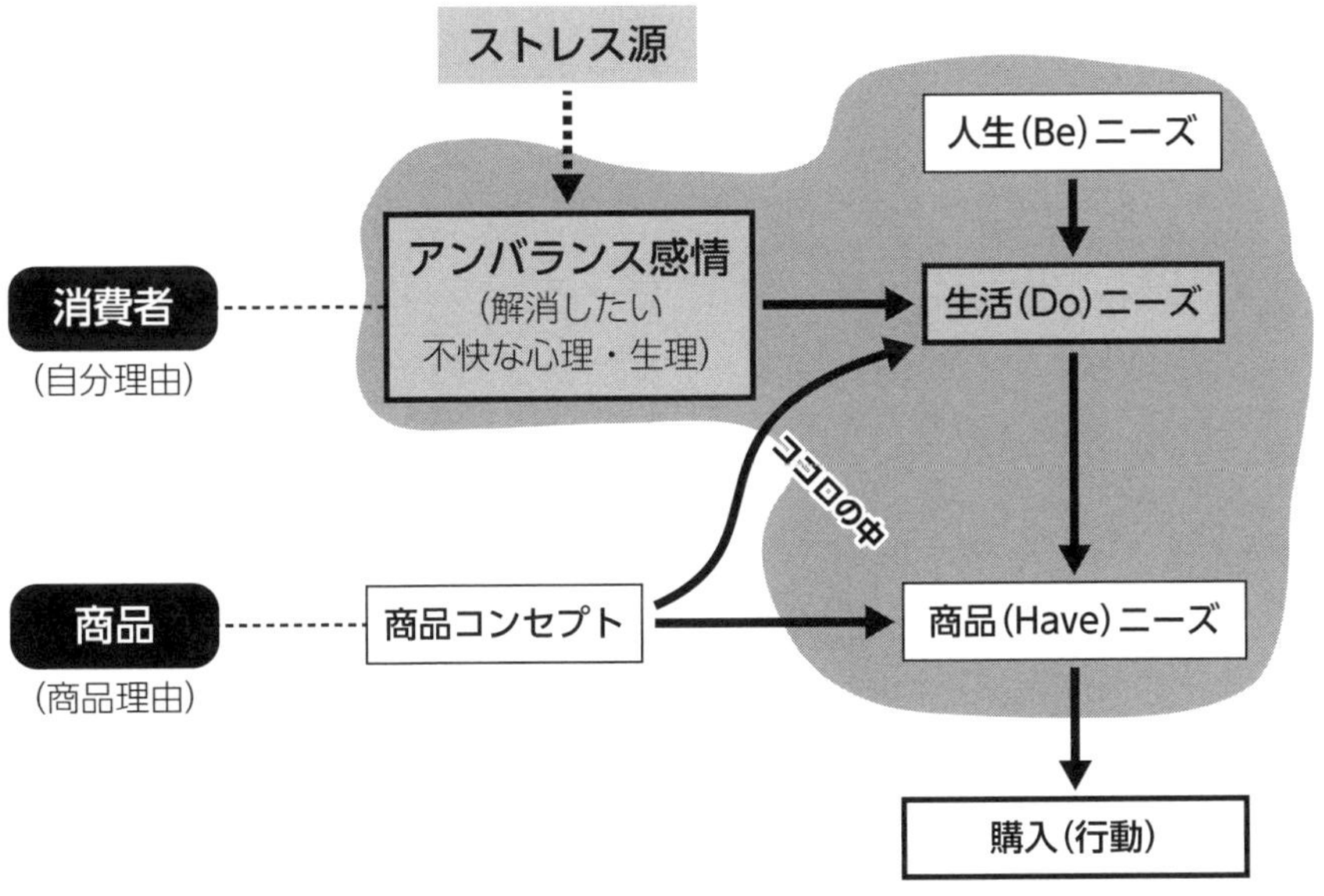

19 未充足の強い生活ニーズを発掘する唯一の手法「キーニーズ法」—そのメカニズム

1．MIPのすべては「未充足の強い生活ニーズ」に応える。（「消費者ニーズの法則」93、131）

2．その「未充足の強い生活ニーズ」のほとんどは潜在している。

3．潜在ニーズとは消費者が気づいていないニーズ。故に企業からも見えないニーズ。（「消費者ニーズの法則」177）

4．しかし、それに応えないと売れない。

5．多くの経営者やマーケターは潜在ニーズは「ない」と思っている。

6．しかし、見えないけれど「ある」のだ。それが行動をひきおこしている。

7．故に、行動を見ることによって潜在している「未充足の強い生活ニーズ」を知ることができる。（「消費者ニーズの法則」86）

8．強いニーズは行動に表われる。（「消費者ニーズの法則」85）とりわけ問題を伴う行動は強いニーズの表われ。

9．習慣化した行動を起こしているニーズも潜在する。（「消費者ニーズの法則」98）それ故、調査がよく間違いをおかす。

10．習慣化するとニーズは潜在するので聞いても本当とは異なる答えが返ってくる。（「消費者ニーズの法則」203）

11．しかし習慣的行動は強くて継続するニーズがもたらしている。（「消費者ニーズの法則」205）

12．ニーズは満足を得るために行動を駆り立てる力である。（「消費者ニーズの法則」94）故に、習慣的行動をもたらしているニーズは強く続くニーズである。（「消費者ニーズの法則」205）

13．しかし、それに応えても売れない。凡人コンセプトの商品だから。

14．しかし、その行動に大きな問題が伴っている場合は別である。そこにチャンスがある。

15．「未充足の強い生活ニーズ」とは①行動に伴う、問題を解決するか、②その行動そのものを否定するか、③手段がないニーズの3種類である。(「消費者ニーズの法則」123、124)

●そしてこの方法を「CAS分析」という

●「CAS分析」とは「キーニーズ法」の頭脳に相当するプロセスなのだ。私の発明品であり、愛用品である。

図表6-10 ● CAS分析

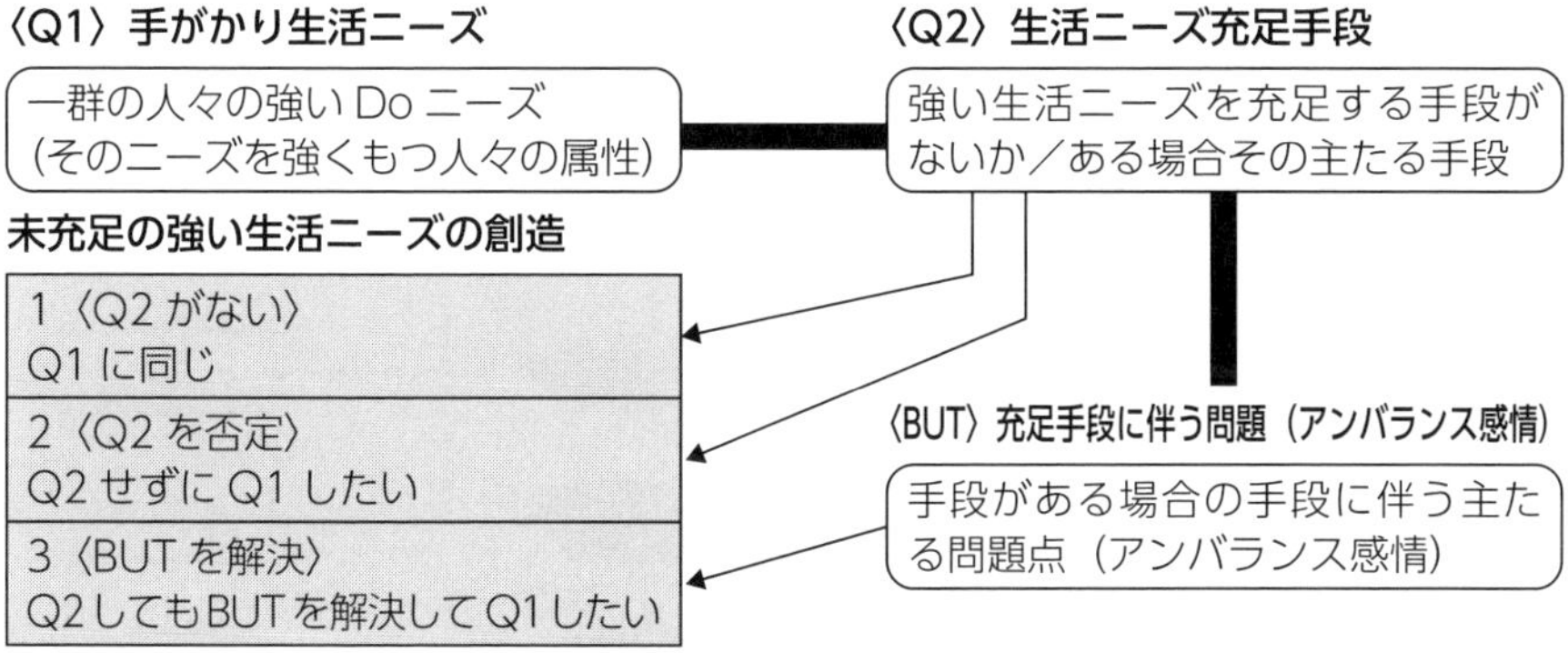

〈未充足の強い生活ニーズ創造の3タイプ〉

1. 充足手段(Q2)がない	=手がかり生活ニーズ(Q1)は「未充足の強い生活ニーズ」である。
2. 充足手段(Q2)を否定〈行動反転〉	=充足手段(Q2)を否定して手がかり生活ニーズ(Q1)に付加すると「未充足の強い生活ニーズ」が創造される。
3. 充足手段の問題〈But〉〈問題反転〉	=充足手段の問題(But)を解決して、手がかりDoニーズに付加すると「未充足の強い生活ニーズ」が創造される。

20 消費者心理と初回購入・再購入

初回購入はアンバランス感情と、人生ニーズ、生活ニーズ、商品ニーズという心理により発生し、その初回購入の結果の「満足」という心理を経た後、再び生活ニーズが発生すると一度満足を味わった「その商品が欲しい」という商品ニーズが発生し、再購入に到る。

2章－②の「消費者は二度評価する―C／Pバランス理論」を参照してほしい。

図表6-11 ● 消費者心理と初回購入/再購入

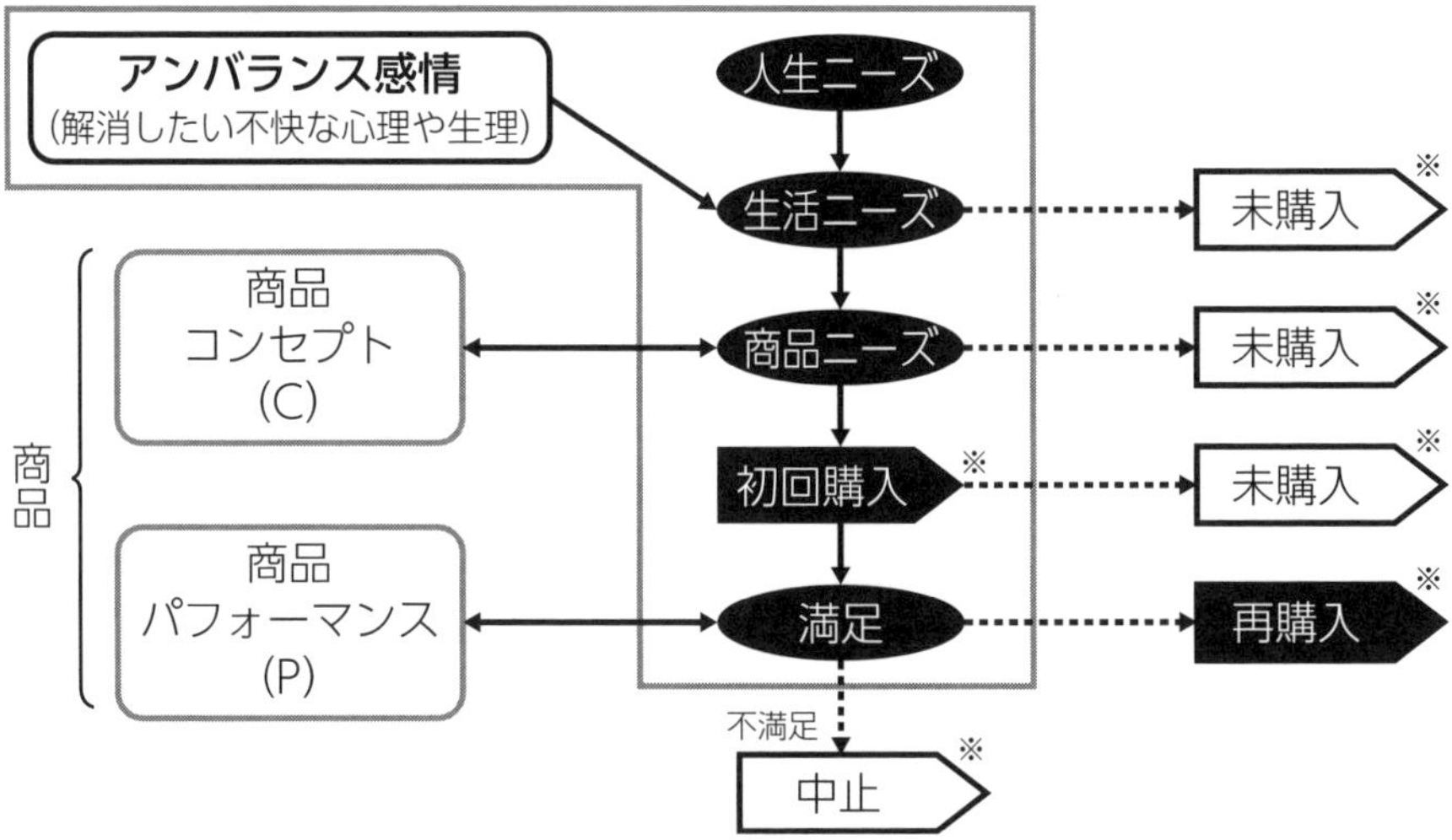

※行動

21 商品コンセプト受容性の主要因

商品コンセプト（C）を魅力的に仕上げるには商品コンセプトの受容性を左右する要因を知らなければならない。

図表6－10のように、A．未充足の強い生活ニーズをもつ人の人数（ベネフィットをニーズに直した時、そのニーズをもつ人々の数）と、

B．商品コンセプトの完成度が受容性を左右する主要因なのだ。

それ故、どれだけ未充足の強い生活ニーズをもつ人々が多くても商品コンセプトの完成度が低いと魅力的と受けとられないし、どんなに商品コンセプトの完成度が高くても未充足の強い生活ニーズをもつ人が少なければ同様である。

図表6-12 ● コンセプトの受容性の主要図

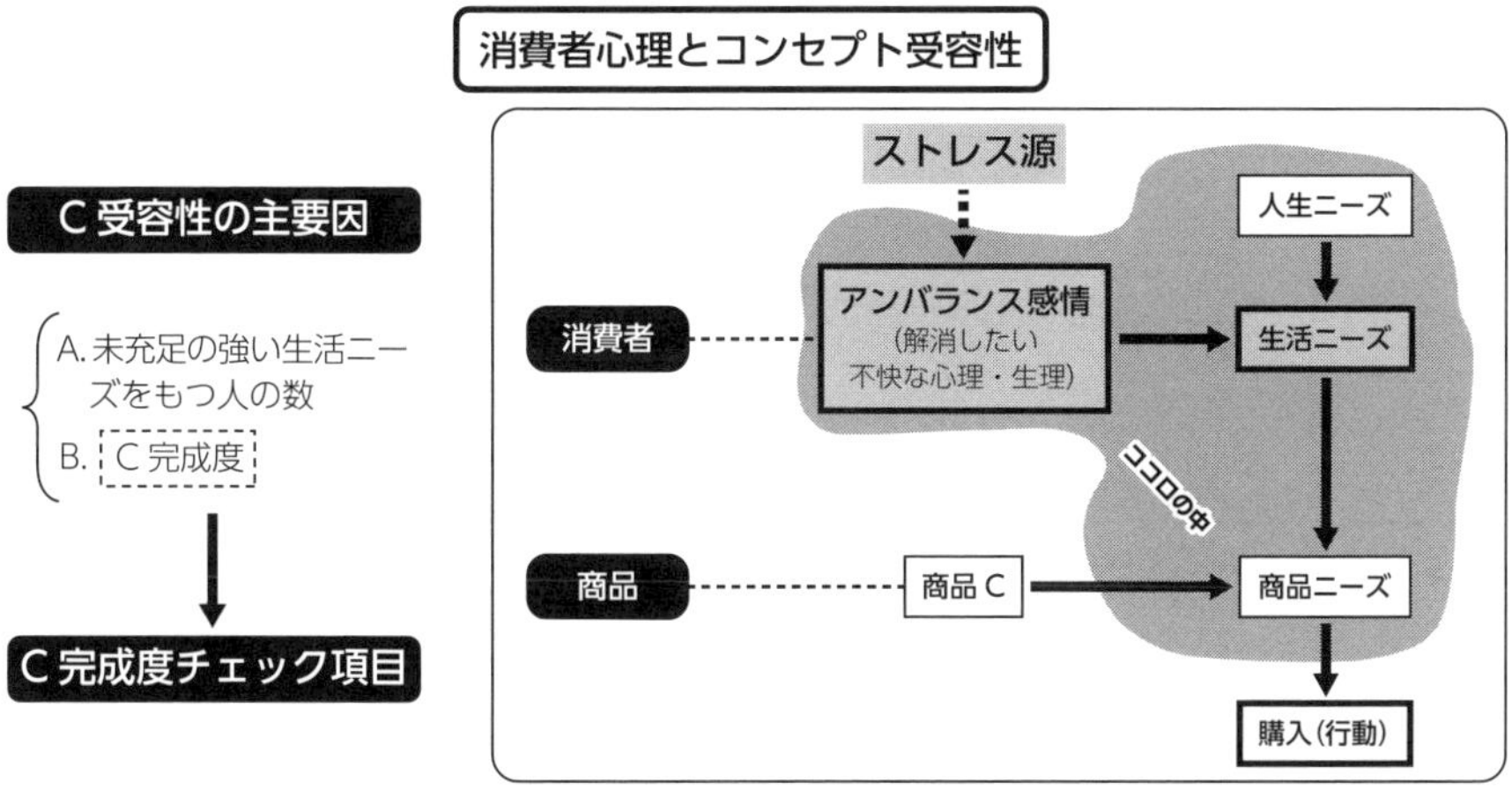

①未充足の強い生活ニーズに応えるベネフィット…「必要度」「ユニーク性」＊差別的でなく独自化
②アイデアとベネフィットの因果…「信頼性」
③新カテゴリー名（NCN）―「何である」
④意識喚起―潜在ニーズの顕在化トリガー（ベネフィットの受け入れ性を高める）
⑤T&M（トーン＆マナー）―おいしさ（食品）
⑥わかりやすく

22 消費者の発言や反応の解釈とその精度向上
――「解釈」はすべて「主観」である

消費者の反応は発言、行為、および数値に大別されて表わされる。

それらの解釈はいずれも「主観」による。「解釈」とはその意味を理解する「心」のプロセスであり、それ故に「主観」である。

従って、「客観的解釈」というものはない。

科学の領域のデータも必ず解釈して結論づけるが、その解釈はいうまでもなく「主観」による「主観的解釈」である。

解釈は主観であるから、その精度が問題となる。主観的解釈が問題なのでなく、その精度が問題なのである。

解釈（読み取り）の精度は

①　理論の正しい理解
②　手法の適切な使用
③　経験の積み重ね

によって高めることができるし、それしか精度向上の手段はないのだ。

- 理論―消費者ニーズ、心理構造、行動や満足、など消費者の心理、行動の深い洞察
- 手法―目的ごとにベストな聴取法と分析法
- 経験―上記理論のマスター、手法の繰り返し、試行錯誤

「主観的判断」を悪者扱いしてはならない。むしろ「主観的判断」を磨くことは人生を豊かにし、解釈が深まるのだ。

第7章

繁栄するなら「強い売りモノ」を天まで伸ばす

- 繁栄する企業におけるマネジメントの車の両輪は、MIP開発と既存ブランド強化である。
- “生んだ子供は天まで伸ばす”。これが既存ブランド強化のモットーである。
- 戦わずロングセラーになる「MIP経営」
- 目指すは「聖域」-「聖域化理論」
- 「MIPのれんシェアシステム」

天を知り、天まで伸ばす「聖域化理論」を捧ぐ

道をきわめる

一つの道を
きわめることは
さほどのことではありません
飽きず諦めず
信ずることを
愛することを一すじに
コツコツコツコツ
やるだけです。

1 天を知る
——どこまで売り上げが上がるか

$$H = \frac{A}{U} \times F$$

H＝天
A＝知名率
U＝使用率
F＝購入頻度

経営やマーケティングの車の両輪は、「強い売りモノ」づくり（MIP開発およびMIP化）とそれを「天まで伸ばす」需要の拡大である。

〝天まで伸ばす〟には天を知らねばならない。そのための式が右式である。

この式に現状のAとUを代入すると、現状より「何倍」の可能性があるかが算出される。

金額の天を知りたい時は、上記にFと価格を乗算する。

この式を経営の重要な式にすることをおすすめする。

2 消費者の心の中の位置づけを知ると伸ばし方が決まる

図表7-1 ● ビジネスの場

		生まれ	
		フォロアー	パイオニア
カテゴリー代表度	高（50％以上）	Ⓑ 王者の戦場	Ⓐ 聖　域
	低（50％未満）	Ⓒ 激戦場	Ⓓ 聖域の入口

右記の表のA～Dのどこに、あなたの商品があるかを知ることによって、既存品を強化し、天まで伸ばす策が生まれる。

「聖域化理論」である。

以下に順次見ていくことにする。

3 4つのとるべき策

前項で、商品（ブランド）の位置づけがわかったら、その位置によって決まっている方策を実行するのみ。

Ⓐ 市場拡大——すべての経営のゴールである。少ない費用で売上、利益が向上し、天まで伸ばす。

Ⓑ 共存共栄——パイオニアと共存共栄を図り、力を合わせて市場を拡大していく。（棲み分け）

Ⓒ 独自化（ＭＩＰ化）——独自的になるくくり方を探し、新カテゴリーを命名する〈ＭＩＰ化〉

もし、ＭＩＰ化するための強味がなければ市場から撤退する

Ⓓ 自己増殖——広販促で「カテゴリー代表度＊」を50％を越えるまで高めつづける。「カビ取り剤」と聞いて「カビキラー」と自発的に答える人が50％を超えるということであり、それを早く行わないと大手に追随されて№１の座を奪われる危険性がある。

図表7-2 ● ブランドのとるべき策

		フォロアー	パイオニア
カテゴリー代表度	50％以上	Ⓑ 共存共栄（棲み分け）	Ⓐ 市場拡大（カテゴリー拡大） 目標
	50％未満	Ⓒ 独自化（MIP化）または撤退	Ⓓ 自己増殖（カテゴリー代表度向上）

＊「カテゴリー代表度」カテゴリー名を聞いてブランド名を自発的に答えられる度合のこと。

4 MIP化
——苦戦商品をよみがえらせる

©「激戦場」の領域にある商品（ブランド）は、どの企業でも最も多い。

その中から「強味」をもっている商品を絞り込み、新カテゴリー化するのがMIP化である。次の⑤⑥他参照。

MIP化は既存市場で戦い合わずに独自的にポジションを得ることができ、戦い合いの出血状態から抜け出すことができ、天を目指すことができるのだ。

図表7-3 ● 苦戦商品を「激戦場」から「聖域」に移行させる

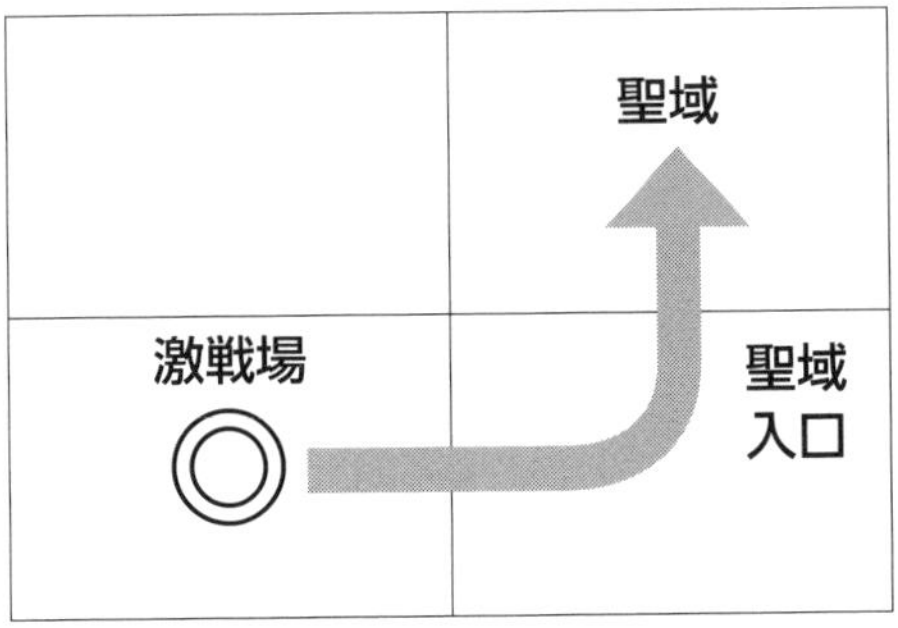

5 聖域化理論
——既存ビジネスの強化

ブランド強化のためにすべての企業が目指すゴールは「聖域」に計画的に移行することである。

なぜなら「聖域」の領域に入ると少ないマーケティング支出で多くの利益が得られつづけるからである。

しかし、多くのケースでは「自己増殖」すらおぼつかず、商品やサービスは天まで伸びずに終売に向かう。

1年未満で25％、3年未満で50％、10年未満で70％が消える。それは「聖域」領域にもちこむ努力をつづけないからであり、それは「聖域」の領域に持ち込む意義を知らないからである。

「聖域」の領域にいかに計画的にできれば早く持ち込むかが、既存ビジネスの最大化・長期化にとっての最大の手だてである。

そのためには「新カテゴリー化」（MIP開発とMIP化）で「強い売りモノ」にし、「自己増殖」策でカテゴリー代表度を高め、ブランドを強化しつづける工程が必要である。

この工程には金が必要であり、計画的支出が毎年避けられない。

しかし、この工程を抜くことはできない。

既存のビジネスを「天まで伸ばす」ために不可欠の工程なのだということを覚悟しなければならない。

その後、聖域の領域に入って長期間のコンスタントな売上と利益を手にするために。

そのためにも経営資源の分散を避け、優良少子化を心がけることが大切である。（13章⑯参照）

6 聖域化理論の方法
――既存ビジネスの強化

企業を永続・成長させるため既存ビジネスの強化は不可欠。

MIPで新たな「強い売りモノ」創りのためにも、まずは既存ビジネス強化だ。利益は既存ビジネスからしか生まれないからである。

〈独自化&自己増殖策〉

1. 自社にしかない「強い売りモノ」は何か
2. なければ廃棄するか、すみやかに「MIP開発」で「強い売りモノ」を創る
3. あれば、それは誰のどんなニーズに応えるか
4. その人数は十分か
5. その「強い売りモノ」にふさわしいカテゴリー名を考える〈「MIP化」（独自化）〉（手法は⑫参照）
6. そのカテゴリーの代表度を高めつづける〈自己増殖〉

- 「宅急便」といえば「クロネコヤマト」

●「カビ取り剤」といえば「カビキラー」

上記の「MIP化」が苦戦商品を独自的によみがえらせるのである。

〈自己増殖〉の作業は広販促を中心とした費用がかかるので、「聖域」の領域に昇りつめるまで毎年計画的に行うことが肝心である。

〈自己増殖〉は費用がかかるので、つい手を抜いてしまって「聖域」の領域に入れず後退していく商品は非常に多い。

「カテゴリーの代表度」を高め、カテゴリーの〝代名詞〟になった後、永続的な利益が得られることの重要性に気づかなければならない。

図表7-4 ● ブランドを強くする2つの仕事

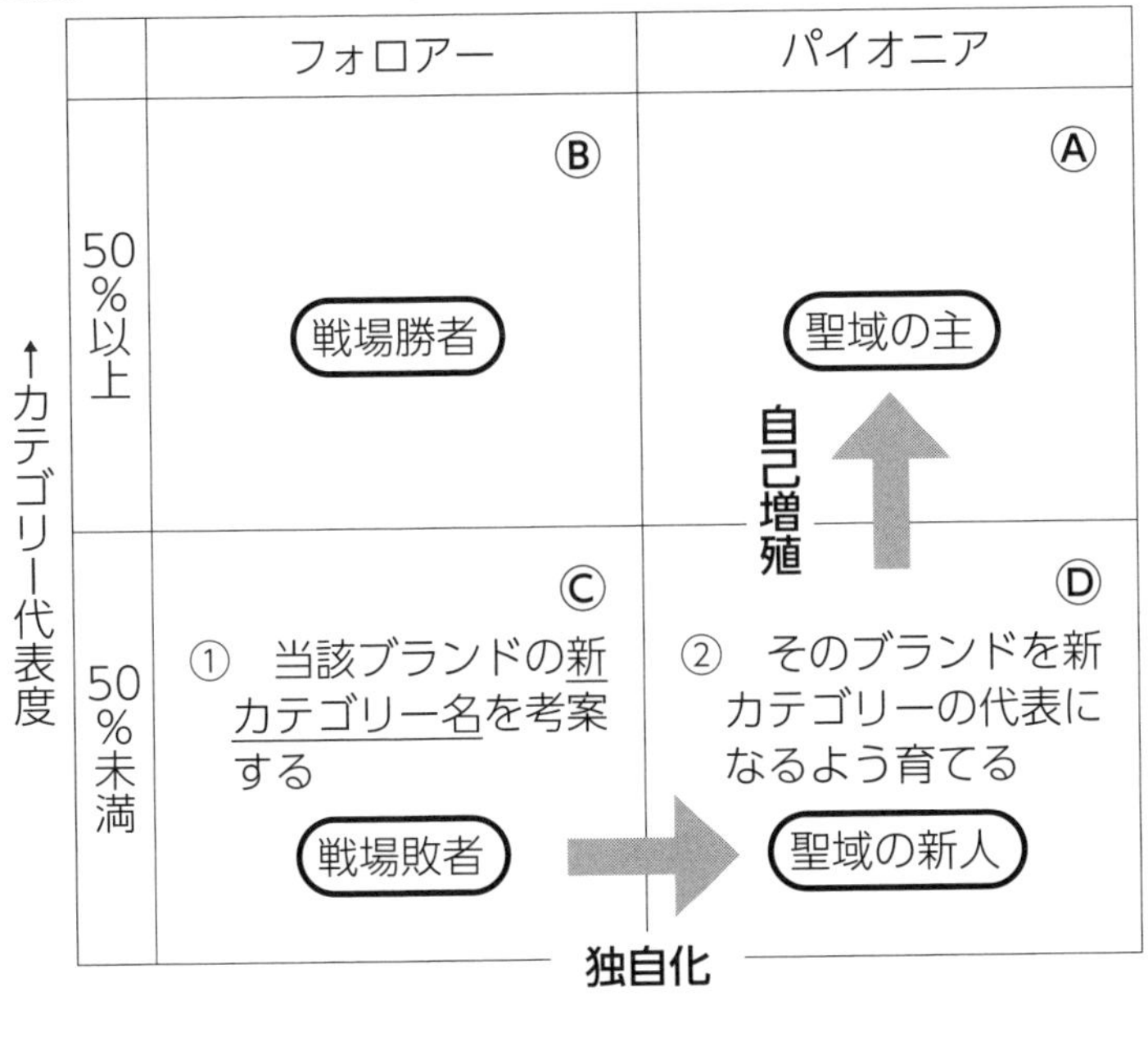

7 新商品を出さない方が既存品の売上も利益も上がる

ほとんどのマーケターも学者も〝予想外〟というし、内心にわかに信じられない顔をするが、新商品を1～2年出さない方が既存品の売上も利益も上がるのだ。

金や人手や時間をかければ伸びる可能性のある「売りモノ」があればの話であるが。

新商品を出さない分、人、金が既存品に注入でき、その分既存品の売上は上がるのだ。利益は既存品が生むものだから、売上が上がると利益も上がるのである。この考え方が「優良少子化」である。

「新商品は毎年、どんどん出すものだ」と考えている経営者にはとても得心がいかないかもしれない。

そういう考えは「数打ちゃ当たる」の考えであり、成功率ということを全く無視した、倒産予備軍の考えである。

大塚製薬や永谷園という会社はこのことをよく知っていて、結果として既存品も伸びるし、満を持して投入するから新商品も成功する。

こういうことは経営者の冷静な判断次第である。

「強い売りモノ」をもつ企業の前提条件を思い出していただきたい。

「天まで伸ばす」活動である。

2020年に売上高1兆円、営業利益1500億円の企業を目指す業績好調企業オムロンが新商品を1年間全く出さないことを社長の方針として決め実行し、既存品の売上、利益の大幅な向上をもたらした。（日経ビジネス、2014、8／4号）この記事をみた経営者は上記内容を納得するのではなかろうか。

8 「売りモノ」を1つ創ったら それを天まで伸ばす

1995年ごろ、経営不振に陥っていたK社は市場に出ている商品4500の内、利益を生んでいない商品をすべて(2500)カットする大手術を行った。何とアイテム全体の55%に及んだ。

その結果、K社は急速に業績回復を果たしたのである。これが既存品の優良少子化策である。

市場に残された商品に、人、金、時間が十分そそがれたから、伸びる力をもっている商品ほどよく伸びたからだ。

「売りモノ」を1つ創ったら、次々と「売りモノ」を創るのでなく、創った都度それが天まで伸びるよう施策をとらなければならない。

そしてこの考えを全社員に共有化、徹底させねばならない。これはトップの重要な役割の1つである。

この意思統一と実行があなたを100億企業の社長にし、やがて1000億超企業の社長にするのである。

〝強い子を生んで大きく育てる〟

新しい「売りモノ」開発には上記のように多産せずに「優良少子化策」が正しいが、既にある「売りモノ」の中で力が弱ってきたものにも「優良少子化策」を用いることは正しい。

9 その市場の代名詞になるまでは金をかけつづける。それが天まで伸ばすコツ

——自己増殖

「天まで伸ばす」というのは耳に心地よいが実行するのは並大抵ではない。しかし、企業の永続、成長にとって「強い売りモノ」を創り、「天まで伸ばす」以外に手段はない。

そのためには、その市場の代名詞になることを目指すことがおそらく唯一の効果的な手段である。

そのためには、カテゴリーの代表度を高め、高めつづけることである。

そのためには、まずそのブランドが独自的になれるカテゴリーを決め、新カテゴリー名（NCN）を考案しなければならない。（⑫参照）

「宅配便といえばクロネコヤマト」の〝宅配便〟「カビ取り剤といえばカビキラー」の〝カビ取り剤〟がNCNである。

あとはNCNとブランドを結び付け、カテゴリーベネフィットを伝えつづける。お金を計画的に使って。どこまでお金をかけつづけるか。それはカテゴリー代表度が50％*を越えるまで。あとは少しずつ維持する程度でよい。

ここまで来ればロングセラーになる。「強い売りモノ」の完成だ。それが長く利益を生みつづける。これを怠ると知名度はこんなに高いのに、その割に売上高やシェアが高くない、という状態を招くことになる。

*カテゴリー代表度はカテゴリー名を聞いて自発的にブランド名を答えられる度合。すなわち非助成知名度のこと

図表7-5 ● ゴールは「聖域」

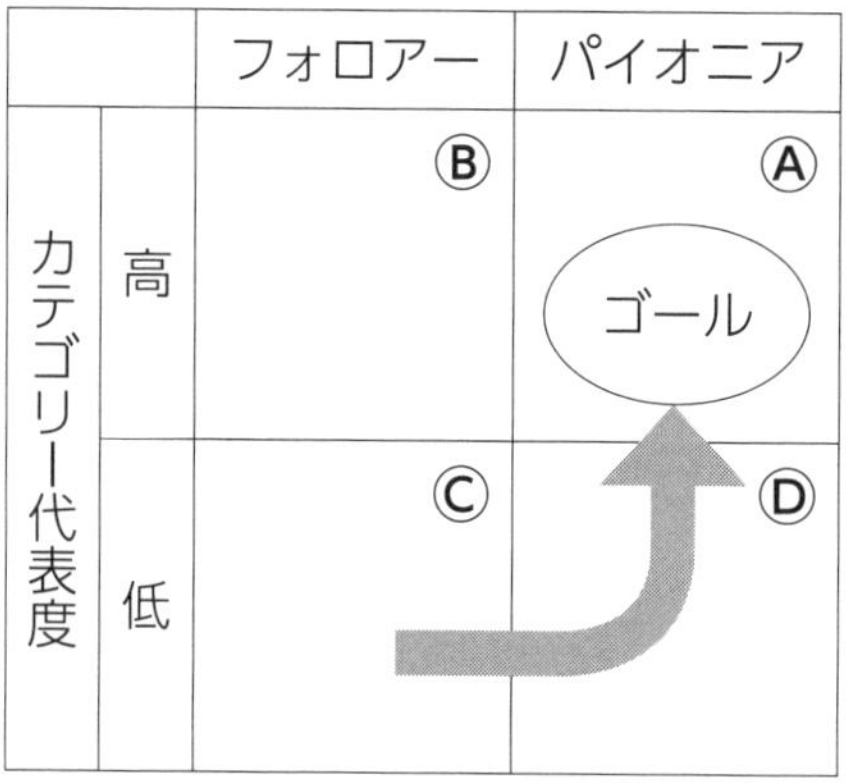

※カテゴリー代表度
50%以上＝高
50%未満＝低

10

「強い売りモノ」は新しく生むか、消費者の心の中の位置を変えても生まれる

——「強い売りモノ」創りの着眼点 ——「2つのMIP」

強い売りモノはMIP開発によって生まれるが、もう1つ、強い売りモノを生む方法がある。それは「激戦場」領域の商品の「位置づけ」（心の中の）を変え、またはくくり方を変え、それが独自的になる新しいカテゴリーを考えることによって生まれる。これをMIP化という。「強い売りモノ」は2つのMIPによって生まれるのだ。

MIP開発で「強い売りモノ」を創り、苦戦している既存品や既存ビジネスはMIP化で「強い売りモノ」にし、自己増殖で天まで伸ばしていくのだ。

図表7-6 ● 聖域化理論マップ

		競争市場（戦場）	新市場（非戦場）
		フォロアー	パイオニア
カテゴリー代表度／連想価	50%以上	**王者の戦場** (0.5%)	**聖域** (50-80%)
	50%未満	**激戦場** (0%) ほとんどの企業の 多くの商品	**聖域の入口** (100%)

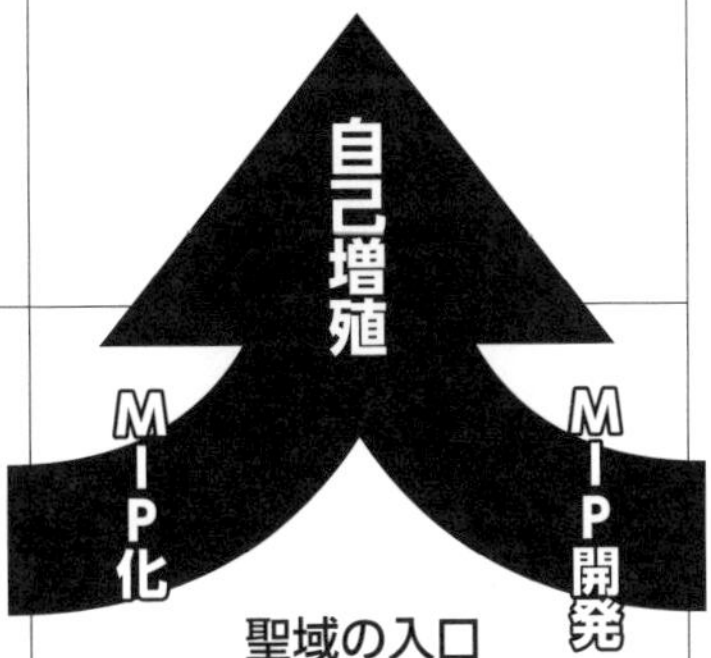

%は市場占有率がNo.1の可能性

11 知名度の割に売上やシェアが高くならない知られざる要因
――カテゴリー代表度が低い

発売から一定の年月がすぎると知名度の上昇につれて売上やシェアが比例することが望ましい。

しかし、知名度の割に売上もシェアも高くないケースは非常に多い。

その要因は、5章や7章のこれまでのところを読んでいただいた方には既にお見通しのことであろう。

「カテゴリーの代表度」がその要因である。

ブランドはカテゴリーの代表となるとき（代名詞となる時）、最も多くの人々から買ってもらえるようになる。

知名度は多くの場合、お金をかけつづけてやっと獲得できるものであり、そのお金に見合う売上を得るためにはそのブランドはカテゴリーの代名詞になることが不可欠なのである。

カテゴリー代表度（非助成知名率）が50%を越えるまで金をかけつづける。
⇓カテゴリー名称を提示し、自発的にそのブランドが挙げられる率をカウント
〈例〉「宅配便」といえば成人男女の約80%以上は「クロネコヤマトの宅急便」と答える。また、「カビ取り剤」といえば主婦の約90%は「カビキラー」と答える

図表7−7のように、各領域別にシェアNo.1になれる確率が明瞭に異なる。Dは100%だが、売上のボリュームは小さい。Aこそ目指すべき領域である。特別な手を打たなくても50%、工夫すると80%まで可能だ。AとBは決定的な差である。

図表7-7 ● No.1ブランドの可能性

		フォロアー	パイオニア
カテゴリー代表度	高い	Ⓑ (0.5%)	Ⓐ (50%〜80%)
	低い	Ⓒ 0%	Ⓓ (100%)

12 カテゴリー代表度診断と新カテゴリー名探索法キーニーズ洞察法（S-GD1）

──既存ブランドを強化し、天まで伸ばす

〈目的〉

消費者から見て当該商品（ブランド）がどのようなカテゴリーに属しているか、また、その中でどのような位置づけにあるかを明らかにし、最適カテゴリー名称を探す。以上により、既存ブランドを強化し天まで伸ばす。

〈課題〉

① 当該商品の見られ方（カテゴリー名、ベネフィット）
② そのカテゴリーの中での位置づけ、代表度
③ 当該商品が「代表」（独自的）となる新カテゴリー名抽出

〈フロー〉

① 当該商品は何のための、どのような商品だと思うか
↓どのようなカテゴリーの商品と思われているか
② その中で当該商品はどの程度「代表的」か
↓代表と言えるか否か確認
③ 当該商品が代表（独自的）になるにはどのようにカテゴリーをくくり直せばよいか
↓アイデア会議風にディスカッション
④ 用意してあるカテゴリー名称（複数）を同時提示
↓ピタリの名称があるか、近い名称があるか、話し合う

〈記録〉

専用記録フォーマット

〈分析〉

● フロー①─明確性、規模、継続ユーザー重視
● フロー②─高・中・低↓「高」のみ代表、継続ユーザー重視
● フロー③─話し合いから読み取る、継続ユーザー重視
● フロー④─ピタリ、近い、遠い、を判別、継続ユーザー重視

〈出席者〉

● 継続ユーザー、知名未購入者、中止者を別グループに

〈フォロー〉

● カテゴリー代表度を質的、量的に毎年確認する。

13 聖域化に向けた「MIP経営」

7章で述べてきた「強い売りモノ」を天まで伸ばす方策をひとまとめにすると「聖域化理論」となる。この思想は「戦わずしてロングセラーにするものであり、これを中心に据えた経営を「MIP経営」と称す。

> 「戦略」とは市場の中の組織としての活動の長期的な設計図であり、それは企業や事業のあるべき姿とそこに至るまでの変革のシナリオを描いた設計図である。（伊丹、加護野を引用した折笠和文著『マーケティングの批判精神』より）

それ故、たとえば「聖域化戦略」とか「MIP戦略」という用語を用いてもよいが、決して「戦い方」のことでは元来ないのだ。しかし、〝戦わず繁栄する〟思想を一貫させるため、「戦略」という用語を本書では用いないことにした。

図表7-8 ● MIP経営の図

〈上位目的〉 社会に喜ばれる企業を永くつづける
〈目　　的〉 長期安定的に繁栄、成長
〈手　　段〉

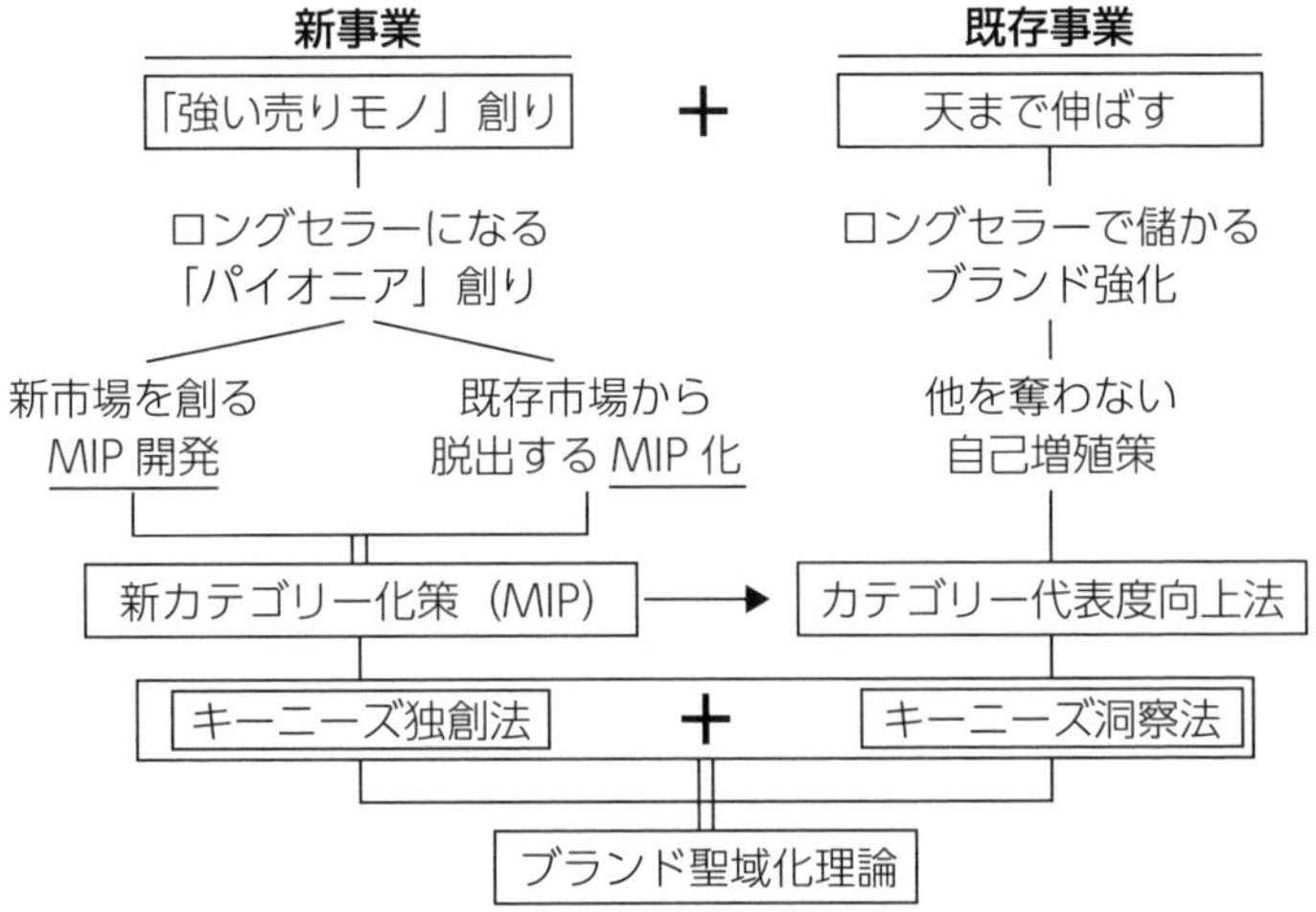

〈理　　念〉 1. 人を第一に考える　　3. 欲張らず、分け合う
2. 戦い合わず繁栄（共存共栄）　　4. カベをメラキ直る

14 自社内ですみ分ける商品を計画的に揃え、切磋琢磨する

「聖域化理論」は他社と戦わず事業を永続させる理論である。もし、この思想が仮に徹底されるとすると一つのカテゴリー内（すなわち1つの未充足の強い生活ニーズに応えるカテゴリー内）に競合する商品がなくなることになる。従来なら戦い合って品質やコストが自然に改善されるところだが、戦い合いがなくなるためにそれらの改善が滞ってしまう。そうすると、消費者にとって不利益となる。その結果、消費者から見放され、売れなくなってしまう。その課題を解決するために、自社内ですみ分ける商品を計画的に揃えることで技術が切磋琢磨される仕組みが「聖域化理論」には用意される。この工夫によって、戦わないことによる技術の停滞を解決し、かつ多様な消費者のニーズにも応えることができるのだ。

右の「聖域化理論」の未来図は次の⑮のようになる。

15 「聖域化理論」によるMIP経営の未来――MIPのれんシェアシステム

「聖域化理論」によるMIP経営はまだ舞台の幕が上がったばかりであり、恩恵を受けている企業も少数派にすぎない。

しかし、その少数派は確実に成功しており、その影響は着実に多くの企業に及ぶに違いない。

この幕開けの時、「未来図」を描いておきたい。「そのようになる」という予言ではなく、「そのようになるよう努力する」という誓いである。

〈基本の考え方〉―目的―

MIPを開発したり、MIP化して「聖域の入口」に入った企業（のれんオーナー）は協業企業（のれんパートナー）を集め、ブランドラインの拡張など協力して市場を拡大し、「聖域」に共に入り、永続的に共存共栄していく。これにより、戦い合う精神的、経済的、地球的ダメージとロスを減らし、人々の幸福と平和な社会を目

指し、子孫に住みよい環境を残す。

〈方法〉

①第1ステップ

1．A社が新市場創造型商品（MIP）開発—〝のれんオーナー〟

2．同じ市場を協力して安定成長させる「協業グループ」を発足させ、参加企業を集め、のれんオーナーがそのリーダーとなる。

3．参加企業は共にブランドや特許などのれんオーナーの権利を資金を出して共有—〝のれんパートナー〟

4．力を合わせ、強味を生かして分担（ブランドラインの拡張など）しつつ、A市場（Aブランド）を永続的に拡大させる。つまり協力して「聖域」に入る。

②第2ステップ

1．互いに長所を出し合い新しい次の市場を創造する

2．その活動をつづける

3．その都度ふさわしい企業がリーダーを務める

〈思想／参加資格〉

1．平和主義者であることが、この構想を支える

2．故に、「非戦」を良しとする平和主義者であることが参加資格となる

3．MIP経営の4つの理念（1．人を第一に考える、2．戦い合わず繁栄（共存共栄）、3．欲張らず分け合う、4．カベに対しメラキ直る）を良しとする経営者であることも参加資格となる。

〈成功の条件〉

1．MIP開発、MIP化の実力を備えること

2．MIP経営の理念を誇りとし、徹底して経営の指針にすること

3．運営する機構をもつこと

※17章㉓㉔、とり分け㉔で今後の思いを込めて具体的にまとめている。

第8章

「強い売りモノ」の伝え方

- 「強い売りモノ」は少ない費用で伝わる。
- それは「今までないモノで、潜在的に消費者が待っていたモノ」だから。
- その伝え方の極意は「コンパクト・インパクト」である。
- 誇大は悪、誇張はすべし。
- いかに話題性を高めるか次第で安く伝わる

「強い売りモノ」の伝え方を捧ぐ

詩を作ろう、絵を描こう

詩を作ろう
絵を描こう
上手くなくていい。
いや上手くない方がいい。
詩を作ることは
己の心を見ること
絵を描くことは
己の心を開放すること
だから、

1 「売る」のではない。魅力を「伝える」のだ

――「強い売りモノ」はセールスマンはいらない

多くの失敗のケースを分析すると、商品（サービス）を「売ろう」として失敗している。

「売る」のは当たり前では？と思う経営者は固定観念に縛りつけられている。

「売ろう」という態度が消費者に見えると消費者は尻込みし、仮に魅力があっても、それに耳を貸そうとしなくなる。

「売る」のではなく、魅力を「伝える」のだ。

「魅力」の内容は消費者に生活ニーズがある限り、関心の的である。〝知りたい〟と思うのだ。

魅力＝ベネフィット＝価値
＝未充足の強い生活ニーズに応える

「魅力」を「伝える」だけで売れるためには条件がある。それは「強い売りモノ」である、という唯一の条件である。

「強い売りモノ」でないと「魅力」は誇大に伝えるしかなく、仮に売れてもリピートはない。これはわかるであろうか。

「強い売りモノ」なら、その「魅力」を誇張（表現化）すればするほどよく売れ、リピートも高い。つまり成功する。

「強い売りモノ」は販売員はいらない。セールスマンは不要なのだ。

「強い売りモノ」を求めている人を探し、その人に正しく伝える人がいればよい。

2 ＭＩＰは「何であるか」が不明では売れない

ＭＩＰは今までなかったものである。

そのためＭＩＰにはならではの伝え方が必要である。

１９７４年「スキンガード」（皮膚用虫よけ剤）を発売する時、このことを気づかされた。

「スキンガード」という商品名だけでは「何であるか」が不明であり、20～50代の主婦対象の電話調査の結果、約60％の主婦に「避妊具」と間違えられてしまった。発売前でホッとした。

その時からＭＩＰには「新カテゴリー名」をつけることにした。


世の中にはこのことを知らずに失敗している新カテゴリー商品はたくさんあるが、その理由で失敗したとは自覚されていない。

「何である」を表すのが「新カテゴリー名」である。

慣れていないので創るのに苦労するマーケターは多い。練習が必要だ。

例としては、
「カビキラー」（ネーミング）―「カビ取り剤」（新カテゴリー名）
「テンプル」（ネーミング）―「天ぷら油処理剤」（新カテゴリー名）
「ぐーぴた」（ネーミング）―「空腹感解消ビスケット」（新カテゴリー名）
その他は2章の図表２‐７を参照してほしい。

3 ＭＩＰは売らなくても、魅力を伝えれば売れる

「肌が露出している部分に塗るだけで約8時間、蚊やブヨに喰われない！」

これが「スキンガード」のベネフィットである。

ベネフィットとはその商品の「魅力」のことである。

そのベネフィットが消費者に伝わると「長時間蚊やブヨに喰われたくない」と強く願っている人は喜んで購入する。

初期の頃のテレビ広告のコピー（「ＵＳＰ」）は「夏は帽子とスキンガード」であった。

それまでの常識で夏には子供に帽子をかぶって外出させていたのをヒントに、「スキンガードも必需品ですよ！」ということを伝える意図のコピーを考えた。

２０１６年で42年になるカテゴリーの代表度の高いロングセラー商品になった。

4 ネット時代の今日、小が大になるチャンス

――何が今までと根本的に違うか

ネット販売チャネルは「配荷力」と「告知力」を共有しているチャネルである。

故に、従来の販売チャネルにかかっていた多額の費用が少ない費用で「表現力」という知恵のみでまかなえる。

すなわちネット販売の成功は「強い売りモノ」（＝ＭＩＰ）開発と表現コンセプト開発次第。

しかし、実は圧倒的に失敗しているのだ。容易にトライできるので、安易にトライするからである。商品力も不十分。表現力も不十分なままで。

図表8-1 ● ネット時代の伝え方

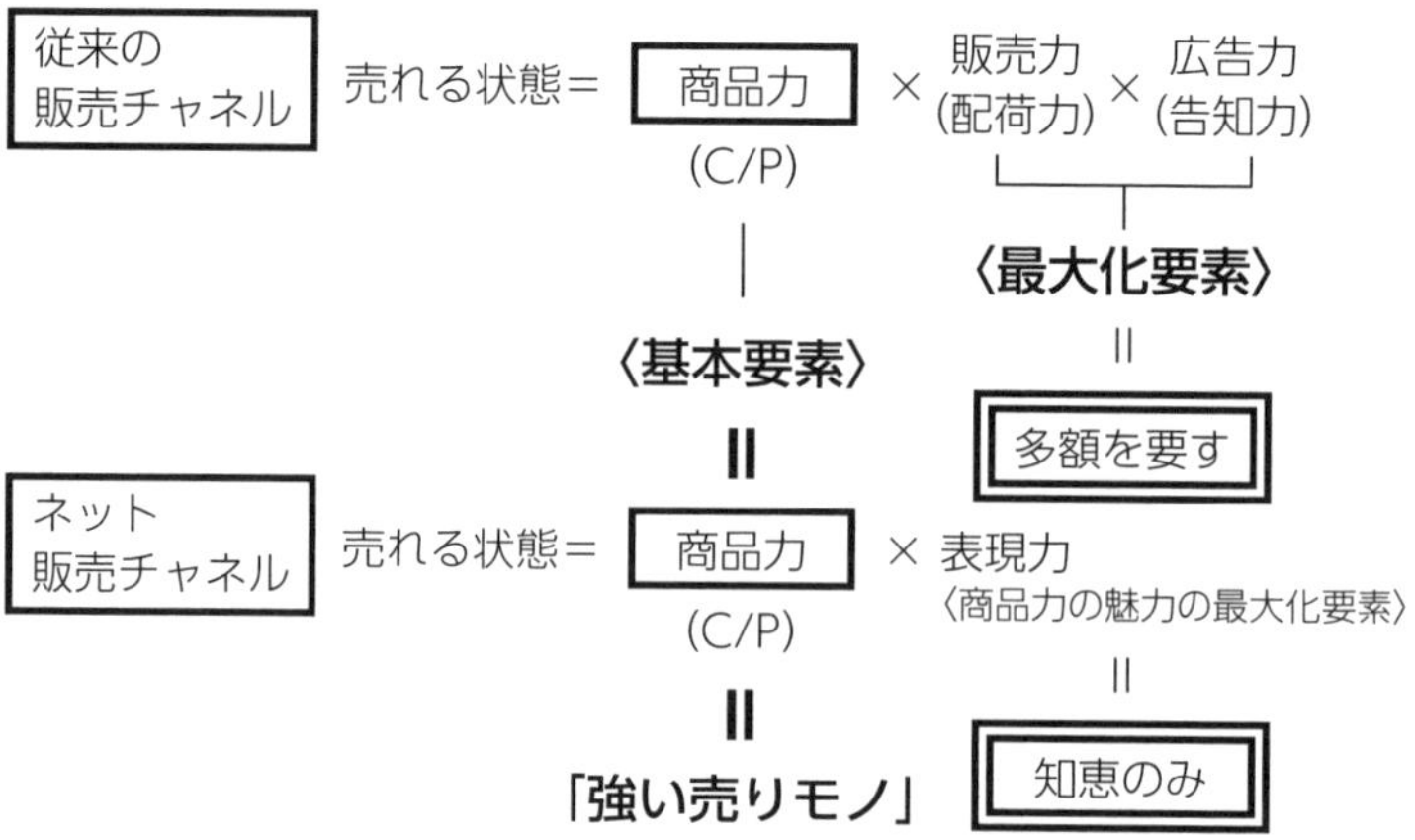

5 ウソみたいなホント、まことしやかなウソ
——広告表現の真髄

明らかにあり得ないことを示した中に真実がかえって明確に伝わる。

これが「ウソみたいなホント」。

童話、物語、芸術作品…。

「まことしやかなウソ」は買う人をあざむく。

これを「誇大広告」という。

「誇大」とは実際より優れているように言ったり、見せたりすること。

これはウソであるから許されない。

「ウソみたいなホント」は「誇張」と言われ、「誇大」と区別される。

「誇大広告」はあるが「誇張広告」はない。しかし広告は「誇張」で売れる。

「誇大」と「誇張」は紙一重だが両者には深い溝がある。

「誇大広告」も「誇張広告」も共に消費者の購買を動機づけるが、前者は裏切りだから、再購入はないのに対し、後者は裏切らない。

本当のことを「誇張」するのが効果的な広告。
「誇張」とは実際のことをより特徴的に表現すること。

ウソみたい
本当ならば
きっと買う

6 MIPは話題性が高いから少ない費用で伝わる

MIPは今までない商品である。

出るまでは誰も欲しいと思わないのがMIPである。

逆に、出るとたんに大きな話題になるのもMIPである。

なぜなら、「したい、やりたい」と願っても「できない」ニーズに応えるのがMIPだからである。

それ故、MIPが発売されると、新聞やテレビなどのマスコミがこぞってニュースにしてくれることが多い。

そのため、少ない広告費でも多くの消費者に伝わることができるのだ。「禁煙パイポ」は本当にすごかった。

ニュースの方が広告よりよほど効果的なのだ。

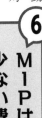

7 コンパクト・インパクト
——心を打つ表現

私の広告づくり、パッケージづくりの根本は、「コンパクト・インパクト」である。

消費者に訴えたい内容をコンパクトに伝えることによってインパクトを与える。

つまり〝心を打つ〟。これが古今東西、成功した広告やパッケージの表現である。

ただし、コンパクトにすることによって〝心を打つ〟ためには、消費者の未充足の強い生活ニーズに応えることが条件である。

このことを知っておかないと、売れるはずの広告やパッケージが売れない結果を招く。お金をドブに捨てることになるのだ。

作詩はコンパクト・インパクトの練習に優れている。

図表8-2 ● 心を打つ表現

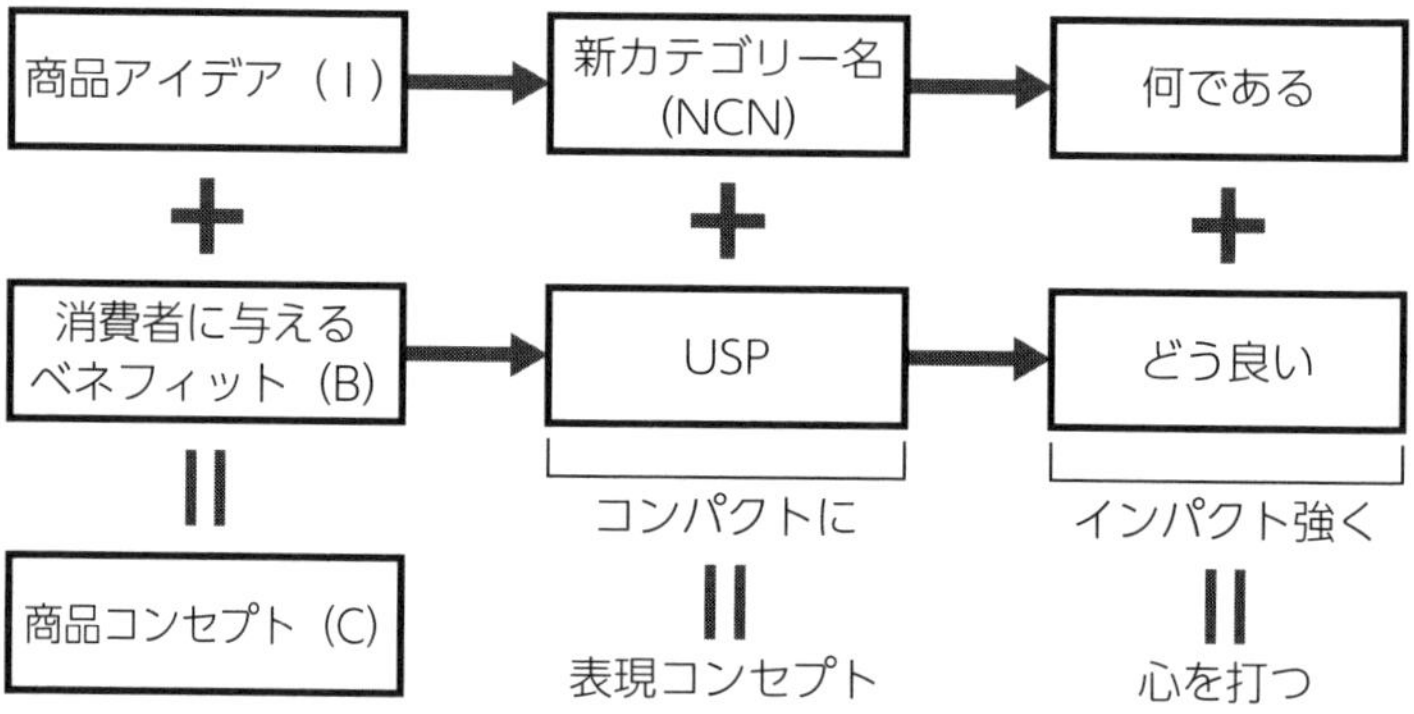

※コンパクト・インパクトの例：〝好きです〟〝愛して〟長々と言われるよりよほど心に響くのだ。

8 世の関心を引く「話題」づくりが非広告で成功する秘訣

人の気を引く、得する情報、おもしろい、なるほど、意外、想像以上、という内容が可能な限りユニークに表現されると話題になり易い。

世の中に何かを告知する方法が広告である。

しかし望むだけの広さ（多くの人々）に告知しようと思うとお金がかかりずぎ、アキラメる場面が多い。

しかし、世の中には広告で知る以外の手段で多くの人が知ることがたくさんある。

それが「話題」である。

最も手っ取り早い「話題」づくりは有名な会社や社長が悪いことをすることである。あっという間に世間に広がる。

しかし、この手段では告知できてもその上の目的は達成できないばかりか致命傷すら負う。

なぜそういう行動は「話題」になりやすいかを考えると、そこに非広告で成功する秘訣が気づかされる。

〈例〉伊豆山建設（株）の「ハンバーグ住宅」

お弟子さんの伊豆山建設の社長は私に触れて開眼したお1人である。

どこまでも伸びる！

伊豆山建設で家を建てると、10年間ハンバーグを無料で提供すると告知して話題となる。

同じ会社が今度は「独身貴族の家」（カテゴリー名）ブランド名「男の城」と「女の城」を発表した。

話題性があるのでプレスリリースしたら数十のメディアが取り扱った。

そして今度は「ＭＩＰのれんシェアシステム」で全国の工務店と連合して素晴らしい㊙のＭＩＰを出そうとしている。

9 効果的な広告やパッケージづくりの忘れられがちな秘訣

流行語大賞はとってもよいが広告賞はとろうとするな。ターゲット消費者が魅力に感ずる部分をコンパクトにインパクト強く訴えよ。

決して主観的好みでつくるな。

広告もパッケージも最大化効果を発揮するが「弱い売りモノ」まで「強い売りモノ」にはできない。

広告やパッケージのメッセージは「売りモノ」を開発した本人やチームが心をこめて考えよ。決して外部の片手間クリエーターに頼るな。「愛のメッセージ」は稚拙でも自分で書くこと！

いかに短時間で、いかに少ない費用でメッセージを伝えるかを考え、心をくだけ。そのために多くの時間を集中してかけよ。

「意識喚起メッセージ」はターゲットの心の扉を開かせ、当該商品のベネフィットを暗示し、商品の魅力を効果的に引き立てる。

「何である」（NCN）と「どう良い」（USP）、そして次の⑩で述べる「意識喚起」が最小限不可欠な情報（メッセージ）である。

いずれも金のムダを省いて成功する道である。

MIPは今ない商品なので潜在ニーズに応えて売れる。

潜在しているニーズは顕在化させないと売れない。意識喚起はニーズを顕在化するために行う。

また、MIPは今ない商品なので、「何である」、「どう良い」が不明では売れない。そのためにNCNとUSPが重要なのだ。

10 MIPの効果的な伝え方
——意識喚起が不可欠

MIPの大半は潜在ニーズに応える。

潜在ニーズとは「気づいていないニーズ」である。

潜在ニーズを顕在ニーズに変えないと売れない。

風呂釜の中がこびりついた汚れで充満していても、ホース洗いでOKと思って実行している主婦に「たまった湯ドロは必ず取り去る」と伝えても「ウチのお釜は毎週ホース洗いでキレイだからいらない」と見向きもされない。わずか0・4％ T・Bであった。（1000人に4人しかぜひ欲しいと答えない。）

しかし実際には湯ドロは釜にこびりついていてそれが微少な菌や汚れを浴槽に送り込み、皮膚病が治らない状態は解決していなかった。

こういう時、不可欠なコミュニケーション技術が「意識喚起メッセージ」である。

「ホース洗いでは湯ドロはこびりついているので、取れない」という事実を教え、その上で「USP」—「たまった湯ドロは必ず取り去る」および「NCN」風呂釜洗浄剤、「ネーミング」ジャバを伝えると反応は逆転。38％ T・Bに上昇した。（38％の人がぜひ欲しいと答えた。）

「意識喚起」は潜在している生活ニーズを気づかせたり、今行っている方法の問題を気づかせ、**「解決したい」と心の中でつぶやかせる**働き。

すなわち売りたい商品への**「心の扉」を開く**働き。

潜在は
意識喚起で
顕在化

図表8-3 ● 意識の喚起メッセージの例と作り方

意識喚起	心の中のつぶやき	USP	NCN
奥さんまだホース洗いやってんの/お釜の中は湯ドロの巣/ホース洗いでは落ちない	こびりついている釜の汚れも完全に落としたい	たまった湯ドロは必ず取り去る	風呂釜洗浄剤「ジャバ」(ネーミング)
歩くとヒップはアップする	歩いてヒップを上げたい	はくだけでヒップup!	ヒップアップパンツ
歩くことは健康に良いだけではない	歩くことで健康以上の効果を得たい	歩く効果を高める!	ウォーキング健康パンツ
良く歩く人は美しい。スタイル良く歩く人はもっと美しい	私もスタイル良く歩きたい	はいて歩いてヒップup! 20歳のズボンがはける喜び!	スタイルアップパンツ

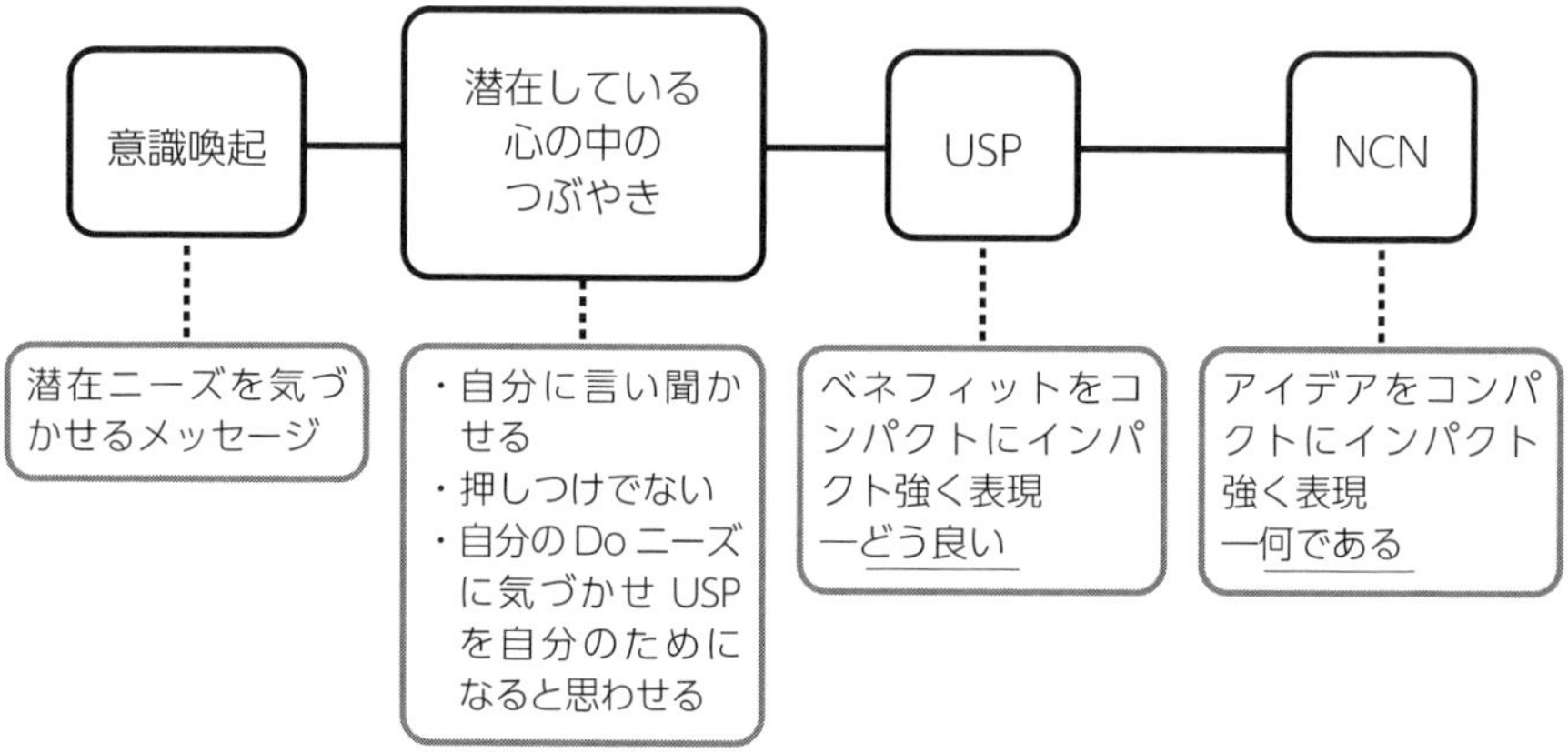

11 店頭は立派な広告の場、パッケージは立派な広告媒体

店頭（ネットも含めて）は立派な広告の場であり、パッケージは立派な広告媒体である。しかも、取扱いさえ成立すれば広告費ゼロで広告ができる。

広告とは「告知」である。

商品名、新カテゴリー名、USP、など商品の「何である」（新カテゴリー名）と「どう良い」（USP）を「告知」し、ターゲット消費者に購入を動機づけるためのもの。

「キーニーズ法」で作った商品は消費者の未充足の強い生活ニーズに応えるので、それを告知すれば消費者は「欲しい」と思うのである。

パッケージが立派に広告の働きを果たすには、ターゲット消費者の「未充足の強い生活ニーズ」に応える「USP」と「新カテゴリー名」そして「意識喚起メッセージ」がコンパクトにインパクト強く表現されることに尽きる。

12 消費者への伝達は時間と金を最少にして最大の効果をあげる

金と時間さえかければ、どんなにできの悪い広告でもいずれ消費者に伝わる。

しかし、重要なことは何がなんでも消費者に伝わることではなく、経済的に伝わることとである。

私はこの信念で「消費者への伝達は時間と費用を最小で最大の効果をあげる」理論と手法をあみ出してきた。「表現コンセプト化技法」である。

USPやNCNあるいは意識喚起メッセージを生み出すのにかなり時間を費やすのは、いずれも広告にかける時間と費用を最少で最大の効果をあげるためである。

USP、NCN、そして意識喚起メッセージを「表現コンセプト化技法」の方法論にのっとって生み出すと、そういう配慮をしなかった時と比べて数倍効果が高い広告やパッケージに仕上がる。

＊USP＝ユニークで売り込みのきく主張
ベネフィットをコンパクトにインパクト強く表現して創る。＝「どう良い」を示す。
＊NCN＝新カテゴリー名
商品が「何であるか」をコンパクトにインパクト強く表現して創る。
＊意識喚起メッセージ
商品の良さを伝えるのではなく、商品の良さを受け容れる「心の扉」を開く働き。

つまり「表現コンセプト」開発が重要。

13 営業とは強みの告知活動である

営業とは自社の「売りモノ」の強味を誇張して、消費者に伝え、納得させ、発注意欲を高め、受注にもちこむ仕事（活動）である。
すなわち、それは利益を十分に生みだす活動である。

〈受注法〉

A．自社の強味を生かせる。他にはない強味を生かせる。「未充足の強い生活ニーズ」を探すことで、利益の十分に出る価格で受注する。

B．上記A．の条件をもって原価をリーズナブルに下げ（標準化などで）ることで、利益の出る価格で受注する。

上記、A．B．以外は営業活動と私は考えない。

すなわち、「営業」の本質を考える上でもっとも重要な点は、「何をいかにうまく売りつけるか」ではない。

強い売りモノとか強みがあることが大前提であるという

ことである。

「営業」とは売れないものを売り込む活動ではなく、自社の強みを生かせる消費者の「未充足の強い生活ニーズ」を探して、それに応えることを告知する活動なのだ。

「強い売りモノ」ＭＩＰなら告知するだけで買ってくれるのだ。

押しつけず買いたくなるよ表現化

第9章

「強い売りモノ」づくりの経営者へのメッセージ

- この章は順を追って読んでいただく必要はない。
- ランダムに、時々何回も目を通し、自問自答したり、従業員に語るネタに使っていただきたい。
- その時々によって感ずるものが異なるであろう。
- それは、その時その時の心のもちようが異なるから。

経営者へのメッセージを捧ぐ

今日の命

日の出をうれしく
思うのは
今日の命が あるからです
夕日に心がふるえるのは
今日の命に感謝する
心がきっと
あるからです

1 「ありがとう」は人の心をなごませるが自分をいちばん幸せにする

「ありがとう」という感謝の気持は人様に向けられる時、人様との心が少しでもつながり、人様の心なごませるもの。

神に向かって手を合わせ、今日一日のことや与えてくださった試練のことや人に出会わせてくれたことや諸々のことを感謝する「ありがとう」は自分を幸せにするのだ。

「ありがとう」の数だけ幸せがあるのだ。

「強い売りモノ」づくりには「ありがとう」の心が欠かせない。

この一見わけのわからない論法を理解いただけるだろうか。ここに「強い売りモノ」づくりの1つの本質が隠されている。

2 従業員には「自分のために力をつけよ」「自分のために働け」と本心から伝える器が会社の器

「自分のため」＝本音＝実行する
「会社のため」＝建前＝実行力弱い

故に「自分のために力をつけよ」「自分のために働け」と本心から伝えると、社員の力がつき、成果が上がるのだ。

逆はないのだ。

本心から伝えないと社員は本気にならない。

本心から伝えると、成果のみならず、会社の器の大きさも社員は感じ、忠誠心が上がる。

ただし、与える責任と目標を明確に伝え、定期的にチェックすることを怠っては功を奏さない。

図表9-1 ● 目的達成の条件と要因関連図

〈条件〉

1. 意欲（目的達成ニーズ）－前提条件
2. 資質（才能、性格、社会的素質）－十分条件

〈要因〉

目的達成 ＝ 課題解決 × 解決手段 × 実行 ＋ 意志を超越した「めぐり合わせ」

‖ ‖ ‖ ‖

（ニーズの充足） ＝ 手段 × 努力 ＋ 運

図表9-2 ● 目的達成の条件と要因の内容

	条件		要因		
	意欲	資質	手順	努力	運
内容	●その目的を達成したいという気持ち（達成ニーズ） ●その強さ（高・中・低）	●才能／肉体的・知的 ●性格／飽きやすいか否か・諦めやすいか否か ●社会的素質	●「目的」達成のための「課題」の設定の仕方と知識 ●「課題」解決のための「手段」の抽出の仕方と知識	●意欲を高める ●意欲を保つ ●才能を保つ ●才能を生かす ●社会的素質を生かす ●経験を生かす ◎達成のための直接的行動を続ける ↓ 「課題」解決のための「手段」の実行	●マイナスの要因（不運） ●プラスの要因（幸運） ●ニュートラルの要因（無関係）

出所：『消費者は二度評価する』梅澤伸嘉、ダイヤモンド社、1997年

4 ロングセラーを生む「理念」と「手段」

経営理念は経営者自ら誇れる指針であり、企業行動を成功に導く方向づけであり、動機づけである。

そして理念を実現するための手段が妥当でなければ理念はお念仏に終わる。

「強い売りモノ」はロングセラーである。その理念と手段を次に示そう。

〔理　念〕

1．人を第一に考える。
2．地球を守る「心」が子孫の「命」を守る。
3．戦わない。奪わない。
4．新しく需要を創造する。
5．アキラメない。
6．成功率を高める。
7．今、この仕事を成功するまでやる。「次がある」はない。

〔手　段〕

1．消費者ニーズを洞察
2．「未充足の強い生活ニーズ」を発掘し
3．それに応えるＭＩＰ（新市場創造型商品）を開発し
4．消費者満足に応えつづける

私はジョンソン（株）の経営理念作成準備委員会委員長を拝命し、作成した。（㊺参照）１９７６年のこと。これは長年、多くの企業のお手本になっていると言われる。

5 努力は実行そのものである

努力を惜しんで
成功する方法はない
どんな方法や手段も努力や苦労を
減らすためではなく
努力を生かす
ためのもの

③で示したように、「努力」は「実行」そのものであり、手抜きの「実行」など私の概念にはない。「努力」そのものが「実行」であり、「実行」そのものが「努力」なのだ。

だからこそ、自ら努力を続けるためには自らがやりたいこと、努力が楽しいことを探し、それを実行すべきなのだ。9章⑥⓪～⑥②参照

6 ストレスは不平等から生まれ、うつ病を発症させる

経営者として非常に重要視しなければならないことの1つはご自分や従業員の「うつ病」対策である。

仕事ができる人ほど「うつ病」になりやすく、一生懸命働く人ほどなりやすい、と言われるからである。

「うつ病」にかかるとまともに仕事ができないばかりか命を絶つことすらおこるのだ。

幸い最近、「うつ病」のメカニズムが解明されてきた。

「うつ病」は脳の海馬領域にある「扁桃核」という場所で発症する。
原因はストレス。そのストレスは〝不平等〟感がもたらす。不平等感は他者との関係において生ずる。自分が損するだけでなく、得する場合も生ずるところが深い。

適度なストレスは日々の行動を発生させるむしろ不可欠のもの。

それが度を越すと「うつ病」に進む。

ストレスが度を越さぬよう押し止める力は「喜び」「感謝」「楽しさ」「うれしさ」の心と「感動」の体験が仕事や私生活でつづくことである。

言い方を替えると、「カベ」を友達と捉えて、柔らかく乗り越えるマインドを身に付けることが「うつ病」を遠ざける。

12章の「メラキアの発想」を楽しく読んでみていただきたい。

そして何より、自分と人を比べず、昨日の自分と比べる習慣を身につけるとうつ病が防げるだけでなく成長が早くなる。

7 MIP開発体制で従業員の心ウキウキ、晴れ晴れ

MIPを意図して、計画的に開発する体制になれば…

- 追われる開発　利益の出ない会社
- 砂を噛む開発　地球資源をムダにする会社
- むくわれない開発　子孫から歓迎されない会社

から解き放たれ、

- 出す商品の当る率が高まり
- 出す商品の数（X）が減り

⇓開発者の心はウキウキ、晴れ晴れ

⇩出す商品の数を減らし、1品1品にかける時間、金、人を最大化し、妥当な理論と手法で成功を、社長、あなたのものに‼

8 駅伝のタスキ渡し
――累積の尊さ

復路スタート時、首位東海大のランナーは2位駒大との差を59秒切っていた。

その時ランナーは非常に重要な思考法をとったのだ。

59秒しかない　but　59秒もある

もし「59秒しかない」と考えればそれが焦りを生む。

しかし、彼は「59秒もある」と捉えた。1秒でも上乗せして差をつけようと前向きにメラキ直ったのだ。

同じ事業でも捉え方、認識の仕方で結果は変わる。

このような思いができるランナー達だから、「その1秒を削り出せ」のモットーを身をもって実行できたのだ。

1人で10の達成はムリでも10人が1を達成すれば楽に10になる。累積の尊さを教えるモットーである。

この話を経営に置き換えると、ロングセラー商品をもつことの大切さである。ロングセラーは、累積することがもっともすごい。短命商品では累積しないのだ。

9 金がないから頭を使う〈1〉

〝できない理由〟を金のせいにしてはならない。

金がないからできない、という言い方はできないことの言い訳にしかすぎない。

金がないなら頭を使え！と私は言う。

これは実は心地よい、痛快な作業を生み出すのだ。

ゲームのような楽しい心もちで行うことが秘訣。

そして何より重要なことは、達成したいことの意義が大きく、達成したいニーズが強いということである。

お金をすべてかき集めても、1000万円しかない4人の会社がTV広告をつくり、初年度19億円も売り上げることができたのは頭を使ったから。

80万円であの有名なTV広告をつくり、セールスマンゼロで圧倒的な配荷を達成。

禁煙パイポの例は〝金がないからできない〟という人に飲んでいただく良い薬である。

10 「消費者志向」より利益優先を本音では考えているから利益が薄いのだ

この話は、徹底的に経営者の方々とヒザ詰めでも議論したい。

「消費者志向」はきれいごとでも消費者のためでもなく、利益の源なのだ、ということを心底わかってもらうまで話し合いたい。

「消費者志向」とは消費者の未充足の強い生活ニーズを探し、それに応える商品（コンセプトもパフォーマンスも）を開発し、妥当な価格で提供し、長い間満足を与えつづけることである。

だから企業に利益が還元されるのである。

「消費者志向」は断じてきれいごとではなく、企業の利益のための思想なのである。

11 不動産仲介業ファースト・コラボレーションの教訓

社員22人、内女性社員が半数のファースト・コラボレーション（武樋泰臣社長）のことを日経（２０１５年1月5日朝刊）で知った。

きっと良い会社であろう。きっと伸びる会社であろう。記事によると、女性社員が会議を開いて出産予定を相談している、とのこと。

これは、少人数の会社で出産のために会社に迷惑をかけられないので、出産時期を相談で決めるという大企業ではとても考えられない出来事。

中小企業ならではであるし、また、こうでないと伸びる会社ではない、と思われる。

むろん本音では出産によって仕事をなくしたくない、との思いがあるであろう。しかし、それは多くの共働き女性の思いである。すごいと思うのは、皆で相談して会社の迷惑を減らそうとしていることであり、そういう企

ない。

業風土である。

こういう企業はきっと老舗の長寿企業になるにちがいない。

思想が変わらない限り。

そして、「強い売りモノ」に恵まれつづける限り。

この話は「自発」の話である。「自発」とは自らが進んで発意し、提案し、実行することである。従業員の方々が「自発」的になると良い会社になるのだ。「社長の言いなり」の会社には先がない。

できる人
言われるよりも
先にやる

12 世界中で日本が一番長寿企業が多い真の理由

200年以上の長寿企業は、日本が一番多い。

その主要因として歴史的に戦争や侵略が少ない、ということがあげられている。

この要因は、確かに物理的環境要因としてとても大きい要因だ。

日本では「戦国時代」という歴史区分があるように、その時期を除くと国内外での戦いは例外的に少ない。それは「戦わない」という風土を形成してきた日本人の歴史である。「戦わない」ことで企業は長寿化できたのだ。

そしてもう1つの要因がある。

数々の長寿企業を調べてわかるのは代々経営しているトップの「何とかしてこの会社を未来に継続したい」との思いが強いことである。つまり、元来日本人は、長寿であることに価値を見出す民族であったのだ。

その気持ちが、たとえば戦火で社屋が焼失しても復興を遂げさせているのだ。

長寿企業はとても「独自的」であり、かつ、その「独自性」を長く保とうとする伝統が明らかにある、のである。その精神が「強い売りモノ」を守りつづけ、さらに「強い売りモノ」を生み出しつづけるのだ。

そして、「長寿の価値」と「戦わない」との間に重要な関係があることにお気付きであろう。私は両者には深い関係があると考えている。

つまり、長くつづくことの価値は「いかにして長く存続できるか」の知恵を生む。それが「戦わないことが長生きのベストな処方箋である」との思想を生んだのであろう。これは今日につづく企業を救う思想なのだ。

13 ひとつの道を貫き、極める

道を決めたらわき目もふれず、その道を貫くことが何より大事。

知識、経験が蓄積して深まる。

それにつれて技術、技能、人格、名声が高まる。

これが「深く掘ることによって頂点に立てる」ことを意味する。

どの道が正しいかはわからない。

その時にもわからないし、過ぎ去ってもどれが正しい道であったかはわからない。

「長所」が生かせるなら、それを貫くことがいちばん。いちばんいけないのは迷いつづけること。迷いつづければいつまでも道は貫けられない。

14 目前心後（世阿弥）

顔は前を向いているが、心は後にある、との意味と言われる。

古来より「顔は建前」、「うしろ姿が本音」との言い方が残っている。

これらはいずれも顔つき、目つきあるいは発言は本心ではなく、本心は後にかくされている、ということを示している。

日本語の中に「ウラ」の付くことばが数々ある。それらの多くは「心」を表すものである。「うらむ」、「うらやむ」、「うらぎる」、「うらやましい」、「うれしい」、などである。

「心」は「ウラ」、つまり見えないもの、と日本人は捉えているし、「心」は表に表れないもの、との認識が日本人にはある。

15 感動と感激

「感動」とは、一生懸命さに触れて心がふるえること。とりわけ、関心の高い対象ほど「感動」は強い。

単に1位でゴールしても楽勝のランナーより、ビリでも生理が始まって血を流しながらゴールする女性ランナーの方が圧倒的に感動を与える。

自然の景色や出来事も感動を与える。それは人知を超越した自然の力、たとえば気高さに心がふるえるから。

「感動」の対象とは景色、音楽、スポーツ、演劇、ことば、子供の徒競走、演技、など。「感激」とは自分が受けた他人の行為がうれしくて心がふるえること。

「感激」の対象とはほめられて、友情に、受賞に、など、自分への他人の行為に対するうれしい気持である。

両者を正しく理解しないとお客様に感動も感激も与えることはできない。企業は商品やサービスで人や社会に対し「感動」を与えつづけることができるが、「感激」を与えつづけるわけではない。

16 老舗を目指すなら「上場の欲」は捨てよ
——経営の独自性を長く保ち、従業員に感謝しつづけるために

ＭＩＰ開発やＭＩＰ化で独自路線を走り、売上利益を高めたら、その利益を先行投資や従業員に還元して技術やシステムを常に新しくし、従業員に感謝し、利益を分配しつづけることが老舗の秘訣である。

それを実行しつづけるには上場は目的にそわない。

そもそもなぜ上場なのか。

それを胸に手を当て考え、もし、ご自分の金もうけが本音なら、ＭＩＰ経営も老舗経営も考えない方がよい。

そういう経営者がＭＩＰに一度は恵まれて大きくなっても、１／２の分け前に満足できず、結局、それすらも保てず、戦い合いのドロ沼に落ちるであろう。

非上場の道こそ、企業の平和と永続をもたらす。

経営は欲と身の丈のバランス。
非上場で身の丈に合わせて成長すれば、十分に大企業になれるし、大金も欲しければ手にできるのだ。

もし興味がおありなら、ぜひ上場を果たした経営者、それもオーナー経営者に率直なお気持ちをうかがってみていただきたい。

私が申し上げている真意を知っていただけよう。上場が立派になった企業の勲章だと考え、そこに価値を見るなら、それはそれでよいだろう。

17 異常な程の「根詰め」
——根を詰めると「長所」が伸びる

私が他の人にできない幾つかのことがあるとすれば、いずれも根の詰め方が半端でないから。

異常な程の「根詰め」をするから。

そして根が詰められるのは自分の「長所」を対象とするから。

「長所」とは伸ばしたいことで他人にできないこと。

「長所」をそのように定義すると「長所」は誰にでもある。

「長所」は伸びるとうれしいから「根詰」めて磨けば磨くほど伸びる。

にもかかわらず多くの人は根を詰めない。

せっかく「長所」をもっているのに。

欠点を直す暇があったら、「欠点はあっても構わない、長所を伸ばそう」と「メラキ直って」（12章参照）みてほしい。先の見え方が変わるであろう。

18 金がないから頭を使う〈2〉

イミュ株式会社（ピアスグループ）の大成功ＭＩＰ「塗るつけまつげ」は２００１年発売以来成功をつづけている。

この商品は企業の危機を救った商品としても語りぐさになっている（イミュ株式会社鳥居伸一社長）。

すばらしい「Ｃ／Ｐのすぐれた新カテゴリー商品」として発売するにあたり、広告は不可欠と判断されたが金がないという状況の中でイミュ株式会社は当時化粧品では採用されていなかった交通広告を採用し、結果的に熟読してもらえることがメリットとなり、リーチが少ないというデメリットを克服して絶大な告知効果をあげた。

お金がなくても頭を使った好例である。

優れたＵＳＰ（「マスカラではない。これは塗るつけまつげ」）の発明が大きい。このＵＳＰと「塗るつけまつげ」という優れた新カテゴリー名の発明とパフォーマンスの開発が大きな成功の要因だ。

そして、何といっても上記を可能にしたリーダーとスタッフのねばり強さ抜きにこの成功はあり得なかった。その粘り強さはすさまじいものであった。このような粘り強さや不退転の覚悟の事実こそ本当は社内の後進に明示、継承されなければ、このような成功を繰り返すことはむずかしい。

こういうものこそが本当は企業の無形の宝であろう。

そこで提案。

社内で商品開発や販売に関して大成功したケースや大失敗したケースごとに「無形の宝物」という箱を作り、その中を誰でもが見ることができるようにする。

イミュ株式会社の西山泰乃部長の役目は大成功の伝承であろう。

19 幸福の感度

幸福感には感度の違いがあって、感度の良い人と悪い人がいる。

小さな「幸せ」でも喜び、嬉しいと思える人は感度の良い人。

相当大きな「幸せ」でないと喜ばない、嬉しいと思わない人は感度の悪い人。

感度の良い人は数多くの喜び、嬉しい思いが味わえ、感度の悪い人と比べて「幸せ度」が高い。

そういう人は「ありがとう」が多い。

「ありがとう」と言うと幸福度は高まる。

「ありがとう」は幸福度の増幅効果の役目を果たす。

ブータンの人々は幸福度世界一と言われる。

決して物質的には豊かといえないブータンの人々だが、小さな「幸せ」の数が多いのだろう。

欲深くないからであろうか。

20 人が求め、人が作り、人が潤う

企業は消費者のさまざまな生活上の問題の解決者であり、商品はその解答である。

というのが私の信念である。

真の企業と消費者の共存関係を求めて、人間性と科学性の融合による新商品開発の仕組みと理念を追求することが変化する消費者の生活に対応し、結果として企業の成長が維持できることにつながる。

〝人が求め　人がつくり　人が使い　人が潤う〟

この⑳の全文は１９８４年、ジョンソン社を退いた年出版した『消費者ニーズをヒット商品に仕上げる法』のあとがきの一節である。

あれから30年、変わらぬ思いである。

21 企業の唯一の目標

企業を永続させる
唯一の目標は
消費者満足であり、
他はすべて影にすぎない。

「ニーズ」が発生するのも、「行動」を起こすのもその目的はすべて例外なく「満足」を得るためである。

それ故、消費者の満足を高めることを目標として企業の行動を行うことが企業を永続させるのだ。

これが人々に『感動』を与える。

22 「それは私の喜びです」

"It's my preasure"。

このことばは日本語的には「どういたしまして」となる。大変おくゆかしい。しかし、せっかく感謝してくれている相手に対し、心のこもったことばとは思えない。私は人々に感謝される時、本当に嬉しい。

だから「それは私の喜びです」とか「そう言っていただいて私の方こそ嬉しいです」と答えることにしている。

相手が自分を「そうさせてくれた」ことが喜びだから、「そうさせてくれたこと」そのものに感謝する気持ちを率直に表現すれば「私のほうこそ嬉しい」のだ。

こんな一見くだらない思いが、「人を第一に考える」というＭＩＰ経営思想の真意なのである。

23 社員に徹底したいことは魂をこめて繰り返し伝える

徹底させたいことは、「これは重要だから、よーく聞くように」と言っただけでは相手や社員の心に響かない。伝わらない。

徹底させたいことは「コンパクト」「インパクト」に魂をこめて繰り返すことで伝わり、心に響く。

単なる繰り返しはオウムと同じ、耳に入っても心に響かない。

「これを徹底することは誰にどういう価値を生むか」

「それを徹底するにはどういう方法をとるか」

「それを聞いて相手や社員はどのように動機づけられるか」

この3点を考慮してメッセージを考えよう。

社長と社員の心は響き合って強い絆で結ばれる。

24 経営者へのメッセージ〈1〉

(1) 人を第一に考える
(2) 人の行かない道なき道を歩む
(3) ニーズに応えない「オンリーワン」は失敗への甘言
(4) 「向かいたい」と信ずる道を征く
(5) 誰もやっていないからやる価値がある
(6) なりたいならなるまでアキラメない
(7) 「メラキ直れ」（12章参照）
(8) 人と比べず昨日の自分と比べる
(9) 経営をあずかっている身はまたとないチャンス
(10) 「人物だ」と言われる「人物」に
(11) 何と言っても既存ビジネスが大事
今日の利益は既存ビジネスからしか得られないから

25 経営者へのメッセージ〈2〉

(1) 自分がしなくても社員がやるから大になる
(2) 消費者はボス、社員は宝
(3) 「強い売りモノ」がなければ明日はない
(4) 10億が3つで100億になる
(5) 奪い合わない、新しい天地を創る
(6) 災いは避けられないから生かす
(7) 経営者は孤独、孤独を生かせ、楽しめ
(8) 経営者は国の豊かさと従業員の豊かさを支える
(9) 人は1人で生まれ1人で死ぬ
(10) 人は1人だから支え合うことが必要
(11) あせらず、心豊かに夢をもって目標をしっかり定めて
着実に一歩一歩
(12) 夢をもってそれを達成させることに努力できる人生は
素晴らしい

26 情報のクズ屋になるな

ITは誠に便利である。昔は一つの情報を得るのにうんと手間、ヒマ、努力がかかっていたのがウソのように手軽である。

しかし、昔と比べ100倍ぐらい情報はクズ化、ゴミ化している、ということを考えたことがあろうか。

努力して苦労した情報はそのほとんどが身につき、力になるが、安易に、容易に入手した情報はその大半が「集めただけ」のものと化す。

単に「集めただけ」のコレクターに社員をさせてはならない。

ITの普及は多量の人手を楽にしてきた功績は認めるが、企業の業績は少しも高めていないし、人々の心を痛めていることに気づくべきである。錯覚してはならない。

IT導入前の10年間と導入後の10年間の売上、利益および心の豊かさを比較するとそれを知ることができよう。

ITの真の活用は「強い売りモノ」MIP開発にこそ向けられるべきである。

ITはそのための手段にする時、価値を発揮しよう。それは情報がクズにならないどころか、企業の繁栄に役立つからである。

MIP経営の実践こそが真に企業を長きにわたって繁栄させ、人々を豊かにする。

そのためにこそITを存分に生かすのだ。

27 繁栄の極意は戦わないこと

成長の極意は戦わないこと。既存市場、既存ビジネスの中だから競合がいて戦わざるを得ない。

戦わなければ負けるのだから。

既存市場で戦うのでなく、発想を変えて現市場の外に市場を創造するのである。そうすると戦う敵はいない。開拓の努力は要るが、その努力はすべてむくわれるのだ。

〝いかに奪い合って勝つか〟

〝いかに競合のシェアを奪うか〟

これがマーケティングだと思い、これが経営だと思っている社長がほとんどである。

それは無理もない。そのように考えている学者やコンサルタントがほとんどで、かつ主流だからである。

これはわが国の戦後の企業経営は欧米を手本として行われてきたことが主な原因である。

「いかにシェアを高めるかに、ほとんどの教科書はページを割いていて、いかに市場を創造するかは、ほとんど全くページがない」と、どの門下生の方もおっしゃる。

本質に気づいていない学者が多い。

既存市場で戦って血を流し合うか、無限の大地を開拓するか。

これは社長の判断であり、それによって成長できるか否かが決まる。

〝奪うから奪われる〟〝やり返し合いは利を失う〟〝やられたらやり返せ〟は不毛な戦いなのだと早く悟れ。

7章の「聖域化理論を参照の上、MIP経営こそが戦わずして長く繁栄できる道なのだと悟れ！

28 店頭は見るな、生活を見よ
——生活行動を見る目を養う

「強い売りモノ」を創るには消費者の生活を真白い心で見ることである。
生活（行動）はウソをつかない。
強いニーズは生活（行動）に表われるのだ。

サンスタートニックシャンプーはそうやって生まれ、48年間売れつづけている。
スキンガードもテンプルもカビキラーもジャバも、生活行動をヒントに発想され、長寿をつづけている。店頭からはこれらのロングセラーのヒントは得られない。

今だに、大企業でも小企業でも、新商品開発担当部署ができると真っ先に決める行動計画の1つに店頭観察がある。

その結果わかることはかける時間の割に価値は少ない。関連企業のどんな商品がどんな値段で売られているか、同じカテゴリーの棚の幅、何種類並んでいるか、どんなPOPが付いているか、など。

その結果、得られないことは「何を開発したら売れるか」のヒント。

「何を開発するか」のヒントは得られるが、それをヒントにしても売れないことも、なぜ売れないかも知らない経営者が余りに多い。

店頭を見、店頭をヒントにすればするほど「モノマネ」か「同カテゴリー商品」を作ってしまい、「凡人コンセプト」で売れない。

29 M1Pは累積するから強い、安定、成長

最近の倒産は毎年（1年間）20社に1社。規模（資本金）の大小にかかわらず。10年前は100社に1社だった。

ＭＩＰを1つ以上もっている企業は倒産しにくい。

ＭＩＰの成功率＊は100倍だから。

それが累積するから強い、安定、成長できる。

ＭＩＰはロングセラーとなりやすい。ロングセラーでないと累積しないのだ。短命商品がなぜ悪いかと言えば、累積しないから売上も利益も高まらないから悪なのだ。

＊成功率＝10年以上利益を生みつづけ、シェアNo.1商品の比率

図表9-3 ● ロングセラーは累積する

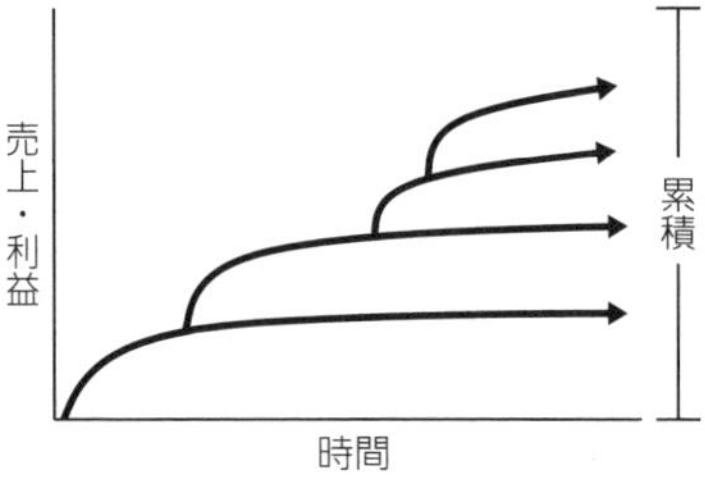

30 「協業」で新市場を創出するのもいい
——長所の寄り合い「M1P経営塾」

異企業同士で協業して成功するためには「長所の寄り合い」を配慮することが必要である。

「長所」をもっている者同士、逆に言えば短所を補うものをもっている者同士が力を合わせる協業がよい。互いに信頼できることが成功の条件。

新市場を創出するためには1つの売りモノを創るのに必要な技術、ノウハウがある。

それらのそれぞれの一流を集めるのだ。

そのためにはそれぞれの技術やノウハウを「長所」としてもっている人を集めるのだ。

今日、インターネットですぐ集められるが、互いの信頼関係が成功の条件なので、注意深さが求められる。コツコツ信頼できる人を人づてに探すことが時間がかかるようで結局早いことが多い。

私が主宰する「ＭＩＰ経営塾」で中小企業の経営者が集まって勉強しているのは、何と言っても皆互いに信頼し合っているからである。

遠からずしてこの「ＭＩＰ経営塾」から協業の産物が生まれると期待される。

「MIP経営型」
〈スローガン〉
長所の結集で企業成長。
〈目的〉
MIPを推進する経営を支援し、MIPを普及、啓蒙する。
〈上位目的〉
一社でも多くの企業がMIP開発をコンスタントに成功させ、企業体力を強くし、豊かな地球に棲む生き物として、および豊かな社会に住む生活者としての幸福と平和主義的経済社会の実現

31 「企業30年説」の例外となれ
――一流と主流のみ

日本経済新聞社が「企業30年説」を発表してからもうだいぶ経つ。企業は平均すると30年で消える、という説で、立派なデータに支えられた発表であった。

今日では30年よりも早く倒産している（ＭＤＢ調べ）。しかし、あなたの会社が既に30年に近づいていたり、過ぎていても心配はいらない。

本書の内容に触れることによって、「強い売りモノ」次第であることを既に知り、「強い売りモノ」づくりに着手したり、着手しようとしているからである。

倒産は「強い売りモノ」がなくなり、自転車操業になった後、訪れることは既にご存知のとおり。

すなわち「一流」か「主流」であれば30年説の例外になれるのだ。（11章を参照）

「一流」は「一流」の条件を守り、「主流」は「主流」の条件を守る限り例外足りうるのである。

32 「高給を手にしたければ皆で成功率を高めよう」と宣言する

やみくもの開発↓「売りモノ」が弱い↓売れない↓利益出ない↓給料ｕｐしない↓努力がむくわれない↓やり甲斐ない↓幸せでない

ＭＩＰ開発を正しく行う↓「強い売りモノ」が生まれる↓よく売れる、長く売れる↓利益が出る↓利益が累積する↓給料ｕｐする↓努力がむくわれる↓やり甲斐ある↓幸せいっぱい。

> 努力すればするほど成果が出るのはどちら？
> 時間かければかけるほど成果が上がるのはどちら？
> 同じ時間働くならどちらでやりたい？

この3つの質問を従業員に示してご覧なさい。

33 成功の女神が社長を見捨てる連鎖

Ⓐ←Ⓑ←Ⓒ←Ⓓ←Ⓔ←Ⓕ←Ⓖ←Ⓗ←Ⓘ←Ⓙ

原因
- Ⓐ 成功商品の要因を知らない
- Ⓑ コンセプトの重要性を知らない

- Ⓒ **コンセプト開発の軽視**

結果
- Ⓓ 魅力的なコンセプトが生まれない
- Ⓔ 初回購入が少ない（多量に告知しても）
- Ⓕ 売上不十分
- Ⓖ 失敗商品として市場から見放される
- Ⓗ 短命商品として消費者から見放される
- Ⓘ 利益出ない
- Ⓙ 繰り返すと倒産（毎年20社に1社）

コンセプト開発軽視の原因はＡ、Ｂという無知であり、結果はＤ～Ｊという不運である。

この連鎖の中心が、Ｃ「コンセプト開発の軽視」なのだ。もし、軽視しておられたら、ＡとＢのせいである。

もしＤ～Ｊの不運を避けたければ、Ｃを見直せばよい。

34 「強い売りモノ」＝M１P＝ロングセラー

「強い売りモノ」
「強い売りモノ」＝M－P＝ロングセラー
企業は聖域（M－P）をもて！

これは皆がいつでも見えるところに貼ると効果的だ。

「強いニーズ」は行動に表われる。

「ニーズ」とは「満足」を得るために
「行動」を駆りたてる力

これからの「強い売りモノ」の多くは
消費者も気づいていない「潜在ニーズ」の
世界からやってくる。

「やりたくないのにやってる行動」に
とって代わるのが
「強い売りモノ」

「したい・やりたい・でもできない」に応えるのが
「強い売りモノ」

「C／Pバランスの優れた新カテゴリー」こそ

35 2025年に65歳以上が1／2になる。さあチャンスだ
——1000兆円の埋蔵金を掘り起こそう

社長！　これからの50年、100年の間、あなたの会社を成功の道へ運び、成長、永続していこうと思うなら、1000兆円の埋蔵金をねらわない手はない。

高齢者がコツコツとため、サイフのひもをしっかりしめているのが実態。

しかし、あの世にお金はもっていけないことを知っているし、子供にも残そうとは本音で思っていないのになぜ使わないのか。それは残り少ない命の中で使い甲斐のある金の使い道がわからないからなのだ。高齢者といえども万人共通、若者と同じ基本ニーズをもっている。その内、特に高齢者が未充足なニーズがある。

それに応える「MIPコンセプト」を開発し、自社の資源を活用してビジネスをスタートさせよ。

海外に進出する必要などサラサラない。1000兆を皆でシェアしたら十分の売上、利益ではないか。

高齢者ターゲットのゲームや菓子など「未充足の強い生活ニーズ」に応える大市場が生まれる。

「健康」、「愛情」と「尊敬」領域が最も「未充足の強い生活ニーズ」である。

「若々しく、楽しく」も！

即刻、高齢者ニーズの洞察開始！

即刻、自社の強味の棚卸開始！

① 高齢者の「したいやりたい、でもできない」ニーズが行動観察から確信をもって複数洞察できたら——

② それらのうちの自社の「強み」が生かせるのはどのニーズかを見定め、一途に前進しよう。

〝貯金〟はいつか得られる「満足」のために行う先行投資。その「満足」を皆さんが探し出すのだ。そしてそれに応えるMIPを創るのだ。

36 F社は「強い売りモノ」を手にして成長したが……
——伝承と継承の教訓

1980年創業、無添加化粧品という「強い売りモノ」を創り、1998年には株式を上場。添加物を嫌う消費者の「未充足の強い生活ニーズ」に応えたC／Pバランスの良い新カテゴリー商品、すなわちMIPである。

その成功の本質は次のとおりである。
1. 「強い売りモノ」をもち
2. 常に強化しつづけ（ブランド強化）
3. 追加事業は本業を強化するもののみ
4. 人を第一に考える

しかし、2005年に経営をバトンタッチした後、成功要因が伝承、継承されず、業績は低迷し、2013年創業者の再出馬となった。

池森賢二という優れた創業経営者の多くの成功のかげのたった1点の汚点は伝承と継承だったのかもしれない。

後継者はおうおうにして新しいことをやりたがる。とりまきがそれをそそのかすケースが圧倒的である。

後継者は「何が企業をここまで繁栄させてきたか」の本質を見極め、さらに「何を革新しなければならないのか」を同時に見定め、継承すべきことを縦糸に改革すべきことを横糸に織り上げる努力が先決だ。

焦らないこと。成果はその後についてくる。

後継者が最も多くもつ誤解は「強い売りモノ」がいかに企業を育ててきたかである。

販売が強いから、とか広告がうまいとかは最大化要素として大切だが、「強い売りモノ」がなければそれらは宝のもち腐れだ。

37 他力本願の脆さ

ケニアナッツカンパニー創業者佐藤芳之75才（1940年生まれ）。

原地に根を下ろし、原地の人々の生活を豊かにするモットーを掲げ、世界中にマカデミアナッツを中心に輸出している。

事業も順調で、30年以上原地の人々の生活を支えつづけられるコツについて次のように語っている。

「権力に近づき、権力に頼ろうとするとビジネスは長くつづけられない。権力はコケルから、一緒にコケル」

「権力に頼らず自分を信じ、従業員を信じ消費者が求めるモノを真心こめて提供するに勝る力はない」

権力者とのコネがあることを自慢する経営者がいるが佐藤さんのコトバを噛みしめよう。

38 道

本当にやりたいことを見つけて
一途にそれを追求していれば
何とか道は開ける。

――哲学者　木田　元

木田　元は挫折を乗り越え、命の有り難さを感謝し、独学で東北大学の哲学科に進み大哲学者になられた。

努力が続くのは「やりたいこと」だからであり、何より「やりたいこと」を見つけることが先決。

「何をやりたいか」「何を開発したいか」

それを見つけることが先。

すると努力がつづく。

39 強味とは何か

「強味」とは何か、ということをしっかり定義しておくことが大切。

(1) 絶対に捨ててはいけないもの
(2) 生かすべきもの
(3) 磨きつづけるべきもの
(4) 他にない、独自のもの

が「強味」である。

これをしっかり決めて、皆で共有化しておかないと、大変なことになりかねない。

会社の強味、この商品の強味、など、主なものの「強味」を明らかにしておこう。強味を生かすために。

40 頂点には上がある

これが頂点と思って立ってみると、まだ先にもっと高い峰がある。
それを目指して再び挑む。
この繰り返しが想像を越える高みに人を立たせる。

これが人の成長の本質。
1つ成長すると、
それが頂点でないことを悟るのだ。
成長には限界がない。
頂点に立って初めて見える上がある。
命尽きるまで上を目指す。

41 手法とは努力や苦労を減らすためではない

努力を惜しんで
成功する方法はない。
すべての手法や方法は
努力や苦労を
減らすためでなく
努力を生かすためのもの。

42 商品が売れる基本要素と最大化要素

商品力か、販売力、広告力のどれが大事か、という議論がある。

しかし、大事さの「質」が違うだけで3者とも等しく大事だ。

商品力はそれ次第で売上のパターンが影響される、という点で基本要素、販売力と広告力は強ければ強い程よいという最大化要素である。

商品開発、販売、広告の担当部署や担当者は互いに相手の非をあげつらうのでなく、互いの力（商品力、販売力、広告力）を高め、三者の力が結集するよう切磋琢磨を促そう。

図表9-4 ● 商品が売れる3要素

43 売れる商品開発と地球環境

筆者は１９７０年代から地球環境を意識した発信をつづけている。

１９９０年代には「ビルの屋上に森」のタイトルで読売新聞に記事を載せたし、「地球マーケティング研究会」を発足させた。

「企業にできる最大の環境貢献は失敗商品を減らすことである」と主張し、新商品の成功率向上を終生の仕事として続けている。

ＭＩＰ開発啓蒙、普及もこの一環である。

これでおわかりのように、環境対応活動は経営とは別物ではなく、「強い売りモノ」づくりが環境貢献活動そのものなのだ。

図表9-5 ● 環境によく、売れる商品の基本構造

P ＝ 地球環境の要請

環境によく、売れる商品（C）＝ I ＋ B

消費者の「未充足の強い生活ニーズ」＝ N

C ＝商品コンセプト	B ＝消費者ベネフィット
P ＝商品パフォーマンス	N ＝消費者の「未充足の強い生活ニーズ」
I ＝商品アイデア	

地球を守る**心**が子孫の**命**を守る!

44 新商品開発における重要課題
——気づかれざる成功の条件

成功をコンスタントにするためにはたくさんの気づきが必要である。

以下の7つは商品開発を行う時、ほとんど意識されておらず、それが原因で失敗しているものである。

1. 毎年コンスタントに利益が得られること
2. 長期間シェアNo.1を保つ商品を開発すること
3. 開発する商品の成功率の向上を目指すこと
4. 長寿化を目指すこと
5. 自社の「成功率」の低さを知ること
6. 成功率を高める方法をもつこと
7. 成功商品の定義を決めること

『ヒット商品開発』（梅澤伸嘉、同文舘出版、2004年）

45 ジョンソン社の経営理念

私は1976年ジョンソン社の経営理念策定準備委員会委員長を拝命し、現在全世界のジョンソングループの経営理念になっている「This We Believe」の策定に参画した。全社員による討議を経て策定したものである。

大きな特徴の1つは、ジョンソンが責任を果たし、信頼を得るべき5つのグループの中で一番に「社員」をあげていることである。筆者は今も「人を第一に考える」をMIP経営の第一の理念とし、その内訳は社員と消費者としている。

“企業を存続させるものは人々の信頼と支持であり、他はすべて影に過ぎない”

—H・F　ジョンソン　シニアの1927年のクリスマススピーチ—

このスピーチをベースにおいて以下のような理念に仕上げた。

1．社員

世界に広がるジョンソン各社の活力や強さの源は社員にある。

2．消費者とユーザー

わが社の製品およびサービスについて、消費者やユーザーの永続的な信頼を得る。

3．社会

自由市場経済の中で、リーダーとしての責任を果たす。

4．地域社会

すべての活動を通じてその国や地域社会の公益に寄与する。

5．国際社会

世界各国との相互理解を深める。

以上を受けて、それぞれ具体的にまとめられているが、ここでは省略する。なお、それらの内容は策定時から世界中での実践をふまえて書き加えられた。

この理念は委員会副委員長の西川盛朗（現ＦＢＡＡ理事長）がとりわけ貢献され、その後、社長、会長となって後も理念の浸透を果たされたことを特記したい。

46 企業買収、合併や海外進出について

企業買収や企業合併は経営手法として立派に認められ、かつ、そういうことができるのは強さの証明とすら認識されている。

また、海外進出も企業規模拡大の手法として立派に認められ、こぞって大企業も中小企業ですら海外を目指す。

しかし、企業買収や企業合併および海外進出は例外を除いて長期的には企業体力を弱くするのだ。規模拡大のみがメリットだ。また、海外の先はもはやないのだ。

国内に目を向け、埋もれた市場を掘り起こすことに思いを寄せよ。

そのために、ＭＩＰ開発をいち早く着手しよう。

海外で成功できるのはその地に新しく市場を創造する場合のみと考えよ。

47 「チャレンジせよ」と言う限り失敗をほめなければならない

「チャレンジせよ」と言うのは「失敗せよ」、「失敗してもいいよ」とほとんど同義である。

だから「チャレンジせよ」と社長が言う限り失敗をとがめてはならないし、むしろほめねばならない。

その覚悟がなければ「チャレンジせよ」などと言ってはならない。


しかし、チャレンジは常に正しい。

チャレンジなくして前進も新しい成功もない。

だから、社員が失敗をおかすことを覚悟の上で「チャレンジせよ」と言うべきなのだ。

その時大切なことは「とりかえしのつくこと」と「とりかえしのつかないこと」の区別だ。

「とりかえしのつかないこと」で失敗させてはならないのだ。それは企業に「とりかえしのつかない」ダメージをもたらすからである。

48 1つの仕事が終わる都度「AAR」

1つの失敗を次の成功に生かす具体的な手法としてアメリカ陸軍の「AAR（After Action Review）」はおすすめだ。

1. 何をしようとしたのか（目的）
2. 実際には何が起きたか（結果）
3. その理由は何か（原因）
4. 次は何をどう行うべきか（解決策）

このレビューは上下関係の圧力下で行うとゆがんだものとなり、失敗の体験は生かされないことに注意してほしい。

関係者全員参加で、批判厳禁の雰囲気で行うとよい。ちょうど私のキーニーズ洞察法（S-GDI）のイメージだ。

49 役立つ調査とは何か

調査は役立たなければ金の無駄。

役立つ調査とは

〈定量調査〉
量的事実が正しくわかる。（統計的に）
〈定性調査〉
(1) 売れる商品を作る知恵を生む
(2) 天まで伸ばす知恵を生む

定性調査の結果得られた知恵を量的に確認するのは定量調査。

故に、定量調査は定性調査の2つの役立ちを数値で示す役割をもつ。

定性で方向を仮説し、定量で量的に理解する。という関係が効果的。

「強い売りモノ」づくりに調査は不可欠だ。

50 早く、安く、役立つ調査がある
――「キーニーズ洞察法（S－GDI）」のすすめ

売れる商品を創り、天まで伸ばす知恵を生むための早くて安い調査が最近開発された。

「キーニーズ洞察法（S－GDI）」という。

元来筆者が40年以上用いて数々のロングセラーMIPを開発することに貢献した手法を、今日的かつ使い勝手よくシステマティックな手法にしたものである。

- 目的ごとにインタビューフローが決まっているので時短
- 目的ごとに分析の枠組みが決まっているので時短
- 特別な場合以外に出席者条件や会場の条件を最大限甘くして費用を抑える
- 消費者心理と成功商品開発の理論をベースとしている
- 実施上のモットー：〝シンプル、理論的、システマティック〟

詳細は、3章－⑲㉒を参照してほしい。

〈安く、早くが役立ちの条件〉

どんなに役立つ調査でも費用と時間がかかりすぎれば、それは現実的には役立たない。

ほんの10年前にはネットリサーチがボロクソに言われながらこんなに普及しているのは早くて安いからに他ならない。

つまり、調査が役立つためには早くて安いことが条件なのだ。その思いでキーニーズ洞察法（S－GDI）を編み出したのだ。

これによって、中小企業もやっと意味のある消費者調査ができるようになった。

戦わず企業を繁栄させることを選択した中小企業は、今までのように競合企業や、競合商品への関心から一挙に消費者に関心が向かう。そして消費者調査をやりたいと思うと例外なくカベが立ちはだかる。それが費用がかかりすぎることと時間の問題だ。

それを解決したのが「キーニーズ洞察法（S－GDI）」である。

51 「結論」の結論づけ

──「結論」が出たら必ずネガティブを考える

多くの場合、「結論」に従って「実行」しても成功しない、ということをご存知だろうか。そして、成功しない原因が「実行」にあると考えがちだが、実は「結論」そのものに原因があることの方が多いのだ。しがたって、「結論」が出たら、それからが本当の「結論づけ」の作業が必要なのだ。

以下の手順を踏むことをおすすめしたい。

〈1〉「結論」が下されたら

〈2〉必ず〝ネガティブ〟を機械的に列記する

〈3〉それぞれが致命的であるか否かを判断する

〈4〉1つでも致命的な〝ネガティブ〟があれば「結論」を変更するか没にする

〈5〉致命的な〝ネガティブ〟がなければ「結論」の改良のためにそれぞれの〝ネガティブ〟の解決策を考える

〈6〉解決策をあわせて「改良結論」に至る

留意すべきことは、「結論」を出した後に機械的にネガティブを列記すると決めておくことである。この結論はチェックするまでもない、と勝手な運用をしてはならない。

そのためには、上述の「実は結論そのものに原因があることの方が多い」ということを肝に銘ずべきである。

結論は
結論にあらず
再確認

52 「後を断つ」決断でのメラキ直り

世界の低燃費車トヨタ「プリウス」（1997年）は当初、低燃費ガソリンとハイブリッドの2本立てで進められていた。しかし当時の豊田章一郎会長は「ハイブリッド一本でいけ」と決断し「後を断った」。

それまで開発チームは、コストと未完成技術という2つの理由で一度ハイブリッドを投げ出し、アキラメていた。燃費2倍にはハイブリッドしかない、とわかっていたにもかかわらず。

ツルの一声でハイブリッド車「プリウス」は「後を断つ」決断で完成した。

つまり目的達成（燃費2倍）にはベスト手段はハイブリッドとわかっていても、それには大きなカベがある時、人は往々にしてそのカベを解決しようとするかわりに、そのカベを理由に目的達成をアキラメル。

章一郎は、

キーワード1／コストが高くてもよい

キーワード2／技術が未完成でもよい

要は目的が達成できる手段を考えようと「メラキ直った」＊のだ。

その裏には自社の技術とチームへの信頼があり、必ず2つのカベは破れるとの確信があったのだ。

＊12章の「メラキアの発想」参照。

53 「それができれば役に立つ」なら「それができるか否か」ではなく、「それができるにはどうするか」のみ考えよ

それが「できるか否か」ではなく、それが「できるにはどうするか（手段）」のみ考えると、その手段アイデアは生かされる。それ故、真っ先に考え、判断すべきことは、それができれば「どう役立つか」である。

その結果、「何も役立つことはない」とか「むしろマイナスがある」なら、そのアイデアを捨てればよい。

しかし、多くは、まず「できない理由」が噴出する。そして「できる／できない」の不毛な議論に終始する。

そういうことが多く生ずる要因は、「アイデアを生かそうとする心」の欠如である。

こういう時は迷わずメラキ直ること。

⇓「それができるにはどうするか」と考えると、必ずカベが出る。それをメラキ直る。

〈例〉「燃費2倍にするにはどうするか」

答え／ハイブリッドにするがベスト
カベ／大幅コスト高と技術が未確立
キーワード1／「コストが大幅に高くてもよい」

キーワード2／「技術が未確立の方がよい」

とメラキ直り、コスト高にしても社会的価値が高いので売れる。技術が未確立の方が開発者のやり甲斐になるし、完成すれば企業イメージが高まる。「だから、ハイブリッドに集中しよう」と。

54 原発稼動を例にモノの判断のし方

〈状況〉

役立つ目的（安定的低コスト電力供給）があってつくられることが決まり、つくられた。その結果、問題の大きさがわかった。

〈検討項目〉

1．その目的は正しいか
2．その問題は致命的か
3．その問題は完全に防ぎ得たか

〈再稼動すべきか否かのチェック〉

1．その問題を致命的と考えるか否か
2．その問題は完全に防ぎ得ないと考えるか否か

〈判断〉

⇒もし、その目的が正しく、1、2が否なら、再稼動を前提に

1. 致命的にならない工夫
2. 完全に防ぐ工夫

の可能性を科学的に検討し、これらの工夫が妥当と判断されたら、再稼動すべしと判断する。

⇒目的が仮に正しくても1、2が否定されないなら、再稼動は中止と判断する。

〈根拠〉

起こりうる問題が致命的であり、その問題が防ぎ得ない（可能性）以上、再稼動は致命的な問題が起こりうる／起こらないとは言えない、と予測されるから。

〈検討〉

上記において

1. 目的の正しさ
2. 問題の致命傷度

｝の判断

は主体が誰であるかによって異なる。国、企業、住民、世界の国々。

1. 目的の正しさは、主体が誰であれ「正しい」と判断されるが、
2. 問題の致命傷度は主体によって異なる。

(1) 国や企業にとっては、〝致命的〟とまでは考えず、致命的にならない工夫や、完全に防ぐ工夫を選び、科学的判断を優先させるであろう。

なぜなら、目的の達成が万一の致命傷よりとり分け重要と考える主体だから。

(2) 住民や世界の国々は〝致命的〟と考える人が多いであろう。万一の自らの生命の危険の方が目的達成より優先されるから。「安定的低コスト電力供給」と命を引き換えにしたくないと、多くの住民は考えるから。

結局、人命か経済かの根深く、そして浅はかな対比。本来対比させるべき対象でないのに。

55 「受けてたつ」
——日本武道の精神——

「ＭＩＰ」は市場を先導するが、先制攻撃はしない。後から来る者に対して「受けてたつ」。奪い合いは武道の精神に反する。日本人の精神に反する。日本にはこういう誇りうる立派な文化があるのだ。これが「ＭＩＰ」を主張する私の精神的支柱であり、「ＭＩＰ」そのものの精神である。

１／２の分け前をもらった先導者（ＭＩＰ）はそれ以上の分け前を増やそうとせず、後発参入者に分け与える精神（4章-⑤）も、この「受けてたつ」精神と同根のものである。

ＭＩＰの先導者は「１／２」の分け前でも市場拡大がその使命だから、市場拡大の努力に応じて分け前の額は大きくなっていくのだ。

56 メリットとデメリットを比較する時、とり分け注意が必要なこと

ある案のメリットとデメリットを比較するのは、必ずその案の採否を判断したり、改善するためである。

そうやって下された結論の多くが誤りであることは気づかれていない。メリットはその案が解決しようとしている「課題」についての「重要度」で、デメリットはその案を実行しようとする主体にとっての「致命傷度」で判断すると妥当な判断や改良ができる。

同じウェイトでメリットとデメリットを比較すると、ほとんどデメリットでその案はつぶされる。

これはアイデア案を評価するために開発した「Ｍ／Ｄ分析」という手法の基本の考え方である。

つまり、目的達成のための課題解決にとって重要なメリット（長所）があるなら、デメリット（短所）が致命的でない限り、そのアイデア案を採用しよう、その上でデメリットとして指摘されている部分を改良しよう、と

いう考え方である。

これは私の「メラキ直り」の発想そのものであり、あくまで目的達成にこだわる考え方である。

人は往々にして目的を忘れて手段のよしあしを議論したがるものである。それ故、議論が袋小路に入ったら、「目的は何だっけ」と投げかけることをお勧めする。

「手段」はあくまで「目的」を達成するためのものである。だから「手段」の良し悪しはあくまで目的を達成するか否かを議論すべきなのだ。

そしてその手段が目的を達成させるなら、それに伴う問題点を解決することに力を注ぐのだ。

57 「オンリーワン」は失敗への甘言

「ナンバーワンになれなくてもいい」
「オンリーワンになればよい」
とよく言われる。

何となく響きよく聞こえる。だから経営者の方も結構口にされることばだ。

しかし、ビジネスの成功は「オンリーワン」では成し得ない。「オンリーワン」は未充足で個性的ではあるが、ニーズがないから「変人コンセプト」の商品であり、売れない。

断乎、「ニーズに応えるオンリーワン」でなければビジネスの成功はない。

つまり「未充足の強い生活ニーズ」に応えることが売れるために不可欠なのだ。

58 「自由」の意味

哲学者鈴木大拙は「自由」の意味を次のように述べた。

禅では「自由」とは〝自らに由る〟の意味であり、自分が責任をもつことである。

それは西欧におけるリバティーやフリーダムとは全く異なり、西欧の意味は〝外の何かからの開放〟を指す。規範からの解放、宗教からの解放、というように。つまり他からの束縛を解くことを意味するが、禅の自由は自らの束縛を解くことを意味する。

それは「固定観念」（思いこみ、定説などに固執していること）を解き放つことである。

私は自分の理論や手法にいつも自由である。そのおかげで新しい理論や手法が生まれたり矛盾ある理論がすっきり改良されるのだ。

59 強みを生かし、夢を抱き、夢を追いつづける

長きにわたって企業を繁栄させていくスタートに立っている経営者へ。長い企業の繁栄には強みを精査し、生かし、夢を抱き、それを追いつづけることが秘訣。

●強みとは…①他にないもの、②絶対に捨ててはならないもの、③生かすべきもの、④磨きつづけるべきもの

●夢とは…①追いつづけるべきこと、②達成しつづけたいこと→上記を一言でまとめて、わが社は「何である」を示す企業のNCNを決めること。（NCNとは新カテゴリー名のこと）

なお、NCNの条件とは、①何であるかがよくわかる、②他にないイメージを明らかに与えられるもので最短の名詞、である。

60 成功する仕事の仕方

〈基本〉

1. 好きなことを　…　目的
2. 好きな人と　　…　チーム
3. 好きなようにやる　…　方法

〈応用〉

1. 好みに合う、やりたい目的を定め
2. 同じ志をもつ人と
3. 目的達成に向く手段の中から自分達流のものを選び実行する

- この反対の仕事の仕方はうまくいかない
- これをマサカ！　と思うから最高のパフォーマンスに到れない

61 成功する基本手順

〈基本〉

1. 常に目的を意識してスタート
2. 常に目的を意識しつづけ
3. 常に目的達成のために手段をアキラメ
4. 常に目的に照らして結果を判断し
5. 結果が目的達成してなければ目的達成するまでメラキ直りつづける

難しい目的の達成が成功である。

それは「向上ニーズ」の達成であり「幸福追求ニーズ」の本能に叶う。

62 従業員が成果をあげるベストウェイ

1. 上司はやり方を指図しない
2. 上司は目的を定め、共有する
3. やり方は従業員に考えさせ、試行錯誤させる／失敗させる
4. やり甲斐のある仕事で成果をあげさせる
5. 長所のみ着目し、ひたすら伸ばす
6. 「とりかえしのつかないこと」は予め防ぐ
7. 成果は次、成長が先の思想をもつ
8. 仕事の向き不向きはない
9. 目的をアキラメない
10. ほめる、叱る、は人次第ではない
11. 叱るのは上司のジコマン／ストレス解消にすらならない
12. 自らの昨日と比較させる

この12項目を徹底すれば必ず従業員の成果はあがるのみならず従業員は成長し、会社の宝になる

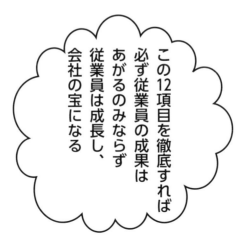

第10章

100億円企業への道のり

- 100億円を売り上げ、その先へ成長していくことは「強い売りモノ」に恵まれれば可能である。
- それを製造、販売していく最小限の人と金がそろえば十分である。
- 100億円への到達は1000億円、1兆円への一里塚である。
- 故に、100億円は“当面の”目標なのだ。

そのための道のりを具体的に捧ぐ

限りなき道 I

≪一九八四年 独立≫

僕は結果を考える人生を好まない
僕は一心不乱な生き方が好きだ
僕には終りというものがない
いつも道程であり 出発である.

僕は夢をもって
それを実現させるために
努力できる人生は素晴らしいと思う

1
「いくら売れるか」でなく「いくら売るにはどうするか」を考える

商品なりサービスなり、それを目の前にして「いくら売れるか」を考えてみるがいい。

どこまで徹底しても、どんなに有能な人に相談しても、「いくら売れるか」は正確にわからない。

つまり、「いくら売れるか」を考えたり、議論することは不毛の努力といわねばならない。

部下にもそれを問うことをやめねばならない。

何のために「いくら売れるか」を知りたいのだろう。

「いくら売れるか」を知りたいのは、「これを実行してよいか」、「これを売ってよいか」を少しでも確信もって判断するためであろう。

それならむしろ「いくら売るためにどうするか」を考える方がよほど確信をもつことができるのだ。

「いくら売れるか」という発想は「100億企業になれるか」と同様、そういう発想では100億企業にはなれない。

重要なことは「いくら売りたいか」である。「100億企業を目指したい」と思うかどうかである。

そう考えれば打つ手があるが、「いくら売れるか」と考えると「???」で終るのだ。

10億円の売上がほしいなら、1個いくらの商品を幾つ売ればよいかわかる。その内訳を見て妥当な候補を選んだり、複数残して検討すればよい。

こうすると、売れる前から「どうする」という打つ手があるから、実行して達成できるのだ。

2 私利私欲のために100億を目指す人を神は助けない

100億を目指すのは世のためである。世のためになることを提供しつづけるから、そのお返しに利益をいただけるのである。

その逆はないのである。利益を得ることを目的として世のためになることはできないのである。

きれいごとではなく、利益をいただきつづけるためなのである。


一代で大企業をつくり、長く続いている企業の経営者に共通していることの1つは私利私欲を目的にしないことである。


なぜだか心から理解できるだろうか。

きれいごとの話ではないのだ。

100億の会社をつくり、それを越える会社をずっと続けていくということは多くの人々とかかわるということである。

しかも長い間、消費者からたくさんのお金を払っていただきつづけるには、長い間にわたって満足を提供しつづけなければならない。

ところが私利私欲のために100億を目指そうとすると、どういうことがおこるか想像がつくだろうか。

社長の私利私欲とは企業志向のことであり、「消費者の満足」を提供することを二の次にしてしまうため、消費者はトライしないし、トライしたとしてもリピートせず、悪い口コミを広げられてしまうということが起こるのだ。「C／Pバランス理論」を思い出して欲しい。

3 当面100億を目指すことが1000億企業になるコツ

大きな目標を達成するための鉄則がある。

それは必ず「当面」の目標を立てること。

そしてそれが終わりでなく、次の大きな目標のステップと考えることである。

すなわち、大きな目標に向かう過程の1つの段階〝一里塚〟なのだ。そして、100億という額はどの位の規模感かのイメージをもつことが大切。

そのためには〝割り算〟してみることである。

すると100億規模の会社のイメージをリアルにもつことができ、達成意欲が高まるのだ。

「自分にもできるじゃないか」と。

10億の事業なら10個。

20億なら5個でいい。

5億円の事業でも20個でまかなえるのだ。

あとは企業の力に応じて何年でそれを達成するか、という時間軸を加味するのだ。


累積するロングセラー商品を複数もつことが不可欠だ。

この「累積」の概念が何といっても重要である。

そのためにはロングセラー商品が不可欠であり、それが「MIP」によってもたらされるのだ。

百億は大きく育つ一里塚

4 100億は自分の代で達成する計画を立てる

大企業の社長になるためには、あなた一代で50億以上、できれば100億規模を目標にしなければならない。

何代かにわたっていずれ、という思考ではおそらく永遠に100億の会社になれないのだ。大企業へと成長した数々のケースが、そのことを実証している。

まずは自分の代で100億を達成するという信念をもち、それをもちつづけてやるべきことをやれば、100億もクリアし、その上を昇りつづける社長になっているであろう。

> 「やるべきこと」、「それをやるべきように」やる。
> それが何か、をこの本から確信をもって探し、腹に入れていただきたい。
> 「MIP」以外で100億、1000億の規模はお約束できない。あくまで「MIP」（それが商品であれ、サービスであれ）を開発することが大前提なのである。

5 いつまでに、何品で100億になるか

100億シミュレーション

中長期計画…100億企業到達への計画

「累積思考法」で「強い売りモノ」の必要な数、開発間隔、到達時点を計画する。

① 「強い売りモノ」を天まで伸ばし、利益を生みつつ、累積で100億到達時点をいつにするか検討
② 「強い売りモノ」を何年間隔で開発するか計算
③ その期間内に何個の「強い売りモノ」を開発する必要があるか計算

図表10-1 ● 累積のシミュレーション

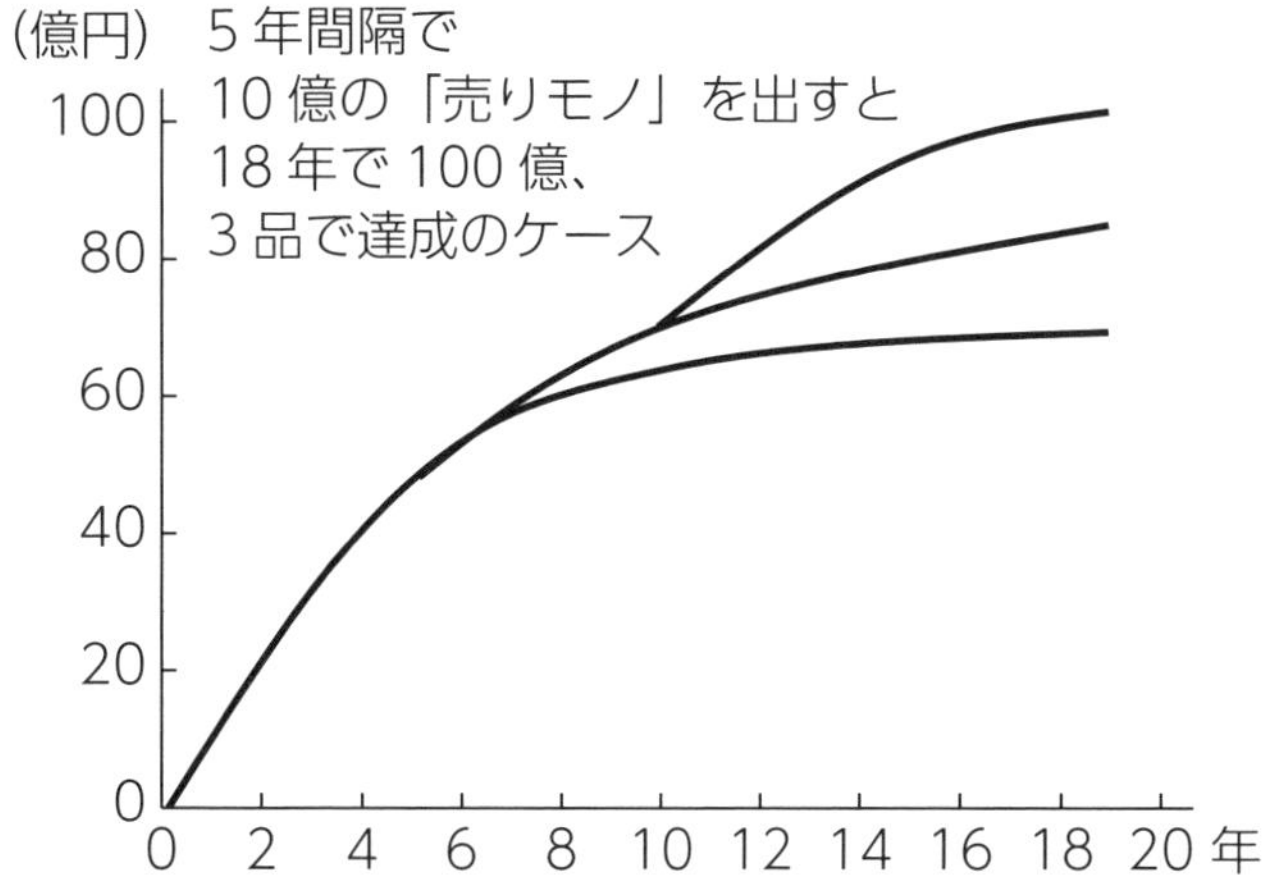

6 100億企業になる不可欠の要因は「強い売りモノ」をもつこと

「なぜ創業以来の減収減益に陥ったのか考えると、価値ある新しい商品を創り出していないからにほかならない」との書き出しでユニ・チャームの大ヒット商品、世界初の立体紙おむつ「ムーニー」の開発経緯がのっている（高原慶一朗、私の履歴書、日経、2010年3月19日）

この高原氏の一文は「結局、強い売りモノ次第」であることを如実に、明解に示している。

紙おむつの元祖、P&Gの「パンパース」という革新的MIPも立派な「強い売りモノ」なら、その生活上の問題を解決して立体化した「市場代替的MIP」である「ムーニー」はそれ以上に「強い売りモノ」である。

MIPは「強い売りモノ」であるが、このように「強い売りモノ」であるMIPを追い抜くほどの「強い売りモノ」は「市場代替的MIP」しかない。

世の中に初めて登場する「革新的MIP」、そしてその横に登場する「棲み分け的ＭＩＰ」、そして上記の「市場代替的ＭＩＰ」。

ＭＩＰはこの三種から成る「強い売りモノ」そのものである。*

100億、1000億の企業をこれから目指すなら、絶対にMIPを開発し、天まで伸ばすしかあり得ないのだ。MIPは100倍の成功率、強いブランドになる、ロングセラーになる、高利益を生みつづける「増殖力」があるからである。

*三種のMIPについては3章⑩を参照。

7 100億企業づくりの計画〈1〉

100億を目標額とし、時期の達成計画を立てる。「計画」のない目標はただの願いにすぎない。

100億を達成したい年限で割り、それをどのように達成するかの「計画」を立てる。

中小企業に特に目立つのは、この中長期計画不在、行き当たりばったり。

「強い売りモノ」さえ開発すれば、上限（天）の金額は別にして、「今年これだけ売り上げたい」額の達成を目指す。それ以上は翌年にまわすとし、年々売上を高め、天を目指す。ＭＩＰなら競合がないし、後発が参入しても1／2以上のシェアが得られるからである。

これが、売り方として「ロングになりやすい売り方」。これを数年おき（企業力に応じて間隔は異なる）に出す。

ＭＩＰならロングになりやすいので、売上が累積し、マジックのように100億に近づく。

〈大前提〉

●ＭＩＰたりうる「未充足の強い生活ニーズ」に応えるコンセプト（Ｃ）とパフォーマンス（Ｐ）の優れた新カテゴリー商品であること。すなわち、ロングセラー商品の条件を備えること。

●カテゴリー代表度を高めつづけ、「聖域」を目指すこと。

図表10-2 ● 計画のパターン

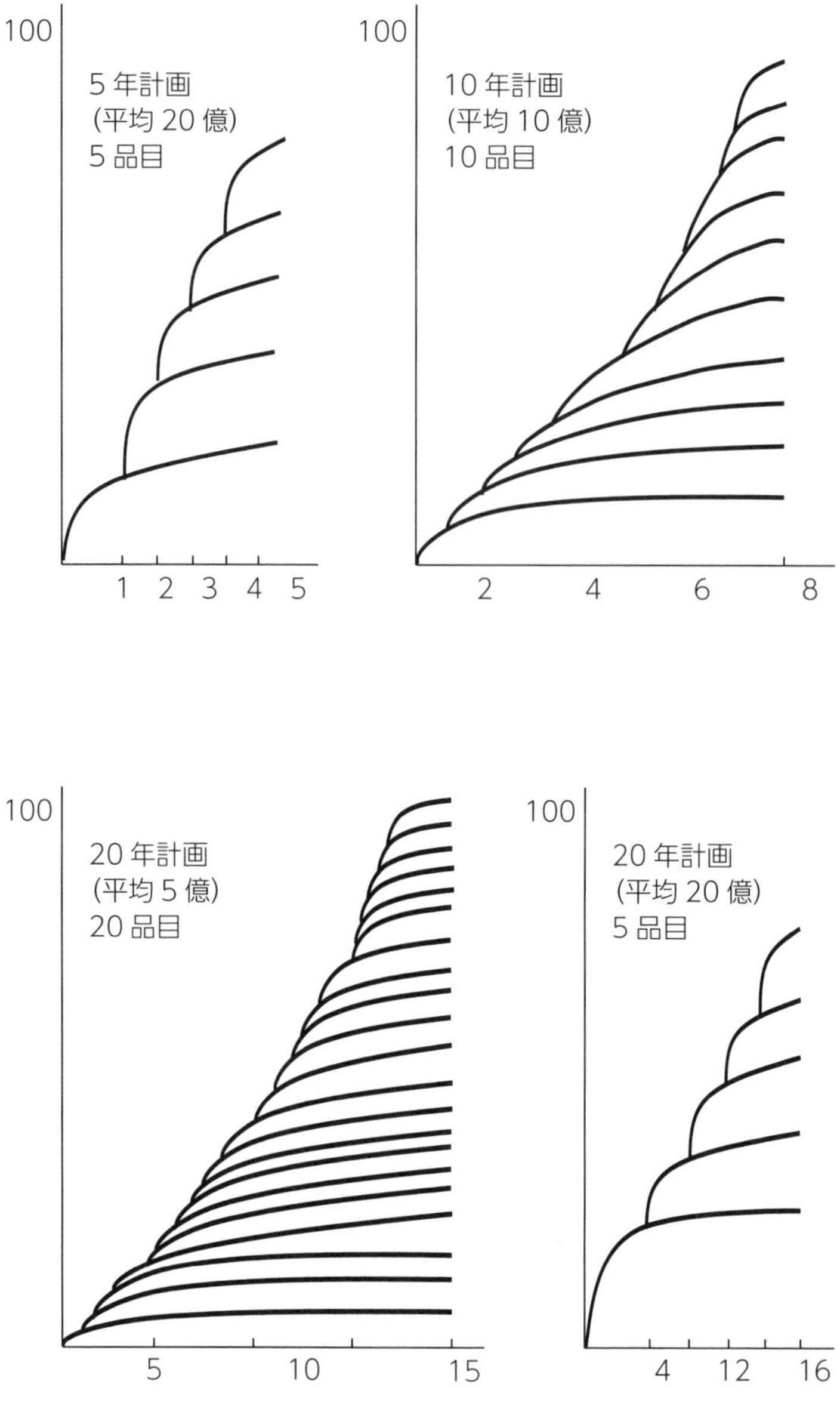

〈大前提〉

●商品であれ、店舗であれ、ロングセラーを累積

9 100億企業づくりの計画〈3〉

「計画」とは次のことを決めること。

- 100億達成目標年限（例：20年）
- 初年度売上規模（例：5億）
- 年伸び率（例：10％）……MIPなら年10％伸び率でOK
- 開発頻度（例：毎年度1品）

企業力に応じ「100億達成計画表」を眺め、気持ちを新たに、それを当面の夢として社員一丸となって、計画達成の具体策を実行するのみである。

図表10-3 ● 100億円達成計画表（例）　　単位：億円

数＼年	1	2	3	4	5	6	7	8	9	10	11	12	13	14	15	16	17	18	19	20
5品	5	11	17	23	31	34	37	41	45	50	55	61	67	73	81	89	98	107	118	130
6品						39	43	47	52	57	63	69	77	84	93	102	112	123	136	149
7品							48	53	58	64	70	78	85	94	104	114	125	138	152	167
8品								58	64	70	77	86	94	103	114	125	137	151	167	183
9品									69	76	83	93	101	111	122	135	148	163	180	187
10品										81	89	99	108	119	131	144	158	174	192	211

図表10-4 ● 累積のマジック（1）

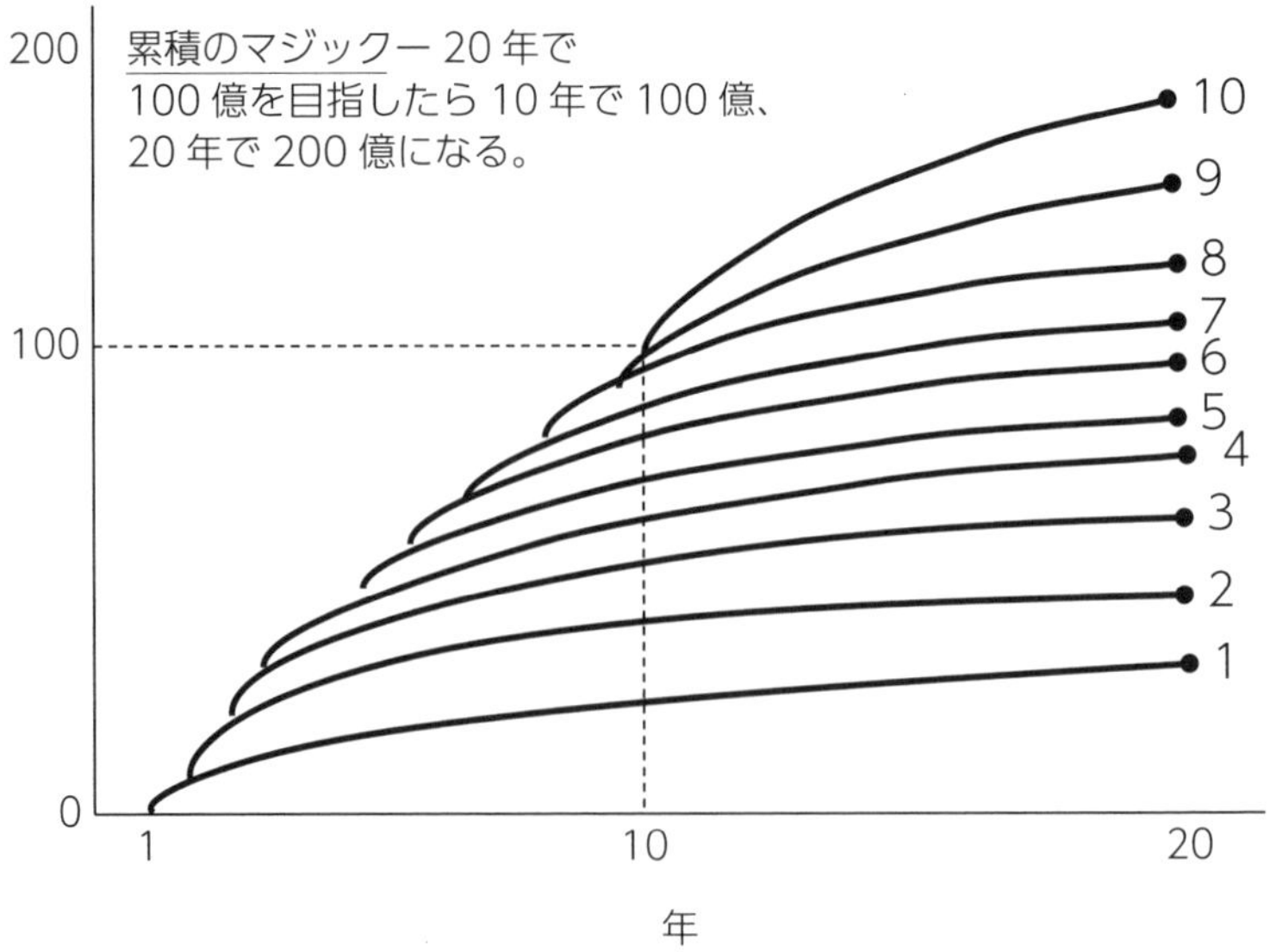

10 新商品のイメージを変え、新たに定義づけよ

そもそもＭＩＰを創ろうとするなら、会社の中での「新商品」の定義を変え、そのイメージを全く新しいものにしなければならない。

今までの開発とは全く違うことをするのだ、ということがはっきり社内に伝わることが必要。

多くの人が長い間お金を払いつづけてくれる商品やサービスすなわち「強い売りモノ」を、売る前から成功の確信をもつような仕方で開発するのだ。

「他にないモノ」
「独自的なモノ」
「ゼロを1にするモノ」
「生活上の問題を解決するモノ」
＝新カテゴリー
＝
ＭＩＰ

11 100億企業になるための3つの仕事

1．どういうモノを創るか―キーニーズ法によるコンセプト開発
2．どう作るか―パフォーマンス開発
3．どう伝え、どう売るか―広告・販促
その結果、消費者は、

1．わかる
2．ほしい
3．良かった

そのための組織をつくり、人材を育て、資金を用意する。

12 目標は高すぎると達成できない

社長、あなたご自身にとって「これは高すぎる」と感ずる目標は結果として努力次第で達成できることがしばしばある。

しかし、「これはぜひ達成したい」目標であることが条件である。

さもないと「これは高すぎる」と感ずる目標はまず達成できたためしがない。

自分の力で努力すれば到れる所を目標にするのが正しい目標の決め方である。
それは人によって全く異なる水準であることを意味する。
ご自分の力を高く信ずる社長は、そうでない社長よりよほど高い目標を設定するのだ。

13 目標は高くないと達成できない

目標は実は高くないと達成できないのだ。

前項とのこのパラドックス（矛盾）は時に社長方を困惑させる。ご自分の判断を誤ったり、社員への目標の与え方を誤る結果をまねくのだ。

「達成したい」ことが大前提である。

それ故、「達成できたらうれしい」目標を掲げるのだ。

そういう意味で目標は高くないと達成できない。

「達成したい」と動機づけられないからである。

「これはやさしそうだからやろう」というのは失敗の元。

やさしそうなことは既に他社がやっている。

「できるからやる」ではなく「やりたいからやる」のでなければ喜びの大きい達成感はない。

「手頃な目標は立てるな」
「手頃な目標はあなたをダメにする」
「手頃な目標は会社を成長させない」

14 100億越えられる企業と越えられない企業の要因

一代で大企業に育て、日本経済そのものにまで多大な足跡を残された巨人たちを複眼的に分析すると共通点がはっきりした。

1. 「強い売りモノ」を手にし、もちつづけている
2. 「強い売りモノ」をもつこと、すなわち「何をやるか」次第であることを熟知している
「強い売りモノ」にめぐまれない間は、同じ人物（巨人）でも数々の失敗をしている
3. 成るまでアキラメない態度と実行
4. それを支える大志や夢
5. 人を第一に考える（100年以上の長寿企業に不可欠）
6. 公益を考える（100年以上の長寿企業に不可欠）

3～6が満たされても1、2が欠けると成長できないか倒産に到る。

中小企業の社長と面と向かってお話をしていると、

きっと100億を越える企業の社長になりそうと思える人とそうでない人がいる。

この50年の間で小が大になった社長と小のままの社長のお顔が浮かぶ。

小のまま、100億を越えられない企業は、上記の3～6は仮りに満たしたとしても、1と2の両方を満たしていないのである。

しかし、今からでも手遅れではない。「強い売りモノ」を創るお金と人と時間さえ残っている限り、「強い売りモノ」づくり、すなわちMIPづくりに挑戦しよう。

15 100億の企業を目指すには従業員のやり甲斐、働き甲斐が持続することが1つの条件である

100億企業に到達することは「強い売りモノ」に恵まれることが不可欠の条件であることは再三理解してきた。

短期間に100億に達しても、その後長期間にわたってその上を目指すにはそのことに力になってくれる従業員の熱意の持続が不可欠となる。

そのためにはモチベーションが持続するようなことを経営者は考えなければならない。やり甲斐や働き甲斐の持続である。

金銭的な報酬は手っ取り早いモチベーションである。しかしそれはキリがない。

その時、従業員は喜び感謝し、忠誠や努力を誓うであろう。しかし、慣れによってその気持ちは間もなく失せる。

ただし、金銭的報酬の向上は長期的成長にとっては不

可欠であり、それ故にこそ、多くの利益を生む「強い売りモノ」づくりに励まねばならない。

そして、望む従業員には「のれん分け」をすることを考えよう。これは、従業員のモチベーション向上と連結売上をすみやかに高めるという一石二鳥の効果がある優れた手法である。古来日本の優れた伝統である。しかも、身の丈を常にスリムにしておけるし、大企業病を予防する効果も期待できる。

企業は社長が従業員の名前と顔が一致できるぐらいの規模がいい。それは500人以下であろう。


経営者は「ひとり占め」の誘惑におそわれるが「分け前」の喜びを求めることが、結果として「ひとり占め」より多くのものを手にできるのだ。

16 売上規模の拡大は累積がキー

新商品や新事業の売上が、それまでの商品や事業の売上に上乗せされる、というのは当たり前とみなされがちであるが、現実には発売直後は上乗せされるにしても、1年、3年、10年と経つにつれて売上はどんどんゼロになっていくことが多く、一品一品がオンしないケースが多いのだ。(図の右側)

しかしながら、当面100億を達成するには、小企業がいきなり1品で100億というのは開発費や育成費を考えると目標とすべき数字ではないので、たとえば1品10億ぐらいの商品を考えると自明のように、10個で100億達成するにはそれらが累積しなければ100億にはならないのだ。

それ故、〝累積〟という概念がキーとなる。

そのためには寿命の長い「売りモノ」の開発がキーなのだ。

それがMIPだ。

まず、創業からの個々の商品や事業を累積グラフで示してみよう。左図の左のようになっていれば、理想的だ。そしてこれからは「強い売りモノ」を創って図表の左側のようにしていくことが目標となるのだ。

図表10-5 ● 累積と非累積の比較

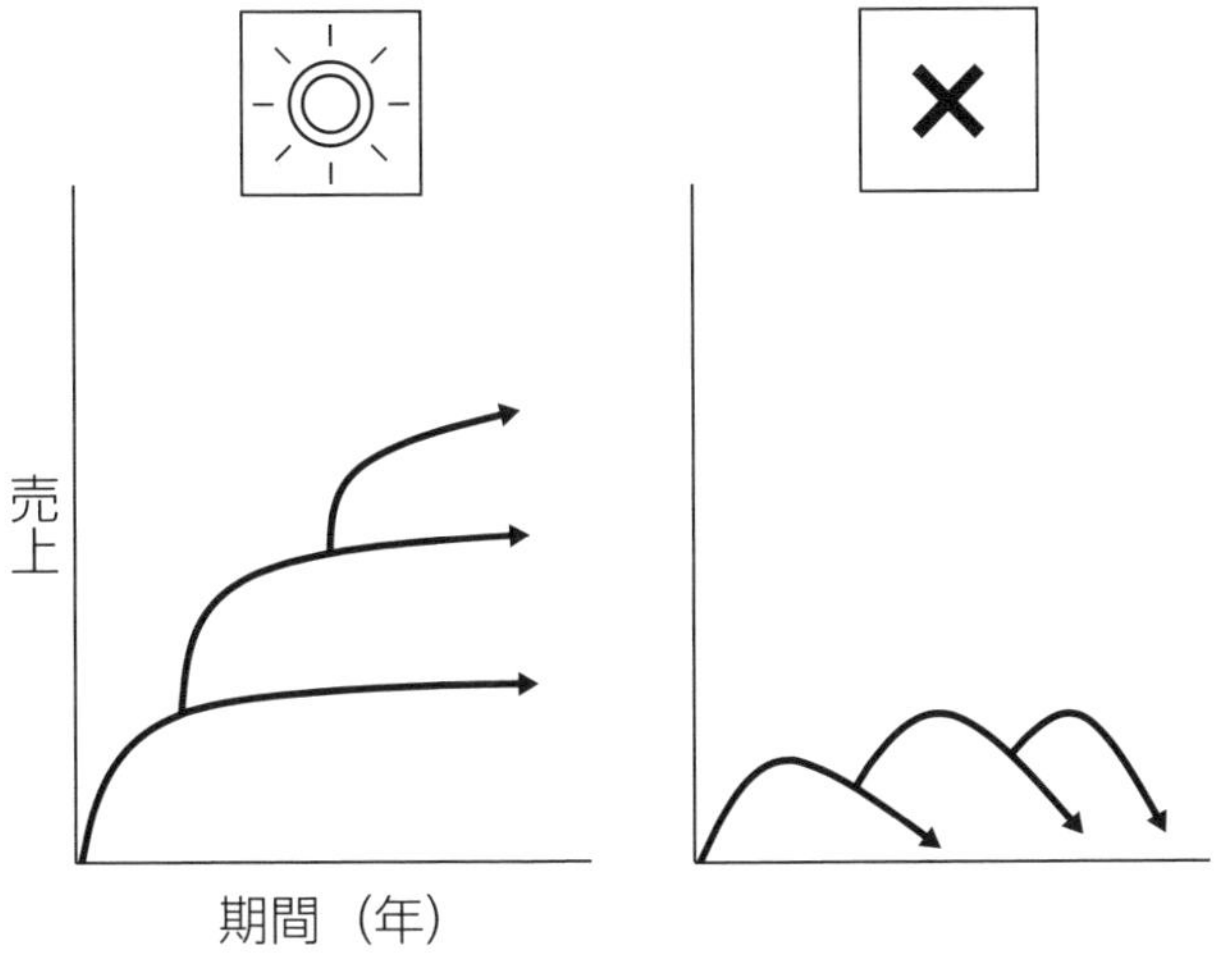

17 ロングセラーの累積のすごさ

- ＭＩＰ10品の内、１つは8年、もう１つは12年で終売、残り8品は２０１５年現在も健在。
- 期間中、非ＭＩＰは15品、それらの売上はカウントしていない。
- 10品のＭＩＰは平均すると毎年1品ずつ発売された。しかし、その間隔を2～5年あければ、1品1品はもっと天に近づいたであろうし、もっと多くの利益を生んだであろう。

いずれにせよ累積のすごさを実感すべし。そしてロングのすごさを！

図表10-6 ● ロングセラーの累積のすごさ

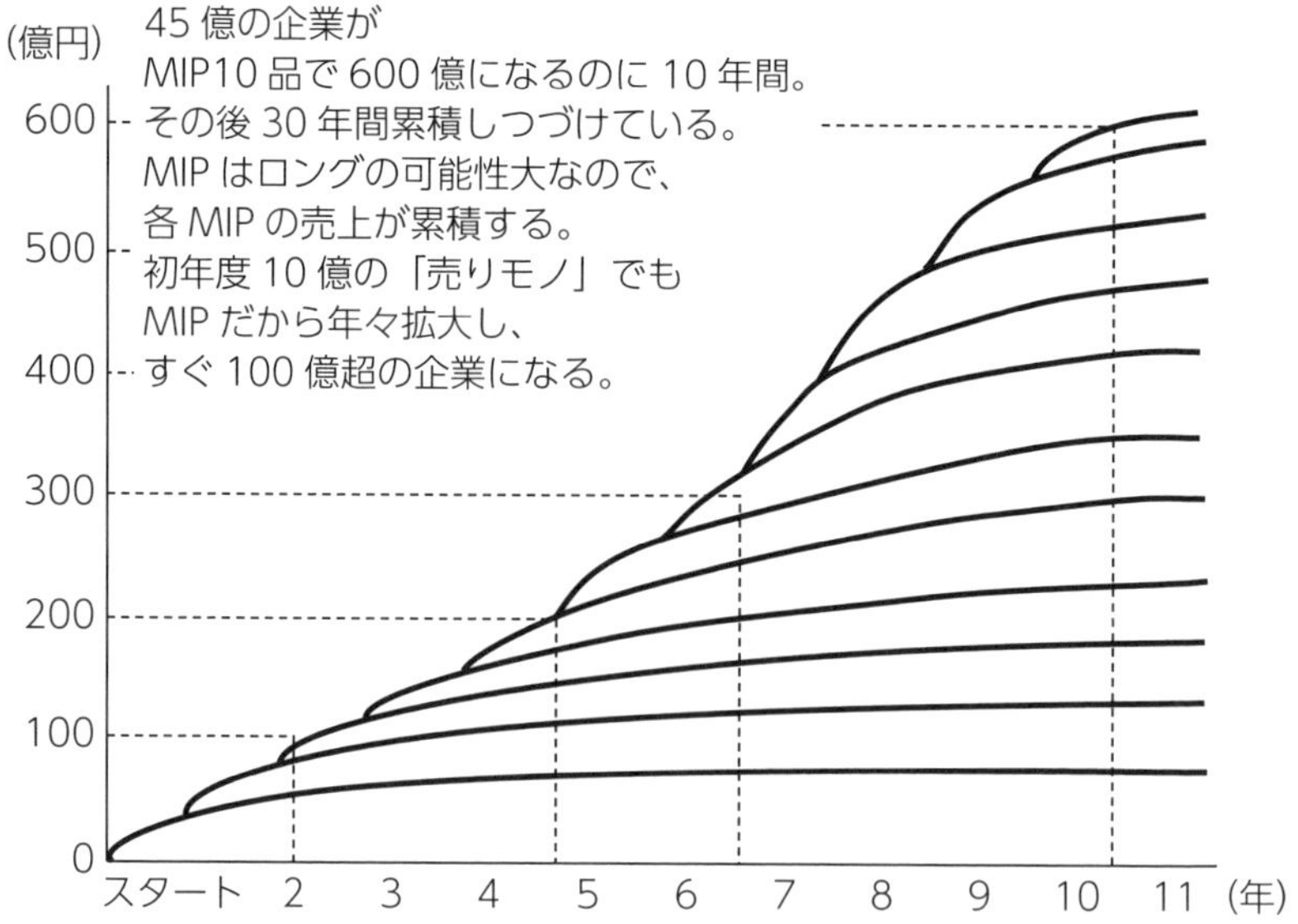

(億円)
45億の企業が
MIP10品で600億になるのに10年間。
その後30年間累積しつづけている。
MIPはロングの可能性大なので、
各MIPの売上が累積する。
初年度10億の「売りモノ」でも
MIPだから年々拡大し、
すぐ100億超の企業になる。
600
500
400
300
200
100
0
スタート 2 3 4 5 6 7 8 9 10 11 (年)

18 女性と高齢者の力次第

女性にいかに力を発揮してもらうか。

女性をいかに没頭して仕事に向かってもらい、自己能力を高めてもらうか。

女性の感性と知恵をいかに活かすか。

女性のやさしさ、思いやりの心をいかに活かすか。

会社が完全に女性の力を徹底的に活かし、問題を乗り越えて成果をあげるか次第で企業の繁栄が左右される。

女性の力は絶大で、特に男性との協働においてその力は最大化する。

男性の力も同様に、女性との協働においてその力は最大化される。

この点は経営の巨人達が等しくひそかに指摘している。

女性の独創力と洞察力は潜在的に非常に高い。

目的を明確にし、責任と権限を明確にしてまかせれば目を見張る成果となる。そのための最小限の条件はスキルを身につけることである。

高齢者の価値は失敗と成功の経験の豊富さと、それによって身についた判断力と人との接し方に他ならない。

多くの短所もあるかもしれないが、右の価値を最大限活かすことで短所は問題にならなくなる。

キャリアの高い高齢者ほど収入より尊敬を喜び、尊敬を受ける限り寝食を忘れ会社の未来のために身を投ずる。

最も尊敬を受けるには、その人の得意分野を活かしてもらうことである。

19 小さい会社ほど市場創造しやすい

「あんなに小さい会社が市場を創るなんてすごい」と言うが、そもそも小さい会社は市場創造しなければ大になれないばかりか永続すらおぼつかないのだ。

しかも幸いなことに小さい会社ほど市場創造は容易なのだ。

それは大企業がなかなか市場が創れず衰退していく様をよく観察すれば自らわかるのだ。

当初40億そこその会社が10年後に600億強の会社になれたのは、市場を次々と創造したからである。

その会社は中小企業であったことと、新しい市場を創ることの必要性をトップが強く認識していたのだ。そこにＭＩＰの創り方を導入した。

そしてトップの号令をすぐ実行する小廻りのきく組織をつくった。

そのため新市場を創造する独自的商品開発のノウハウが生かせたのである。

まちがいなく、小さい企業ほどＭＩＰ開発は成功しやすいのだ。

トップのＭＩＰに対する深い理解とスタッフのスキルアップが、何といっても不可欠の条件である。

私はその具体策として次のことを実行している。

① トップのＭＩＰ経営に対する深い理解を得るために「ＭＩＰ経営塾」を主宰して企業の経営者と勉強をつづけている。９章㉚参照

② スタッフのスキルアップのための場として、「梅澤成功商品（ＭＩＰ）開発スクール」を主宰し、自ら講師をつとめている。

経営者はＭＩＰ経営の「心」「技」「知」をバランスよく学び、スタッフは主として「技」と「知」を詳しく、使えるまで学ぶ。そしてその過程で「心」を学ぶ。

20 今、小であることを自覚し、そのメリットを生かせ
——小であることの自覚が大になる秘訣

小から大になれない会社がほとんどである。

小のまま終わる会社の社長に共通している多くの点があるが、その１つは〝小であることの自覚〟がないことである。

堂々とした態度はよろしいが、大志もなく練磨の努力もない社長はまず絶対に大になれない。二代目に多い。

〝小であることの自覚〟が深くないから。

〝小であることの自覚〟とは何か。

「小である」ことは幾つかの重要なメリットがある。

それは、

(1) 大企業がやっていることをまねしなくても、経営をつづけてやっていけること

(2) 「やるべきこと」に気づいたら、すぐに実行できること

(3) トップ（あなた）が信ずることを実行しやすいこと

である。

しかし、「小であることの自覚がない」と、

(1) 大企業の経営の型をまねる

(2) 「やるべきこと」を考えず、考えてもすぐ実行しない

(3) トップに信念がない

という結果をまねく。

先代／創業者はこの3つを断固しなかったのだ。

21 企業分化論
——手かせ・足かせを断ち切る

企業が誕生した時は、その「売りモノ」のための製造、販売の仕組みをつくった。

やがて多くの企業はその製造と販売の仕組みを使って別の「売りモノ」を創ろうとする。

「ウチの製造でつくれるモノをつくれ」「ウチの販売で売れるモノをつくれ」となる。

これが気づかれざる「手かせ」「足かせ」となっていく。

この状態になると消費者ニーズに応えることは二の次となり、売れない商品の連発となる。

「企業分化論」とはこの「手かせ」「足かせ」を断ち切り、消費者ニーズに応えることを中心に置き、コンセプトのみ自社でつくり、パフォーマンス開発は社外に頼むという考え方である。

ジョンソン社では〝RIG〟と称した。

P&G社では〝Connect & Development〟と称する

国際システムが展開されコストとスピードのメリットを生んでいる。（『企業分化革命』梅澤伸嘉、ダイヤモンド社、1988年）

図表10-7 ● 企業分化革命

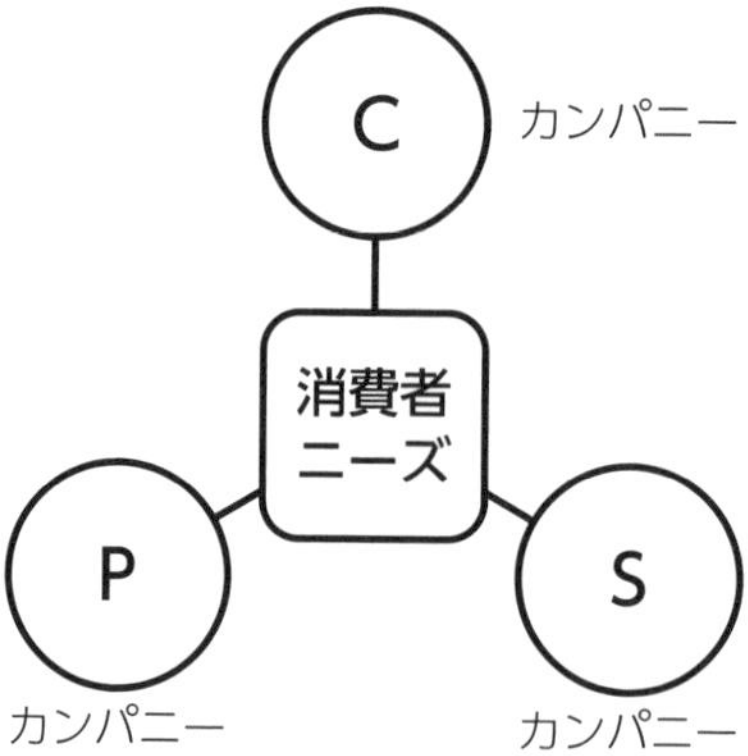

22 「ニーズ・シーズ相関図」で開発領域を決める

シーズ（技術や資源）は消費者ニーズによって生かされ、ニーズはシーズによって満たされる。

これがニーズとシーズの関係である。

図表10－8の中のねらい目はDとCである。いずれも潜在ニーズ領域である。スティーブ・ジョブズのMIPはすべてD領域である。

潜在ニーズの捉え方を学ぼう。MIPをあなたの会社の「強い売りモノ」にするために。

潜在ニーズの捉え方は、「梅澤成功商品（MIP）開発スクール」で学ぶことができる。

図表10-8 ● ニーズ・シーズ相関図（ニーズ・シーズの田んぼ）

		技術的シーズ開発の難易度	
		難（新）	易（既存）
ニーズの顕在性	潜在	消費者のニーズは見えるが、それに応える技術が難しく、商品となってそのニーズに応えているのはまだ少ない。現在少しずつ拡大している市場。次の時代を支える商品群 B：革新的ヒット商品領域	企業は消費者のニーズが見え、それに応える技術も容易なので、商品が続出する。その結果、主たるニーズは既に充足され、飽和している市場が多い A：大穴的ヒット商品領域
	顕在	消費者のニーズが見えず、しかも技術もまだ開発されていない（技術開発を企業が動機付けられていない）。通常、ニーズが存在しないように考えられている最も未開拓の市場 C：革新的意外性ヒット商品領域	技術はあるのだが、消費者のニーズは見えず、企業は商品開発を動機付けられていない。通常、このニーズが存在しないように考えられているほとんど未開拓の市場 D：意外性ヒット商品領域

・新商品開発における3つ目の“田んぼ”で、「ニーズ・シーズ相関図」と呼ぶ
・縦軸に消費者ニーズの顕在性をとり、横軸には技術的シーズ開発の難易度をとる
・ここでいう「ニーズ」とは商品コンセプトの中のベネフィットが応える生活（Do）ニーズのことである
・ニーズの顕在性は顕在ニーズと潜在ニーズに分ける。前者は消費者が気付いているニーズで、多くの場合、企業からも見えるニーズである。後者は消費者が気付いていないニーズで、したがって企業からも見えないニーズである
・技術的シーズの難易度は難（新技術開発が必要）、易（既存技術で可能）に分ける
・以上で4つに区分し、市場領域とする

23 「強い売りモノ」の成功要因

《消費者要因》…「未充足の強い生活ニーズ」の人数

1．「売りモノ」のベネフィットが応える生活（Ｄｏ）ニーズを強く持つ人の多さ

2．その生活（Ｄｏ）ニーズの未充足度

《商品／企業要因》…商品の完成度

1．Ｃの魅力度－Ｃ完成度＊　＊Ｃ＝コンセプト

何をつくるか
何をやるか

①ベネフィットは「未充足の強い生活ニーズ」
②アイデアとベネフィットの因果
③ＮＣＮ（新カテゴリー名）の完成度
④意識喚起
⑤広告規制、薬事法等規制守る
⑥魅力度＝価格＞原価
⑦生活に乗る度

2．Ｐの満足度－Ｐ完成度＊　＊Ｐ＝パフォーマンス

どう達成するか

①Ｃとの合致度（設計品質）
②ＰＬ法等規制守る
③満足度＝価格＞原価

つまり、「消費者ニーズ」の深い理解が不可欠である。

ニーズ ― 行動 ― 満足

「ニーズ」とは「満足」を得るために「行動」を駆りたてる力のことである。

24 「強い売りモノ」＝MIPに恵まれると平均5年で100億を超えた

社内事情のわかっている15社の創業から100億に到るまでの売上をプロットした。図表10－9のとおりである。

MIPに恵まれ、しっかり広告費を投入し、カテゴリー代表度を高めるとみごとな程、売上カーブの立ち上がり方が似ていることがわかる。

5年で100億に到達しないケースもあるが、MIPが出た年からの売上カーブはみごとに似た形を示す。

図表10-9 ● MIPで創業し、またはMIPが開発されてから100億に到る期間
「強い売りモノ」MIP に恵まれると平均 5 年で 100 億を達成する

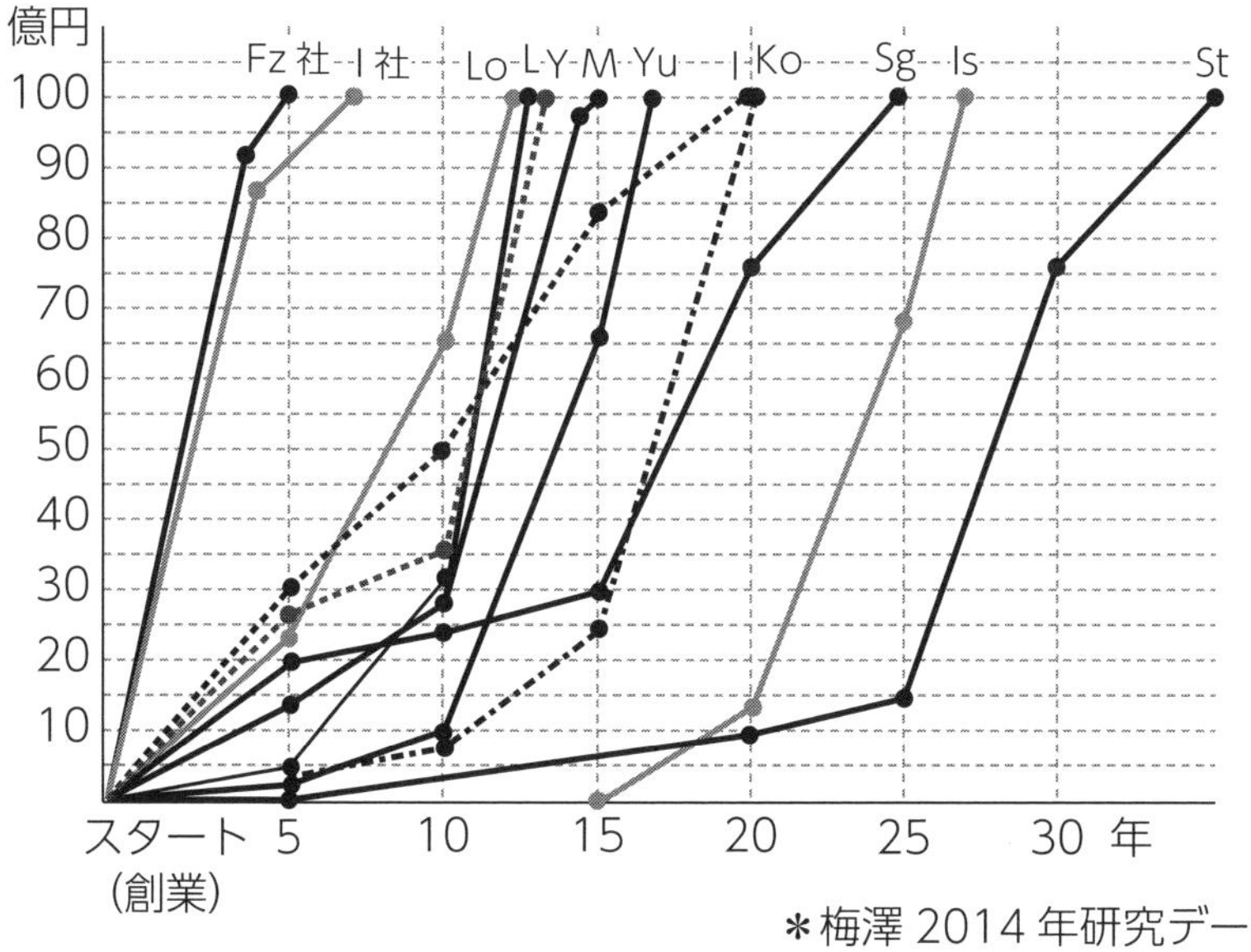

＊梅澤 2014 年研究データー

25 100億を超えた後の売上推移のいろいろ

前項と同じく社内事情のわかっている15社の100億を超えた後の売上をプロットすると全くバラバラに推移していることがわかる。

その違いの多くはその後のMIPの数と大きさによる。いうまでもなく、大型のMIPが出ている方が大きな規模になっている。

＊タテの目盛は1000億円単位であり、実際は目盛の途中にあるのだが、グラフの表示上、1000億ごとの目盛に留まっている。たとえば3000億のところにある企業は、3000億以上、3999億未満である。

図表10-10 ● 100億円到達後の各企業の拡大の仕方

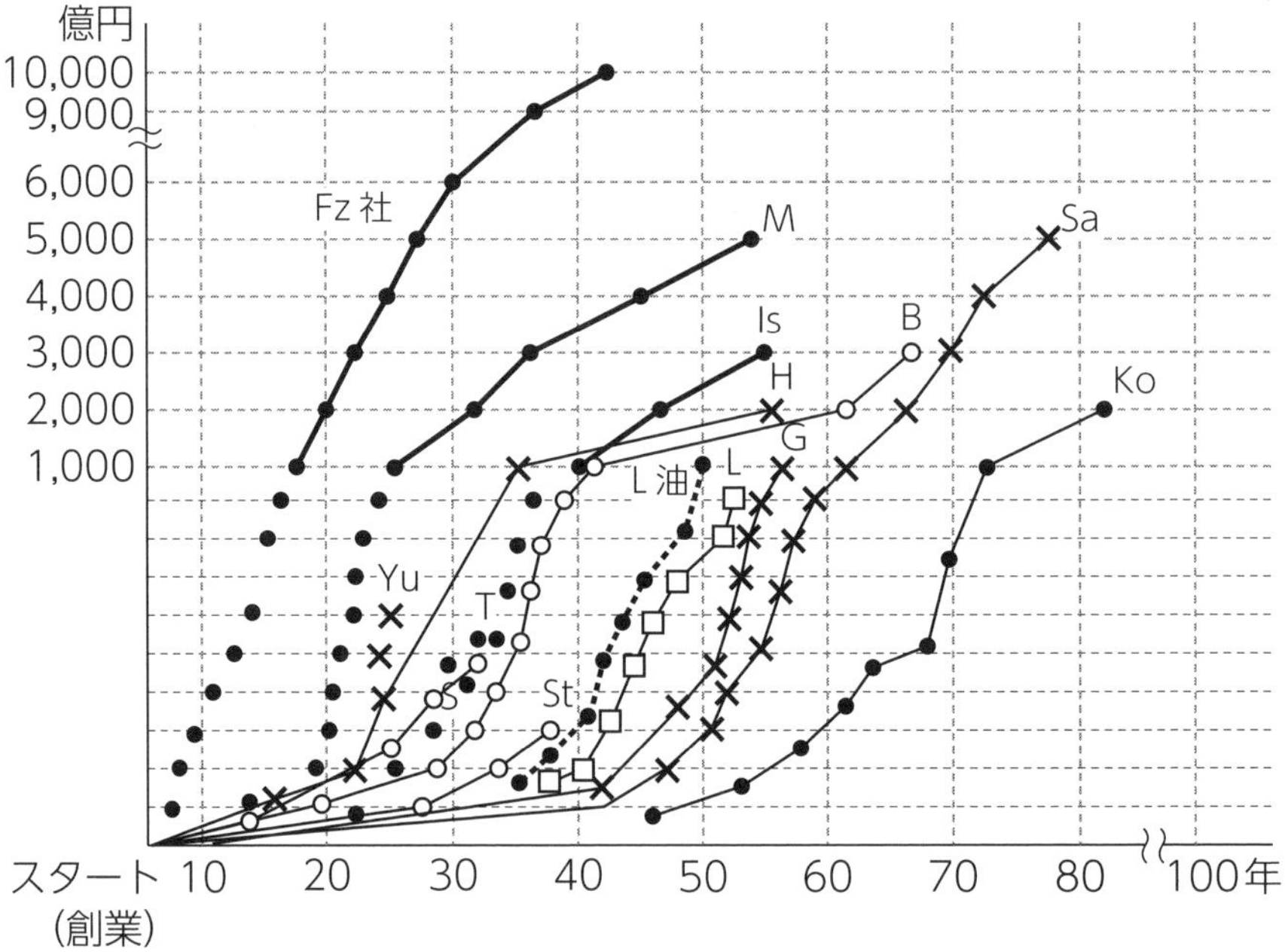

26 100億への道のり

一歩一歩　道（未知）を拓く。
夢を追い、夢に導かれ、「強い売りモノ」づくりの「心」「技」「知」を支えに進む。

図表10-11 ● ●●●●●

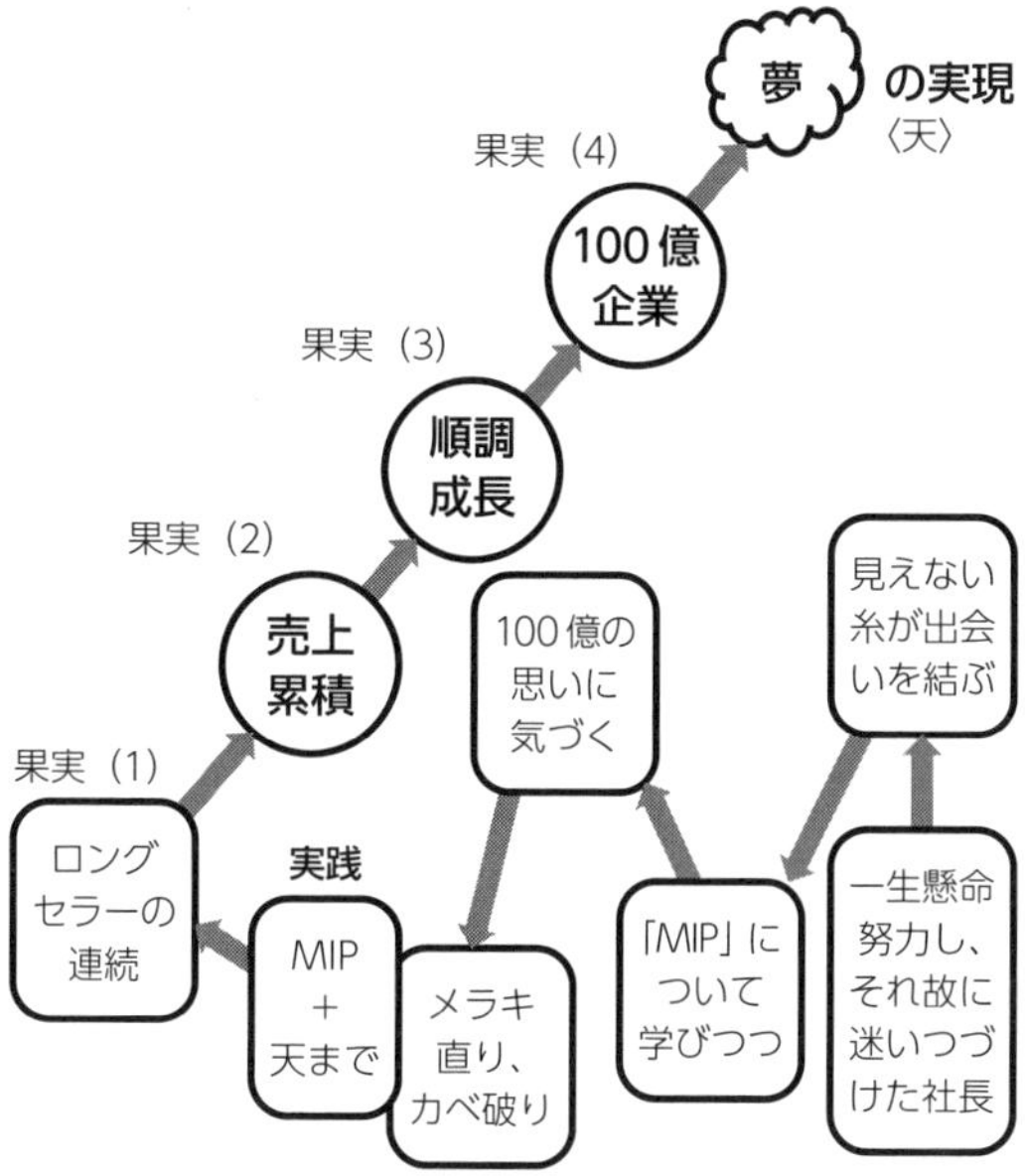

27 100億を超えられない ほとんどの中小企業は甘えすぎ

伸びない会社は、ハードルを低くしようとする。

これは甘えである。

努力を抑えようとする甘えである。

伸びる会社は、ハードルが高くても「未充足の強い生活ニーズ」に応えると信ずれば、それに挑む努力を惜しまない。

必要な投資も惜しまない。

努力や投資を惜しんで大は手にできない。

身を削ってこそ道は拓ける。

100億を超えるには、それ相応の投資も覚悟しなければならない。

スタッフの能力（知識とスキル）向上のための教育投資はその重要な1つである。

「強い売りモノ」づくりや広告にはそれぞれ費用が必要。それは避けられない。消費者の反応をしっかり調べるにはそれなりの費用がかかる。

それ故、筆者は早く、安く、役立つ「キーニーズ洞察法（S-GDI法）」を開発した。

必要な調査がきちんと実行できるために。（3章と9章参照）

28 単品の額や伸びは小さくても累積の額の伸びはマジックのよう

最大の条件はロングセラーである。

そのためにはMIPが不可欠である。

図表10-12 ● 累積のマジック（2）

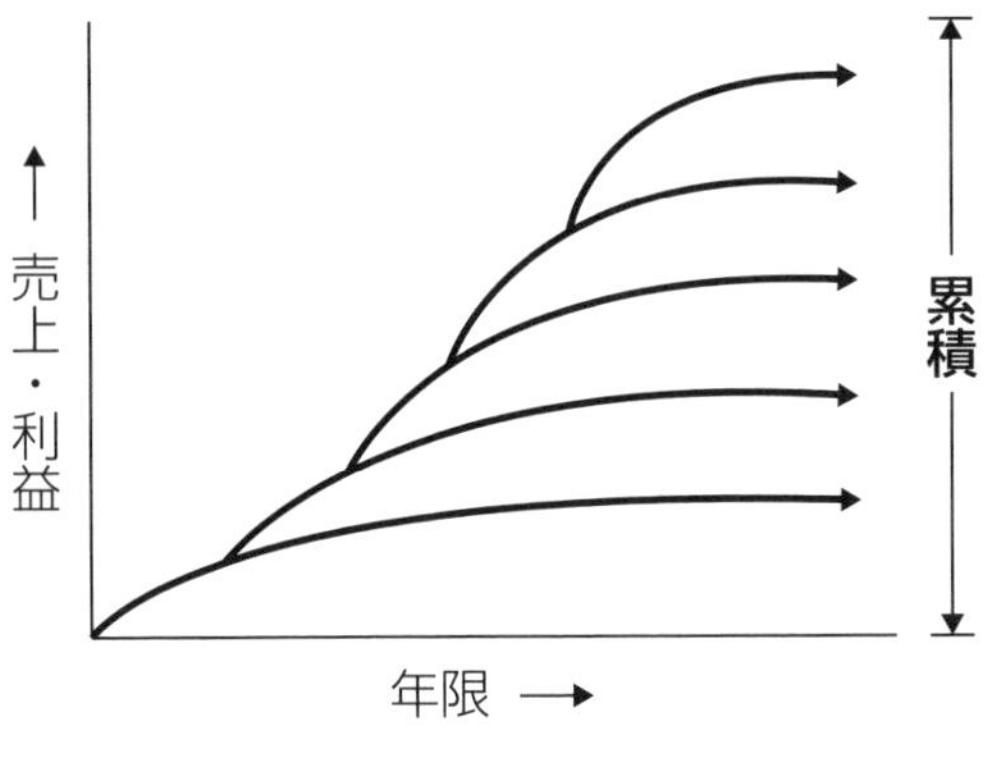

29 人を第一に考える経営が100億への道

老舗企業や大企業に成長した企業の多くは「人を第一に考える」思想が徹底している。

大企業に成長した企業の100億に達するまでのスタート時は老舗企業と同じく、例外なく「人を第一に考える」経営をしていた。

> 「人を第一に考える」とは、次の2点の意味をもつ。
> (1) 従業員を大切にし、力をフル活用する。
> (2) 消費者ニーズに徹底して応える。

次の例は社名は伏せるが「人を第一に考える」企業の一例である。

〈浜松にある自動車部品メーカー〉

1967年設立。社員数は2014年現在57人である。

下請けが長く続き、従業員はムリばかり言われ、かわいそう、と下請けを脱皮。

そして、世界的企業に成長した。

MIPをもったからこそできたこと。

下請けを脱し、消費者とダイレクトにつながり、そのニーズを把握する手法を身につける。それが消費者ニーズに徹底して応える道。

競合と戦わず、従業員が力を合わせて独自に市場を創造することが、従業員を大切にし、力をフル活用する道。それが従業員のやり甲斐をもたらすから。

30 たし算の経営〈1〉
——新しいビジネスモデル

長期的に望ましい経営状態とは、毎年確実に売上と利益が伸長すること。

そのための新しいビジネスモデルは、「たし算の経営」である。

「たし算の経営」とは、ロングセラー商品（サービスでも何でも「強い売りモノ」）を、計画的に一定間隔で開発・販売すること。

すなわち「累積の経営」である。

これを可能にするのはロングセラーの開発である。これが最大のキー。

ロングセラーはＣ／Ｐバランスの良い新カテゴリー商品であり、それがＭＩＰである。

そのためには「新カテゴリーコンセプト」の開発が不可欠である。

それが「キーニーズ法」（１９６９年）なのだ。

Let's try "key needs"

なお、「キーニーズ法」は、私の主宰する「梅澤・成功商品（ＭＩＰ）開発スクール」で学ぶことができる。

図表10-13 ● 這い這い経営から「たし算の経営」

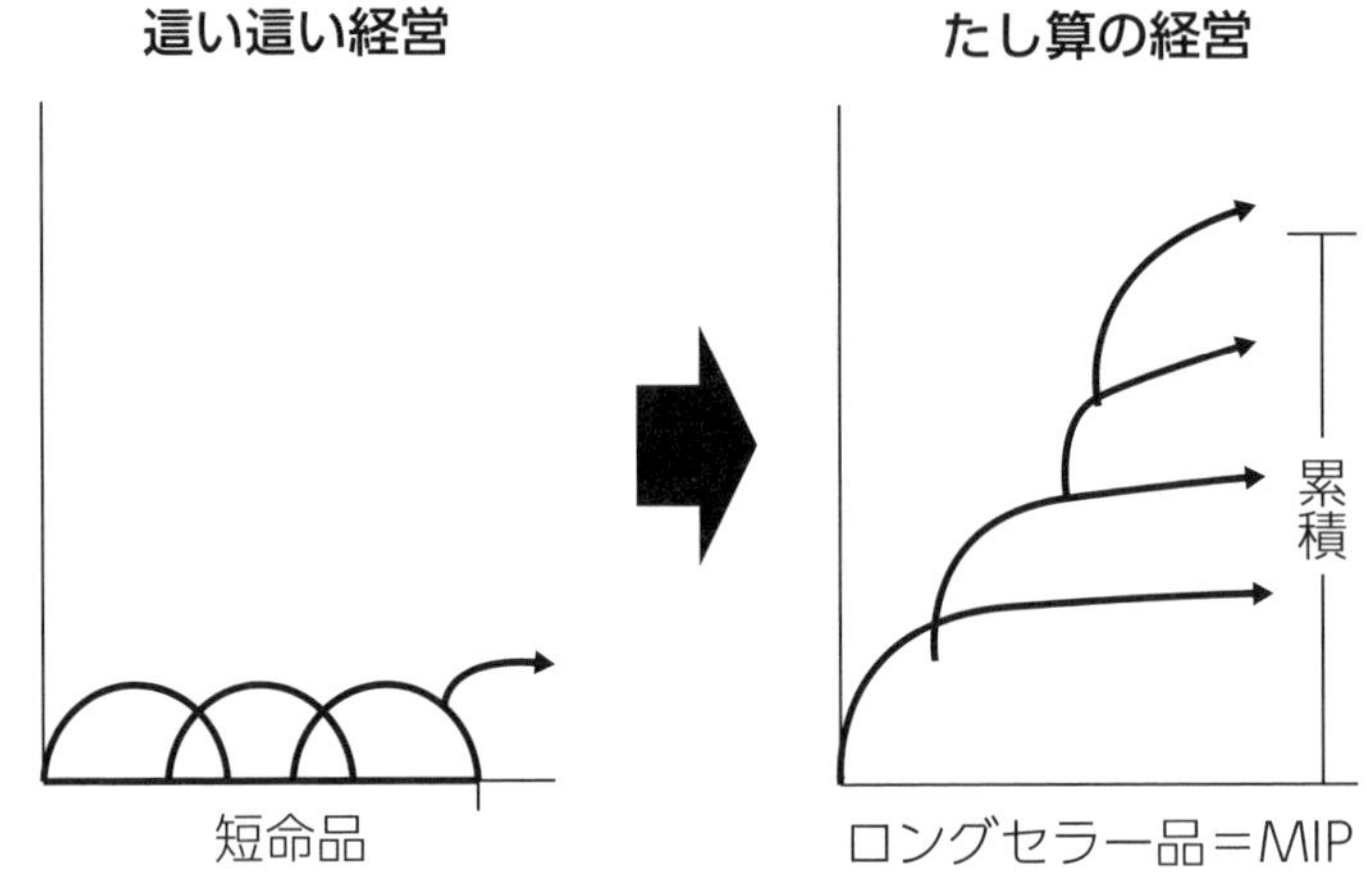

31 たし算の経営〈2〉
――「強い売りモノ」をもつ企業の4原則

「強い売りモノ」＝多くの消費者が長い間お金を払いつづける対象
＝ロングセラー⇓累積
＝企業の永続・成長

その手段がMIP開発である。

MIPはロングセラーになるので、それぞれが累積し、マジックのように売上、利益を高める。

これが「たし算の経営」の極意である。

利益の源泉は「強い売りモノ」であり、コスト削減などの効率化ではない。倒産したある有名な会社の社長が、ある雑誌のインタビューで「利益あっての消費者志向ですから、まずは利益をあげて十分お金ができたら消費者調査をすればよいのです」と語った。その年の暮れ、その会社はつぶれた。「利益あっての消費者志向」という言い方は矛盾しているのだ。

徹底的な消費者志向でのみ「強い売りモノ」は生まれ、それが利益を生むのだ。

「消費者志向」はきれいごとではなく、利益を生む具体的な手段なのである。消費者を知らずして成功するはずがない。

1．「強い売りモノ」をコンスタントに開発
2．その計画的な事業化
3．その計画的な育成
4．そのために〝人の幸せを第一に考える〟

32 かけ算の経営
——チェーン展開やのれん分け／たし算経営との異同

たし算の経営＝別モノを適当間隔で複数出す。

かけ算の経営＝同じモノを適当間隔で複数の店やエリアに出す・同じモノを多くの消費者に売る。

図表10-14 ● たし算経営とかけ算経営

	たし算	かけ算
形式	各種MIPを計画	•MIPのチェーン展開 •のれん分け •量産/海外
特徴・違い	複数の「強い売りモノ」で複数市場を先導	1つの「強い売りモノ」のノウハウと思想を共有し、市場の展開、市場の拡大
同じ共通の条件	•「強い売りモノ」＝MIPを開発 •「強い売りモノ」次第の認識 •ロングで累積	
原理	別モノはたし算で増える	同じモノはかけ算で増える

33 企画を成功させる両輪〈1〉
——洞察力と独創力、どちらが欠けてもダメ

〝消費者心理を読むとヒット商品のアイデアが生まれる〟

そのためには「洞察力」と「独創力」の融合が必要だ。

私の商品開発は煎じ詰めると「洞察力」と「独創力」の融合であり、これがロングセラー商品を非常に高い確率で生む秘密である。

図表10－15のとおり、左手に「洞察力」、右手に「独創力」と置くと、両手がしっかり力を出し切り、力強く握り合う時、「強い売りモノ」が生まれ、100億企業に成長していく。

図表10-15 ●「洞察力」と「独創力」の融合が「強い売りモノ」を生む

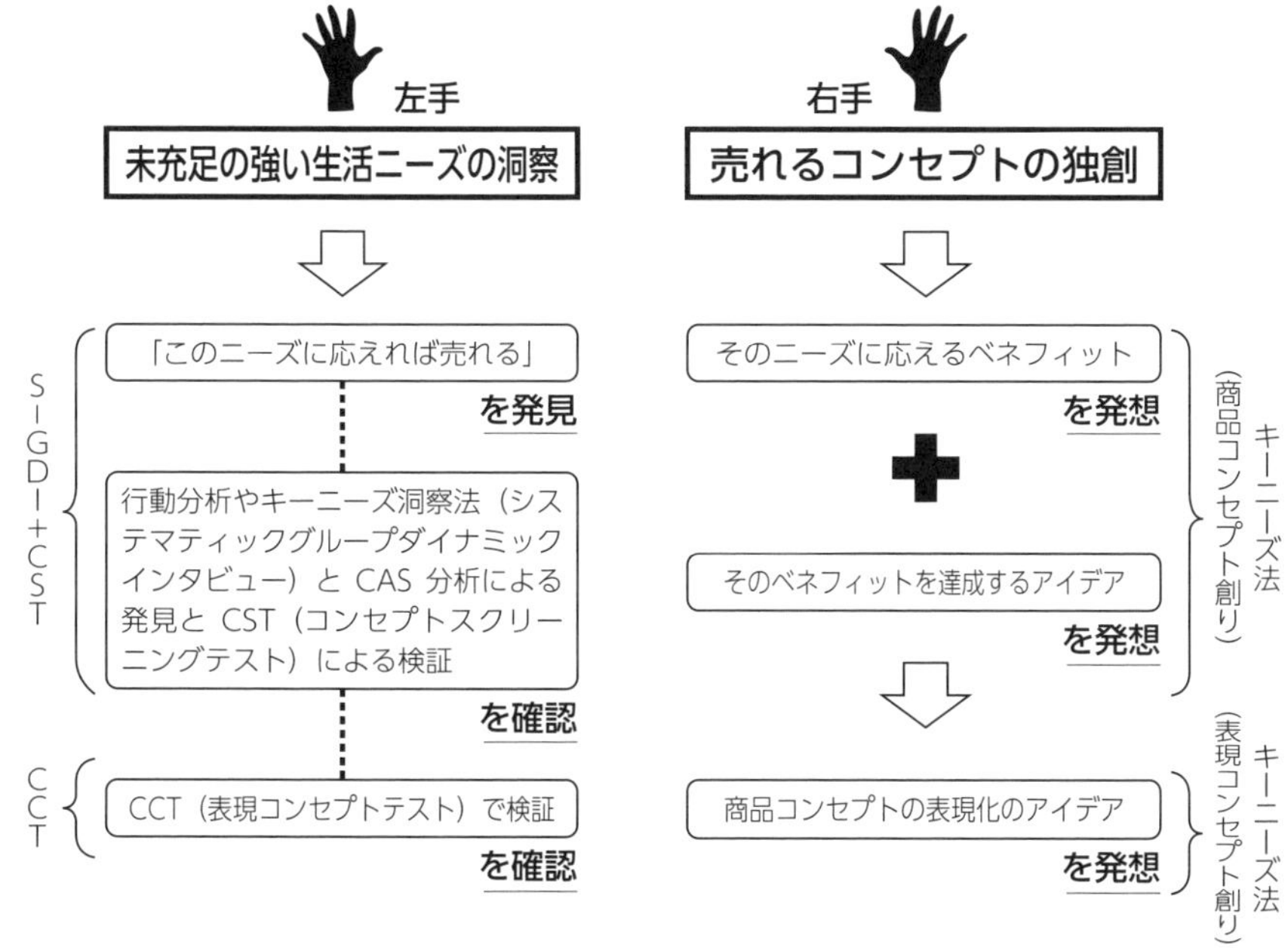

34 企画を成功させる両輪〈2〉
——「洞察力」

ここでいう「洞察力」とは行動分析やキーニーズ洞察法（システマティック・グループダイナミックインタビュー）およびCAS分析を通じて消費者ニーズを的確につかむ、あるいは読み解く力を指す。

消費者の心の中にあるニーズ、それも「未充足の強い生活ニーズ」を消費者の発言や行動から推測し、その確からしさを検証し、「〝この未充足の強い生活ニーズ〟に応えれば売れる」ということを洞察する。

このような洞察力を磨くことはロングセラー商品を連続して生み出すために不可欠であり、それは消費者の「心の中」を知る努力なのである。

この努力は「主観」を磨く努力とも言える。

発言や行動からニーズを推測する頭の活動は100％主観だからである。主観的な推測の精度を高める努力が洞察力を高める。

こういう努力は１００億企業を目指す企業に求められる最少限の努力である。

消費者を正しく理解しなければ、「強い売りモノ」ＭＩＰを創ることはできないのだから。

「洞察力」は軽視されがちである。消費者の心の中はわかっている、と思いがちだ。自分も同じ消費者だからわかる、と思っている人が多い。「わかっている」と思っている人に限って「わかっていない」と断言できる。

なぜなら「わかっている」と思うとわかろうとする努力をしないので結果として「わからない」のだ。

35 企画を成功させる両輪〈３〉
――「独創力」

ここでいう「独創力」は消費者ニーズに的確に応える力を指す。

消費者の「心の中」にある「未充足の強い生活ニーズ」にピタリと答える商品コンセプトを「キーニーズ法」によって「独創」するのだ。

商品コンセプトを独創する上で重要なことは、商品コンセプトを構成する未充足の強い生活ニーズに応えるベネフィットと、それを達成する商品アイデアの独創である。

この「独創力」を磨くことも「強い売りモノ」ロングセラー商品を連続して生み出すために不可欠の努力である。

それがキーニーズ法による商品コンセプト開発のスキルアップと表現コンセプト開発のスキルアップなのだ。

そして、「未充足の強い生活ニーズ」にピタリ応える商品アイデアを生み出す練習に努力を傾注するのだ。

ＭＩＰの成功にとって不可欠のスキルアップは「コンセプト開発」（商品、表現共に）なのだ。

多くの企業が本腰を入れてやってこなかったスキルである。

１００億を目指す企業が身につけなければならない優先度の高いスキルである。

スキルを身につける場が「梅澤・成功商品（ＭＩＰ）開発スクール」なのだ。コンセプトの必要性を悟ったらぜひ活用いただきたい。

36 肝に銘ずべき１００億達成の秘訣
——〈１〉１００億はゴールではなく、一里塚である

一里塚だからこそ、１００億後のビジョンや夢をもたなければならない。

- 人材や資金計画を長期的に立てること
- つまり、長寿企業、老舗企業を目指す思想のない人はやめた方がよい
- 長寿企業は社会に認められる必要があるし、結果として認められ、受容される
- それは社会との共存共栄である
- 地域の尊敬を受けよ

１００億はゴールではなく
越えて征く一里塚！

37 肝に銘ずべき100億達成の秘訣

――〈2〉100億は加算と乗算の結果

- 今まで伸びにくかった原因
- 今まで伸びてもコンスタントでなかった原因
- 今まで「100億なんて無理だ」と考えていた原因

} 加算と乗算という考えがなかったから。

- 商品の種類を計画的に増やせばロング（MIP）だから累積（加算）
- 同一商品なら計画的にチェーン展開、のれん分けで累積（乗算）
- 加算と乗算の妙で累積のスピードコントロール

> 時間とか年限のファクターを考慮し、
> 何よりコンスタントな累積が大切。
> 歩みは遅くても確実に前進がよい。

38 肝に銘ずべき100億達成の秘訣

――〈3〉信念と努力に勝る力なし

- ガムシャラな努力ならやめよ。そういう努力はつづかない、普通の人には。
- 経営者の強い思い、信念に基づく応分の努力は成果を生む。何よりも強力な力は「信念と努力」だから。
- 理想をもち、スキルを社員と共に磨き、コツ、コツ、コツ、コツ努力をつづければ必ず夢は叶う。

> カベは生きてる証。
> 前進すればカベが立つ。
> カベは乗り越えるためにある。
> アキラメず、メラキ直れば
> 楽にカベを乗り越えられる。
> 努力はむくわれる。

＊「メラキ直り」の発想は12章参照。

39 肝に銘ずべき100億達成の秘訣

――〈4〉社長！ あなた一代で 100億を一里塚とせよ

- 一里塚までは後継者まかせにせず、計画的に一里塚まではあなた（MIPの経営上のメリットに気づいた）が責任をもつこと。
- 〈1〉〜〈9〉を肝に銘じ、それが腹に入るかを熟慮の上、計画を立て、コツ、コツ、コツ、コツ一歩ずつ。
- 「100億計画」を立て、ご自分の年齢の範囲なら迷わず前へ。

小と大の固有の違いはない。
単に結果としての規模のみ違う。
小が大になれた主要因は
「強い売りモノ」＝MIPにめぐり会えたこと。
今、小であることを自覚し、
MIPの道を邁進せよ！

40 肝に銘ずべき100億達成の秘訣

――〈5〉共存共栄で企業を成長させる経営者たれ

――地域社会から尊敬を受け、従業員から感謝される経営が長寿企業の根幹

- 奪い合わないMIP経営を実行する1つのキーワードは「共存共栄」
- 「共存共栄」でないと世界経済も日本の経済もやがてもたない、その日になる前に。

「MIP開発」や「MIP化」で1／2の分け前を、
残り市場を分かち合うことで共存共栄が叶う。

成功経営の車の両輪は
① 「MIP開発」や「MIP化」で将来の利益の種を生み、
② 「カテゴリー代表度」向上による自己増殖で毎年、今日の利益を高め、ブランドを強化する。

41 肝に銘ずべき100億達成の秘訣

――〈6〉他社や他人と比べず 昨日の自社や自分と比べて 明日成長するために今日努力せよ

●他と比べるのが「差別化」、他と比べず自ら、他にないことを考えるのが「独自化」。

●「独自化」のみがMIPを生む。「独自化」は他者比較からは生まれない。

●まず社内で「独自化」宣言を！　社内で「独自的」な発想や行動をとる社員をほめよ！　賞賛せよ！

●戦わず成長できる秘訣は「独自化」コンセプトを開発しつづけること。パフォーマンス開発は協力的他社で！

戦い合わず、
共存共栄のMIP経営は他との比較を捨て、
昨日との比較で
成長することを今日の目標に努力し、
明日を常に目指そう!!

42 肝に銘ずべき100億達成の秘訣

――〈7〉「売れるか」ではなく「どう売るか」

●「売れるかな?」と考えると売れない。結果しか考えていないコトバだから。結果に不安、疑問があると手を打つ前にやめるか、手を抜く。だから売れない。

●「どう売るか?」を考えると、売れる。“How to”、手段やプランを考えるから前進する。だから、途中でつまずくことはあっても、いずれ売れる。

過去を思い出すがよい。
達成できなかったことの多くは
「できるか」と考え、「どうやるか」まで
考えなかったことに気づこう。

43 肝に銘ずべき100億達成の秘訣

――〈8〉欲と身の丈

●成長の秘訣は「欲と身の丈、のバランス」

●今の力を見きわめ、「身の丈」に見合うすなわち実力相応の「欲」をもち、「身の丈」を少しずつ伸ばし、それに見合う「欲」を高める。

●老舗を目指すなら「上場」は悪、「上場」は「大」になった証という神話を証券会社につくられ、踊らされているだけ。

「非上場」でも立派な「大」になれる。

「欲と身の丈のバランス」をとりつづければ可能だ。

「上場」は一時の尊敬、
大金を手にするが、
その後　経営者の思想の一貫性、
従業員の福祉が妨げられる。
私は強く注意喚起する。

44 肝に銘ずべき100億達成の秘訣

――〈9〉「強い売りモノ」をもつ企業でありつづけるための2大前提がある

100億を越える売上がつづくためには「強い売りモノ」をもつ企業でありつづける必要がある。

そのための2大前提条件があり、このことはサラッと聞き流すことのないよう注意を喚起したい。

まさに100億企業になるための大前提であり、大前提ということは絶対に守られねばならないことだからである。

1つは言うまでもなく「強い売りモノ」づくりである。もう1つは、「天を知り、天まで伸ばす」活動をつづけることである。

「強い売りモノ」づくり
＝「MIP開発」と「MIP化」

ポイントは、生活上の問題解決　＋　Ｃ／Ｐバランス
良い新カテゴリーである。

「天を知り、天まで伸ばす」＝「既存品強化」

売上、利益が安定して得られる「聖域」へ移行するまで「カテゴリー代表度アップ」の費用を要す。これは覚悟がいることである。

それ故、新商品の乱発は悪なのだ。1品1品の成長に費やす金が捻出できないから。

それ故、「カテゴリー代表度」（向上のための費用が毎年きちんと投入できるよう、一品一品を開発、導入する間隔を慎重に考慮することが必要。

そして「ＭＩＰのれんシェアシステム」を利用することでカテゴリー代表度向上の費用負担を減らすことができる。（7章⑮および17章㉓㉔参照）

45 梅澤成功商品（ＭＩＰ）開発スクール

〈目的〉

ロングセラー商品を生む手法を学ぶ
成功商品（ＭＩＰ）を開発できる人材育成セミナー
潜在ニーズ発掘　洞察力みがき
成功商品（ＭＩＰ）創造　独創力みがき

〈スクールの特徴〉

●ロングセラー商品開発力の高い人材育成
新商品の成功率が向上する理論と手法をマスターできるので、利益の向上に役立つ人材が育つ。

●ＭＩＰ開発力修得コース
40年以上の実績と理論に裏打ちされたシステマティックな手法なので、社内でノウハウを共有・フル活用できる。

●消費者ニーズに詳しい人材育成

消費者心理を深く知る「洞察力」と天才コンセプトを生み出す「独創力」の両方が磨かれるので、新カテゴリー商品（ＭＩＰ）をコンスタントに生み出す人材が育つ。

●梅澤伸嘉が直接指導

「キーニーズ独創法」と「キーニーズ洞察法」（Ｓ－ＧＤＩ法）の創始者、梅澤伸嘉が直接指導する唯一のコースです。

46 ＭＩＰ経営塾

〈目的〉

ＭＩＰ経営を成功させるために経営者がその理念と理論を学び、互いに切磋琢磨してＭＩＰ経営手法を身につける。

そしてＭＩＰを積極的に開発する。

〈塾生〉

ＭＩＰ経営の４つの理念を良しとし、ＭＩＰを成功させたいと願う経営者（必ず「梅澤成功商品（ＭＩＰ）開発スクール」に社員を派遣する）

〈運営〉

毎月一日、四月、七月、十月は合宿、塾生の総意で運営。

第11章

一流と主流 ―「強い売りモノ」でどちらでも―

- 「MIP」という「強い売りモノ」を手にすることで、一流でも主流にでもなれる。
- 目指すはいずれにしても一流か主流しかない。

一流になる法、主流になる手法を捧ぐ

野菊

古い町に
野菊はよく似合う
すぎし日を　とむらい
道端に
ひと折りの
枯れ野菊
たむける．

1 大を目指すもよし、小で輝きつづけるもよし

社長、あなたが〝なりたいようになる〟ということが一番大切なことである。

ご自分の大志や夢を目指すということが経営者の特権と考えるべきなのである。

大を目指すも小で輝きつづけるも共に向き不向きはなく、やりたい方を選べばよい。

小で輝きつづけるには「強い売りモノ」を手にしたら「その一品」にこだわり、限られた固定客でいいから長寿化を目指す。

大を目指すには「強い売りモノ」を一定間隔で開発し、累積させ、多くの新規客と固定客をつかみつづける。

共に創業の大志と夢の継承が不可欠であることは、多くの成功企業や失敗企業が示している。

そのための典型的イメージは、
大は「のれん分け」でかけ算とたし算で拡大。
小は「のれん継承」で長寿。

「のれん分け」は売上拡大とリスク分散の意味もあり、小が採用すれば大になる。

千疋屋（１８８１年創業）はその好例だ。

2 一流と主流〈1〉

小のまま世紀越えで輝きつづける企業は、その道でトップの地位を占めるケースがほとんどである。それを「一流」という。

「強い売りモノ」を手にした後はその一品に全精力を集中し、技術、ノウハウを極め、1つの「のれん」を守って、何代も何代も継承し、その限りにおいて押しも押されもしない名声を得る。

一方、「強い売りモノ」を開発し、その市場を創造し、先導し、天まで伸ばしつつ、何年か経て再び「強い売りモノ」を手にし、その市場を先導して天まで伸ばすことを長きにわたって繰り返す。（たし算）

それぞれの市場の王者。つまり「主流」となる。

小のまま世紀を越えて輝きつづける企業も、大きくなって幾つもの市場の王者になるのも共に大きな喜びだ。

「一流」の輝かしさと「主流」の誇らしさ。

共に目指すに値する。共に人生の成功ではないか。

3 一流と主流〈2〉

「消音、消埃改修」にかけてはその技術は業界内で「一流」と認められている企業が、その一流イメージを生かして業績を伸ばし、やがて「消音、消埃改修」といえばM社（ブランド）となった時、「主流」になった、という。

MIPとして市場を創造する商品は「一流」である。比較するものがない。市場を生み出す努力のみ。やがて市場が拡大するにつれて「1／2効果」によってその市場の「主流」になる。

しかし、MIPを開発し、市場を創造し、先導しても「一流」ではあるが「主流」になれないケースがある。それは以下のとおり、領域のくくり方によるのだ。

たとえば私は「商品開発」としては「一流」であると自負するものの、「商品開発」といえば梅澤となりつつあるが完全ではない。

しかし「市場創造型商品開発」といえば一流であるのみならず既に「主流」なのである。

「強い売りモノ」をもっていることは「一流」の条件であり、その「強い売りモノ」が1つの市場（領域）を形成し、その中心とか本流になった時「主流」となる。その時、市場の代名詞になり、多くのシェア（多くの場合、1／2以上の）を獲得する。

＊「一流」を人に限って言う時は「玄人」「達人」と呼ばれ、「主流」は王者、第一人者と呼称される。
＊「消音・消挨改修」は丸高工業の登録商標である。

4 一流と主流〈3〉

北海道浜中農協は肥料や育て方に手間ひまかけて「おいしい牛乳」をつくり、それをハーゲンダッツが用いて一流のプレミアムアイスを開発した。

やがて市場が拡大し、その代名詞となり、プレミアムアイスの主流となった。

図表11-1 ● 一流と主流の対比表

	一流	主流
頂点	頂点無限	100%を超えない
普及	無関係	関係大
対比	一流VS二流	主流VS反主流
質量	質の概念 深さ・高さ	量の概念 取り分
誇り	創始者	リーダー
前後	先（後はない）	後（初めからはない）
差異	デイファレント	ベター
戦略	創造・発掘	競う・奪う・戦う
農作業	耕作	刈り取り
〈例〉プレミアムアイス・ハーゲンダッツ	一流のプレミアムアイス →	プレミアムアイスの主流

5 歌手と曲の関係が教えるもの

どんなに有名な歌手でも毎回ヒット曲が出るわけではない。歌手も曲も「売りモノ」次第だ。

歌手を企業にたとえると、曲が商品に当たる。

紅白歌合戦に出た歌手でも、その後消えた歌手の方が多い。それは「その売りモノ」が飽きられ、次の「売りモノ」が出ないから。

それは、どんなにヒット商品を出す力をもった企業でも、その「売りモノ」が多くの消費者の支持が得られなければ、企業自体が消え去ることを暗示する。「主流」になれずに消える。

逆に大ヒットしなくても「一流」は紅白に呼ばれる。歌手という市場では一目おかれ、なくてはならない看板だからだ。

これが企業ではその道の「一流」に相当する。大きな売上はなくても長く名声を得、利益はつづく。まんじゅう一筋200年の老舗など。

図表11-2 ● 歌手と曲のヒット

〈歌手〉

技術＼個性	平凡	(らしさ)個性的
上手	うまいけど魅かれない	ヒット
下手	歌手として成功できない	お笑いの道しかない

〈曲〉

与える感情＼個性	平凡	(らしさ)個性的
心地良い	心地良いけどありふれている	ヒット
心地良くない	売れない	売れない

6 一流と主流〈4〉
──「一流」が「主流」になる時

私は「成功商品開発」や「新市場創造」の世界ではその世界やその道を創った先駆者と言われる。

すなわち、その世界では「一流」の評価である。

しかし、それらをとりまくマーケティングの世界では決して「主流」ではない。

つまり、「成功商品開発」、「新市場創造」といえば「梅澤」と言われるが、「マーケティング」といえば「梅澤」とは言われない。

マーケティングの世界では私はマイナーでありむしろ〝異端〟である。

「成功商品開発」とりわけ「コンセプト開発」や「新市場創造」がマーケティングの中心概念となり、それが「主流」となる時、私は「主流」となる。

「ユニクロ」を一代でここまで巨大にした（株）ファーストリテイリング柳井　正会長兼社長はフリースやヒートテックなど今までにない魅力ある商品（ＭＩＰ）を低価格で販売するという点で「一流」ではあっても業界の「主流」ではない。「ユニクロ」は他と戦わない間は「一流」として成長しつづけられるのだ。

第12章

「強い売りモノ」づくりのための社員のアイデア発想力を高める「メラキアの発想」

- 「強い売りモノ」づくりにはアイデア発想力が不可欠。
- その高め方を具体的に指南。
- アイデアマンはいらない。
- 独創的アイデアの最大の秘訣は「未充足の強い生活ニーズ」に挑戦すること。
- 「カベ」を突破する「メラキアの発想」という今までにない発想法を学ぶ。「メラキ直る」のだ。
- 「カベ」は目的達成を助ける
- 「カベ」は必ず手段に伴う

すぐにアイデア発想力が高まる手法を捧ぐ

壁にも負けず

壁にも負けず
悩みにも押しつぶされず
壁は待ってましたと手まねきし
悩みは心のこやしと迎いいれ
できもしない夢をもって
希望で胸ふくらませ
愛する対象をいつももち
少年のような心で
美しいものに感動して
僕は生きたい。

1 達成する価値大なら達成するまでアキラメない

達成する価値が大きいなら達成するまでアキラメてはならない。

１００億円以上の企業になることに高い価値をもつならばその達成をアキラメてはならない。

アキラメた時、１００億の夢はなくなる。

多くの成功経営者や科学者に共通する点の１つは本気で目的を達成したいと思い、そのための行動をアキラメず行っていることである。

アキラメなければ必ず成功するわけではないが、アキラメたら絶対に成功しないのだ。

松下幸之助は「成功するまでやるから成功した」というし、スティーブ・ジョブズは「成功するか否かは途中でアキラメるか否かである」と言った。

これが大成功者の真実なのだ。

「強い売りモノ」づくりを妨げる最大のカベはアキラメ。アキラメず破る心・技・知が必要。

これが「メラキアの発想」である。

「アキラメ」の反対語は「アキラメない」という否定語しかない。それは、「アキラメ」行動は誰でもするが、「アキラメない」行動を前向きにする人は少ないことを示すのかもしれない。いずれにせよ、「メラキアの発想」はアキラメの反対語を肯定語で表わした前向きの語である。

そしてそれを行動型、つまり動詞にしたのが「メラキ直り」である。

「カベ」は常に「手段」に伴う。手段アイデアにも手段の実行にも「カベ」が立つ。

つまり、「カベ」は手段を考えたり、実行しようとすると立ちはだかる性格をもっている。

図表12-1 ●「メラキアの発想でカベは破れる

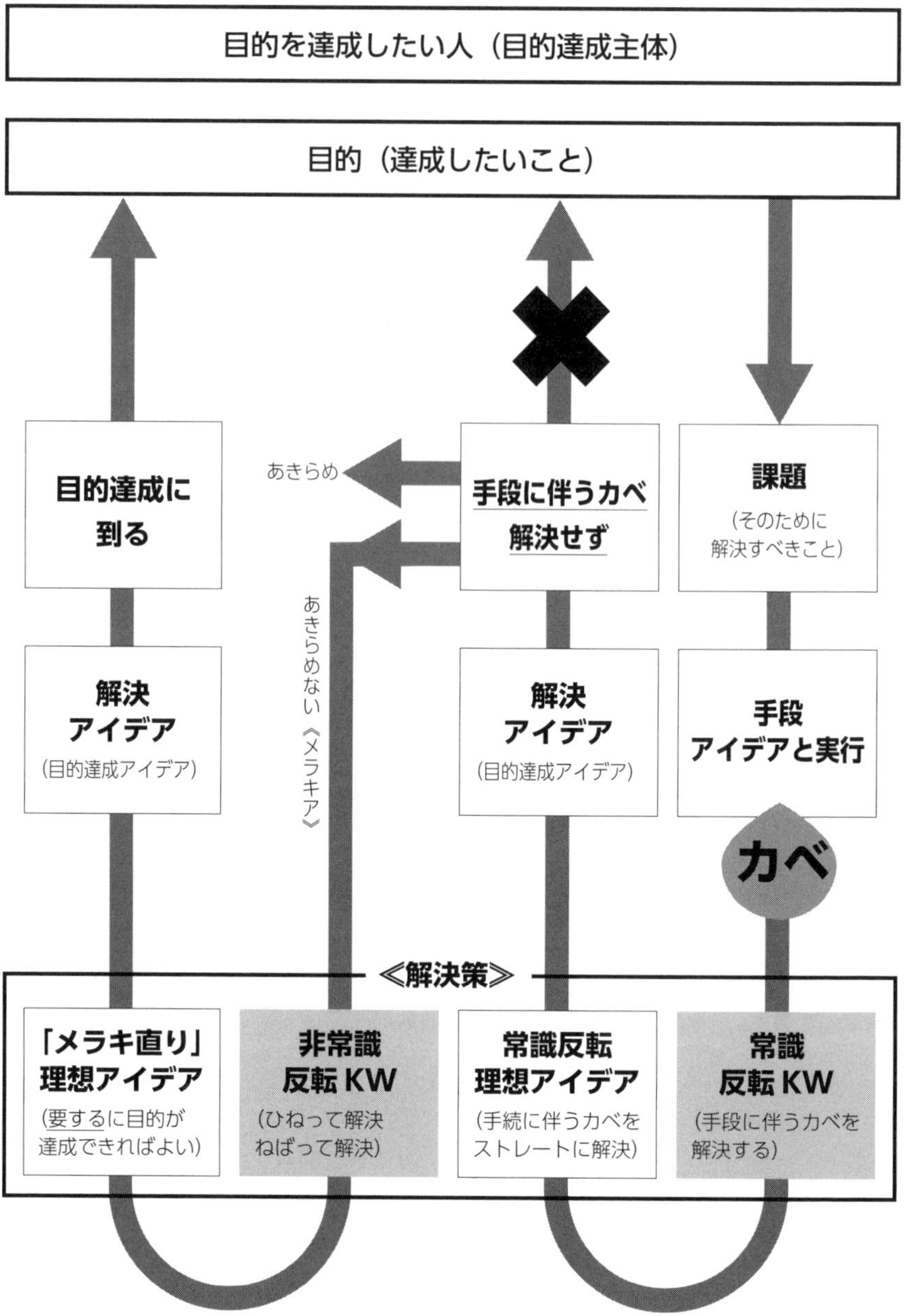

2 「A but B」でアイデアを殺すな

全く殺意なく自分のアイデアや他人のアイデアを殺している、という事実に気づくべきである。

気づくだけで、あなたの会社の永続も成長も今までとは全く変わってくるであろう。

誰でも価値ある成果を得たいものである。しかしそのためにはカベが立ちはだかって、破れず、夢破れることが多い。

「それを実現すれば大きな利益が得られる（A）しかし（But）現在の販売チャネルを変える労力が必要でムリである（B）」

この「A but B」は通常日常茶飯事のことである。

しかし、そのことによって「それを実現すれば」のアイデアが殺され、現在の販売チャネルを変える労力を採用せず、終了。

しかし、社長の立場で考えて、「大きな利益が得られる」可能性をもったアイデアには挑戦すべきことは多いのだ。

すなわち「A but B」を逆転させるのだ。

「現在の販売チャネルの変更は労力がかかる（B）が（but）大きな利益が得られる可能性がある（A）なら一度それを具体化してみよう」というように。

「宅急便」事業を起こした時の小倉昌男氏の発想がこれだ。

「宅急便」のアイデアは社内で猛反対を受けた。

「それが成功すれば倒産はまぬがれる（A）かもしれない。しかし、大手もやっていない乱暴なアイデアだ」と。

しかし、小倉氏はアキラメず、「大手がやってないからやるのだ。大手がやっていれば手遅れだ」と考えアイデアを生かした。

「大手もやっていない乱暴なアイデアだ（B）が、それが成功すれば倒産はまぬがれる（A）なら一度具現化しよう」とメラキ直ったのだ。

3 メラキアの天才はMIPを好んで開発するワケ

「世の中にない」「業界大手がやってない」という批判に対して「世の中にない方がよい」「その方がオリジナルが創れる」とか「業界大手がやってない方がよい」「業界大手がやっていたら№1になれない」とメラキ直れて、必然的にMIPになる。

故に、メラキアの天才はMIPを好んで開発するのだ。

メラキアの天才から見れば「MIPを創るしかない」と素直に思えてしまうのだ。

それはメラキアの天才は「パイオニア」（創始者）になることしか念頭にないからであろう。

〈常識的〉

世の中にないから
やらない

業界大手が
やってないから
やるべきでない

↓

〈メラキア的〉

世の中にないから
やる

業界大手が
やってないから
やろう

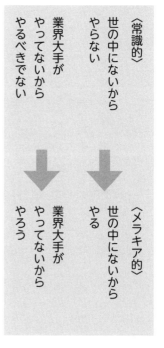

4 ヒラメキアイデアをどう得るか
――飛躍的アイデアの三段跳び

夢がそうであるように、アイデアのヒラメキは無意識の脳機能。

故に考えても知れている。

アイデアとは従来ない概念。

ヒラメキアイデアとは思わず心がふるえる感動を伴うアイデア。

それを得るには浮かんでくるアイデアをうまく導く方法が必要。

それが飛躍的アイデアの「三段跳び」。

1. 未充足の強い生活ニーズに挑戦―ホップ
2. 「要するに」と理想形を思い浮かべ、浮かんでくるのを待つ―ステップ
3. カベに突き当ったらメラキ直る―ジャンプ

これに限る。

アイデアは考えれば出るが、ＡＨＡ（ヒラメキ）アイデアは「未充足の強い生活ニーズ」を頭に入れて、あとは浮かんでくるのをじっくり待つしかない。（㉜㉝㉞参照）

画期的なアイデアは頭の良さとか独創性の高さよりもっと重要な要因によって生まれる。それが「未充足の強い生活ニーズ」に挑戦するということなのだ。

それが「強い売りモノ」を手にできる秘訣。

5 短所を売りモノにする

——暗やみレストラン（静岡）

〈メラキアAタイプの例〉

わが町は日本一暗い町である。

これを日本一明るい町にするより、日本一暗いことを生かそう！

この発想が「メラキアAタイプ」。

そうすると短所が長所になる。

〝暗やみレストラン〟

参加した客は初めはめずらしいだけで来店したが、実は体験してみて失われていた他の感覚の楽しみを発見、病みつきに。

口コミが口コミを呼んで大繁盛。

これに次ぐアイデアとして

〝暗やみ遊園地〟
〝暗やみホテル〟
〝暗やみ競技場〟
〝暗やみプール〟
〝暗やみキャンプ場〟

これらのアイデアに対して、心に抵抗がなければあなたの独創力の見込み大。

「短所」は数多くあって治すのが大変。そんな時にはメラキ直って、その短所を生かすという発想は世の中にないので非常にユニークなアイデアになることが多い。

6 アイデアとは何か

「アイデア」とは従来ない概念と定義する。

この、従来ない、（今までにない）概念という点が重要である。

優れたアイデアとは何か。

それは役立つアイデアである。

具体的にいうと、優れた商品アイデアとは消費者の「未充足の強い生活ニーズ」に応えたアイデアのことである。

優れた技術的アイデアとは、その目的を十分に達成することができるアイデアのことである。

アイデアは知識や経験を多様に、自由に結合することによって生まれる。

つまりいろいろな角度からこだわりを捨てて結合する、というきわめて非論理的な思考プロセスである。

この「非論理的」という部分がとてもアイデア発想には重要なのだ。

非理論的発想は⑩の「強制結合」の練習で身に付けることができる。

会社の中でアイデアを出し合う時は必ず「アイデアとは従来ない概念」と大書し、全員で確認し合うことが大切だ。

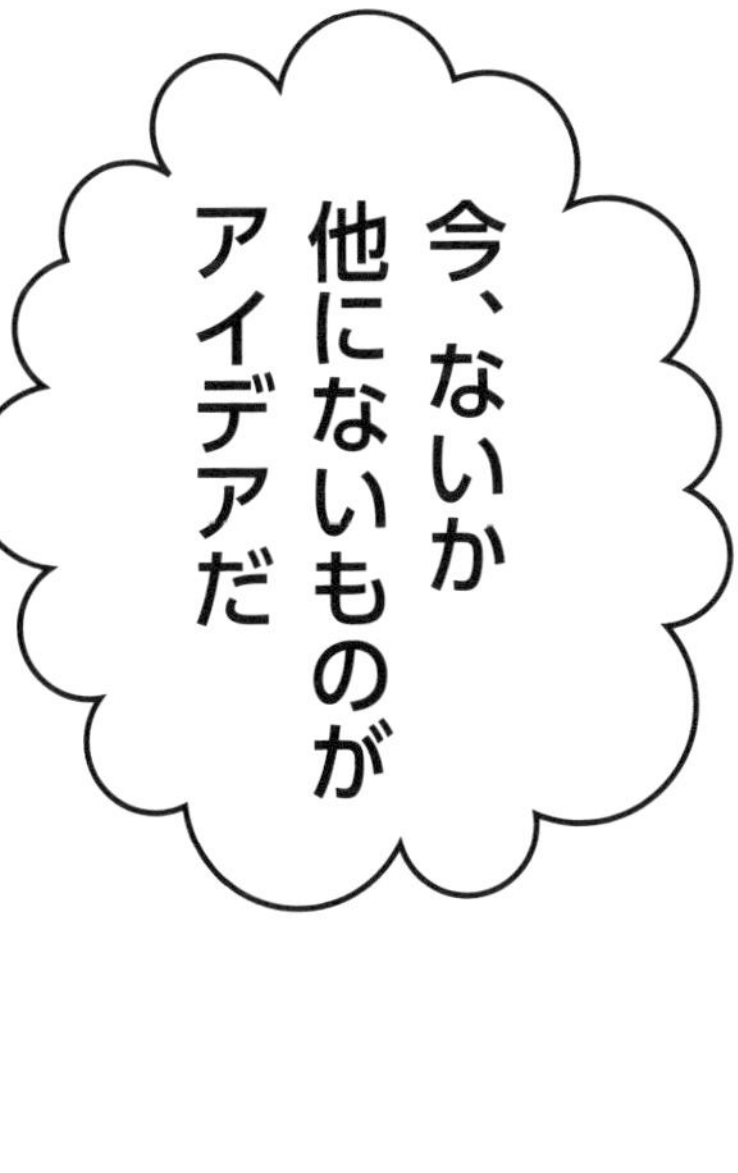
今、ないか
他にないものが
アイデアだ

7 「AHAゲーム」を社員と楽しもう

「アイデア」とは従来ない概念である。

「アイデア」は知識や経験を多様に自由に結合することによって生まれる。

「AHAゲーム」は知識、経験を多様に自由に結合することで完成する頭のトレーニングゲームである。

私が1974年に発明したゲームである。

当時私のそばに50才を越えた天才発明家O氏がおられた。私はO氏の頭を分析しているうちに「AHAゲーム」の原型に突然たどりついた。O氏に見せたところ、〝これは私の発想プロセスと同じだ〟と言って下さった。

初めOゲームと称した。後に「AHAゲーム」と改めた。AHAとは心理学用語で「ヒラメキの時の感動」を表すことば。（AHAゲームも「梅澤成功商品（MIP）開発スクール」で実習できる。）

〈AHAゲームをつくろう〉

1. 4～5㎠の紙を用意する。
2. 共通性の高い概念、たとえば花の名前、自社商品の名前、鳥の名前などの単語を1枚ずつのカードに1つの文字を分けて記入。―正解カード
3. 各カードの裏に正解カードとは別のカタカナかひらがなで、デタラメな単語を1枚ずつ分けて記入。
4. 表紙をつける。正解の単語の数とカード全体の枚数を記入する。
5. 1セットごとに輪ゴムでとめておく。

〈AHAゲームをやろう〉

1. 2人以上、数名で行う。
2. 輪ゴムをはずし、単語の数を確認する。
3. しゃべらず、手だけ動かして、正解の単語を協力して並べる。
4. 一枚も余らず、単語ができあがったら大きな拍手。
5. これを他のカードで繰り返す。

〈正解の例〉

1. なのはな、さくら、たんぽぽ（共通性：春の花）
2. ハル、ナツ、アキ、フユ（共通性：四季）

8 「下から上」より「上から下」
――アイデアは理想から現実へ

〈上から下〉

アイデア出しは「理想的」なものから順に「現実的」にしていくと理想的かつ現実的なアイデアが得られる。

〈下から上〉

逆に、まず「現実的」なものから順に「理想的」にしていくと、現実的ではあるがおよそ理想にほど遠いアイデアに終わることが多い。

「理想的」アイデアとは消費者の「未充足の強い生活ニーズ」に応えるから画期的なアイデアのことである。

「上から下」へ発想する方が消費者の「未充足の強い生活ニーズ」に応えるアイデアになり易く、「下から上」へ発想すると、未充足の強い生活ニーズにせまるアイデアになりにくい。

図表12-1 ● アイデア出しは“理想から現実へ”

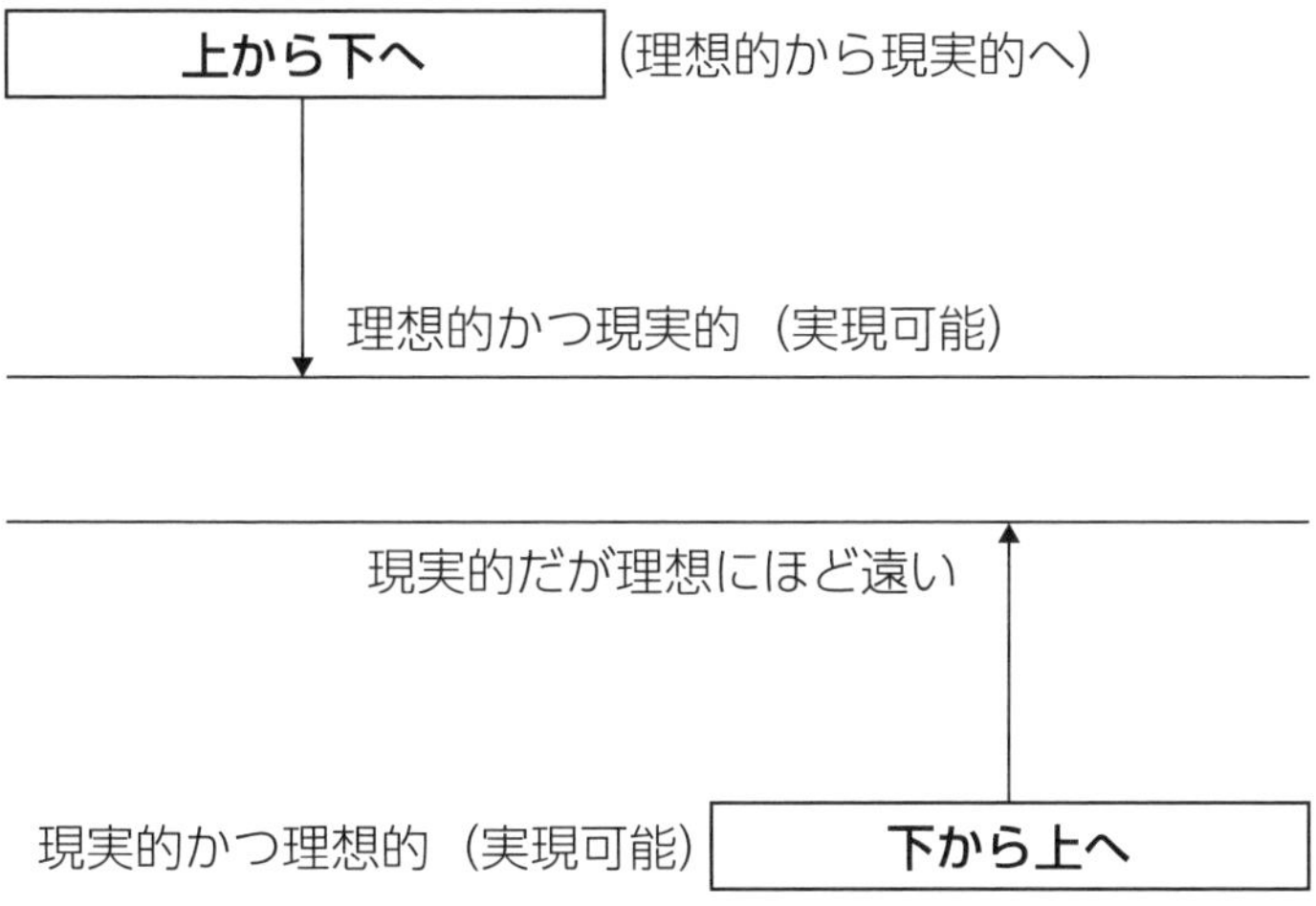

9 カベの破り方「メラキ直りの発想」
——心の筋肉トレーニング

「メラキ直り」の練習を積むと「心の筋肉」が柔軟、しなやか、強靱になる。何しろどんなカベでもアキラメず、どんとこいの心境になれるのだ。「待ってました」とカベを迎え入れる心境ともいえる。

むろん、いつもうまくいくわけではないが、今までアキラメて未解決で終わっていたものがすべて前向きに挑戦してカベを突破するので、大体の問題は解決するのだ。

毎日毎日、1日1回以上、できれば数回AかBのキーワードを使ってカベに立ち向かう練習をしよう。

- 何とかして目的にかじりついて達成したい時はBタイプ—キーワード／「○○でもかまわない」要は目的達成できるアイデアを考えよう。
- 目の前にある手段のうまい用途を考えたい時はAタイプ—キーワード／「○○の方がむしろよい」用途アイデアを考えよう。

毎日続けることが大切。ノートを作って毎回メモするとアイデアの宝庫になるだろう。誰もほめてくれないので〝自画自賛〟の気持ちでやろう。〝自画自賛〟は独創にとってサプリメントの効果を発揮するのだ。

商品開発や経営上の発想を柔軟にし、ユニークなアイデアを生み出すにはこの「メラキ直り」（メラキア）の発想と次の「強制結合」の2つだけ使いこなせるよう練習すれば十分である。

〈練習法〉

① 「カベ」を1つ示す。
② それをAタイプとBタイプのKW（キーワード）で各20個以上の解決アイデアを出し合う。
③ 別の「カベ」を示し、同じ練習を繰り返す。

10 強制結合のトレーニング

「強制結合」という発想法はギリシャ、ローマの時代からずっと使われている非論理的発想法である。

異質同士を結合すると従来ない概念が生まれやすい。

たとえば「力士」と「赤いバラ」を強制結合すると「トゲつき風船」が生まれる。

1日1回以上100日間も練習すると自由に「強制結合」的アイデアを容易に生みだすことができるようになる。

コツはカケ算。

トヨタ×海＝トヨタでも海でもないアイデアを！

梅干し×江の島＝梅干しでも江の島でもないアイデアを！

空×ライオン＝空でもライオンでもないアイデアを！

ヨモギ×ギフチョウ＝ヨモギでもギフチョウでもないアイデアを！

伊勢×カギ＝伊勢でもカギでもないアイデアを！

たとえば、伊勢×カギ＝ラッキーホルダーという具合だ。

〈練習法〉

① 初め5分間で15個目標に出し合う。

② 通常、5分間で15個のアイデアは出ない。その理由は「良いアイデアを考えようとしているから」であることを教える。

③ 次は5分間で20個目標で出し合う。

④ こうして5分間で60個以上出るまで練習する。

アイデアの数を多く出すには⑫の「5つのルール」を徹底することが効果的。

11 蝶のように
——アイデアはドラスティックに変身する

私はアイデア出しの現場で「蝶のように」という話をする。

蝶は卵、幼虫、サナギ、そして成虫（蝶）というように全く姿形を変えて成長する。

アイデアも「蝶のように」どんどん変態させていかなければならない。

初めに浮かんだアイデアを大事に、それにこだわっているのはアイデアの本質を知らない人のやることである。どんどん変身していくものであると考えないと、他人のアドバイスも改良のヒントに生かせない。

しょせん卵のままで死んでしまって蝶になれない。

どれだけアイデアが変えられるかがキーとなる。むしろアイデアがころころ変化していくことを楽しもう。

12 アイデアを飛躍させる話し合い5つのルール

アイデアは会議室形式で行っても大したものは生まれない。しかし、この5つのルールを徹底してアイデア出しすると大きな効果が得られる。

凡人がグループで天才になるルールだ。

頭に浮かんでくる大多数のくだらないアイデアを自ら批判せず、むしろバカげた思いつきを口に出すことで量が増え、それらが互いのヒントとなって突然すごいアイデア（AHAアイデア）が生まれる。

特に「ほめ合う」ことをつづける効果は絶大である。

図表12-3 ● ルールワッペン 5つのルール

- 批判厳禁
- 自由奔放
- 量が必要
- 結合改善
- ほめ合う

13 結論を妥当にする話し合いの3つのルール

他を圧倒しない。

他と違う考えが浮かんだら必ず口に出す。

反論されたら「ありがとう」。

結論を妥当にするには「多数決」は危険である。むしろ少数意見に耳を傾け、「なるほど」と納得したら受け入れることで妥当な結論に到れる。

「反論」を許すことをルール化することで少数意見が得られ、妥当な結論に導いていく。

少数意見は時に大逆転ホームランを飛ばす。

図表12-4 ● ルールワッペン 3つのルール

他を圧倒しない
他と違う考えが浮かんだら必ず口に出す
反論されたら「ありがとう」

14 アイデア出しと評価は切り離す

アイデア会議に立ち会わせていただくと多くのケースでアイデア殺しが行われていることをまのあたりにする。

アイデア出しと評価を同時に行っているのだ。

誰かがアイデアを出すと、「それは重くなりすぎるよ」、「そんなのできたらノーベル賞ものだよ」というように、ほとんどは批判的なコメントがアイデアと同時に出される。

アイデア会議で絶対にやってはいけないのがアイデア出しと評価を一緒に行ってしまうことである。

これは絶対にやめなければならない。

画期的なアイデア程否定される。
〝今ないもの〟は否定されることが多い。

15 メラキア〈1〉
——災い転じて福となす

昔から「災い転じて福となす」ということわざが知られている。これは災いが降りかかってきても、それを逆手にとってプラスにしようという発想だ。
いつまでも災いをなげき悲しんでいても何も解決しないから、アキラメず、それなら降りかかった災いそのものを生かそうという前向きで柔らかな発想である。

これは「メラキアの発想」のＡタイプと呼んでいるものである。

カベとなっている問題そのものを生かす用途を考えるタイプである。たとえば、接着剤なのにはがれ易いという致命的な問題をかかえていた特徴を生かして用途を考えたら「ポストイット」（スリーエム社）になったような例である。「はがれやすい方がよい」というメラキ直りだ。

酸素を吸うと声が奇妙に変わるという問題を生かして「マジックボイス」というおもちゃの例もこれだ。「声が奇妙に変わる方がよい」というメラキ直りだ。（⑨参照）

「わが町は日本一暗い」という問題を生かした「暗やみレストラン」の例だ（⑤参照）。「日本一暗い方がよい」、それを生かそうというメラキ直りだ。

○○の方がむしろよい。
別の用途を考えよう。
“災い転じて福となす”発想
□問題（カベ）を生かす発想
□“それを生かそう”の気持

16 メラキア〈2〉

——押してだめなら引く

「押してダメなら引いてみな」ということわざも有名だ。これはドアや扉を開けるという目的を達成するための手段として「押す」という方法があるが、それが何らかの理由で開かない時、アキラメず、手段を変えて「引く」という方法をトライしてみたら、という前向きで柔らかい発想である。

これは「メラキアの発想」のBタイプと呼んでいるものである。

目的を達成しようとする時、その目的達成の手段に問題があるなら、目的は変えず、手段を変えてみようというタイプである。

たとえば、サンヨー（現パナソニック）の「ゴパン」のカベ突破の例がこれに当たる。米を原料にしたパンを作るパン焼き機を開発する過程で米が細かくくだけず「米が細かくくだけなくてもかまわない、要は米パンが焼ければよい」とメラキ直って生の米でなく炊いた米からパンを焼く方法を考えた発想法だ。

「髪の毛が抜けて少なくなってもかまわない。要はヘアスタイルが欲しいのだからかぶせればよい」とメラキ直って、カツラのアイデアに到る。

「ごしごしこすってもカビが取れなくてもかまわない」。要はカビが取れればよいとメラキ直ってこすらずに化学的にカビを取る「カビキラー」のアイデアに至る発想だ。

○○でもかまわない。
要は目的が達成できる手段を考えればよい。
“押してもダメなら引く”発想

- □問題（カベ）を問題としない発想
- □“それでよいのだ”の気持

17 「メラキ直り」と「開き直り」

——「開き直り」で終わらせない「メラキ直り」

アキラメたら目的達成はない。アキラメず、「開き直り」、その長所を生かし、短所を解決する「メラキ直り」の発想、すなわち、カベや問題を高い確率で、かつ独創的に解決する、ブレークスルー発想が生まれるのだ。

図表12－4のように「開き直り」と「メラキ直り」は似て非なるもので、いわば「やけっぱち」と「粘り勝ち」ほどの違いがあるのだ。

「メラキ直り」は「前向きな開き直り」とでも言えるであろう。

やけっぱち
捨てて前向き
粘り勝ち

図表12-5 ● 開き直りとメラキ直り

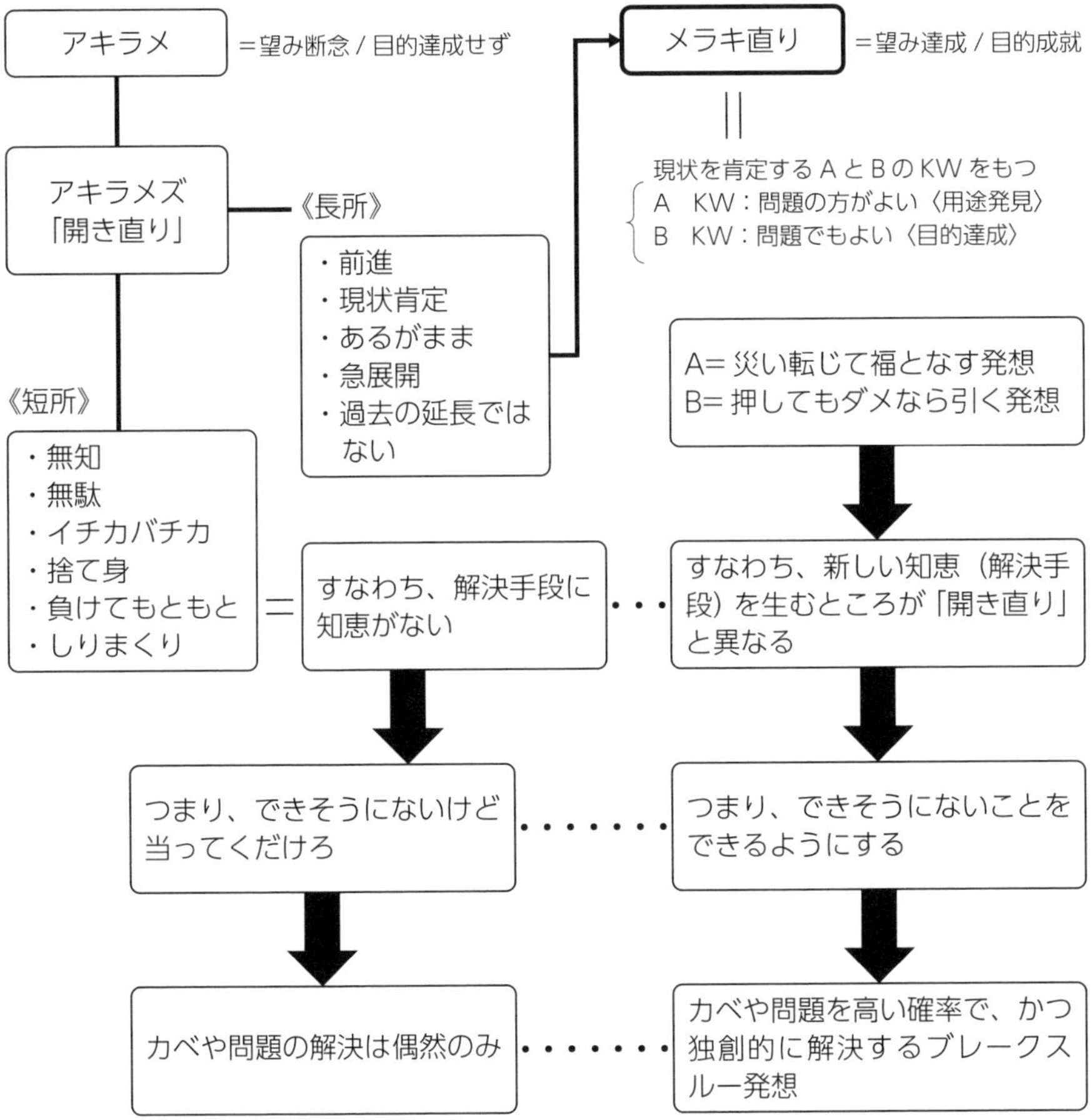

18 カベは破るためにある
――「メラキ直り」の語源

カベを破るコツはカベをあまり悪者にしないことである。カベを「ようこそ」と迎い入れ、「破るチャンスをありがとう」の心境で接することが結局カベを破る大きな力になるのだ。

肩肘張らず、心の筋肉を柔らかくしてカベに接するのである。そうすると柔軟な発想をしやすくなるのだ。カベは襲いかかってくる悪者でなく、破るためにそこに立ってくれている、と考えるのである。

「メラキ直り」とは変なネーミングだ。「メラキ直り」のAタイプであれ、Bタイプであれ「アキラメない」発想である。ネーミングの由来は「アキラメない」の意味で「アキラメ」を逆から読み、「メラキア」。

昔から「メラキアの発想」と呼んでいた。動詞形にしたら「メラキ直る」になった。

「開き直る」の対比語である。

19 あるがままの心

「メラキ直り」は現状肯定の思想である。それはAタイプ、Bタイプのキーワードに表われていることを思い出してほしい。

現状を肯定する、ということは「あるがまま」の心。等身大の自分を認める、とか自然の摂理をふまえるという発想法と言えるのだ。

驚異のスピード出世で22歳で大関に昇進した後、けがで苦しみ引退を決意したがある人のアドバイスで34歳（当時）の今でも現役を続けている雅山の話をしよう。

「大関から陥落した等身大の自分を認めることで以前のように相撲を楽しめるようになった」

「筋力低下からそれまで勝てた相手を押せなくなって悩んでいた雅山がアドバイスを受けた後、「むしろ引き技の腕を磨こうと考えた。」

引き技は消極的な技として見られがちであるが、雅山はむしろ相撲の味を深くする妙案だと考える。

前へ押す圧力が弱かったことで相手との間合いで勝負するようになってからむしろ切れ味が増した。「引き技は今では『雅スペシャル』といえるものになった」と本人は笑う。

「押してもダメなら引いてみな」を地で行く例と言える。

押してダメ
ならば引き技
使いなよ

20 「5分間ゲーム」で固定観念テスト

私は昔から「5分間ゲーム」なるもので開発者の固定観念のテストをしてきた。

設問はたったの1問で、次のとおり。「ここ（テストをしている場所）からA地点＊へ行く方法をできるだけたくさん列記してください。」

この質問を2回繰り返す。メモはせずによく聞くように指示する。あらかじめ、ノートと筆記用具の用意をさせる。5分経ったら答えの数を右隣りの人に数えてもらって、5つ刻みで該当する数の人に手を挙げてもらう。過去の膨大な実験では出発地点と行き先にかかわらず5～10個の人が最も多く、次いで0～5個、11～15個が多くなるのだ。

さて、あなたがもし10個以下なら相当固定観念にむしばまれていると言える。

〝本当はなぐり書きで60個は書ける設問である、ということをヒントにどんな回答が期待された設問なのかをじっくり考えてみてほしい。

「まともな方法」、「安全な方法」、「早く行く方法」、「交通手段」とは一言も伝えてないにもかかわらず、ほとんどの人はそれらしか書かない。だから数が少ないのだ。ご自分でこの設問の意味を読み取ってほしい。目からウロコが落ちると同時に、ご自分がどれだけ固定観念にしばられていたかを自ら知ることであろう。

＊A地点は誰でも知っている場所でなければならない。日本人のビジネスマンなら、東京、札幌、博多、京都なら無難である。その会場が会社なら最寄駅でもオーケー。

21 発想二刀流

宮本武蔵が二刀流の使い手であったことは有名な話である。彼が二刀流を編み出すまではただだめっぽう強いだけで、そこには常に折れそうなあやうさがあった。生き延びたのは運に味方されつづけただけというあやうさであった。それを打開したのが二刀流発想だ。ものの考え方、アイデアの生み方にも二刀流が必要なのだ。それは常識の刀と非常識の刀である。後者が「メラキ直りの発想」である。

直面するカベにまずは「常識の刀」で立ち向かい、それで打開できない時はアキラメず、「メラキ直る」のである。

「メラキ直り」の発想は私の発明である。（『メラキアの発想』梅澤伸嘉、ダイヤモンド社、１９９２年）

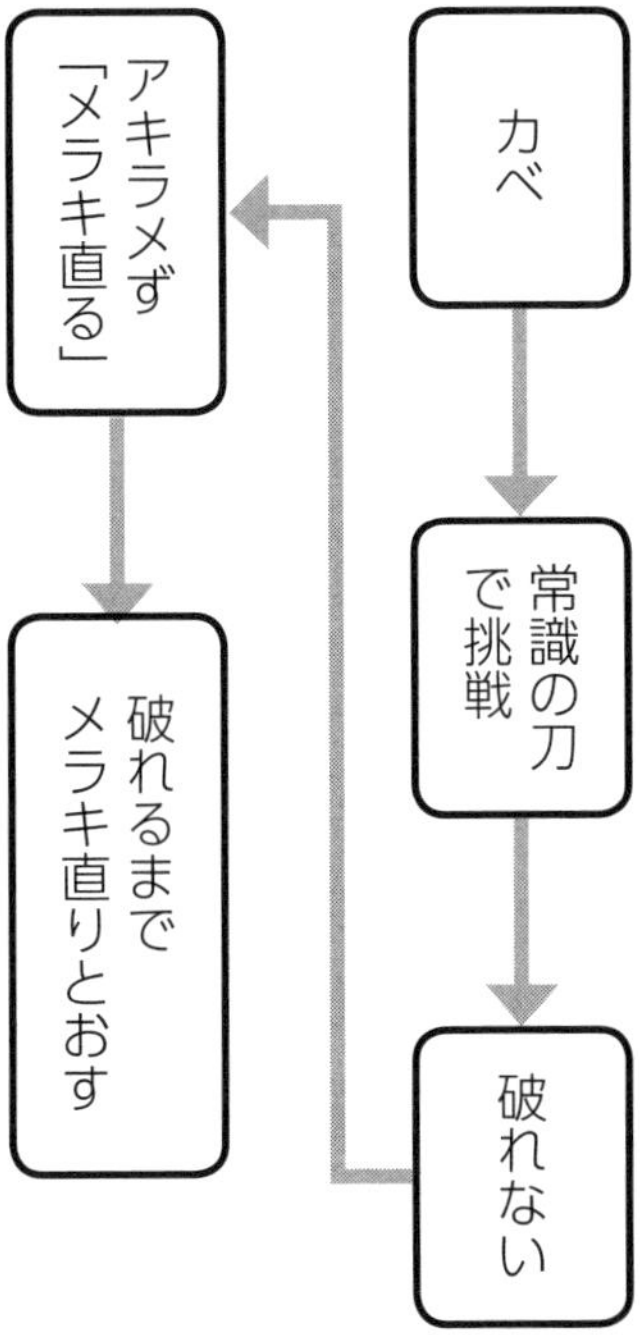

図のように、まずカベに直面したら「常識の刀」で挑戦する。それで破れないと普通は「アキラメ」て放置する。

しかしそこで「アキラメ」ず、「メラキ直る」とカベを破ることに成功する。破れるまで「メラキ直り」とおすからである。

目的が達成するに価するものなら「メラキ直り」として目的達成したいものだ。

図表12-6 ● メラキアの発想の連携プレー

```
┌────────────┐       ┌────────────┐
│ 目的を     │ But  │ 手段に問題 │ の時
│ 達成したい │       │            │
└────────────┘       └────────────┘
```

・アキラメず、以下のAかBのいずれかで問題を解決する

Aタイプ
(KW：問題の方がよい。それを生かすアイデアを考えよう)
目的は達成できないが、問題となっている手段の特徴を生かして新用途を考え別の目的を達成する

Bタイプ
(KW：問題であってもよい。要は目的が達成できるアイデアであればよい)
何のために目的を達成したいのかという目的を考え、それを達成する新手段を考える

⬇

```
┌────────────┐       ┌────────────┐
│ 手段(シーズ)│ But │ 手段(シーズ)│ の時
│ に長所     │      │ に問題     │
└────────────┘       └────────────┘
```

・上記AタイプやBタイプで考えたアイデアに問題がある時アキラメず、以下のAかBのいずれかで問題を解決する

Aタイプ
(KW：問題の方がよい。それを生かして長所も生かすアイデアを考えよう)
手段の長所を生かして、問題がむしろ生かせる新用途を考え別の目的を達成する

Bタイプ
(KW：問題でもよい。それが問題にならない長所を生かせるアイデアを考えよう)
手段の長所を生かして、問題が問題にならない新手段を考える

・再び手段に問題が出れば再びAかBを繰り返せば、いずれ解決策に至る。それまでアキラメない

22 メラキアの発想の連携プレー
── ギリギリまでアキラメず、とことん「メラキ直り」通す

23 「メラキ直る」と画期的アイデアが生まれる

「メラキ直り」で得られるアイデアの大きな特徴は何といっても画期的な解決策が得られる、ということである。

それは半ば当然のことなのだ。現状を肯定し、あるがままとして見るので「自然の成り行き」にまかせる解決策になることが多いのだ。普通の人は現状に問題があるとその問題をなくそうと考え、そのあげく大きい問題ほど解決しにくい。しかし「メラキ直り」の発想は普通誰も考えない「現状肯定」という、つまり問題を肯定してしまう発想法なので画期的なものが多いのだ。

「大きすぎる」という問題に対して小さくするアイデア(常識反転)では当たり前だが、「むしろ大きい方がよい」アイデアを考えるのだから。また、「髪が生えてこない」という問題に対して「生えてこなくてもよい」アイデアを考えるのだから。

ポストイット、写ルンです、トニックシャンプー、スキンガード、カンターチ、ジャバ、カビキラー、テンプル、パイポ、ゴパン、塗るつけまつげ、わくわくらんど、モンカフェ、グーピタ、カントリーマーム、宅配便など画期的アイデアはみな「メラキ直り」の発想である。

24 仏教の「諦め」が「メラキア」

“諦める”

今、日本語で「諦める」といえば、自分の願いごとが叶わずそれへの思いを断ちきる、という意味で使われるのが一般だ。しかし「諦観」「諦聴」といった熟語の「つまびらかにみる、聞く」にみられるように、「つまびらかにする」「明らかにする」が、本来の意味である。

そして、漢語の「諦」は、梵語のsatya（サトヤ）への訳語であって、真理、道理を意味する。

そうであれば、ものごとの道理をわきまえることによって、自分の願望が達成されない理由が明らかになり、納得して断念する、という思考のプロセスをそこに見出せる。単に「あきらめる」だけであれば、悔い、怨み、愚痴が残る。ものごとの道理が明らかになった上でのことならば、納得しての「諦め」となる。

（一郷正道「生活の中の仏教用語180―諦める―」大谷大学ホームページより一部抜粋）

メラキアはカベ（問題）を明らかにし（目的にとっての）、その上で諦めないで、解決する。すなわち、メラキアは問題を納得して解決策を考える前向きな志向。つまり現状肯定がメラキ直りの本質であり、そのカベを避けるのでなくあるがままに直視し、明らかにし、納得で終わらせず、解決して目的達成を目指す。それが仏教のいう「諦め」の意味である。

〈マハトマ・ガンジーの“Satyagraha”「サトヤグラハ」〉

非暴力・不服従の人マハトマ・ガンジーは彼のやり方を「サトヤグラハ」と名づけた。そして「サトヤグラハ」とは「決して諦めないこと、そしていかなる場合にも決して敗北を受けいれないこと」とした。

まさにガンジーはメラキ直りの達人。

25 メラキアの発想法は地球での人類生存を許す

人類のこれまでのやり方では、いずれ地球は人類の生存を許さなくなることは明らかである。

それは一言で言えば人類は人類の豊かさのために地球環境を傷めつづけていることに他ならない。

しかし、人類が豊かさを求めることはごく自然の摂理である。同時に冬寒く、夏暑いことや、雨や雪が降ることも自然の摂理である。

メラキアの発想は「あるがままの心」なので自然の摂理を肯定する。

キーワード1／人類は豊かさを求めてもよい。

キーワード2／冬は寒く、夏は暑くてもよい。

キーワード3／雨や雪が降った方がよい。

キーワード4／輸入木材で国産材が売れなくてもよい。

このようなメラキ直った発想を用いていくと地球との共存の可能性を探すことができよう。

「ビルの屋上に森」を作るために苗木を量産し、林業の復活を計る。（1990年「提言」読売新聞）

今では屋上緑化は当たり前だが、私が新聞投稿するまでは世の中になかったのだ。

この発想も「メラキア」（Kw4）である。

「雨や雪が降った方がよい」。

屋根付きの遊園地であることを生かして「雨の日、雪の日専用遊園地にしよう」とメラキ直り、北海道帯広の「わくわくらんど」は大繁盛している。（KW3）

26 アイデアは毎日メモする

私は毎日、商品アイデアをメモしている。なぜ、そんなに毎日メモするほどアイデアが湧くのかと聞かれるが、自然に湧いてくるのだからどう答えたものか。

毎日メモしているとメモする内容が増えてくるから不思議である。しかしここにアイデアの湧き出る秘密が隠れているように思われる。もはや習慣で無意識になっている。

〝知らぬ間にアイデアが自然に浮かぶからだになっていた〟。

さあ、今日からアイデアをノートにメモしてみよう。次第にアイデアの数が増えることに気づかれよう。

秘訣は「良いアイデアを考えようとしない」ことである。

27 メモ用紙を全員にもたせ「未充足の強い生活ニーズ」に応えるアイデアを思いついたらメモし、毎日カベに貼る

私は散歩中、講演中、食事中、コンサルティング中、セミナー中、買い物中、列車の中、トイレ、いつでもメモできるようメモ用紙をポケットに入れておく。寝ている時に浮かんだメモはベッド横の机で書く。風呂場で浮かんだアイデアは覚えておいて、出てからメモ用紙に書く。

私の1日の中でメモ用紙がそばにない時はない。

アイデアは考えても出るが、「未充足の強い生活ニーズ」に応えるＡＨＡアイデアとなるとなかなか出ない。ＡＨＡアイデアは浮かんでくるのを待つしかない。だから常にノートが必要なのだ。

「未充足の強い生活ニーズ」をメンバーで共有したら

会議は解散。各自、「未充足の強い生活ニーズ」を頭に入れ、それに応えるアイデアが浮かんだらメモする。

そしてそれを切り取って「未充足の強い生活ニーズ」ごとに決めたカベのスペースに毎日貼る。時々すごいアイデアに恵まれる。ポストイットノートは便利。

メンバーはそれぞれのアイデアカードの中から適当に結びつけて再び新アイデアをメモし、カベに貼る。

28 消費者の心の中からアイデアが聴こえる
——アイデアは浮かんでくるもの

うまく表現できないが、表記のような感覚に近い。少なくとも自分で「考える」感覚ではない。

自分の胸に手を当てると、心のドアが開いて消費者の心の声が聴こえてくる。消費者の心の中にあるニーズが聴こえ、それが商品アイデアに変化しながら聴こえてくる。ニーズまでしか聞こえない時は〝ＡＨＡ〟の感動はない。それが商品アイデアに変化すると必ず〝ＡＨＡ〟の感動が伴う。

心の中はアイデア生産工場なのだ。

まずは社内が「アイデアの量産工場」になるよう、経営者は従業員を励ますことをモットーにしよう。

図表12-7 ●「深層心理」でアイデアが生まれるメカニズム

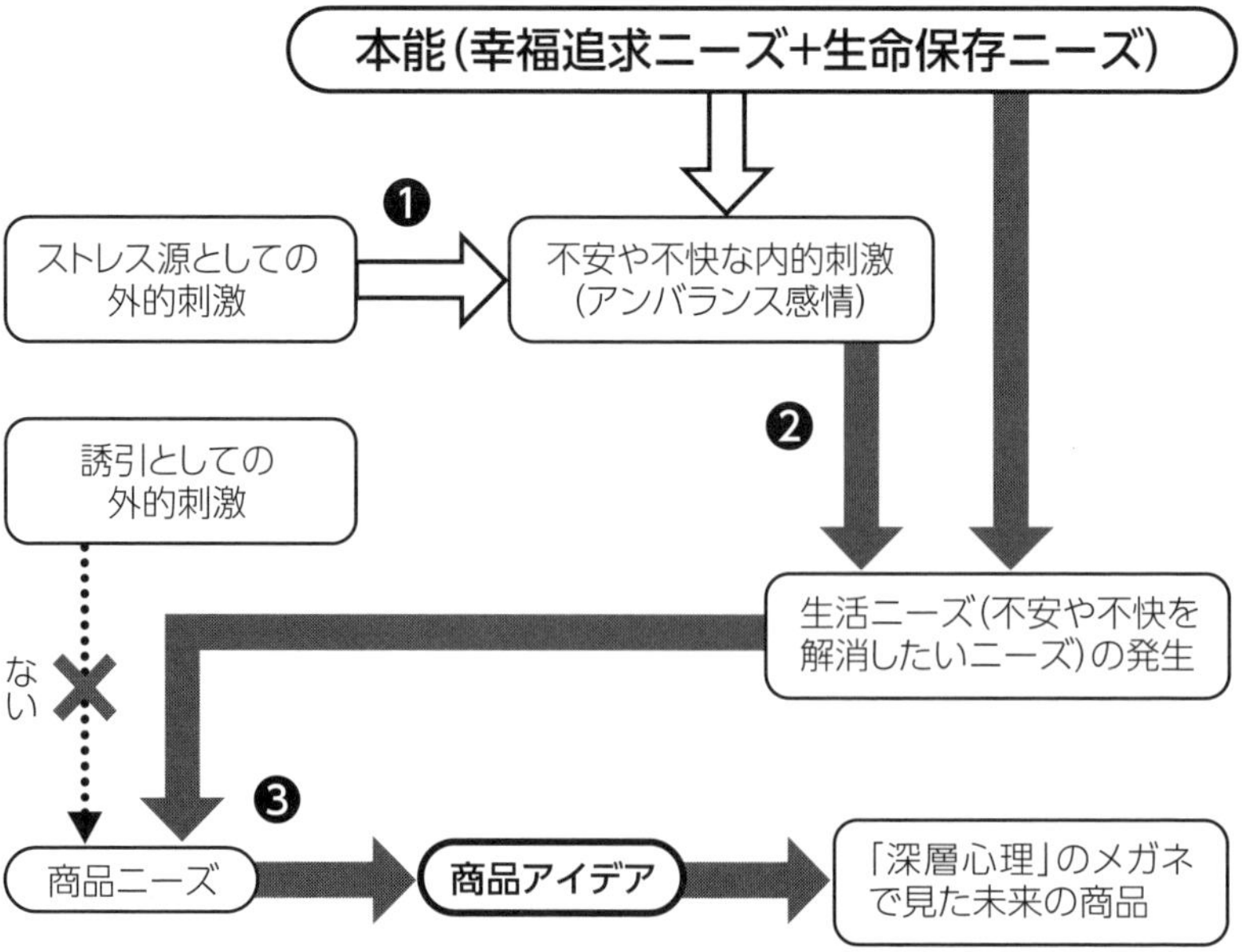

プロセス❶	本能や「ストレス源としての外的刺激」が「不安や不快な内的刺激」(アンバランス感情)を発生させる
プロセス❷	その刺激は「生活ニーズ」を発生させる(不安や不快を解消したいニーズ)
プロセス❸	その「生活ニーズ」を満たすための「商品アイデア」が生まれる

- プロセス❸で生まれた「商品アイデア」のうち、まだ世の中に生まれていないものが「深層心理」のメガネで見た未来の商品、すなわち、今は世の中に存在しない商品である。
- プロセス❶からプロセス❸までは人が生きている間ずっと発生しつづける。しかも「欲求充足の自動装置」なので意識することなく自動的に発生しつづける。
- このようにして「深層心理」に生まれたアイデアは「心の波長」の合った開発者が手を差しのべると開発者の心にそれが移転される。
これが従来、開発者の感性とか直観と言われていたものと同じである。

29 アイデアが浮かんだらフィードバックする

——アイデアのパワーアップ

アイデアが浮かび、これはウチの会社の新商品を成功させるアイデアだと感じたらすぐに「どんな人」がこの商品を買ってくれるのかを考える。

その人のイメージが浮かんだら、何人ぐらいいるかを想像したり、データに当たる。すると、この商品を買ってくれる人はごくわずかかも、とか、およそ２５００万人ぐらいのＯＬが買ってくれそう、との感触を得る。

アイデアはここまで確認するとパワーアップする。

ただのアイデアを超えて価値が増すのだ。

商品アイデアは商品となって多くの人々に買っていただいて初めて価値あるものとなるのだ。

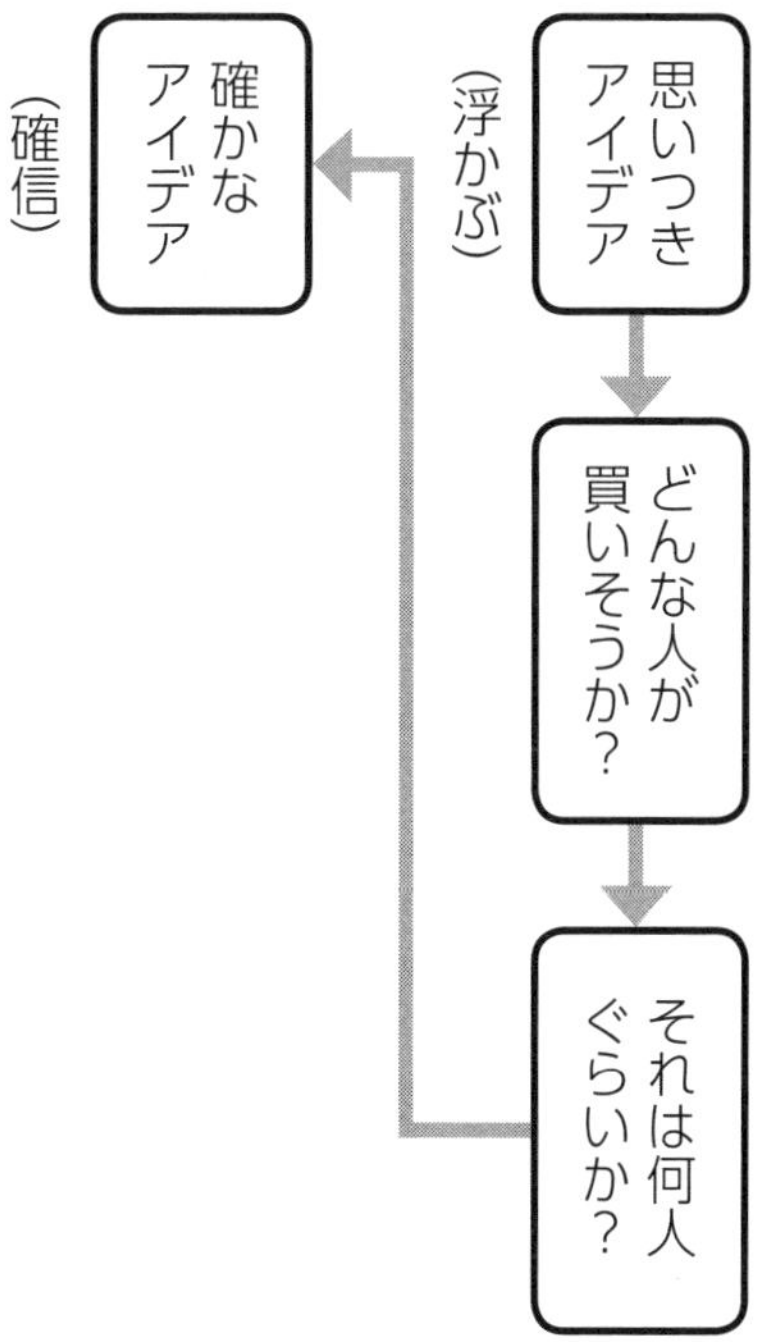

30 ねばるが勝ち

「メラキア」、つまり「アキラメない」ということは多くの成功者が成功の秘訣として口にすることばである。「アキラメ」たら成功はありえない。

目的の達成はアキラメた瞬間に消えるのだ。

本来だれも「アキラメ」たくない。なぜなら「達成したい」と強く願っていることを自ら断ち切るのが「アキラメ」だからなるべく「アキラメ」たくないのだ。

しかし現状は「アキラメ」ざるを得ないカベが次から次へと立ちはだかるのだ。

しかしちょっと考えてみてほしい。目的の「アキラメ」は自らニーズを断つことである。ならば自ら「アキラメ」ず、「メラキ直って」前進し、何としても目的にたどりつくまで〝ねばる〟のも自らの意志である。

「ねばるが勝ち」と私は口癖のように言う。

それがメラキア直り。

31 アイデアの評価
――アイデアの良し悪しの判定基準は消費者の「未充足の強い生活ニーズ」に応えるか否かのみ

ヒット商品につながるようなアイデアが出にくい最大の理由は、生まれてくるアイデアが「悪の基準」でバッサリ殺されてしまうところにある。

「市場にない」、「作れない」、「会社の方針に合わない」、「くだらない」などの理由で殺される。そこには買ってくれる人々の目線がない。

ヒットするためには「未充足の強い生活ニーズ」に応えるという一点が基準になければならないのに。

商品アイデアの良し悪しはどれだけ「未充足の強い生活ニーズ」に応えるかで判断しよう。そうすると成功商品にめぐり会える。

32 他人の反論や指摘を生かす

「反論されたらありがとう」の「心」を持ちつづけると他人の反論が自分のものとなって生かせる。「欠点ください」と欠点を積極的にもらう「心」と、それをもらったら「ありがとう」の「心」を持ちつづけると、他人からの欠点の指摘が自分のものとなって活かされる。その逆は、アイデアを少しも太らせない。他人の反論や指摘は消費者の声。

⑬の結論を妥当にする話し合いの3つのルールを参照いただきたい。

これは慣れると習慣になる「良いクセ」になる。

アイデアを少しでも太らせたいと願うなら他人の「反論」にアイデアをさらすことである。

初めは抵抗があるが、得られるメリット大なので、次第に「反論」に対して心から「ありがとう」が言えるようになる。社長も社員もこの習慣が身につくとすばらしいアイデア環境の完成だ。

ねばるほど
粘りぬくほど
練り上る

33 飛躍的アイデアの三段飛び〈1〉
——ホップ

多くの人が頻繁にやっていて、解決されたら嬉しい大きな「不」を伴う行動が画期的アイデアの大ヒント。「未充足の強い生活ニーズ」に挑戦せよ。

画期的なアイデアが欲しければ、「未充足の強い生活ニーズ」を目の前に置いて、それに応えるアイデアを思い浮かべるに限る。何しろそれは無理難題、わがままニーズだから、それに応えるアイデアは必然的に画期的になるのだ。

図表12－8の例に見るような、「こすらずにカビを根こそぎ落とすカビ取り剤」とか「塗って一晩おくとカビが浮び上がるカビ吸着剤」というような画期的な商品アイデアは「未充足の強い生活ニーズ」に挑戦したからこそ得られたものなのだ。

図表12-8 ●「カビキラー」のCAS分析

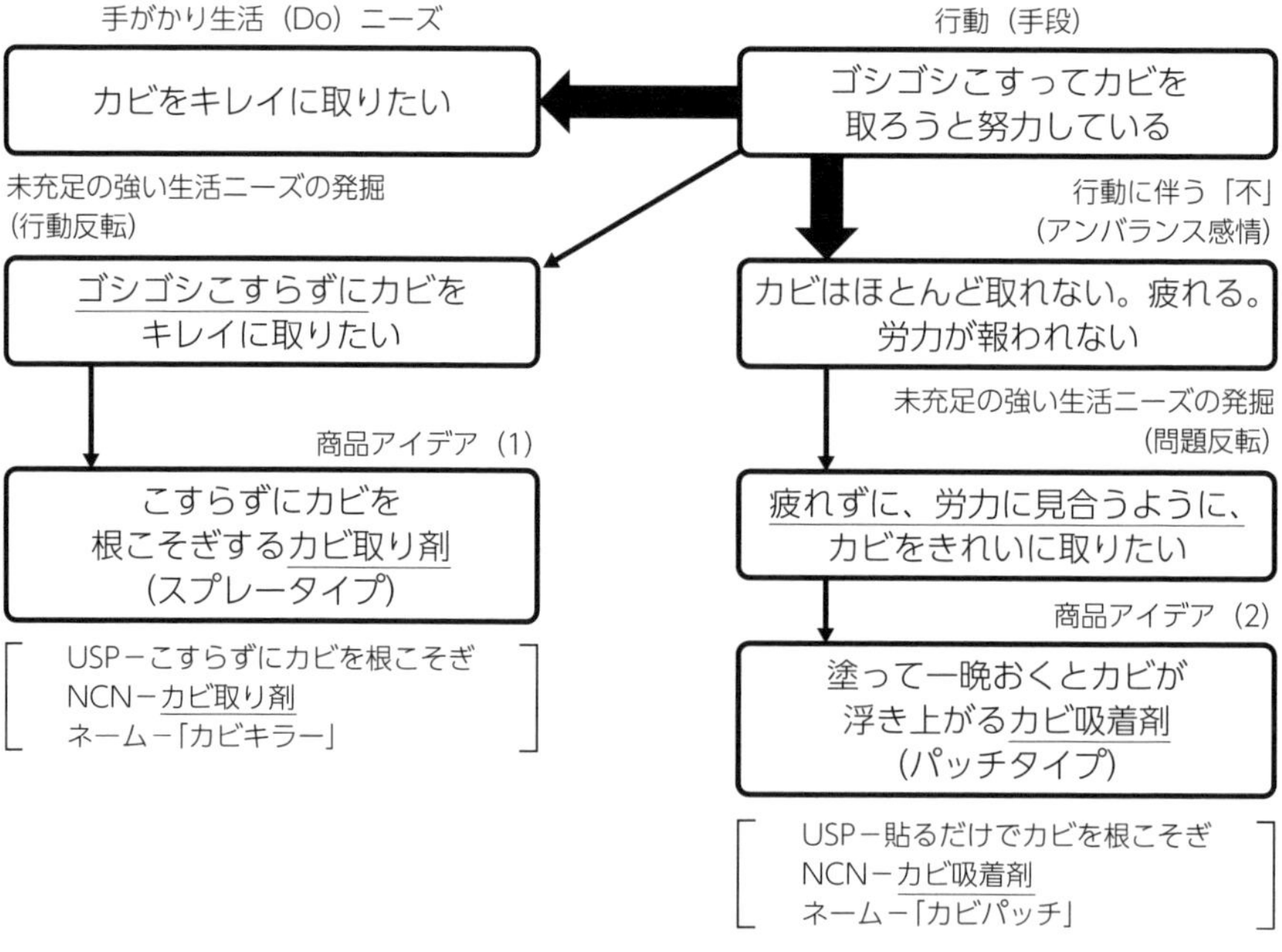

34 飛躍的アイデアの三段飛び〈2〉

――ステップ

「未充足の強い生活ニーズ」に応えるアイデアのブレークスルー(1)――まずは「要するに」と理想を考える

「未充足の強い生活ニーズ」というのは、ほとんど例外なくわがままで、無理難題である。

消費者から見ても「そんなことができればとても嬉しいけどそんなことは無理でしょう」(ＡｂｕｔＢ)と諦めている。

それに挑戦して「そんなことは今まで無理でしたが、そんなことができればとても嬉しい」(ＢｂｕｔＡ)と期待をもってもらえるようにアイデアを前進させることがポイントである。「ＡｂｕｔＢ」を「ＢｂｕｔＡ」に反転させるのだ。

その秘訣が、まずは「要するに」と理想的なことを考えるのだ。

前項の「カビキラー」の例でも、「要するに、こすらずにカビを根こそぎする方法を考えれば、消費者の未充足の強い生活ニーズに応えられるぞ」と気持ちを一歩前進させた。

これが、画期的アイデア発想の「ステップ」に相当する。

つまり、無理難題、わがままニーズである「未充足の強い生活ニーズ」にいきなり具体的に応えようとしてもしょせん無理なので、「要するに」と理想型を考えるのだ。

これは、かなり効果的な工夫なのだ。

この「要するに」発想をせず、いきなり〝具体的〟に考えようとするとほとんど前進できない。

35 飛躍的アイデアの三段飛び〈3〉
——ジャンプ

「未充足の強い生活ニーズ」に応えるアイデアのブレークスルー(2)ーねばり強くアイデアを具現化

三段飛びの「ジャンプ」次第で成績は決まるが、どこまで「ジャンプ」できるかは「ホップ」と「ステップ」が握っている。

画期的アイデア発想に置き換えると、いかに大きな「未充足の強い生活ニーズ」が発掘でき、それを達成する「要するにアイデア」が浮かぶかにかかっている。それら（「ホップ」と「ステップ」）がそろえば「ジャンプ」はわり合い自然に飛べるのだ。

(1)まず、「要するにアイデア」ごとに（「要するにアイデア」は複数考えるのだ）機能（はたらき、効果）、状態（外観）、手順（使い方）、構造（処方、原料、構造）を思いめぐらす。これがアイデアの具体化の1つだ。

(2)次は他者（2人目の自分でも）の目にさらして、「欠点」と「プラスアイデア」をいただく。気の遠くなるような指摘が出るが、それを実は一層具現化のヒントにするのだ。特に欠点を「メラキ直る」と多くのカベをブレークスルーできるのだ。どれだけ「メラキ直る」強い気持ちをもてるかがポイントである。

本章を補足するために『メラキアの発想』（梅澤伸嘉、ダイヤモンド社、1992年）や『30年売れて儲かるロングセラーを意図してつくる仕組み』（同、日本経営合理化協会、2016年）を参照されたい。

36 「カベ」は常に「手段」にあり

図表12-9 ●「カベ」は常に「手段」にあり

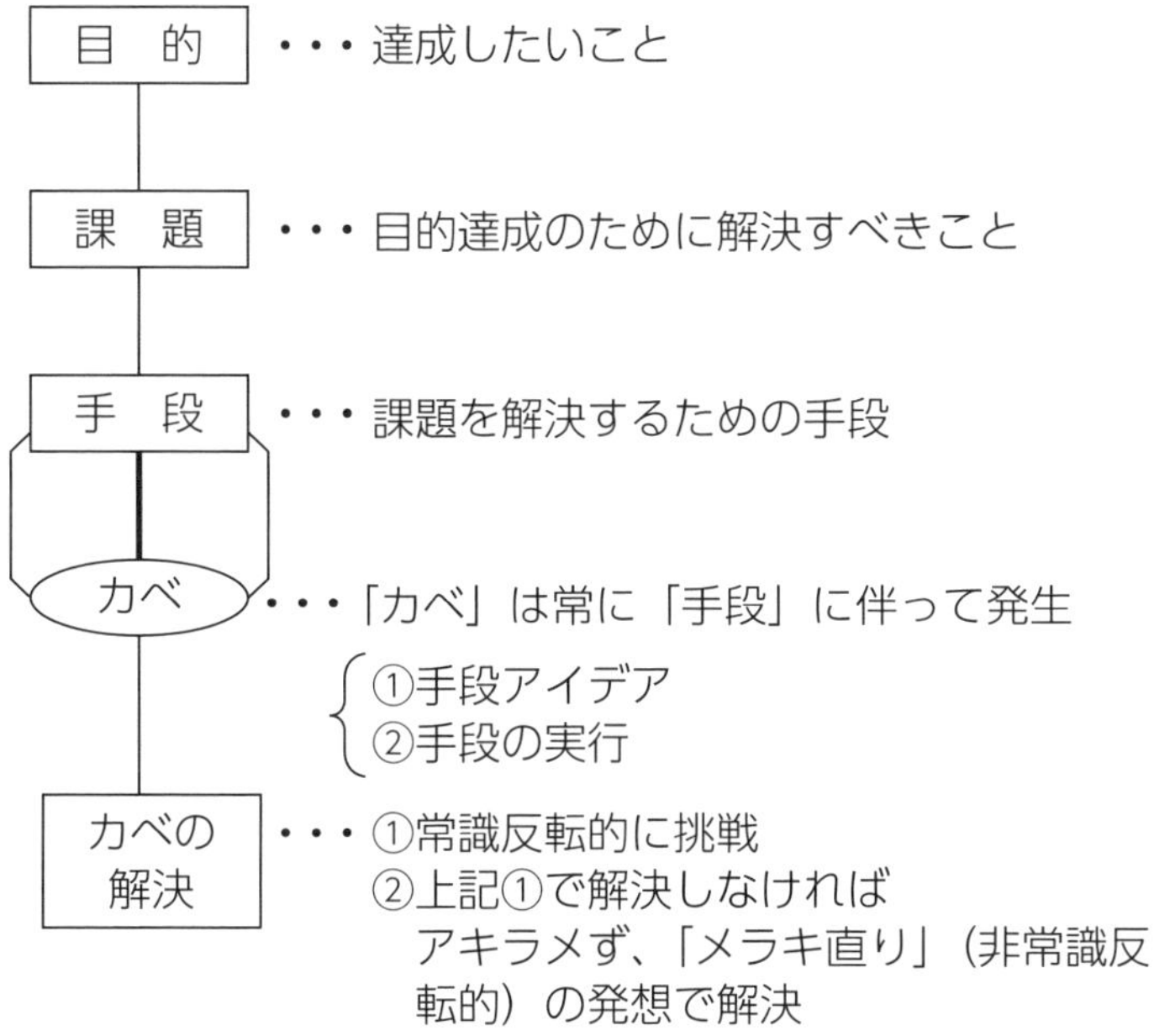

37 「カベ」こそ最良の目的達成の助け

- 素晴らしい「目的」を達成しようとすると、必ず大きな「カベ」が立つ。
- 「カベ」があるという理由でその道を避け、諦めるのはもったいない。
- 「カベ」はその目的達成の手段として最良のヒントを思いつかせてくれる。
- 「カベ」は目的達成の助っ人として立っている。
- これがメラキ直りの本質。

38 「シェア低下がつづく不安」（アンバランス感情）の例でメラキ直りのイメージ

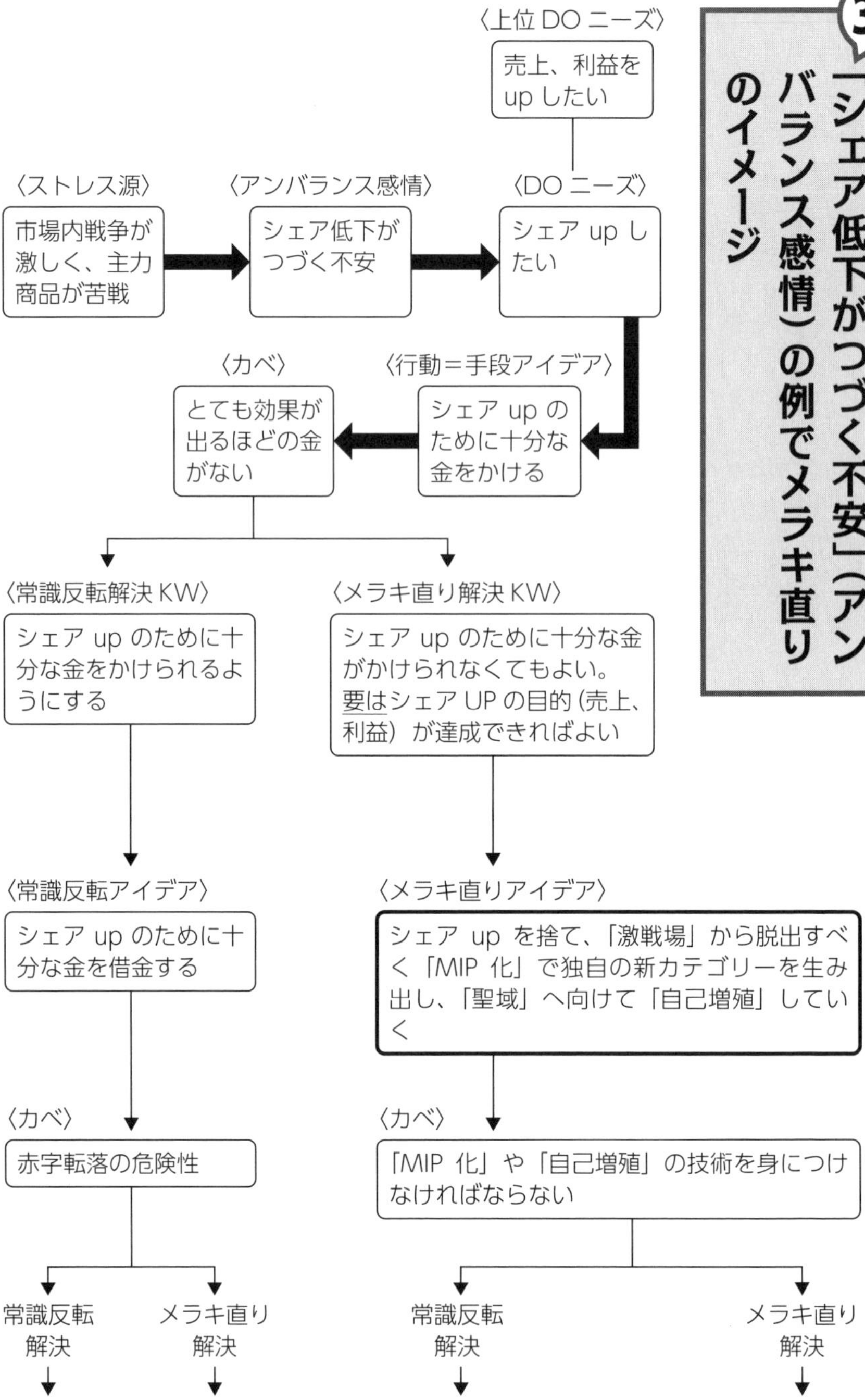

第 13 章

成功率と倒産
—「強い売りモノ」次第—

- 最近は20社に1社毎年倒産する。
- 大も中も小も同率である。
- その主因は圧倒的な成功率の低さである。
- それは「強い売りモノ」MIPの欠如である。
- 企業の99.7％は中小企業であり、その70％は赤字である。

倒産を防ぎ、成功率の高め方を捧ぐ

後輩諸君

人の一生は一つのことしか
できません.
これだと思ってる愛着を
わき目もふれず積み上げて
ふり返ってみると大きな宝が光るのです.
できるかどうか悩むのは
時間の無駄と知りましょう
できるまでやるから何とかできるのです.
愛着がなければ決してできません
バカバカしくてできません.

何でもいいから対象に
愛のまなざし注ぎつつ
歩み歩いていくうちに
よりどころとなる充実と
心ふるわす感動が
諸君の心をみたすでしょう.
人生一路
人生は一つのことしか
できませぬ.

1 倒産の本質を読み誤ると我が身にふりかかる

たとえば、資金繰りに困って倒産したとしても、それは資金繰りが原因と捉えると本質を見失う。

なぜ資金が尽き、なぜ資金がまわらなくなったかと考えることが大切。

そう考えれば結局、「売りモノ」すなわち、消費者がお金を十分に払ってくれるものがなくなったからであるとの結論に到るのだ。

そう考えないと企業を永続、成長させることはできないのだ。

つまり倒産の本質は「売りモノ」次第なのだ。「売りモノ」とは、消費者が喜んでお金を払いつづけてくれる対象である。

弱い「売りモノ」は売れない。だから複数創っても累積しない。累積しない売上が続く企業は倒産を心配したほうがよい。

「累積しない売上状況を自転車操業という」。自転車操業は倒産の前ぶれ。

社長！ 自ら売上の累積グラフを描いてみてほしい。解決すべき課題と方向が自覚されよう。

2 どの規模の企業も20社に1社が毎年倒産する

平成21年経済センサス（総務省統計局）によると廃業率平均は5・4％である。

それを資本金規模別に見るとおどろく様なことがわかる。

小企業はその数が多いから廃業する企業の数も多いのだが、企業数分の廃業数の比率で見ると、小も中も大もみなほとんど同率なのだ。約5％、20社に1社なのだ。

資本金	廃業率平均（%）
1000万円以下	5.6
1000万～3000万	5.3
3000万～5000万	5.0
5000万～1億	5.2
1億～3億	6.4
3億～10億	6.2
10億～50億	5.3
50億円以上	4.5
全平均	5.4

このことは企業が大きくなれば倒産しないということではなく、どの規模の企業も20社に1社の割合でつぶれる危険性をもっている、ということなのだ。

そして、その主要因が販売不振（73％）、すなわち「強い売りモノ」の欠如なのである。

どの規模も同じ比率でつぶれてる

3 倒産した企業は「売りモノ」が弱体化したケースがほとんど

〈理想型〉　親亀が累積し、順調に売上を伸ばす。これを目指すことが健全経営。

〈親亀元気〉　短命の子亀が多数あっても親亀が元気だと子亀の短命が目立たず、打つ手がおくれる。

〈親亀弱体化〉　親亀が元気を失い、かつ子亀がそれを圧迫し、倒産予備軍となる。

〈子亀のみ〉倒産の危険性大。

○親亀　＝　長い間売上、利益を生みつづける商品。そのほとんどはＭＩＰ

○子亀　＝　１～２年の短命で終り、利益を生まない

図表13-1 ● 理想型と倒産型

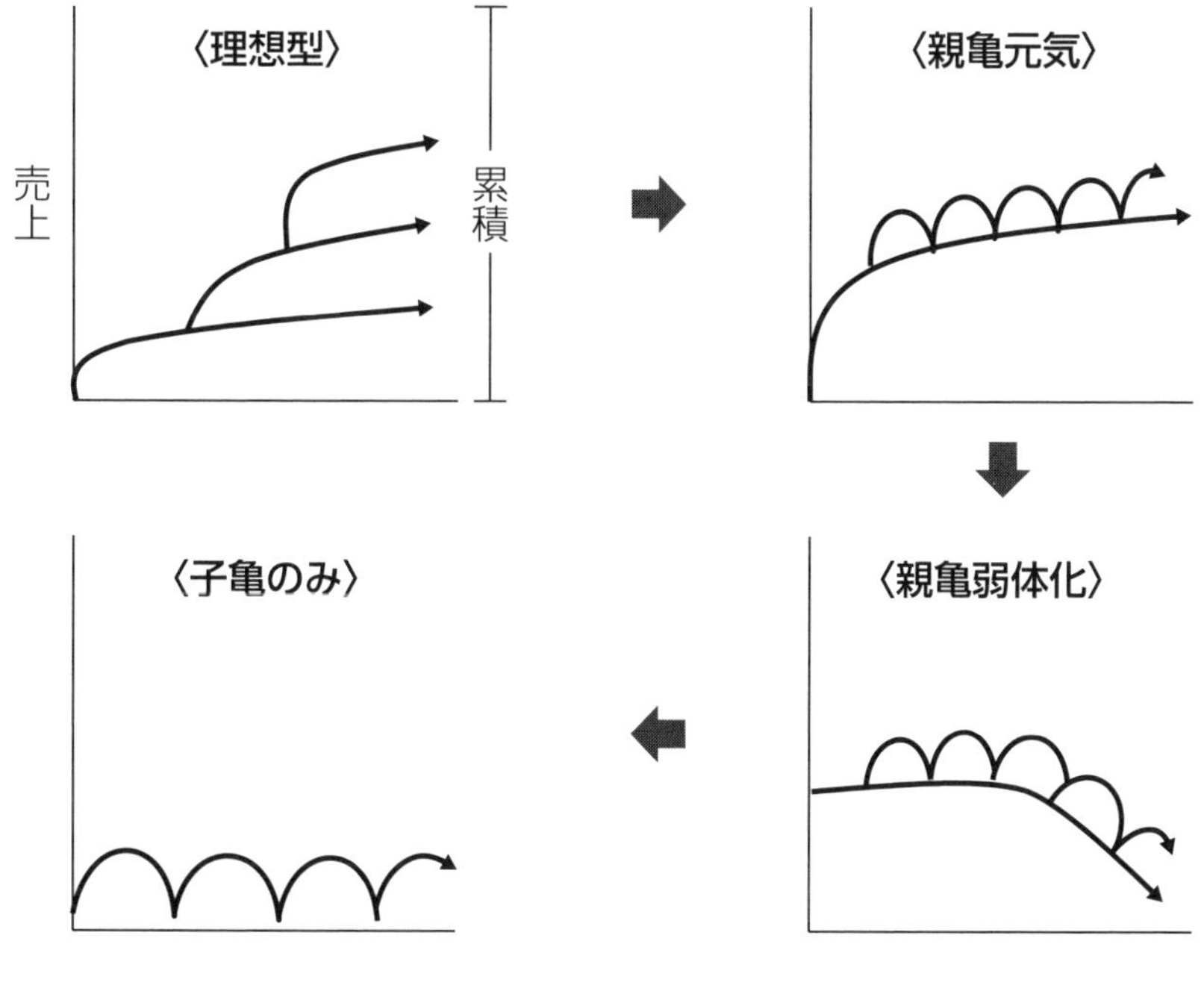

4 倒産企業は子亀の乱発で息絶える

大きくならないにしても、会社を強くしようと思ったら、新商品の乱発は致命傷。

乱開発は子亀の乱発をもたらすからである。

なぜ乱開発は子亀を乱発しやすいか。

成功率は開発数が増えると低下するのだ。

それは開発数が増えても成功商品が増えないからである。

その理由は、成功商品を増やそうとの思いから、開発数を増やすことによって、1品1品にかけられる金、時間、人が減るからである。

1品1品にかけられる金、時間、人が減ると、1品1品を成功させる作業が手抜きとなり、「売れる保証」もないまま発売されてしまうからである。

$$Z = \frac{Y}{X}$$

Z ＝ 成功率
X ＝ 開発商品数
Y ＝ 成功商品数

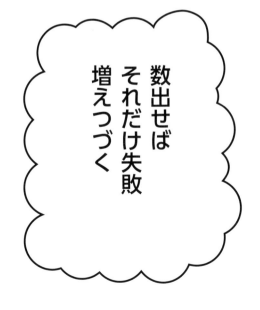

販売不振による倒産は全体の70%以上あり、それらは上記メカニズムによってもたらされる。

それ故、「新商品寄与率」を新商品開発の指標としてマネジメントすることはナンセンスを越えて危険な行為なのである。

しかし、後を断たず、倒産に自ら進んでいる企業が、特に大企業ほど多い。

数出せば
それだけ失敗
増えつづく

5 3~5年以上間をあけて新商品を出すことが大きく成長する秘訣

このことはほとんど知られていない成長の大原則の1つである。

企業が長期間にわたって大きく成長していく上で、1品1品、あるいは1事業1事業を天まで伸ばすことが最大の課題なのである。

そのことによってはじめて複数の商品や事業の売上げが累積されて大企業になるからである。

ところがもし毎年のように、しかも毎年数々の新商品や新事業を市場に投入していくと、1品1品や1事業1事業は天まで伸びるどころか、早死にすることが多くの企業の毎年のビジネスが実証している。

新商品や新事業の投入間隔は、人、金、時間が育成に十分かけられる観点から決めなければならない。

その間隔が平均的に言って3~5年なのだ。

むろん、人、金、時間が十分に育成にかけられる余裕があればもっと間隔は短くてもよい。

1品1品を天まで伸ばし、複数が累積するためには、「強い売りモノ」である必要がある。

さもないと、3~5年も投入間隔をあけると、「売りモノ」がなくなってしまって本末転倒となる。

「強い売りモノ」を投入することを前提にするから3~5年間隔を開ける効果（天まで効果）が発揮されるのだ。

逆に「弱い売りモノ」を毎年しかも数々投入したらどうなるか、よく考えてみていただきたい。

6 「売りモノ」があっても倒産するが、「売りモノ」がなければ永続も成長もない

「強い売りモノ」のない企業が大企業になった例はない。
「強い売りモノ」があれば大きくなれるのである。

しかし、「強い売りモノ」をもっていても倒産するケースは幾つもある。

特に大企業の倒産の中に「強い売りモノ」をもったまままつぶれているケースがよくある。

だから「強い売りモノ」さえあれば倒産しない。と安心はできないのだ。

しかしよく出来たもので、「強い売りモノ」をもったまま倒産した会社の多くの社員や商品や事業はそのまま買収した企業で生き残れるのだ。

まさに「強い売りモノ」の力という他ない。

言い方をかえれば倒産しても「強い売りモノ」があるから買収の対象になるのだ。

「売りモノ」があっても倒産するが「売りモノ」がなければ絶対に永続も成長もない。

「売りモノ」がないということは初回購入も再購入もされないからである。

企業を永続、成長させるために、誤った考え方や知識は捨てなければならない。

永続、成長させたいと本気で思うなら「強い売りモノ」づくりすなわち「MIP開発」や「MIP化」にすぐ着手すべきなのである。

7 不祥事で倒産する会社には「強い売りモノ」がない

不祥事で倒産する会社は多いが、不祥事でも倒産しない会社もある。両者の違いは何なのか。「強い売りモノ」をもっているか否かなのだ。

不祥事で倒産する会社は多い。これらの会社には共通性があり、「強い売りモノ」がないのだ。

つまり、不祥事による倒産は不祥事がきっかけにすぎず、それがきっかけとなって「売りモノ」が弱いから販売店や消費者がそっぽを向くことによって販売が成り立たなくなって倒産するのだ。

身近で発生する例や新聞などに載る例を上記の目で見ていただきたい。本当に例外なく、「強い売りモノ」がない（なくなっている）のだ。

8 「新商品寄与率」信奉は粗製濫造をもたらし、成功率を低下させ、利益を失う近道である

新商品開発部門の評価基準の中で最も多く採用されているのが「新商品寄与率」である。

「新商品寄与率」というのは売上全体に占める新商品の比率のことである。

評価基準が「新商品寄与率」ということになるとどのような開発部門の行動になるかというと、できるだけ新商品の数を多く開発しようとする行動が増える。

④の式を思い出していただきたい。

その結果どういうことが生ずるかというと、売れない商品の乱発となり、成功率は低下し、利益を少なくする。

なぜ売れない商品の乱発になるかというと、開発される1品1品にかけられる時間、金、人材がことごとく少なく、まともな開発は無理となるからである。

それにもかかわらず、トップの多くは「新商品寄与率を高めよ」と号令をかけるのが実態だ。

それは「新商品寄与率」を高めることがヒット商品が増えることと錯覚しているからである。

開発数とヒット商品数は反比例するのだ。７１４３商品分析結果がそれを実証した。（『ヒット商品打率』梅澤伸嘉、同文舘出版、２００８年）

「成功率向上」をこそ号令をかけねばならない。

濫造は利益失う近道だ

9 絶対に倒産を防ぎ、永続・成長しつづける唯一の課題は何か

１００年、２００年と長きにわたって企業を永続させ、絶対に倒産しないためにはいろいろなことをしなければならない、と思うであろうし、実際にいろいろしなければならない。

しかし、いろいろやっても次のことが不十分では倒産はさけられないし、永続もおぼつかない。それはあまりにも当たり前に見えることである。

まず、１００年、２００年とずっと少しづつでも移動平均すると売上と利益は上昇しつづけなければならない、ということである。

なぜなら、さまざまな必要経費が上昇するからであり、それを回避しようとすると時に従業員を失うことになったりする。

しかし、1品で１００年以上の上昇はむずかしく寿命も来る。つまり、その前に「強い売りモノ」が出ている必要がある。

そのための最も重要な課題は「成功率の向上」なのである。経営者は何はともあれ「成功率向上」をかかげ社員に徹底させなければならない。

そのためには、発売前に成功すると確信できることが不可欠である。

そんなことは無理だ、ではなく、その可能性を高める努力をつづけなければならない。

それがＭＩＰの開発である。

ＭＩＰ経営の道へぜひ一日も早くカジを切って欲しい。

10 「数打つしかない」、「売ってみなければわからない」と考えるとヒットをのがす

「数打つしかない」、「売ってみなければわからない」という経営者や担当者の気持は、ヒットを逃し、ロングセラーに見放される。

図表13-2 ● 開発商品数と成功、失敗率

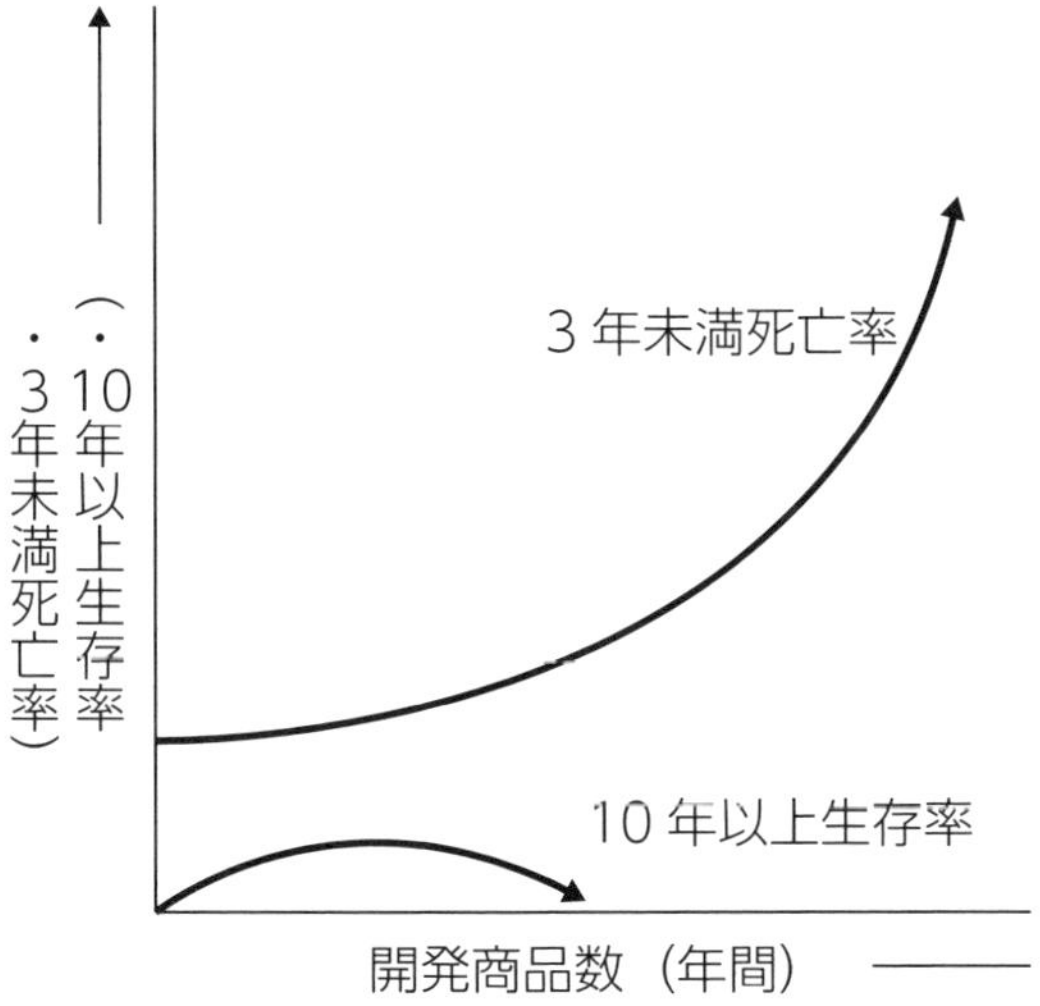

11 成功商品開発
——数打つから当たらない

$$Z = \frac{Y}{X}$$

〔7,143個の商品の分析の結果左の式が得られた〕

Z ＝ 成功率，X ＝ 発売新商品数，Y ＝ 成功新商品数
※成功とは10年以上市場に残っていること。

本書は商品開発の本ではない。

「成功商品開発」の本である。

「成功商品開発」とは成功率向上を目標とする開発である。

成功率はＭＩＰによって高められる。

ＭＩＰは潜在ニーズに応える商品。

故に「ない」と思われている。

故に潜在ニーズの発掘法を用いないと見えてこない。

成功率を問題にしないなら誰でもできるし、潜在ニーズの発掘などというややこしいこともいらない。

12 成功率向上
——企業の永続、成長の秘訣

〈成功率向上の車の両輪〉

①「強い売りモノ」開発
＋
②「天まで伸ばす」
（既存ブランド強化）

＝ 成功率向上 → 企業の永続、成長

〈そのためのメソッド〉

①ＭＩＰ開発
②ＭＩＰ化
（①②）キーニーズ法
③諸カベの除去＝メラキアの発想
（①〜③）聖域化理論

13 成功率を問題にしなければ何でもありであり、素人でもできる商品開発

おどろくべきことに、ほとんどの企業では新商品の成功率をカウントしていない。

その証拠にそれらの企業には「成功商品」の明文化された定義がない。

成功商品の定義がなければ、成功率のカウントはできない。

成功率がカウントされなければ成功率は向上しない。

結局、成功率を向上させようとの考えがない、ということである。

しかし、成功率を問題にしないなら子供でも素人でも商品開発はできるのだ。

社長、あなたの会社ではいかがであろう。

成功率を向上させなければならない。そのためにはMIP開発に舵を切ることが何よりである。

14 どの企業も「たまにしか成功しない」方法論を用いている

大企業はたくさん失敗して、たまに成功するだけでもやっていける企業は多いが、中小は「たまにしか成功しない」では困るのだ。成功に恵まれるまでに資金が尽きてしまうから。

一日も早く「強い売りモノ」づくりに着手しなければならない。

方法論があるのだから。

なぜ「たまにしか成功しない方法論を用いている」と言えるか?

C.Pバランスのよい新カテゴリー商品を開発する方法論を採っているか?

●「未充足の強い生活ニーズ」に応えることをスタートにしていない。
●ＭＩＰを指向した方法でない。
●「成功率向上」を指向した開発プロセスでないからだ。
要するに「成功の法則」が知られていないのである。
上記を理解している企業は皆成功軌道にのっているのだから。

最近の東芝やシャープの低迷ぶりは成功率の圧倒的な低さがもたらしている。その大元はＭＩＰ不足である。

伸びるには成功率を高めよう

15 〝１０００に３つ〟とアキラメるのは倒産に向かって走るのと一緒
——一刻も早くＭＩＰ開発を！

世の実態は２００回に１回しかシェア№１になれないし、たしかに大がつくヒットとなると〝１０００に３つ〟ぐらいと言える。

しかし、それは実態ではあるが変えられない真実ではない。

ＭＩＰを創れば一挙に2回に1回は成功（10年以上№1、利益を生みつづける）するし、開発した80％は10年以上、上位3位までに入るのだから。（２００１年 梅澤）

企業を永続、成功させるには成功率の向上が何よりである、などということは経営者に申し上げるまでもない。

その成功率の向上は確実に可能なのであり、それはＭＩＰを創ることによって具体化される。

16 優良少子化理論
──ロングセラーの秘密

産み出す商品はなるべく吟味して〝売れる可能性〟の高い子のみとし、そこに資源を集中する。産んでしまった商品は将来伸ばすべき〝売れる可能性〟の高い子のみ残し、それらに資源を集中する。

これが優良少子化理論である。

前者は新商品開発における優良少子化であり、新商品の成功率を高める。後者は既存品の優良少子化であり、既存品の寿命を伸ばし、企業に大きな利益をもたらす。

新商品の成功率を高め、その寿命を伸ばす。これが私のロングセラー商品の秘密である。

金の有効な使い道としてこれ以上のものはない。

いずれも利益を生むベストウェイだから。

本章を補足するために『ヒット商品打率』（梅澤伸嘉、同文舘出版、２００８年）を参照されたい。

優良な
子供を少し
産み育て

第14章

ハッピーチェーン

- 「強い売りモノ」MIPの開発思想は、人、企業、社会、地球が互いに幸せのチェーンで結ばれること。
- それが企業にとっての繁栄をもたらし。
- 社会や消費者にとっての幸せをもたらし。
- 地球の怒りを抑えて長く資源を使わせていただくことに通ずる。
- GDPでは国民の幸福や地球貢献を推し測れない。

幸せのチェーンという思想を捧ぐ

〝心の森〟へ帰れ

人類は今や森の生活に帰ることはできない
しかし、〝心の森〟へ帰ることはできる。
人間が人間であるために
純粋に人が人を愛せるために
子孫に命をつなぐために
自分が自分を見失わないために
〝心の森〟へ帰れ、

ー 一九九六・四・二二

1 21世紀本命領域

21世紀の１００年間の本命ＭＩＰの領域は次の３つであると考えている。

（Ａ）地球のＨ＆Ｂ（ヘルスアンドビューティ）

地球のＨは人類生存のための地球環境保善ビジネス（「害を減らす」「益を増やす」）――例：「利再久留」コンセプトの品揃え

地球のＢは人類の心を耕す自然利用のビジネス（「マイナスを減らす」「プラスを増やす」）――例：自然の中で心身共にリフレッシュできる地球と遊ぶ施設

（Ｂ）心のＨ＆Ｂ

心のＨは心の病気のケアビジネス（「マイナスを減らす」「プラスを増やす」）――例：認知症予防ゲーム

心のＢは心の状態を常に美しく、良い状態に保つビジネス（「マイナスを減らす」「プラスを増やす」）――例：芸術や園芸が気楽に和気あいあいできるビジネス

（Ｃ）身体のＨ＆Ｂ

これがいわゆる従来の「Ｈ＆Ｂ」である。健康産業や化粧産業がこれに相当する。

「身体のＨ＆Ｂ」はこれまでと同様、またはそれ以上に充実したビジネスになる。

「地球のＨ＆Ｂ」はこれから非常に普及するビジネスで、とり分けＢは注目に値する。自然と親しむビジネスであり、それがＨに波及効果をもたらす。

「心のＨ＆Ｂ」も地球のＨ＆Ｂと同様に普及する。

人々の
こころをみたす
H&B

2 十字の路

すべての市場は「新市場創造型商品」から始まり、その自己増殖の努力と後発商品の参入によって拡大する。

その逆はないのである。

まず大地に鍬を振りおろし、種子をまき、その上で肥料や水をやって育てる。

その逆はないのである。

図表14-1 ● 新市場の創造と拡大

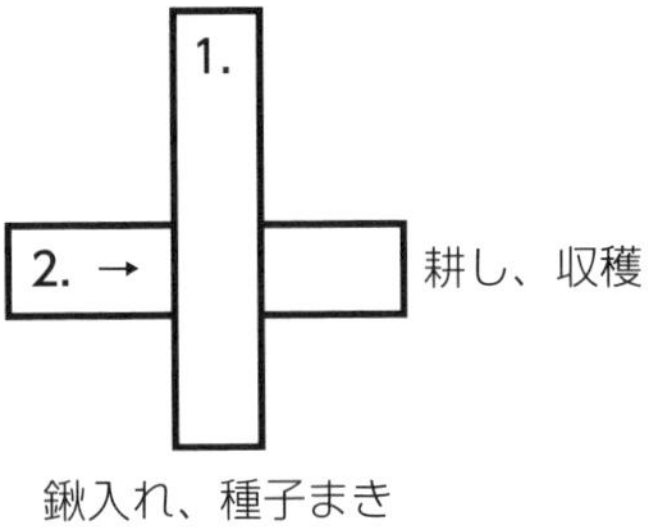

新市場の創造と市場の拡大を十字と捉え、常に両者で1つという考え方が21世紀の優良企業のバランス感覚といえよう。

既存商品の拡大は今の利益の源泉であり、新商品は将来の利益の源泉なのである。

3 人の行かない道なき道へ

「新市場を創造して先発する」ということは、〝人の行かない道なき道〟に分け入ることと同義である。

人が既に通っている道は通りやすいが、〝人の行かない道なき道〟は石ころだらけで楽には通れない。

その上、やっと行き着いたとしてもそこに宝の山があるとは限らない。

しかし、既に人が通った道にはその行き着く先に宝の山が残されていることはまれである。

それに対して、〝人の行かない道なき道〟はいちいち一歩一歩切り開いて行かねばならない代償として、誰にも触れられていない宝の山を手にする可能性があるのである。

4 ハッピーチェーン
――企業をはさんで消費者と地球がつながる

図表14－2のように「C＝I＋NCN＋B」という商品コンセプトの公式をはさんで、地球ニーズと消費者ニーズがつながっている。共に見えない声なき声。

消費者ニーズに応える商品は、トライされ、トライした購入者の満足に応える。

この満足は商品パフォーマンス（P）によってもたらされる。

その商品パフォーマンスはすべて地球資源を用いて開発される。

それ故、地球ニーズに応える義務をもつ。

図表14-2 ● 消費者ニーズと地球ニーズのバランス
〈図 梅澤 2001〉

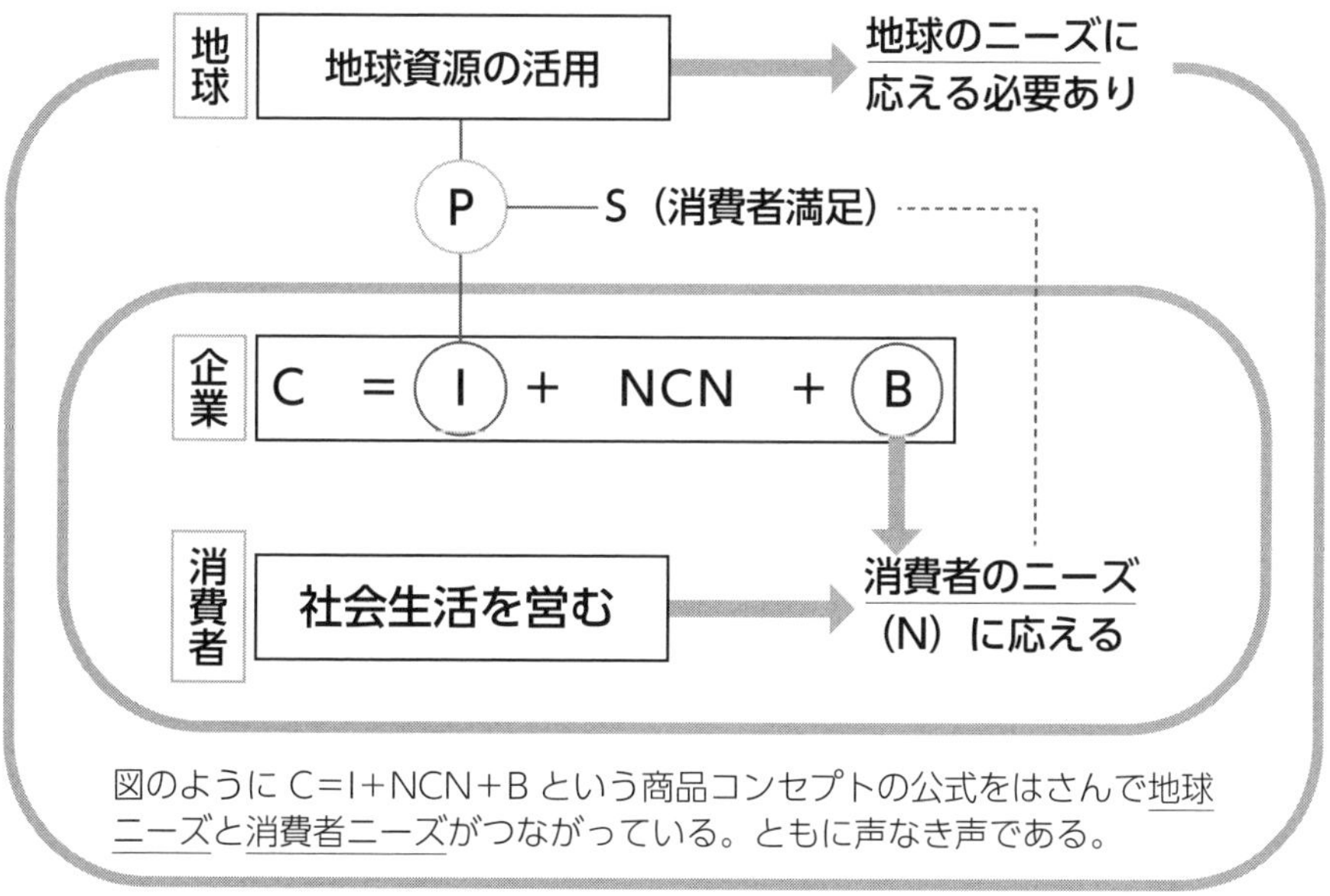

5 羅臼の海のイカ釣り漁仲間の教訓
——奪い合わないから市場も企業も生き残る

「奪い合い」ではなく「奪い合わない」マーケティングやビジネスを深く考えさせてくれる1つのケースが北海道羅臼の海のイカ釣り漁仲間の物語である。イカの終着地と呼ばれる羅臼の海には全国からイカ釣り漁師が集まってくる。

彼らの掟は1人勝ちや、ぬけがけをせず、イカがたくさん居る場所を無線で教え合い、1人だけ大漁で帰ることはせず、他の仲間が1人残らず目標が達成できるまで協力し合う。

「だからこそ陸に上がっても楽しく酒が飲める」と笑う。

共存・共栄、奪い合わないから、漁場（市場）が守れ、それぞれが十分な水揚げ（売上げ）が得られる。その前提は海を大切にし、イカが十分に棲息する環境を互いに守りつづけていることである。

漁業者の長い間の生活の知恵がそこにあり、日本の精神文化がその背景にある。

博多の明太子市場における「ふくや」の思想もこの精神と同根である。

奪わずに
共に栄える
日本流

6 他と戦い合わず自らの過去と競えば伸びる

——技術の向上も品質の向上も、コストの低減も他と戦わずできる

戦い合いのメリットの中に、戦い合って品質や技術の向上とコストの低減がリストされている。（4章-⑩参照）

しかし、品質向上や技術の進歩およびコストの低減は何も戦い合いの専売特許ではないのだ。

それを技術を例に考えてみよう。自らの技術を過去と比較するのだ。

技術には必ず使用目的がある。その目的達成にとって解決すべき課題を自らの技術の中に探し、それを解決すると技術は一歩前進できる。品質の向上やコストの低減も同じだ。それらの目的を定め、達成のための課題を探し、それを解決するのである。

競合する商品や企業を参考にすることはヒントこそ得られるが、それを目標にしてより良くするのではないのだ。

〝昨日と比べて成長する明日のために今日努力する〟のである。
だからゆったり、じっくり成長できるのだ。
その典型がトヨタだ。

他と戦えば、勝てばおごり、負ければめげる。しかし、自らの過去と戦えば伸びるのだ。伸びると嬉しいからもっと伸び、成長の好循環が生まれる。

昨日より
少し良くなれ
明日のため

7 貧幸

演出家の倉本聰氏から「貧幸」という話を聞いた。

昔の日本人の多くは「貧しくても幸せ」であった。今は豊かだが幸せはうすい。

日本人は「貧しくても幸せ」の思いを取り戻さないと豊かさを追うあまり原発を容認し、常に被爆の不安と背中合わせのような薄っぺらな幸せしか享受できない民族になりさがる。

私見。

何も無理して貧乏生活をせよ、ということではない。生命や精神に致命的な問題をはらむ、危険と隣り合わせの豊かさは追い求めない、ということと解釈する。

それでも十分「幸せ」は抱いて生きていけるのだ。

不便とか不快といった「不」があっても、いやむしろ「不」がある方が、かえって「幸せ」は味わえるのだ。

8 「ハッピーチェーン」
――「幸せ」のシェアリング

「消費者ニーズ」とは満足を得るために行動を駆り立てる力（「消費者ニーズの法則」No.29）である。そして、すべてのニーズの大元は「幸福追求ニーズ」（「消費者ニーズの法則」No.1）であり、「幸福追求ニーズ」（「消費者ニーズの法則」No.19）は人間の本能である。

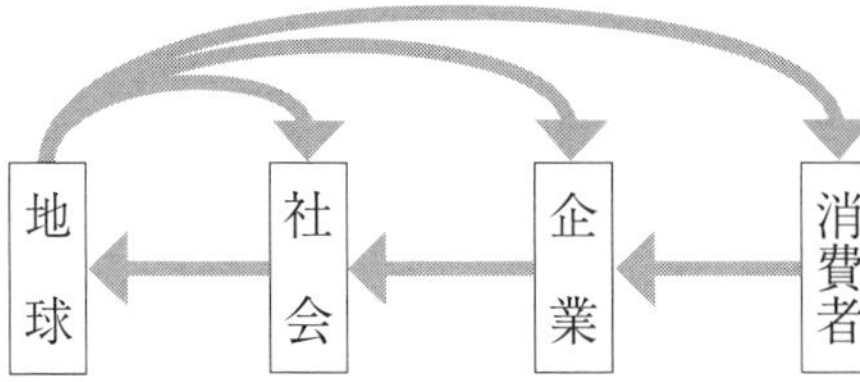

（消費者）は企業、社会、地球から「幸せ」を分け与えられる。

（企業）は社会、地球、消費者から「幸せ」を分け与えられる。

（社会）は地球、消費者、企業から「幸せ」を分け与えられる。

（地球）は消費者、企業、社会に「幸せ」を分け与える。

消費者、企業、社会は、お返しとして地球に感謝して、地球を大切にする義務を負う。

このチェーンを「ハッピーチェーン」と称す。

これは一社単独でもできるのだが、業界とか地域とか、何かしら縁のある企業が長所を出し合って結び付く方がきっとうまくいくであろう。

9 「利再久留」ビジネス

〝地球資源を再び利用して久しく留める〟

これが「利再久留」の意味である。これからの事業の永続にとって、消費者ニーズに応えることはもとより、地球ニーズに応えることが不可欠。

その理由は、地球ニーズに応えることも消費者ニーズに応える時代になってきたということ。

その最大、ベストな手段は、ＭＩＰで成功率を向上させること。次善が「利再久留」ビジネスである。


「利再久留」ビジネスとは消費者ニーズと地球ニーズ両方に応えるビジネスである。

すなわち、よく売れて、地球によいビジネスである。

図表14-3 ● 資源消費と汚染の引き換え

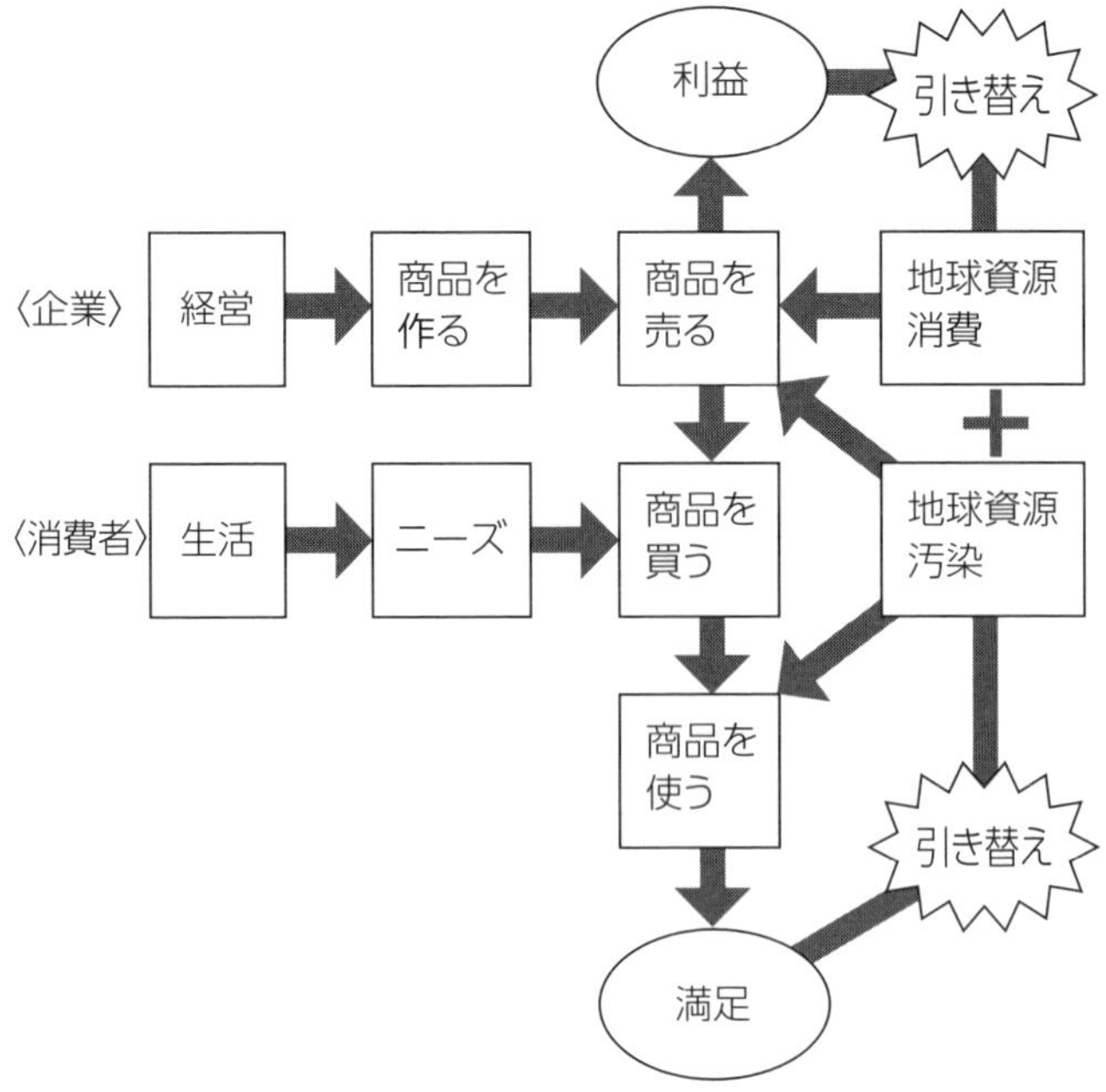

10 「消費者満足」と「企業利益」は地球資源の消費と地球汚染との引き換えに得られる

11 「シェア」とは本来「分け合う」、「共有する」、「分け与える」の意

今日、「シェア」というと「市場占拠率」が頭に浮ぶ。「シェアを奪う」という。つまり、今日、「シェア」とは「取り分」の意味が強い。

しかし、本来「シェア」とは「分け与える」、「分け合う」、「共有する」の意味をもつ。シェアハウス、カーシェアリング、プロフィットシェアリング…。

いつからなぜそうなったかは興味深い。

奪い合いの思想か、共存共栄の思想か、奪い合って他を殺すか、分ち合って共に生きるか。

MIP経営は戦い合わずに繁栄する。それ故、MIP経営で「シェア」を語る時は「分かち合う」、「分け与える」あるいは「共有」の意味で用いる。

MIP経営は基本的に共存共栄の思想である。

12 「幸せ」に飽き、「不幸」に慣れる

「飽き」とは満足の繰り返しの後にしのびよる心理で、満足感を失わせる。

「幸せ」という満足はやがて「飽き」によって失われる。

つらい「不幸」もやがて「慣れ」によってそのつらさが軽くなる。

人の「幸せ」と「不幸」は「飽き」と「慣れ」というすごいメカニズムによってコントロールされている。

「幸せ」は不幸にして長く続かず、「不幸」も幸いにして長くは続かない。

それに加えて「幸せ」は「慣れ」によってもその満足が失われる。

メラキ直ると「飽き」ない。

13 「不」が「幸せ」を生み、「欲」が「不幸」の元となる

望みが叶うと人は幸せを感ずる。

しかし、望みが叶うまでは「幸せでない」時間や状態があるのだ。

すなわち、「幸せでない」あとに「幸せ」が来る。つまり「不」が「幸せ」を生むのだ。

寒くてこごえそうな時ほど温い露天風呂はありがたい（幸せ）。

一方、愛されたいと願っても、叶わなければつらい（不幸）。

つまり、「不幸」は「欲」が満たされないことによって生まれる。

「欲」があるから「不幸」が始まる。

14 「不」をメラキ直って味わう「幸せ」
——人との絆、地球の恵みを取り戻すビジネス

今までの商品開発やビジネスのほとんどは「不」を解消するものが中心であった。「不便」が「便利」になり、「不快」が「快適」になり、「不自由」が「自由」になった。

しかし、それらは目先の、目に見える、当面の「幸」せを叶えるものではあるが、その結果失いつづけているものがあることにも目をやる必要があるのだ。

失いつづけているものとは何か。

家族、仲間、恋人における人間関係、地球環境へのかかわり、社会とのかかわりを失いつづけているのだ。

それは、「不」の解消によって今まで頼りにしていた人間関係の絆、地球の恵み、社会との絆が弱くなっても問題として気づかれなくなってしまった結果である。

それを取り戻すために「不」をメラキ直って、それを〝あるがまま〟に肯定し、それを新しいベネフィットとして提供する商品やサービスを考えよう。

15 食べられる幸せ、飲める幸せ、空気を吸える幸せ
——〝感謝〟のビジネス

今、豊かな国の人々や健康な人々は食物を食べ、飲み物を飲み、空気を吸えることはほとんど当然のことと思っている。

しがたって、それらが叶うことの幸せを感じている人はまれである。

しかし、幸せは「不」によってもたらされることを思い起こしていただきたい。

食べられる幸せは、食べられない不幸を想像できなければ、感じることはできないし、飲める幸せも、空気を吸える幸せもそれらが叶わぬ不幸を想像できなければ味わうことはできないのだ。

消費者に真の幸せを提供したければ、今、顕在している問題を解決してあげることもさることながら、気づいていない、当然と思っていることに幸せがあることを示し、それが叶うように商品やサービスを提供するビジネ

スを考えよう。

それは当然と思っていたことが「ありがたいこと」なのだということを実感できる〝感謝〟の幸せのビジネスである。

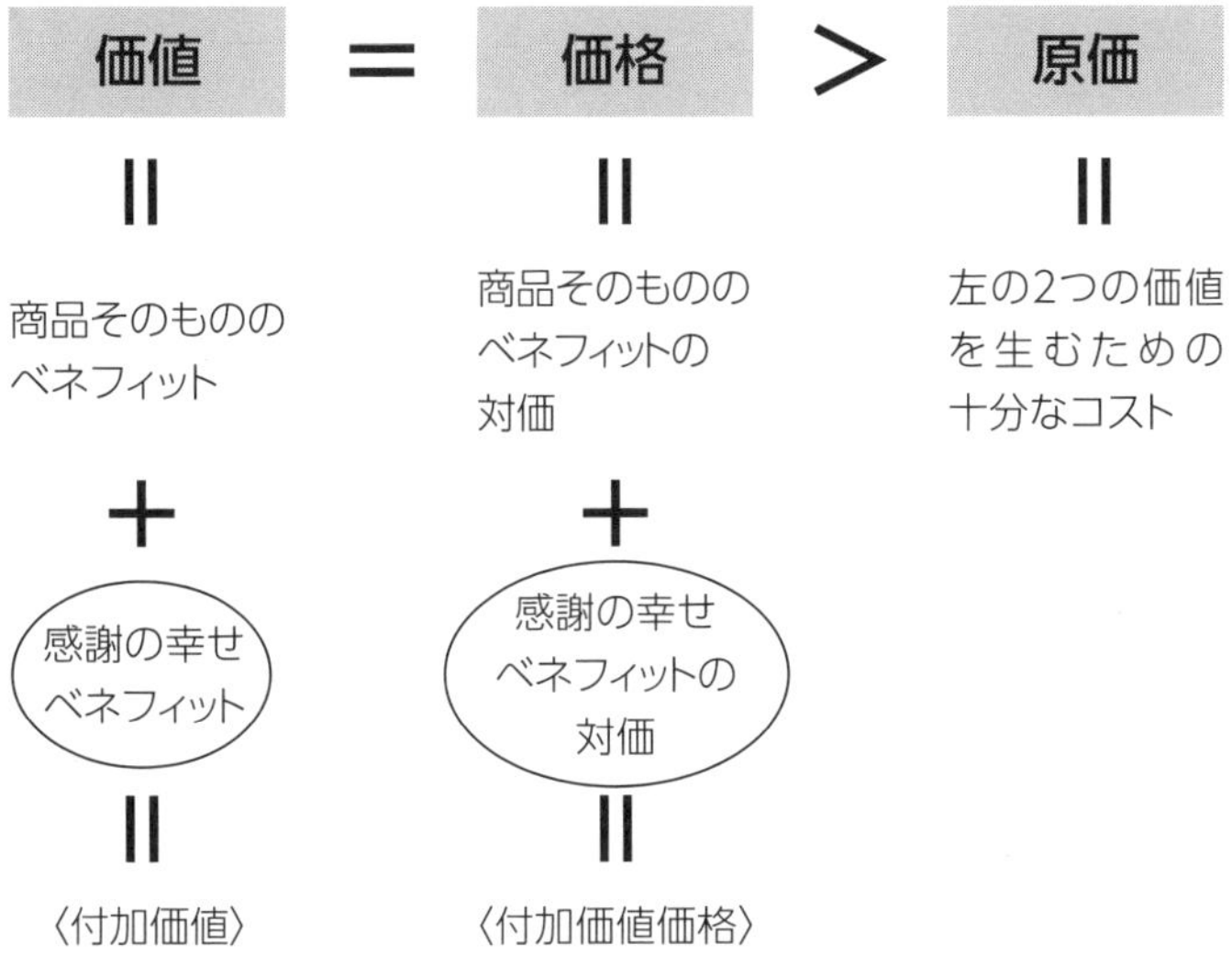

16 砂漠で使う保湿クリームの肌への浸透度のすごさ

砂漠で10日間を過ごした若肌はさすがに乾燥のギリギリにあった。たった2ドルそこそこのどこにでもある保湿クリームは、塗ったそばから砂が水を吸うようにみるみる保湿効果を発揮し、飢えた若肌を潤した。

商品の効果は消費者が使う場で異なり、苛酷な条件下ほど「満足」は大になる。

つまり「不」が大きいほど「幸せ」は大になる。若い肌は保湿クリームがなくても潤っているが、「不」の条件下で未充足の強い生活ニーズが強まり、普段なら感動など全くない保湿クリームが「不」の条件下で感動的な満足を提供した。

「感動」の源泉は対象にあるのではなく主体の状態にある。

17 金（収入）が少ないから不幸なのではない。それを苦にするから不幸なのだ

ある大手食品問屋が幸福度と収入の関係を調査したところ、低所得者の人々の中の一群の人々が高い幸福度を示した。

調査結果を分析した担当者は「単なる強がりで、本音ではない」と解釈した。その解釈は先入観に基づく誤りである。

収入が少ない、という事実が「不幸」なのではなく、それを「苦」にする人は「不幸」なのだ。

だから高収入の人でもそれを「喜び」としない人は高収入という状態が「幸せ」ではないし、低収入の人でも、それを苦にせず前向きに生きる人は「幸せ」なのだ。

18 苦労を知らない人は「ありがた味」を感ずるものが少ない

よく苦労人ほど笑顔が多い、と言われる。

これは、苦労を多く味わった人ほど小さいことでも喜びになるので、その分「幸せ」の数が増えるからである。

数多くの「不」を体験するほど、数多くの「幸せ」が味わえるのだ。

数々の失敗の後に手にした成功の喜びが大きいのも同じである。いかに「不」の体験が「幸せ」をもたらしているかを知れば、そこにビジネスのチャンスがかい間見える。

19 「持たない」ことの「幸せ」
――「幸せ」になることがわかれば捨てる

今やなくてはならないようになっている自動車、パソコン、スマホなど。

特に、パソコンやスマホなどはウェアラブルになろうとしていて、益々この身から切り離せないものになりつつある。

それ故、「幸せになる」と言われても、パソコンやスマホを捨てて「不便」を受け容れる勇気は出ない。

しかし「幸せになる」ことを実証して見せれば、思い切って「不便」を受け容れる心の状態になりつつあることも事実である。

既にそれら「便利品」をもつことの「不」が多くの消費者の潜在心理に芽生えているのだ。

「持たない」ことの「幸せ」はモノ以外への「幸せ」を拡げる。

20 禁止条件下ではガマンが少ない
――アキラメの効用

タバコを吸ってはいけない場所（禁止条件下）で吸うのをガマンするのと、皆が吸っていて、吸える場所で、吸うのをガマンするのでは、どちらがガマンが少なくて済むか、の実験を行った。結果は歴然としていた。

吸える場所で吸うのをガマンするのは〝つらい〟が、吸えない場所ではガマンしやすいのだ。アキラメの効用である。

人との絆を深め、地球の恵みをもっと受けられるように、今の「便利」にフタをして、「不便」をメラキ直って、少しガマンする生き方がこれから女性を中心に進む。

それをビジネスが後押しをする。

21 地球、社会、人間関係にダメージを与えない「幸せ」のメラキ直り

図表14－4は地球、社会、人間関係にダメージを与えず、未充足の強い生活ニーズに応えるメラキ直り解決システムである。

〈ポイント〉

1．行動欄に「商品を使う」が入ってOK―それでもMIPになる

2．そうすると、今まで地球、社会、人間関係の問題をもっていた「商品」を否定したMIPが生まれる―これが「行動否定のメラキア」

3．もう1つが「行動肯定のメラキア」で従来の問題は解決して行動はそのままというMIPが生まれる

図表14-4 ● 幸せのメラキ直り

生活ニーズ（Do）

行動を駆りたてる目的としてのDoニーズ（そのニーズ強い人）

行動（手段）

生活ニーズを充たす手段を行う／商品使う

問題（生命上、生活上のアンバランス感情）

地球、社会、人間関係へのダメージ

〈行動反転〉

その手段を用いずにDoしたい

＝行動否定のメラキア

〈問題反転〉

その手段を用いてもこの問題なくDoしたい

＝行動肯定のメラキア

要するにアイデア

〈行動反転〉
今まで採用していた手段をせずにDoニーズを充足するアイデア

〈問題反転〉
今までの手段を用いても伴う問題なくDoニーズを充足するアイデア

22 知らない「幸せ」

カンボジアの貧困地帯を旅した人の話。

物乞いが来ても絶対チョコレートなど普段入手できないものはあげてはいけない、とガイドから説明を受けた。ひとたびチョコのようなおいしいものをあげ、味を「知る」とめったに食べられないから「食べられない不幸」を味わわせてしまう、と。

知らない「幸せ」もあるのだ。

しかしこの話は深い意味をもっている。たしかにチョコレートをあげなければ「食べられない不幸」はないが、「いつかこんなおいしいものが食べられるような生活がしたい」という夢をもつ機会を奪うことにも考えをめぐらせなければなるまい。

23 人間は幸福追求する生き物

幸福追求は人間の本能である（梅澤 2013年）。そして次のような心のメカニズムがある。

ストレス源が発生すると幸福追求ニーズに反するのでアンバランス感情が発生し、それを解消する生活ニーズが発生、それを達成する行動が生まれ、バランスをとり戻す。

すなわち、行動が「不」を解消する。

そして新たなストレス源、アンバランス感情、生活ニーズ、行動をくり返す。

この幸福追求のサイクルは結局、人を行動に駆りたて、カラダや頭を動かすメカニズムである。

これが生きることなのだ。

24 GDPでは国民の幸せは推し測れない

経済学者、サイモン・クズネッツの考案になるGDP（国内総生産）は国家の「総生産と総需要」に注目した指標で、一国の生産力や消費力を測る物差しである。

しかし、クズネッツも認めているように、GDPでは国民の幸福を推し測ることはできない。（『マーケティングの批判精神』折笠和文、白桃書房、2016年）

また、地球環境への貢献も測れない。

そういう指標が経済を測っていることが、現在の状況をよく表している。

25 平和主義経済社会に向けて（1）

1．シェアの戦いが続く要因―既存市場しか「市場」としてみなされない。4章⑩項で示したとおり、戦い合うことのメリットは乏しく、そのデメリットは大きい。しかし圧倒的に多くの企業シェアの戦いがほとんど惰性的に続く。その主要因は「競争優位戦略」に基づくマーケティングにあり、その要因は①戦うこと、そして勝つことが無目的的に信奉されており②それ以外企業を発展させる手段がない、と思っていることであり、その背景は既存市場しか「市場」として見えないからである。

2．戦い合いの限界―これ以上「競争優位戦略」の信奉が続けば企業収益が減少し、経済の発展が抑えられるのみならず、そのデメリットによって企業人も消費者もその「幸福追求ニーズ」が妨げられる。

3．「非戦」経済の実現は可能―それでは、「非戦」で本当に経済が成り立つかといえば、それは明らかに可能なのである。それは「聖域化理論」によるMIP開発や

ＭＩＰ化というＭＩＰ経営の実行である。ＭＩＰ経営は戦い合わず、独自的に自己増殖して成長するのだ。その典型はトヨタだ。

目を覚ませ「非戦」経済ここにあり

26 平和主義経済社会に向けて（２）

１．満足の交換システム

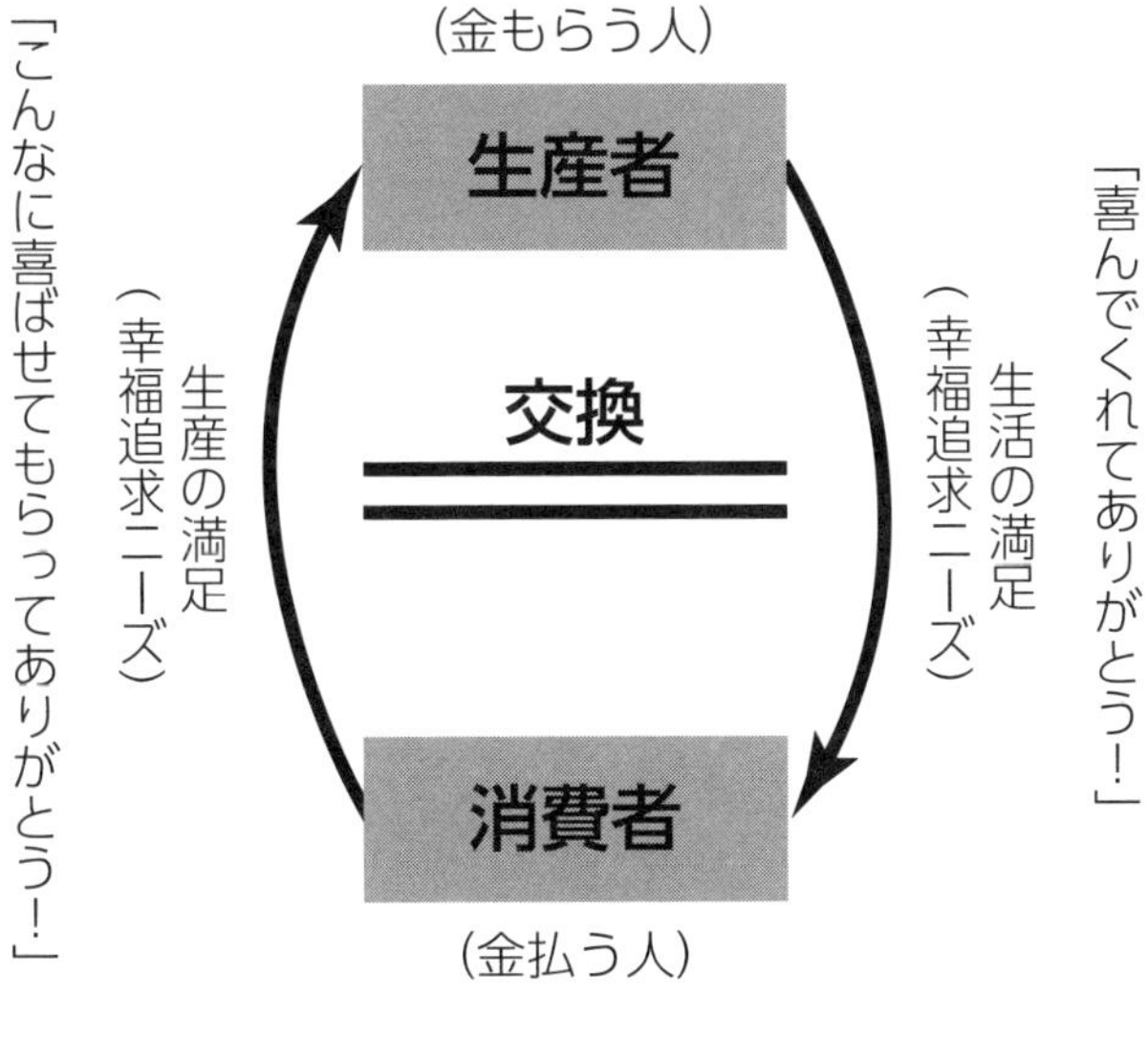

金をもらう人は金を払う人より低く位置づけられている。しかし、それは両者の満足が等価でないことを暗示する。平和主義経済の基本は生産者（金をもらう人）と消費者（金を払う人）の異なる満足が等価になるように志向する。

２．共存共栄の工夫

平和主義経済は次の２つの戦いに問題を提起する。

（１）大手同士のシェアの奪い合い

（２）大が小の市場を奪う

これらの解決は「共存共栄」の思想で実現する。

（１）大手同士は協力して市場の拡大を志向することで売上・利益を高める。

（２）一定の小の市場には大は参入しない。取り決めを業界が行う。

27 平和主義経済社会に向けて（３）

１．「価値＝価値＞原価」の意味

平和主義経済の実現に向けて（２）１．で述べたように平和主義経済では生産者と消費者の互いの満足が等価になるように志向する。その思想は従来の価格付けに改革をもたらす。すなわち「価格」は生産者が十分に満足を得るよう、提供する「価値」に見合うよう設定するのだ。この考えは生産者を過大に擁護するものでなく、生産者と消費者の満足を等価に交換しようとする意図であり、金を払う人が上位、といった偏った関係を是正するものである。

その「価格」は消費者に与える満足と同等な水準にするのだ。ゆえに、従来は「価値＞価格＞原価」が実態であったものを、消費者に与える「価値」に見合う「価格」を生産者は得ることができるのだ。それによって、金を払う人（消費者）と金をもらう人（生産者）との立場が同等になる。これが平和主義経済の基本である。

2. 平和主義経済は「幸せ」をもたらす

「平和」は「幸福」の重要な一手段である。「幸福」の前提といっても過言ではない。「平和」は「戦争のない状態」だから。「戦いのない経済」は「幸せ」をもたらすのだ。

〝既存市場にのみ目を奪われることなく、「見えない市場、今ない市場」を見よ！〟

現状ではほとんどの企業の常識は「価値＞価格」であろう。

これはシェアを奪い合っているビジネスを行っている何よりの証拠である。

第15章

「強い売りモノ」をもつ企業

- 初めはみんな小企業。
- トヨタを筆頭に「強い売りモノ」をもつ企業を紹介し、「MIP」のすごさを示す。
- MIP経営に着手した無名の中小企業の将来性にエールを贈る。

「強い売りモノ」をもつ企業の共通点を捧ぐ

限りなき道 I

≪一九八四年 独立≫

僕は結果を考える人生を好まない
僕は一心不乱な生き方が好きだ
僕には終りというものがない
いつも道程であり 出発である.
僕は夢をもって
それを実現させるために
努力できる人生は素晴らしいと思う

1 「強い売りモノ」をもちつづける企業はどんな企業か

「強い売りモノ」をもちつづける、ということは売れつづけるということである。

1つの「売りモノ」は拡大して「強い売りモノ」になるが、やがて力を失うことはさけられない。

すなわち、売れつづけない時がやがて訪れるということである。

こうやって多くの企業は盛衰を繰り返し、約20社に1社の割合で力尽きる。

「強い売りモノ」をもちつづけるためには、常に、今の「強い売りモノ」が強いまま続くということであるから次のことを目指すしかない。

1. できるだけ長寿の「売りモノ」を生み出す。
2. 生んだ「売りモノ」は永く、天まで伸ばす。
3. 常に次の「売りモノ」を温めておく。
4. 売上利益が累積するように複数の「売りモノ」を計画的に出していく。

すなわち、「強い売りモノ」をもちつづけるには売上も利益も拡大しつづけるということを意味するのだ。

拡大せずに小のまま100年以上もつづくには家業として代々細々とでも継いでいく〝その道の一流〟をもちつづける場合のみ可能である。

そのような「強い売りモノ」がなければ、その多くは一代で終わるのだ。

2 クロネコヤマト独走の秘密

「年間扱い高3億個を突破した「宅急便」で大成功を収めたヤマト運輸元会長、小倉昌男氏のメラキア経営を分析してみてしみじみ思うことがある。

会社の規模に関係なく会社は経営者の意志と知恵で良くも悪くもなるものだ」と。これは『メラキアの発想』（梅澤伸嘉、ダイヤモンド社、１９９２年）のⅣ部経営編13章の書出しである。

小倉昌男という経営者を私はことさら敬愛する所以がある。それはメラキアの天才だからだ。メラキアの天才はＭＩＰを生むのを得意とする。

当時、ヤマト運輸は人口密集地の効率の悪い路線しかもっていなかった。それを生かして「効率の悪い路線の方がよい」とメラキ直り、「宅急便」のアイデアを思いつく。

しかし、社内から「手間がかかる」「業界大手もやってない」の大反対。それをメラキ直って「手間がかかる方がよい」「業界大手がやってない方がよい」とねばり勝ち、前進。

〈独走の秘密〉

1 自社の強味を生かして市場をくくり直すＭＩＰ化（独自化）で新市場を創造し、市場を先導し「１／２効果」で他を引き離しつづけた。

2 天まで伸ばす手を次々と打った。

3 以上を支えたメラキアの発想。

③ なぜ村田製作所は長期間大手一流を保っているのか
——「世界初」「独自性」へのこだわり

●積層セラミックコンデンサー世界シェア35％でトップ。
●電子部品の小型化で常にさきがけ。
●国内生産比率75％と高く、かつ９０００億程の利益をかせぐ。
●注文を多くとるには安売り競争しかなく、そんな商売は皆（社員）が疲弊するからやらない。
●価格競争を避けるには「独自性」で勝負。
●永年積み上げてきた焼き方のレシピは数千通りに及ぶ（強味の蓄積）。
●「世界初」「独自性」へのこだわりは長年受け継がれている。

村田製作所の「強い売りモノ」は数々の世界初や独自的商品を生み出している「世界初や独自性」へのこだわりそのものである。

④ ソニー物語〈1〉
——「独自性」を強い売りモノにして成長し、「独自性」を失っているように見える大企業

ソニーは20世紀の奇跡といわれた日本の経済成長の、その先導役であった。そのソニーを支えた「強い売りモノ」は「独自性」であった。１９４６年、ソニーの前身、東京通信工業設立のあいさつで井深大は「大きな会社と同じことをやったのでは我々はかなわない。しかし、技術の隙間はいくらでもある。我々は大会社ではできないことをやり、技術の力で祖国復興に役立とう」と述べた。後年、井深大は「人マネなんかしなかった。だからこそ世界で勝てた」と述べ、「従来にないもの」「ソニーらしいもの」のみ作れと言いつづけた。失敗も多かったが新カテゴリーが多かった。その代表が「ウォークマン」であり、今日の礎を築いた。２００２年、日経メカニカルの取材に答えて私はソニーのそれまでの隆盛の要因を「ＭＩＰの開発が多い」ことを指摘した。（『日経メカニ

カル』２００２年・ＮＯＶ・№５７８）

しかし、その後「独自性」はうすれかけているように思われる。

「ウォークマン」企画者黒木靖夫氏も社内実態からそれを認めておられる。

なぜかを考え、要因がわかれば日本の大企業のためになる。「他社と同じことをやっても勝てる、すなわち独自的でなくても十分に勝てるほどの体力と実力を身につけた」という素晴らしい事実が「独自性」を消失させた要因ではないか。ソニーがこの「独自性」こそ自社の「強い売りモノ」であると再確認してカジを切るか、あるいは気づかず放置するか、前者なら小がＭＩＰで大になった後の見習うべき手本になるのだが。

その意味でもソニーはやはり注目企業である。

5 ソニー物語〈２〉
――「溝を掘って水を流せ」思想の伝承は？

ソニー創業者の井深大氏はジャーナリスト大宅壮一氏がある雑誌に書いた「ソニーは東芝のモルモット」に対して、それは「市場の先駆者」という意味だと捉え、一層意を強くした、と語っていた。

この逸話は井深大がＭＩＰ開発の先達であることを示す何よりの証といえよう。

そしてもうひとつの逸話は正に井深大がＭＩＰ開発の大家であることをさらに彷彿とさせるものである。

『溝を掘って水を流せ』

つまり、既にある市場に商品を注ぎ込むのではなく、市場を自ら創り出す「市場創造」という発想を商品開発の基本にせよ、ということを社内の開発者に示した言葉なのであった。

今日、この言葉は「ライフスタイルの創造」と昇華され、開発関係者の基本思想となっている、と言われる（元ソニー役員久保田幸雄氏より）。

しかし、新商品の出方を見ていると、「新しい市場を創る」という創始者の意志は、魂が抜け殻でしか伝承されていないように思えてならない。

「ライフスタイルの創造」と言ってしまうからかえって「市場創造」のニュアンスが伝わらないのか。むしろ、「溝を掘って水を流せ」のまま伝承すべきなのかもしれない。

これから大を目指す経営者はあなたが大になった後、どう伝承するかを考える上でもソニーのこれからを見守るべきであろう。

6 小林製薬の強さ

小林製薬会長の小林一雅はＭＩＰの真髄を理解し、実践した経営者である。

「小さな池で大きな魚を釣る」をモットーに昔から自ら次々とロングセラー商品を連発された。

このモットーは既存市場（大きな池）での奪い合いを避ける、というまさにＭＩＰ発想そのものである。

「あったらいいなをカタチにする」というスローガンはＣＭなどで有名だ。これも小林らしさを示す。

このスローガンも「今ないモノ」をカタチに、つまり具現化するという意味の表れであり、新市場を創造することを示している。

企業規模が拡大し、「モノマネでも勝てる」体力と実力を備えつつあることが「独自性」を追求しなくても勝てるというおごりになる時、小林製薬の強さは失われる。

〝小林らしさ〟という「独自性」こそ小林製薬の強さであり、それ故の〝わかりやすさ〟が何よりの強さであろう。

16期連続増益をつづけ、高い売上高利益率（2014年度14・2％）をさらに伸ばし、MIP経営のすごさを示しつづけるであろう。

そして、長年右の成功を研究、技術の面で支えつづけた辻野隆志副社長の存在は特筆すべきである。MIPは自社の既存技術だけに頼ることはあり得ず、内外の技術を開発したり発展させたりするノウハウが小林製薬を陰で支えている。

そして、もう1つ特筆すべきこととして「小林ミュージアム」をあげたい。過去の成功商品より、貴重なのは早く市場から消えた数々の商品である。私はそれらをじっくり眺めていて小林一雅の〝思い〟を痛いほど感じ取る。失敗商品への思いやりを感ずるのだ。

失敗商品を作り、その痛みを肌身で感じない人は成功商品にコンスタントに恵まれない。

7 大塚製薬の強さ

新市場創造型商品（MIP）を多発してきたのが大塚製薬である。2代目大塚正士の手になるボンカレーとオロナミンC、3代目大塚明彦の手になるカロリーメイト、ポカリスウェット、ソイジョイ、といったMIPを約10年間隔で発売し、すべてロングセラーにしてきた。

大塚のビジネスの基本は、
1．創る（研究と生産）ことと拡める（営業）ことに常に革新を求める。
2．創る（作るではない）ことにこだわり、モノマネをしない。
3．商品の数を追わない。良い商品を少数出し、あらゆる手法で拡販する。
などだが、その本質はMIP経営そのものである。

「強い売りモノ次第だ」と心得ている。〝今全くないもの〟が大塚から生まれてくる。この思想が変わらずつづく間は繁栄がつづく。

8 明治の強さ

乳製品業界と菓子業界に2本の足を置く№1企業。1971年「ブルガリアヨーグルト」のロングセラーをはじめ「おいしい牛乳」、「LG－21」、「R－1」と連続して高収益化。そして2015年には「PA－3」の成功。製菓部門も数々のロングセラーをもつ。

今後もMIP中心の開発で新市場を創造しつづけ、これらに次ぐMIPが連続して出ることが永続、発展の秘密である。

企業規模が拡大し、「モノマネでも勝てる」体力と実力を備えたことが「独自性」を追求しなくても勝てるというおごりになる時、粗製濫造をもたらし、明治らしさを失う。

この「強さ」を生かし、MIP中心の商品開発をコンスタントにつづける限り、立派に繁栄しつづけることであろう。次々とコンスタントにMIPが期待される企業のトップである。

9 ロッテの強さ

創業者が90歳を超えてなおカジを取りつづけ、創業の理念と独自性が多くの社員に滲みついている。これは長男の重光宏之前副社長の「消費者志向のモノづくり」の思想が支えてきた。そのことがロッテの強さであり、創業からのチューイングガム事業を長期安定的に推進。

高品質原料へのこだわりと独自性はチョコレート事業やアイスクリーム事業におよびロッテらしい独自的な商品を生み出している（雪見だいふく、クーリッシュなど）。

MIPのみが毎年売上と利益の柱だと自覚し、MIP中心の開発と優良少子化を徹底する限り繁栄は続く。

「独自的」に成長してきたことを忘れ、大企業病により目先の売上や利益を優先し、ロングセラーになるMIPの開発をあとまわしにしているように見える。この状態が解消されなければ、ロッテの強さは失われる。

2016年5月現在、お家騒動の中、MIPへのシフトを果さない限り、消費者の好イメージも活かされない。

10 日本ハムの強さ

日本一の食肉加工企業であり、国内外からの原料調達力、商品開発力、マーケティング力、いずれも業界No.1。

その強さの本質は創始者大社義規がつちかった日本人への健康貢献思想である。

原点に帰り、ハム・ソーセージを中心とした肉食の健康効用を追求し、啓蒙し、その方向に沿う「シャウエッセン」以上のMIPが開発されつづける体制次第で繁栄は続く。

肉食の健康効用へのこだわりを忘れ、メーカーとしての消費者効用をないがしろにし、力まかせの多角化に進めば消費者にとっての日本ハムのイメージはぼけていくであろう。ハム・ソーセージ市場でシェア50％を得た時、安定的成長期に入る。これからが真の正念場である。

11 バンダイナムコエンターテインメントの強さ
――「心の必需品」No.1企業になれ

合併前から強みだったバンダイのキャラクター事業が、合併後も最大の強さに見える。合併による規模拡大は果たしたが、裏腹に個性的でなくなった。

幾つかのMIPが売上、利益を毎年稼ぎ、MIPこそ企業を強くすると自覚している事業部門があることが、将来のバンダイナムコエンターテインメントを支える力となる。

「釣りスピリッツ」は最近のMIPの好例。課題は既存ビジネスを天まで伸ばす発想と実行の欠如である。この改善は利益向上をもたらすのみならず、働く人々の心のゆとりを取りもどすことに貢献するのだが。

また社名が「ゲームス」から「エンターテインメント」に変更されたことを機会に戦い合うゲームをへらし、「心温まる」、「心から笑顔になれる」MIPの開発が増え、ゲーム会社らしくなくなることが将来のバンダイナムコエンターテインメントを飛躍させることになる。

「エンターテインメント」の度合いを計測する「エンタメ度」または「エンタメジャー」を創り、世の中の「エンターテインメント」（喜び、楽しみ、幸せ）を盛り上げる企業になる時、世の中に1つしかない独自的企業になる。

まさに、「心の必需品」カンパニーを目指せ。

12 セブン&アイの強さ

イトーヨーカ堂、セブン-イレブン、デニーズ、他数々の事業を展開、拡大中の同社の強さは、鈴木敏文会長の存在そのものであり、氏の独自の消費者心理学（それはどの心理学者も及ばない深い洞察力）をベースとした数々のMIP開発力である。

セブン-イレブン自体MIPであり、その中で販売している焼き立てパンはじめ、おにぎり、コーヒー自販機など多くのMIPで構成されている。

「自己増殖」的に拡大している典型である。

将来的には鈴木会長の手法や思想が継承されるか否かにすべてかかっている。

13 トヨタ自動車について
――突出した「独自的」経営

2014年に出荷台数が1000万台を越えて世界一、純利益は2015年3月期で2兆円達成。

創業は自動織機。そこから枝分れして日本初の自動車、すなわちMIPでトヨタ自動車はスタート。

それ故、MIPで創業し超大になった企業の最たる例である。

創業以来、ずっと市場拡大をつづけ今日に至る。発展の歴史を紐解くと、普及車から高級車およびトラックといった総合自動車メーカーとして1機種ごとにロングセラーを続けた。

廃番になったのは「トヨタパブリカ」他ごくわずかと言われ、一度出すと長く販売をつづけてきた。これは天まで伸ばす精神。

トヨタのこれまでの成功は、自動車領域の中で「未充足の強い生活ニーズ」に対応して次々と市場を開拓し、総合化し、かつそれぞれの寿命を伸ばす。

「天まで」経営にある、といえる。

まさに、経営の車の両輪、既存事業(ブランド)強化とMIPの開発の見事なケースである。突出した「独自的」経営である。

14 トヨタ自動車の成長は〝自己増殖〟
——MIPの典型企業はトヨタである

80年の歴史をもつトヨタ自動車は、既存市場に後発参入することは少なく、新しい「自動車」という市場を開拓、創造を続けている企業の典型である。

既存商品との差別化でなく、生活上の問題を解決する独自商品を次々と開発し市場を創り、拡大しつづけてきた。

MIPの本質をトヨタという企業の今日までの成長軌道になぞらえて、ずっと研究を続けてきた。

トヨタの成長の姿はまさに〝自己増殖〟なのである。決して他と戦って市場を奪うのではなく、「自ら」が年輪のごとく少しずつ増殖、成長、繁栄しつづけているのだ。MIPの典型企業としてトヨタ以上の企業は見当たらない。まさに、トヨタの成長はMIPでスタートし、次々と定期的にMIPを開発しつづけた結果である。

ハイブリッド車「プリウス」、燃料電池車「ミライ」を初め、次々と画期的MIPがつづく。

また、自動車業界は他の業界と比較すると、「独自的」な企業が多い。

そのこともトヨタが共存共栄の盟主として存在できる素地となる。

このことは家電業界と比べるとその違いがよくわかる。自動車業界はトヨタに限らずそれぞれかなり独自的である。それに対して家電業界は差別化による戦略での戦いに終始している。その中で、東芝とシャープの問題が生まれているのだ。

15 「強い売りモノ」の宝庫　キリン

磯崎功典社長率いるキリンホールディングス（ＨＤ）。「豊富な人材、Ｒ＆Ｄ部門の高い技術力、医薬を含む幅広い事業ポートフォリオ。同業他社がうらやむ経営資源を備えるキリンＨＤが不振にあえぐ要因はここ10年の成長戦略の誤算にある。…（日経新聞２０１５・３・28）」

キリンの「強い売りモノ」を生かすには今までの企業買収や合併の考えを見直し、やみくもに思える海外進出をも見直し、国内の埋もれた市場の掘り起しに目をやることだ。

その結果、キリンは共存共栄の盟主の座を世の中から与えられよう。

真にキリンが輝くのは戦い合いの泥沼から自ら身を洗う時であり、それが他の見本となる。

それが十分可能なすばらしい経営資源に恵まれており、「自己増殖」的に新しい市場を創造し、それらを拡大させていく。

とり分け衰退基調のビール市場はこれから差別性ではなく「独自性」を深く追求すればむしろこれから大きな市場に返り咲く。

１００も２００も異なるおいしさのビールこそ、ビール愛飲家のかくれた「未充足の強い生活ニーズ」に応えるＭＩＰとなろう。

２０１５年に発表された「キリン対アサヒ」の戦い合い解消のニュースは、私としてはすばらしいクリスマスプレゼントであった。あの戦い合いのシンボルのようなキリンとアサヒが本当に共存・共栄で市場拡大するなら惜しみない支援を送ろう。

「47都道府県の一番搾り」も品質の均質化と対極の〝個々の土地の独自性〟が楽しめるものであり、ビール好きに支援される。

16 今、誰も知らないこれから有名になる中小企業
――この中から100億、1000億企業が生まれる

経営者が私にふれてMIPに開眼し、スタッフにMIP開発のスキルアップを促し、一方、既存品の強化をしっかり行い利益がコンスタントに出る体制になりつつある中小企業が毎年生まれている。

これらの企業の中から将来有名になり、100億を越える企業が生まれる。

〈条件〉

1．数年おきに高い成功率の適正数のMIPを開発、導入

2．既存品を独自化して、天まで伸ばす「MIP化」を徹底する

3．人を第一に考える

〈事例〉

丸高工業（高木一昌）／未来（山口俊晴）／カナエ工業（清　行雄）／オーダーチーズ（四方祥樹）／美盛（寺田信一）／伊豆山建設（伊豆山幸男）／ウッディーホーム（細木正盛）／久保田金属（久保田　隆）／ネットランドジャパン（杉田真浩）／クオルム（栗原富夫）／夢のまた夢（池田吉郷）／未来館（西野博道）／アクト（内海洋）／山上蒲鉾店（上村純正）／田代珈琲（田代和弘）／東邦工業（北村正行）／お日様の恵みネット（長原和宣）／モス（駒澤敏亘）

第16章

MIP42の法則

- ロングセラー商品となる長期No.1商品の秘密を解明するために行った「新市場創造型商品の研究」（博士論文2001年）によって明らかになった発見を法則の形でまとめた。

以下の6つの分類にまとめた。

① 成功実態や発売実態に関する法則

② 長期No.1の消費者心理に関する法則

③ 先発が少ない企業心理の法則

④ 経営上のメリットに関する法則

⑤ 成功の条件に関する法則

⑥ 経済上のメリットに関する法則

※「先発（品）」は「新カテゴリー（商品）」と同義である。

「MIP」42の法則を捧ぐ

流れる雲と語りましょう

仕事に心 ほころびたら
海を眺めに 行きましょう
仕事にからだ 疲れたら
夕日の山を 仰ぎましょう
仕事に己れ 忘れたら
流れる雲と 語りましょう

1 成功実態や発生実態に関する法則

(1) **100倍の法則**

発売数ベースで見ると、「新市場創造型商品」（ＭＩＰ）が10年以上No.1を保ちつづける確率は53・8％、後発してNo.1になれる確率は0・5％である。前者は後発の100倍の成功率である。

つまりＭＩＰは既存市場に後発参入するより100倍も成功する度合が高いのであり、新商品で成功するならＭＩＰに勝る手段はない。

(2) **互角の法則**

10年以上経過している市場のNo.1商品においては「新市場創造型商品」と後発商品の比率がほぼ互角である。したがって、定義や対象市場を変えることによって前者が優位にも後者が優位にも変わりうるのである。

従来、先発優位、後発優位の各主張が共存していたのはここに秘密がある。すなわち、発売数ベースで見る考え方が従来なかったための見かけの成功率に関する優位論争であったのである。

これは多くの経営者やマーケターに誤った認識を与えかねない事実である。

つまり現市場でのシェアNo.1を見るだけではＭＩＰの優位性は気づけないのだ。

(3) **見かけの法則**

以上の(1)、(2)より、発売数ベースで見るか、現在のNo.1の中で見るかによって、成功率が全く異なってしまう。しかし、経営者を含めて企業人は後者の観点、つまり、「見かけ」上の優位性で見ることが多いので、先発も後発も共にNo.1になれると誤解してしまう。

(4) **長期間上位の法則**

「新市場創造型商品」で先発すると10年以上経過してもその八割は上位三位までにとどまることができる。すなわち、「新市場創造型商品」は長期間上位を保つのである。

つまりＭＩＰはロングセラーになりやすいのだ。

ロングセラーの商品が複数あるとそれらは累積し思わぬ大きな売上と利益になる。

これはＭＩＰ経営の大きな魅力である。

(5) 認知されない商品の法則

人知れず生まれ、人知れず存在し、そして人知れず消えていく先発商品と後発商品がある。たとえば地方の片隅で生まれ、消費者にも小売業者にもほとんど認知されない商品は無数に存在する。

そのことは当事者以外ほとんど知るよしもない。先発商品1つに対して後発商品100以上がこのように人知れず消えていく。

(6) 市場誕生の法則

すべての市場は「新市場創造型商品」によって形成された。厳密には「革新的新市場創造型商品」によって市場は初めにつくられた。

その後、「棲み分け的新市場創造型商品」や「市場代替的新市場創造型商品」が派生的に生まれ、市場は網の目のように複雑に広がっていく。

(7) 既存化の法則

すべての新商品は、それが普及し、定着することによって、既に、新商品ではなく、既存商品となる。同様に、新市場はやがて既存市場に化ける。

それ故、「新市場創造型商品」が成功すると、多くの人々はその商品をいつまでもパイオニア商品などと考えない。企業人も同様で「パイオニア商品がよく売れている」などとは見ない。

このことも、パイオニア商品開発に積極的に取り組もうとしない背景的要因となっている。

(8) 創業成功の法則

成功した創業の65％は「新市場創造型商品」によってもたらされた。後発商品による操業の99・7％は失敗に終わった。

創業の多くは小規模での出発であり、小規模でも創業が成功できるのは「新市場創造型商品」ならではのことなのである。

(9) シェア順位の法則

10年以上経過しても「新市場創造型商品」は「1／2」の確率で№1を保つ。同様に、シェア№2にとどまれる確率は№1の「1／3」、シェア№3にとどまれる確率は№1の「1／4」であるというシェア順位の規則性がある。

(10) 生活領域市場化の法則

「革新的新市場創造型商品」は最近2年間の調査では

13・6%であり、それは現市場を構成している10年以上前に生まれた「革新的新市場創造型商品」の71・3%と比べ大幅に低率になり、その分「棲み分け的」が飛躍的に増えている。

これは以前と比べ今日ではほとんどの生活領域が既に市場化されており、類似市場がないことを特徴とする「革新的新市場創造型商品」の生まれる余地が減少していることを意味している。

しかし、このことはこれから新しい市場が生まれにくいと誤解される危険性をはらんでいるので注意を要する。いくらでも潜在市場は埋まっているのだ。

⑾ 長寿の法則

「新市場創造型商品」の8割は長寿である。このことは、商品の長寿化は生み出した後の育成努力もさることながら、生まれるまでにその多くが決定づけられていることを物語っている。長寿の秘密は生まれにある。

⑿ ブランド確立の法則

ブランドの力を強力なものとする大きな要因の1つは「新市場創造型商品」で先発することである。それは「カテゴリー代表イメージ」と「ベストセラーイメージ」を消費者に植え付ける力が強く、そのため、早期にブランドイメージを確立しやすいからである。

⒀ 百分の一の法則

パイオニア商品一つに対して後発商品は100個発売される。すなわち、パイオニア商品は発売される新商品のうちの約100分の一である。

⒁ 成功と長寿化同根の法則

長期間（10年以上）№1を走りつづけることを成功と定義すると、成功できる要因と長寿化できる要因は基本的に同根である。

そしてこの魅力的な二つの果実は「新市場創造型商品」の開発によってもたらされる確率が高い。

2 長期No.1の消費者心理に関する法則

⒂ 1／2の法則

消費者はあるカテゴリーの中から一つの商品を選ぶに際して、一定の条件を満たせば候補として選んだ中から「新市場創造型商品」を「1／2」以上の確率で選ぶ。この消費者心理が「新市場創造型商品」を長期No.1の座に保ちつづけさせる主要因である。

⒃ 空腹の法則

「新市場創造型商品」が成功する市場創造期における主要因は「空腹効果」である。

「新市場創造型商品」は、それまで満たす手段がなかった未充足の強い生活ニーズに応える商品コンセプトと、それを達成する商品パフォーマンスをもっている。それ故、空腹状態に似た消費者行動が引き起こされる。

⒄ トロッコの法則

「新市場創造型商品」が長期間にわたってNo.1の座を保ちつづける背景となる主要因は「トロッコ効果」で、それが「1／2効果」をもたらす。トロッコは動力がないので初めのひと押しを要するが、一度走り始めると妨げる力が働かない限り、物理学でいう慣性の法則に従って走りつづける。

「新市場創造型商品」の多くはこのトロッコの挙動に似て、No.1を走りつづける。「トロッコ効果」は「ベストセラー効果」「カテゴリー代表効果」および「商品パフォーマンス」の力によってもたらされる、「新市場創造型商品」がNo.1を走りつづける商品固有の力なのである。

⒅ イメージの法則

消費者は「新市場創造型商品が先発だから」という理由でそれを優先的に選ぶわけではない。「新市場創造型商品」の多くはベストセラーイメージとカテゴリー代表イメージを強く消費者に植え付け、その効果（「トロッコ効果」）により間接的に優先的に選ばせるのだ。

すなわち、消費者は、それが新市場を創造したパイオニア商品であるなどということを知っていようといまいと関係なく、その商品が放つ2つのイメージに吸い寄せられて結果的にそれを手にするのだ。

⒆ 十字の法則

「新市場創造型商品」の開発によって大地に鍬が打ちこまれ、生産、販売、広告の力によって畑が耕されていく。これが市場の創造と市場の拡大をもたらす。生産、販売、広告がなければ市場の拡大はないが、まずは商品の開発がなければ市場の創造はなく、したがって市場の拡大もない。両者は十字の関係にある。

⒇ 後発有利の法則

長期№1を保つ「新市場創造型商品」は「1／2効果」が高いが、約半数の「新市場創造型商品」は長期№1を保てない。その要因は3つある。

「追いかけ効果」の高い商品カテゴリーであること、後発に「類似市場優位効果」を発揮されること、そして、後発に「大砲による逆転効果」を浴びることである。これらの効果が後発商品によって発揮されると「1／2効果」が高いだけでは長期№1が保てないことが起こりうる。後発を有利にさせる効果である。

3 先発が少ない企業人心理の法則

㉑ リスク回避の法則

企業人の多くはパイオニア商品は失敗する確率が高いと思っており、さまざまな理由をつけてそれに挑戦することを避けている。そのことが先発商品を少なくしている1つの要因である。

㉒ 三不知の法則

多くの企業人がパイオニア商品を開発しようとしない大きな要因は、真の重要なメリットを知らないことである。

そして、仮にそのメリットを知っていたとしても、つくり方を知らない。さらに、ある成功が先発によってもたらされたとしても、それがパイオニアによるものであることを知らない。これら3つの〝知らない〟も、パイオニア商品を開発しようとしない大きな要因である。

㉓ 悪循環の法則

パイオニア商品を積極的に開発しようとしない企業人

心理の要因は、互いに関連しているのみならず、循環的につながっている。つまり、ある原因は他の結果であるという循環的なつながりである。

その結果、ますますパイオニア商品を回避する傾向に拍車がかかっていく。つまり、悪循環が完全に定着し、この悪循環を断ち切らない限り「新市場創造型商品」の意図的な開発はままならない。

図表16-1 ● MIPが生まれにくい企業内環境

悪循環を絶ってMIPの数々の経営上のメリットを最大にするために、企業内悪循環をいち早く断ち切ることが不可欠である。

この図は、「MIP」開発が進まない要因を企業内調査で集めた主なものを因果図としてつなげたものである。すべての「MIP」阻害要因が完全に因果関係として繋がっているのだ。

そして大元の要因が「MIP」開発の重要性の認識の欠如なのだ。ぜひ自社の要因を明確にしていただきたい。

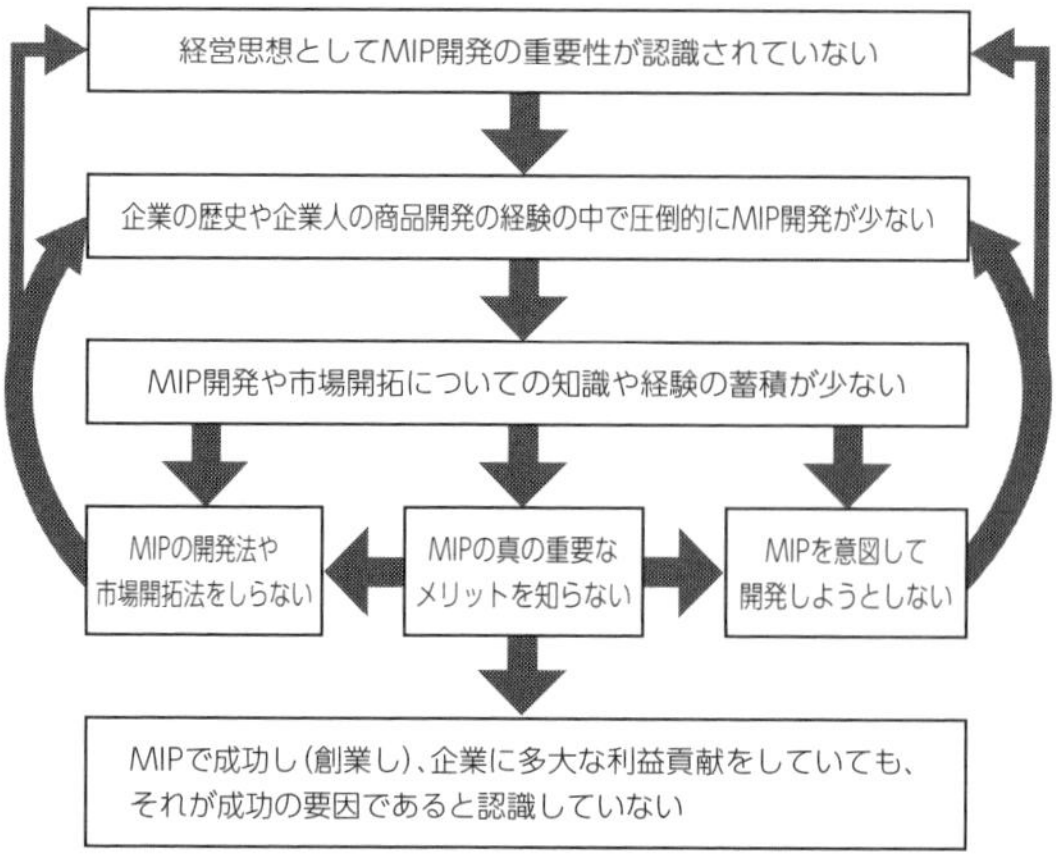

4 経営上のメリットに関する法則

(24) 長期№1企業の法則

「新市場創造型商品」を意図して開発できるようになると、その企業は長期№1商品をもつ企業になれる。これが最大のメリットである。

いかなる経営戦略やマーケティング戦略を探し求めても、このようなメリットをもたらす戦略を見出すことはできない。そしてこのメリットは以下のような数々のメリットを企業にもたらす。

(25) 長期間利益の法則

長期№1商品はその企業に長期間利益をもたらしつづけるメリットをもっている。

ＭＩＰは№1を長い間保つ確率が高いが、そのことが高利益を長期間もたらす要因である。

(26) 優良少子化の法則

長期№1商品をいくつももつ企業になると、追われるようにして新商品を乱発しなくて済むようになる。

そのため、一定以上の売上や利益が見込める商品のみを開発・導入するという「優良少子化戦略」（13章－⑯参照）が採用できる企業になれる。

その結果、ますます、利益体質の、従業員モラールの高い、そして地球環境に貢献できる企業に変身していけるというメリットをもたらす。

㉗ 世界先導の法則

世界初の「新市場創造型商品」を開発すると、世界中のその市場で長期No.1の地位を保つ確率が高い。それ故、世界の市場を先導できる、というメリットを楽しむことができる。

海外進出してその国に歓迎されるのはMIPのみである。それは既存市場を奪わないからである。

この法則の真意は先述(1)の法則が世界にも通用するという意味である。

㉘ 技術開発先行の法則

「新市場創造型商品」を開発するためには新しい技術が必要になることが多い。そのため、その企業は他社にさきがけて新技術開発にいち早く着手することができる、というメリットを享受することができる。新技術こそが不可能を可能にする。

MIP経営のメリットの1つが新技術開発にいち早く着手できることである。

㉙ 広告効率の法則

「新市場創造型商品」は後発商品で成功しようとする時と比べて圧倒的に少ない広告費で大きな効果をあげることができる。このメリットが小規模企業の創業を成功させ、どんな企業にも利益を多くもたらす要因となる。

MIPの多くは話題性に富む。そのためマスコミがこぞって記事として取り上げてくれることが多い。

そのため少ない広告費で広告効果があがるのである。

㉚ 販売効率の法則

「新市場創造型商品」は後発商品と比べて明らかに小売業の受けがよい。そのため、仮に名もない弱小メーカーでも店頭に商品を並べることが容易である。そのため、店頭配荷促進のための経費を低く抑えることができる。このメリットが弱小メーカーや創業メーカーに成功をもたらす。

ただし、MIPのための棚はないので、あらかじめバイヤーとの商談でふさわしい棚を相談しておくことが望ましい。

(31) 地球環境貢献の法則

「新市場創造型商品」は成功率が高く、長寿化することが多いので、新商品乱発による地球資源のロスが省けるし、失敗による廃棄のロスが省ける。

そのため、〝資源を再び利用して久しく留める〟「利再久留」型企業になれる。

ＭＩＰ経営の環境貢献度は非常に高い。

5 成功の条件に関する法則

(32) 未充足ニーズの法則

「新市場創造型商品」は消費者の「未充足の強い生活ニーズ」に応える。消費者の「未充足の強い生活ニーズ」に応える商品コンセプトでなければ新しい市場を創造することはできない。「新市場創造型商品」は従来の生活上の問題を解決するベネフィットをもっているので、その問題を強くもっている消費者に初回購入を促進する。そして、その商品を購入する消費者に新しい生活をもたらす。

(33) C／Pバランスの法則

初回購入した消費者に満足を与え、再購入や継続使用を促進するためには商品パフォーマンスが商品コンセプトに合致しなければならない。それが「C／Pバランスのよい商品」である。「新市場創造型商品」と言えども「C／Pバランス」がよくなければ成功しない。そして「C／Pバランス」のよい新カテゴリー商品がＭＩＰになるのだ。

㉞開発プロセスの法則

市場もなく、手本もないから「新市場創造型商品」の開発プロセスはそれにふさわしい「新市場創造型商品開発プロセス」が採用されなければならない。従来と同じ開発プロセスを踏んでいては「新市場創造型商品」を意図的に開発することはできない。

㉟新カテゴリー名の法則

「新市場創造型商品」は新市場であるから「新カテゴリー商品」と同義である。新カテゴリー商品は〝今までなかったカテゴリー〟であるから、何であるかが消費者や小売業に理解されなければならない。それ故、新カテゴリーの名前が明記されなければならない。

その具体的な条件は、

① 今までなかったカテゴリーの商品であることを印象づけやすい名前

② 何であるかがわかりやすい名前、の二点である。

㊱ブランド名の法則

新カテゴリー商品のブランド名は、そのカテゴリーの代表となるように決められることが肝心である。すなわち、「カテゴリー連想価」の高いブランド名でなければならない。これを満たすことが必要条件であり、その上で、覚えやすい、言いやすい、好イメージを与える、など、一般にいわれているネーミングの原則が考慮されるべきである。

㊲価格づけの法則

「新市場創造型商品」は直接の競合品がないので一般に価格が高くつけられる可能性がある。また、どれだけ売れるかという予測が立てにくいため、いきおい、リスクを減らそうとして価格を高めに設定して早く最小限の売上を得ようとする心理が働く。

そのことが原因となって後発商品に容易にNo.1の座を奪われることが起こる。そうならないようにするために、商品コンセプトと商品パフォーマンスに見合う妥当な価格づけと、その検証を発売前に行わなければならない。「Formula-S」はMIP固有の需要予測計算法である。

㊳参入カテゴリーの法則

「新市場創造型商品」のうち、「棲み分け的」と「市場代替的」の2タイプは類似市場がある。「市場代替的」は多くの場合、既存類似市場と比べて非連続的技術が用いられ、消費者に与えるベネフィットが高次なので、あまり心配はないが、「棲み分け的」の場合は後発品に「類似市場優位効果」を発揮されて№1の座を奪われることが起こる。

それを防いで№1を保つために、あらかじめ、その類似市場に強力なメーカーがいないことを確認する必要がある。この点を考慮しないと参入市場（カテゴリー）選択のミスによってみすみすパイオニアのメリットを自ら失うことになる。

㊴ スタートダッシュの法則

パイオニアとして先発して、単なる物理的先発で終らせないための発売初期に必要なマーケティング活動は、①早期のブランドイメージ確立と②早期の配荷である。

早い段階でブランドイメージを確立し、早く配荷を拡大しておかないと№1が長期間保てず、後発にカテゴリー代表イメージを奪われ、その結果、№1の座を奪われることが起こる。先発して長期№1を保つためには、最初のスタートダッシュが不可欠なのだ。

それが「カテゴリー代表度向上」の広販促活動である「自己増殖」である。

㊵ 後発苦戦の法則

後発商品として発売されたほとんどの商品は№1になれない。それは「新市場創造型商品」と比べて成功の条件が厳しく制約条件が多いからである。

後発商品は創るのは容易でも№1になるのは難しい。後発商品は生まれながらに苦戦を強いられる宿命をもっているのだ。

㊶ 社内条件の法則

「新市場創造型商品」を成功させるための社内の条件がある。それらはいずれも企業内改革の性格をもっている。それは大別して次の6つである。

① 真の重要なメリットを企業のトップマネジメントが強く認識する。〈経営者の意識改革〉

② 計画的に開発する仕組みをつくる。〈開発システムの改革〉

③ 固有の開発手法を採用し理解する〈手法の改革〉

④ 「人の行かない道なき道」に挑戦する〈開発思想の改革〉

⑤ 定期的新商品をあてにしない〈販売部門の意識改革〉

⑥ 手法のスキルを身につける〈独創力と洞察力のスキル〉

6 経済上のメリットに関する法則

⑷② 総需要拡大の法則

「新市場創造型商品」の開発は既存の市場の「外」に新しい市場をつくることを意味する。不況がつづく日本経済の再生にとって総需要が拡大することは重要なメリットである。

以上が、長期No.1の秘密を解明するために行った「新市場創造型商品」の研究によって明らかにした主な発見を「法則」というかたちでまとめた博士論文「新市場創造型商品の研究」の要約である。(『長期ナンバーワン商品の法則』梅澤伸嘉、ダイヤモンド社、2001年)

第17章

「市場創造学」を拓く

- マーケティングの世界で長く主流をつづける「競争優位戦略」は新しい市場を生まない。
- 市場内での奪い合いでなく、新たに市場を創造して企業の経営を良くし、総和としての経済を良くする「市場創造学」を立ち上げる。
- 「戦わず克つ」法がある。

「市場創造学」という新しい学問へ誘う

ヒトの祖先は海から陸へ

約四億年前、陸上生物の祖先"Acanthostega"は
海の生存をアキラメ、陸に新天地を求めた。
海に残った生物の中には戦いに向く体形や
トゲなどを身につけたものもいたが
その多くは死滅し、残った生物たちは
食物連鎖という掟を生み出し、
上は下を喰って命をつないできた。

ヒトは激戦場の「海」からMIP化して脱出し、
聖域を目指した祖先をもつ生物なのだ。

序 「奪い合う」マーケティングから「分け合う」マーケティングへ

いつの日からかマーケティングは奪い合いの道具になってしまった。

1930年頃アメリカで生まれたマーケティングはそれまでの市場内争奪戦による疲弊から抜け出すために「需要を創造」する道具として多くの欧米企業を救った。

多くの新しい市場が生まれ、それが日本の企業や経済をも潤わせた。

今日、マーケティングと言えば「競争優位戦略」に代表されるシェアの奪い合いが主流である。もし奪い合う道具がマーケティングなら、市場を創造し、それを分け合う梅澤流のマーケティングはマーケティングではない。

マーケティングと認められたとしても非主流である。

市場を創造し、分け合う流儀はマーケティングではないか、またはマイナーならマーケティングと言わない新たな道を拓いていこうと思う。

それが「市場創造学」である。

1 「奪い合い」からは新しい市場は生まれない

「シェア競争」、それは日常的に、一般的にどの市場でも行われている「同一市場／同一カテゴリー内でのシェアの奪い合い」である。

それをいくら徹底したからといって、そこで勝ち組になったとしても、それは既存カテゴリーの勝者にすぎず、新しい市場は生まれない。

MIPは「別カテゴリー」、「新カテゴリー」商品であるからである。

MIPでもいずれその市場に後発参入者があり、それは奪い合いではないかとの反論があるがそれは当たらない。

MIPは1／2の「分け前」をもらい、後発者が残りを「分け合う」だけである。

そもそも奪い合い市場の勝者の大半は、元来MIPとして市場を創造した商品なのだ。

2 経済が不況になっても なぜマーケティングに 助けを求めないのか

――マーケティングが「市場創造」を助けていないから

新市場の登場と経済成長は相関する。（序－⑫参照）

だからマーケティングがＭＩＰ開発をサポートするなら経済は発展するはずである。しかし、今の主流のマーケティングは競争中心なのでＭＩＰが生まれない。

それ故、不況になってもマーケティングは助けを求められないのだ。

新市場の創造がもっともっとマーケティングの中心にならないとマーケティングはいずれ国からも個々の企業からも全く期待されない学のための学のみの存在となろう。

3 なぜ「市場を創造する」活動が 活発にならないか

ＭＩＰが高い確率でロングセラーになり、高利益をあげる、という事実を多くの経営者は知らない。

それ故、ＭＩＰ開発が社内で動機づけられない。

だからＭＩＰが生まれるのは偶然の確率にすぎない。

一方、ＭＩＰのメリットを経営者が知ったとしてもつくり方を知らない。

だから失敗を恐れて担当者は消極的になる。

以上の大元に、ＭＩＰ理論がいまだマイナーで、かつほとんど知られていない、という事実がある。

私は故に一生かけてＭＩＰのメリットとつくり方を普及、啓蒙していきたい。

4 すべての市場はMIPから始まった

このことはことの他重要である。

MIPが開発されなければすべての市場は存在しないからである。

そしてMIPを意図的に開発すれば今の市場の外に、もっともっと新しい市場を生み出すことができる、ということを意味するのだ。

「MIP」が開発されなかったなら、
すべての市場は存在しないし、
経済もない。

5 MIPは普及するとMIPでなくなる
――2001年の予言

私は2001年の論文で「MIPは普及するともはやMIPでなくなる」と予言した。（16章－⑦参照）

その意味はMIPが普及すると消費者にも企業の人にもそれが市場にあるのが当たり前となり、その誕生の秘密には誰も考えを及ぼさないという意味である。

それ故、MIPの重要性を忘れる。

その理由は、そもそもMIPのほとんどは意図して開発されなかった、ということである。

多くの企業には永年売れつづけている商品があり、その大半はMIPなのであるが、意図して開発していないので、MIPとの認識がないのも同じ理由である。

6 共存共栄が日本の社会を永続させた

日本人は元来、戦い合うより共存共栄を美徳としてきた民族である。

ほんの70年間という第二次世界大戦後の期間と戦国時代の１００年を除くと２０００年以上そうであった。

経済社会も例外ではないはずである。

戦い合わない共存共栄の仕組みが必要である。その仕組みを創る学問が「市場創造学」である。

その意味からも、最近日本一企業トヨタが見せているマツダとの技術協力や水素エンジンの特許無償提供といった共存共栄活動は注目すべきものであろう。

博多のめんたいこ市場の共存共栄、羅臼の海のイカ釣り漁師の共存共栄に共通するものは市場の保獲であり、永続である。

7 日本的「独自性」を見直すのは今

日本的な「独自性」を再確認し、「差別性」をのみ強調しすぎた弊害を見直すのは今。

日本民族は独自的であり、独創的である。決してモノマネ民族ではない。海外のものを取り込み独自化する力に優れている。

そのまま鵜呑みにせず、〝日本的なもの〟に昇華させる力はすばらしい。

日本的独自性を再確認し、それを生かす経営や「強い売りモノ」づくりの方法を構築するのだ。

8 勝ち組だけが潤う社会は日本人の心になじまない

今日の競争社会では、勝ちが「正」、負ければ「悪」の構図になっている。

子供の頃から戦い合い、他との差で区別される習慣が身についており、「戦い合わない」という考えがピンとこなくても当然である。

しかし、元来、日本人の心には受け入れられるものである。

「競争優位戦略」の呪縛は、そのデメリットを識ることで徐々に取り除ける。

日本武道の「受けてたつ」精神は、MIPが市場を先導し、いずれ後発参入を待つ時発揮される。

MIPは攻撃しないのだ。後発参入を待って後発者を受入れるのだ。

9 日本の古典的農業が〝日本的なもの〟の原点

土を耕し、種をまき、育てる、という古典的農業。これは戦い合わずに繁栄するMIP理論の真髄であり、手本である。

土にしばられる代わりに土を大切にし、天候に左右されながらも逃れられず、だからこそ天を仰ぎ神を見る。水の中にも神を見、森の中にも神を見る。

MIPはまず土地探しから始まる。定めた土地の土を耕し、種をまき、育つように祈り、手をかけつづける。

日本の伝統的農業はMIPの手本である

10 「禅」の心は日本的なものづくりの精神

スティーブ・ジョブズは「禅」をかなり熱心に学び、それをご自分の精神的支柱にされたと述べている。氏はアメリカ人でありながら、日本の多くの人々から〝本能的〟に愛されているように思われるが、それは氏から「禅」的な空気を直感するからかもしれない。

とまれ、MIP開発の天才、スティーブ・ジョブズを精神的に支えた「禅」はまた、今まで述べてきた〝日本的なもの〟づくりの精神的支柱とするには、これ以上のものはない。

「禅」がMIP開発の精神的支柱になるかもしれない。「禅」をもっと学ぼう。

11 「市場創造学」たる所以

新しく市場を創造する手法や理論、そして新市場を創造する実務的価値を論ずるに当って、マーケティング、経済学、心理学、経営学、工学、でもない独自の学問体系が必要のように思われる。

そもそも筆者等はこのMIPを研究する（社）日本市場創造研究会において研究領域の中に創造性、消費者心理、起業、未来洞察、商品開発などと共に、「技術系」あるいは「工学系」の研究も含めているが、これらすべてを包括する学問はないと思われる。

故に「市場創造学」または実学であることを強調して「市場創造工学」の名称がふさわしい。MIPは企業にとっては実務に役立つので、「工学」がふさわしい。

しかし、これから研究者がもっと参加してMIPの真理探究の研究も不可欠とすると「工学」だけでは片寄る。そこで「市場創造学」とした。実務に役立つ学問として、「工学」を含む「市場創造学」を立ち上げる。

12 「創市者」

これからの「市場創造学」のためのキーワードとして2つの名称を提案する。

その1つは「創市者」である。

市場を創造した個人や団体を敬意を表して呼ぶ名である。それ以上の詳細な定義は今はない。

もう1つは「創市者賞」である。

今後、「創市者」を毎年、何らかの基準で表彰し、市場創造活動を活発にさせるきっかけづくりにしたい。

「創市者」を尊び、表彰することは市場創造活動を活性化させる。

13 市場を「奪い合う」のでなく市場を「創造する」道がある

大企業に成長した後、企業買収に頼ることなく、一層充実した企業になれる道があることを示しつづけていきたい。

大企業に成長できた勝ち組の企業は、企業買収という道を選ぶ。しかし、その道は身の丈に合った成長とは言えないケースが目につく。規模だけが拡大し、中味は脆弱化する。

それがうすうすわかっていても、その道を選ぶしか、他に道はない、と思われているのが現状。

「戦い合わない共存共栄」の「独自化」による「市場創造」という道が企業繁栄の道としてあることを示していきたい。

市場を「奪う」のではなく市場を「創造する」という道がある。

この「市場を創造する」という道の正しさを、2章-⑪に示したMIPたちが明瞭に示している。

14 奪い合いのメリットとデメリットを冷静に識れ

マーケティングの主流である「競争優位戦略」は戦い合い、奪い合いのマーケティングである。

図表17－1で見たように戦い合わない聖域化策と比べて奪うことのデメリットは致命的である。

そして戦い合うことのメリットは経営的に見て利益に直結しない。かろうじて勝ち組にとっては有利、というメリットがあるのみである。

それ故、奪うことのデメリットを経営者が気づけば戦い合う戦略がいつまでも主流でありつづけるはずはないものと思われる。

今までは「奪い合う」ことが当然のことであり、「戦い合う」しか繁栄、成長の道はない、と思われていただけである。

15 奪い合うのはゲーム ――ゲームで敗れても死なない

ゲームやスポーツは戦い合うものが多い。ビジネスはゲームでもスポーツでもない。ビジネスである。戦い合うビジネスの先は危い。

私は奪い合わないから長い間〝生きている〟。私のMIPは戦い合わないから何十年もロングセラーをつづけている。

類人猿で人間に一番近いチンパンジーとボノボ。人間のDNAにはチンパンジー的なものとボノボ的なものの両方が色濃く在り、前者は攻撃的、後者は平和的な傾向である。

共に根深く本能として人間の行動を左右している、と考えられている。つまり、奪い合うのはチンパンジー的、戦い合わないのはボノボ的なのである。

共に本能的な根深いものだ。しかし、前項でみたとおり、奪い合うビジネスは致命的なデメリットをもっているので、その選択から早く脱皮しなければならない。

図表17-1 ● 戦い合う/メリット・デメリット
(非MIP開発企業　経営者アンケート)

奪い合う「競争優位マーケティング」のメリット	そのデメリット
a. No.1（勝ち組）の売上、利益が高い b. 市場がある/見える c. 勝つ快感 d. 社員の志気、団結力高まる e. 商品開発しやすい f. 従来どおり開発に慣れている g. 市場が活性化する h. 需要予測に慣れている i. 戦い合って品質向上 j. 戦い合ってコスト下がる k. 戦い合って技術向上	a. No.1（勝ち組）以外利益うすい b. 競争優位のためのコストがかかる c. 価格競争に明け暮れる d. ロングセラー少ない e. 売上、利益の累積性低い f. 売上が小粒のまま終売するケース多い g. 市場が荒れること多い h. 攻撃的で血を流す i. 倒産する可能性が高い j. 消費者より競合に関心が向かう k. MIP開発に人、物、金がまわらない l. 成功商品の確率が低い m. 戦い合うことが目的化 n. 海外進出が歓迎されにくい（進出国から） o. 海外の先はない p. 話題性がない/低い q. 広告効率低い
→ 以上まとめると 1. No.1（勝ち組）に有利 2. 市場があり、見えているので何をするかわかる 3. 勝った時の喜びがあり、従業員心理を操作しやすい 4. 慣れていて活動しやすい 5. 切磋琢磨で技術が高まる	→ 以上まとめると致命的 1. 一部を除いて利益が少ない 2. 先の破綻に目をおおい惰性的 3. 一定率の倒産は必然的に発生

戦い合いや、攻撃し合うことは人間の血に流れて、避けがたいものであるが、その本能を少しでも解消するために、スポーツやゲームで奪い合うがよい。

ゲームやスポーツは人間が発明した奪い合い本能解消法であり、少しでも攻撃性を沈潜化させる人類の歴史が育んだＭＩＰである。

ゲームやスポーツで奪い合え！

ビジネスでは奪い合いから早く脱皮せよ！

ゲームで敗れても死なないが、ビジネスでの敗北は死だ。

16 奪い合う先は海外？ さてその先は？

とっくの昔からそうだが、国内での戦い合いでは企業の胃袋が満たせず、海外進出する企業はずっと増えている。その売上も膨大になっている。

日本から見れば昔から外資が上陸し、日本での新しい市場を生み出したり、既存市場で戦い合ったりしている。

日本から進出するにせよ、日本に上陸するにせよ、その地に新しく市場を生み出す場合と既存市場で戦い合うのとでは大変な違いである。

実は新しく市場を創造することはその地で歓迎されることが多いのだ。

しかし、海外進出してその地で戦うのは、苦戦を強いられることが圧倒的に多いのだ。

それでも企業の胃袋を満たせるのだから良いではないかと言われる。

しかし、その先を考えているのだろうか。海外進出の先は宇宙とでもいうのであろうか。

国内にいて、国内に新しい市場を創りつづければまだ十分に新しい産業が興って、個々の企業が潤うのみならず、国全体が潤うのである。

海外で成功できるのはその地に新しく市場を創造する場合にほとんど限られている。

現地の企業や商品と戦わないだけでなく、働く場の提供になるので、その国の行政や経済界から歓迎されるのだ。

ベトナムのエースコックがその好例である。

17 地球は共存共栄でしかもたない

――企業の勝ち負けではなく、地球の資源を大切に使わせてもらい、地球に返すための共存共栄が不可欠

この地球、母なる大地は今までのような戦い合いのビジネスがつづけばとてももたない。

こんなことは筆者がいうまでもなく、ほとんどの国の多くの人々は知っている。しかし、問題は「知っているのに止められないうねり」である。この「うねり」を止めることは途方もなく困難であるが、国や企業の共存共栄でしか地球はもたない。「地球を守る」などと言うなかれ、地球は人類に守られなくても存在していける。

「私たちは地球からの宝物をなるべく大事に分け合って、育みながら、使わせていただく」といわなければならない。そして少しでも返還することも考えなければならない。

さもなくば、遠からずして地球の生態系から外へ放り出されるであろう。

18 世界経済も日本経済も共存共栄の仕組みが不可欠

——市場創造主は「分け前」を後発者は残りを「分け合う」仕組み

生き物の戦い合いの大半は食べ物の奪い合い、すなわち命の確保。

人類の戦いの多くも食べられる環境を確保するための、いわば食糧戦争。

食べ物が十分あり、生きる環境が確保されれば戦い合いは限りなく減るのだ。そのための世界や日本の経済のしくみをつくるためには自由主義原理に基づき、

⑴市場を創造した企業は「1／2」の分け前

⑵後発企業は残りを「分け合う」

というルールづくりと手法が必要となる。これが「共存共栄」のイメージである。（4章－⑤参照）

あまりに経済学にうとい、と酷評されよう。しかしそれなら、その経済学が豊かな地球、人類の生存環境をもたらしているかが問われなければならない。

上記の考え方を一層徹底させ、より理想に近づけたのが7章⑮の「MIPのれんシェアシステム」である。

このシステムは「のれんオーナー」（初めにMIPを創った企業）が、協業企業をさそって「のれんパートナー」（そのMIPを協力して拡大させる）を組織化し、共に「聖域」に入るというものである。

図表17-2 ● 戦いの経済と非戦の経済の比較表

	戦いの経済 (競争優位戦略)	**非戦の経済** (共存共栄)
モットー	(1) 効率化 (2) 時短化 (3) 遠隔化 (4) 戦いに勝利	(1) 手作り／手作業 (2) ゆったり (3) 大家族化／村化／顔が見える／思いやり (4) 自己増殖
気持ち	(1) 競争心（勝ちたい） (2) 競争心（負けたくない） (3) あせり (4) 怒り	(1) ぬくもり (2) ゆとり (3) 思いやり (4) 愛 (5) 協力
ビジネススタイル	(1) 大量生産 (2) 恐怖心 (3) 量販店 (4) 戦い合い／奪い合い (5) 業界支配	(1) 個対応少量生産 (2) 客の顔が見える (3) 小さな魚屋／八百屋 (4) 共存共栄 (5) 非支配
地球資源	(1) 廃棄物多量 (2) 資源多消費	(1) 廃棄物ゼロ (2) 資源最少消費
誇り	(1) 勝者としての誇り (2) 支配者の誇り	(1) 平和の誇り (2) 永続の誇り (3) 開拓者の誇り
主義	(1) 企業を第一に考える (2) 利己主義	(1) 人を第一に考える (2) 平和主義

幸福と
平和な社会
「非戦主義」

19 ＭＩＰの増殖力
——競争の限界

ＭＩＰの真髄は戦い合わず、独自的に繁栄することである。それが１００倍の成功率、ロングセラー、強いブランド、高利益を生みつづけるのだ。

このＭＩＰがどんどん拡大、成長していく本質は「自己増殖」(self-multiplication)と呼ぶべき力である。

決して他を喰ったり、奪ったりすることなく、自己増殖的に拡大するのがＭＩＰなのだ。それ故、ＭＩＰの本質的な拡大の力を「増殖力」と呼びたい。

大多数の企業がとっている「競争優位戦略」は新しい市場を生むことができない。競争の限界は正にこれに尽きる。

「市場創造学」は「強い売りモノ」を創り、企業を自己増殖させる理論や手法を研究する学問と位置づけたい。

正にトヨタ80年の歴史が上記を証明して見せてくれる。

20 歓迎される「グローバル政策」

「グローバル政策」とは海外に「市場」を求める企業行動である。

それには2つのタイプがある。

その1つは海外各地の「市場」に後発参入し、シェアを奪いにいく政策である。

もう1つは海外各地に「新しい市場」を創造する政策である。

永続的成功は後者においてのみ与えられる。

これが成功するグローバル政策だ。奪い合わずに市場を創り、雇用を創るから歓迎される。それ故、成功するのだ。

21 「市場創造学」の定義と概念図

「市場創造学」とは、売れる商品を創るために「市場を創造」し、一層売れるよう天まで伸ばすために「市場を拡大」させ、企業経営と世界経済を安定的に保ち、地球環境を保護することによって、人々の幸福を考える、生活と生活者そして商品や市場および企業行動を研究する学問である。

図表17-3 ●「市場創造学」の概念図

〈人々の幸福を考える〉

市場の創造		市場の拡大
○MIP 開発　○MIP 化	＋	○カテゴリー代表度向上
＝		＝
(1) 消費者の生活上の問題を解決して市場を創造する商品やサービスを開発するMIP開発。 (2) 既存の競争市場から独自化するMIP化。		カテゴリー代表度を向上させることによってブランドを強化し、市場を拡大し、先導しつづけ、「聖域」を目指し、守る
新カテゴリー化		自己増殖化
＝		＝
〈売れる商品を創る〉		〈一層売れるよう天まで伸ばす〉
＝		＝
戦わず、奪わず、新カテゴリー市場を創り、長い間の利益の種を蒔く		戦わず、奪わず、自己増殖的に利益を累積させつづける
＝		＝
〈成功率向上〉		〈ロングセラー化〉

戦わず、奪わず、安定成長させる〈聖域化理論〉㉒参照

22 「市場創造学」を支える主な理論

——「新市場創造型商品の研究」（博士論文 2001年）
——「聖域化理論」

〔1〕カテゴリーを創造し、その代表になりつづけることが、企業に長期間利益を与えつづける。

〔2〕カテゴリーの代名詞になった商品を消費者は高確率（1／2以上）で購入する。

〔3〕カテゴリーシェアNo.1の商品を消費者は高確率（1／2以上）で購入する。

〔4〕消費者の「生活上の問題」を解決するとMIPになる。

〔5〕「生活上の問題」を解決すると競合品がない独自的な新商品となる。

〔6〕「独自的」な商品は競合品が出るまで独走でき、競合品が出ても1／2以上のシェアを長くつづけられる。

〔7〕MIPには3タイプあり、いずれも「生活上の問題」を解決する。

〔8〕MIPが10年以上シェアNo.1を保つ確率は1／2であり、後発してNo.1になれる確率1／200の100倍の成功率である。

〔9〕GDP対前年伸び率はMIP誕生数と相関する。

〔10〕C／Pバランスが良いだけではロングセラーにならない。「新カテゴリー」であることがロングセラーの条件であり、それを満たすのがMIPである。

図表17-4(1) ● 戦わず、奪わず、安定成長させる「聖域化理論」

〈商品の位置づけ〉

		競争市場（戦場）	新市場（非戦場）
		フォロアー(追随者)	パイオニア(開拓者)
カテゴリー代表度	50%以上	〈戦場勝者〉 0.5%	〈聖域の主〉 50〜80%
	50%未満	0% 〈戦場敗者〉	100% 新カテゴリー化 〈聖域の新人〉

MIP化　MIP開発　自己増殖

枠内%はNo.1になれる確率

図表17-4(2) ● 戦わず、奪わず、安定成長させる「聖域化理論」

〈とるべき策〉

		戦争市場（戦場）	新市場（非戦場）
		フォロアー（追随者）	パイオニア（開拓者）
カテゴリー代表度	50％以上	フォロアーでもカテゴリー代表度がパイオニアと同等か高くなれば、0.5％の確率（1/200）でNo.1になれる。しかし、そのためには費用がかかりすぎ大資本の企業にしかとれないし、また、パイオニアとNo.1の奪い合いが交互につづく、エンドレスに出血がつづく。 そこでとるべき策はパイオニアと共存共栄（棲み分け）を計ることである。	パイオニアとしてカテゴリー代表度が50％を超えれば、No.1を長く保つ確率は50％となる。しかも、3つのMIP阻害要因を除去すれば最大80％までその確率を高めうる。 そして「1/2効果」によってシェア1/2を長く確保できる故に、売上と利益を高めるには市場拡大を策とすることである。
	50％未満	強みがあれば独自化（MIP化）して戦場から脱しない限り、長期間安定して売上、利益を高めることはできない。 もし、強味がなければ市場から撤退する。	カテゴリー代表度が50％を超えるまで高めつづけ、自己増殖すべし。 フォロアーが参入してきても決してそれらと戦うことを避けること。

23 未来はパイオニア商品だけとなる

──「聖域化理論」未来図

戦い合い、奪い合いを止め、非戦のMIP経営に切り換えていくと、理論的にはフォロアが不在となり、市場を初めに創ったパイオニア〈のれんオーナー〉と協業者である〈のれんパートナー〉のみの存在となる＝「1市場1のれん」。両者が力を合わせて自己増殖をつづけ、やがて「聖域」に入る。

その時、もはや「ブランド」や「ブランディング」は不要となる。つまり、「ブランディング」とは戦い合い、奪い合いにおける差別化法なのだ。

そして新商品開発といえば、MIP開発とそのライン拡張品のみとなる。

以上はそうなるという予言というより、そうなることが望ましいという理想論である。むろん私はそれを目指す。

図表17-5 ●「聖域化理論」未来図

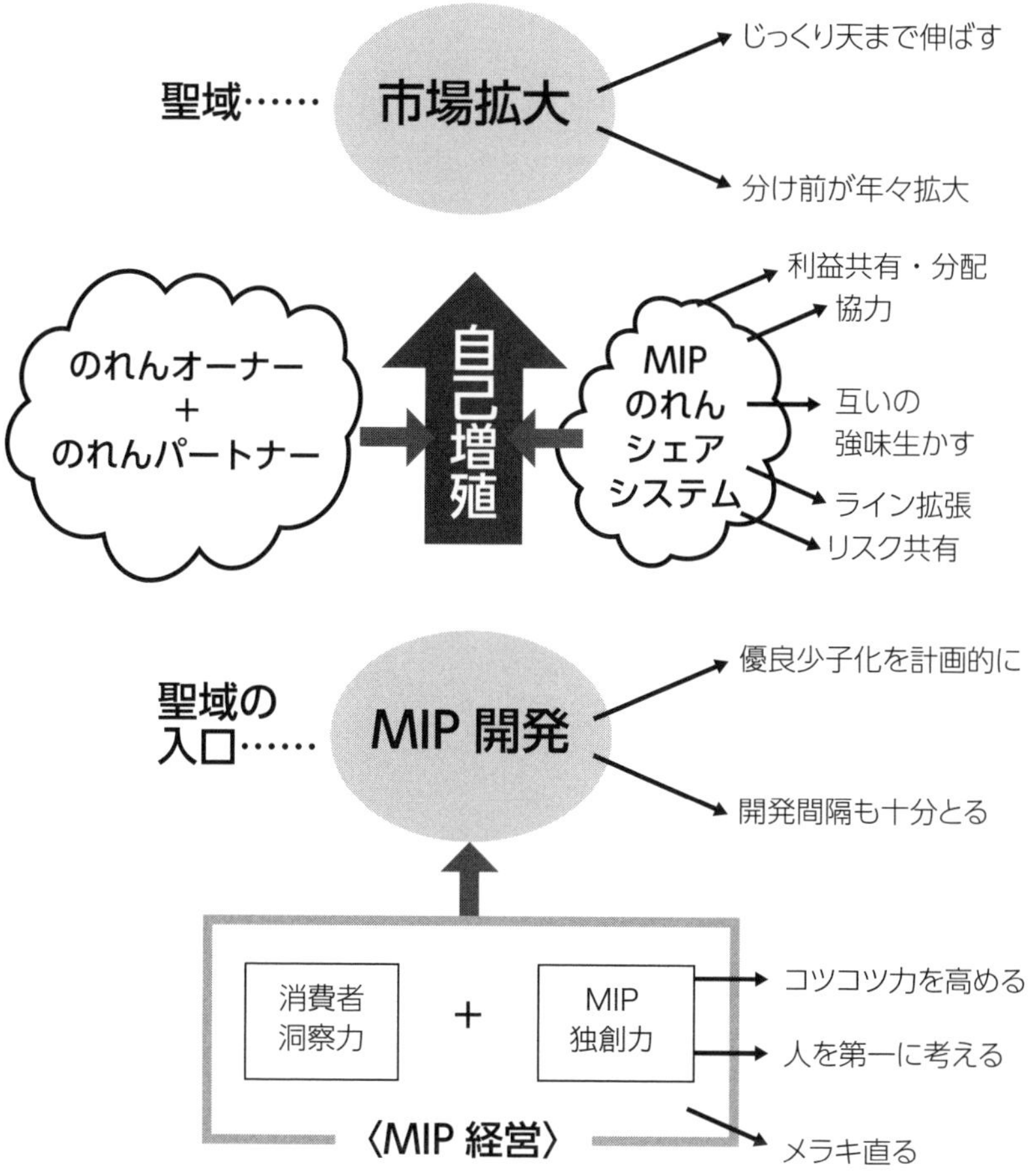

《1 市場はのれんオーナーとパートナーのみ》

24 ＭＩＰのれんシェアシステム

――協力して聖域へ向う

〈目的〉

ＭＩＰ開発と拡大に伴うリスクを最小にして参画企業が協力して聖域へ入り、経営を長期的に安定的に発展させ、経済、平和、社会、地球に貢献するために、ＭＩＰ経営をしやすくすること。

〈方法〉

のれんオーナー

1．ＭＩＰコンセプトを開発し、1つのカテゴリーを創出。
2．基本特許、商標（のれん）登録。
3．ＭＩＰ開発（1）―のれんパートナー協力。
4．ＭＩＰ開発（2）―のれんオーナーのみ。
5．共同開発およびカテゴリー代表度向上のため「のれんパートナー」募集。
6．契約し、スケジュールを共有化。
7．資金や責任等を分担して共同作業。
8．2回目以降も共同で次へとＭＩＰ開発。
9．「ＭＩＰのれんシェアシステム」の運営。

のれんパートナー

1．運営資金として協賛金を拠出。
2．ＭＩＰ開発能力や同業、異業、規模不問。
3．平和主義、共存共栄思想に共鳴し、理念を共有。
4．開発、販売、生産、広告、投資、労力などの分担。
5．ＭＩＰ開発力を身につけた企業はのれんオーナーとして協賛企業を募集できる。
6．消費者の立場でも参加でき、生活者としての発言が生かされる。

〈メリット〉

のれんオーナー

1．リスク少なくＭＩＰ経営ができる。
2．応分の分け前が受けられる。
3．ＭＩＰのメリットが最大限生かされる。

4．戦わない経営ができるので、従業員の心身の平和が保てる。

のれんパートナー

1．ＭＩＰ開発力が身につく。
2．ＭＩＰ開発力がなくても聖域へ。
3．力を合わせて新市場を創造し、拡大させ、経営、経済、平和に貢献できる。
4．戦わない経営が導入できるので従業員の心身の平和が保てる。

〈思想と参加資格〉

1．非戦主義で互いに協力し合って経営を行う。
2．参加資格―ＭＩＰ経営の4つの理念に賛同し、守ることができる人や法人。

〈成功の条件〉

1．ＭＩＰ開発、ＭＩＰ化などＭＩＰ経営の実力を備えること。
2．ＭＩＰ経営の理念を誇りとし、徹夜して経営の指針にすること。
3．システムの運営をするための協賛企業の募集や運営を行う機構をもつこと。

〈夢―平和な社会にとって正しいと信ずる限り、この道を歩む〉

1．1つの市場を協業企業（者）チームのみで開発、拡大させ、市場内でのシェアの奪い合いをなくす。「ＭＩＰのれんシェアシステム」を理論的にも実践的にもレベルアップしていく。これこそ世の中から戦い合いをなくし、企業経営も経済も安定的に成長させ、人々が幸せいっぱいに暮らせる共存共栄の道を拓くことになる。
2．人々はこれを妄想と一笑に付すか、無視するにちがいない。しかし、私は永年、幾つもの〝妄想レッテル〟を貼られ、そしてその都度乗り越えて歩んできた。一生涯をかけて、不退転の決意でこれを推進する努力をつづけたい。
3．この「ＭＩＰのれんシェアシステム」は表面的に独占禁止法に違反するように見える。しかし独禁法はアメリカの意を受けた、公正な競争を促す法律であり、「ＭＩＰのれんシェアシステム」では競争をしないのだから〝公正〟も不公正もない。しかも、独禁法の上位目的は公正な経済であり、平和な社会である。「ＭＩＰのれんシェアシステム」はこの上位の目的を戦わずして十分に果たすのだ。

いずれにせよ法規制をクリアし、その他数々の課題をクリアしてこの「ＭＩＰのれんシェアシステム」を完成させる努力をつづけたい。各位のご助言やご提言、そしてご協力をお願いしたい。

繁栄は力合わせて「のれんシェア」

あとがき　〝完全に〟戦わない経営は実現できる―再び新たな高嶺を目指して―

ＭＩＰは「聖域化理論」をふまえて戦い合わず、独自的に繁栄する、まさに「最強の売りモノ」であることを知っていただいたであろう。

１００倍の成功率、ロングセラー、強いブランド、高利益を生みつづけるのだ。

このＭＩＰ拡大の本質は「自己増殖」と呼ぶべき力である。それ故、ＭＩＰの本質的な拡大の力を「増殖力」と呼びたい。

このＭＩＰ経営の対極にある多くの企業が行っている競争優位戦略は新しい市場を生まない。

↓既存市場での奪い合い↓海外での奪い合い

↓その先はない

「競争の限界」はまさにこれに尽きる。

ＭＩＰこそが「最強の売りモノ」であることを知った経営者、あなたはもはや迷うことなく企業内を革新してＭＩＰ体質の企業に舵を切って欲しい。全力で応援したい。「ＭＩＰ経営塾」で共に学ぼう。

トヨタ自動車がＭＩＰ企業の典型であることはトヨタの歴史が証明している。

あなたも第2、第3のトヨタに向けてスタートのスイッチを入れよう。エンジン全開にしよう。

そして社会に貢献し、従業員を幸せにし、地球環境にダメージを与えない、「利再久留」型の立派な企業になっていただきたい。

長寿の老舗企業になるもよし、１００億、１０００億超の大企業への道もまたよし。

『日々のご努力に敬意を表し、大成功を祈る！』

追記

感謝

数々の成功と失敗の体験とそこから得られる教訓を生々しく教えてくださった経営者の方々。

ＭＩＰ開発を共に協力して血みどろになってくださった方々。

本書出版に大きなお力をくださった同文舘出版の青柳裕之様。

資料の収集、整理で助けてくれた商品企画エンジン㈱の梅澤大輔社長、高橋真子さん、樋口祐子さん、そして私の理論と手法の問題点を数々気づかせ、改良の知恵をくれつづけ、この本作りを一緒に苦労してくれた梅澤研究室の由井千秋さん。本作りに没頭させてくれて、世のためならと〝道なき道〟を進む努力を支えてくれた家族に心より感謝し、この本を贈る。

２０１６年４月21日

76歳の誕生日を前にし、

『30年売れて儲かるロングセラーを意図してつくる仕組み』

（日本経営合理化協会出版局）の出版記念講演会の日に

著者

〃道を拓く〃

戦い合わずに
互いに栄える道を拓き
自らのためでなく
多くの人々に
その道を教え
その人々が
また多くの人々に教え
皆が栄合える世を
夢見る

❖梅澤成功商品「MIP」開発スクール❖

学べること

企業の発展には、新収益源となるロングセラー商品やサービスが不可欠です。しかしながら、現状は、短命に終わる商品やサービスがあとを絶ちません。このスクールでは、30年以上売れ続くロングセラーを、偶然ではなく、〝意図して〟生むための手法を習得することができます。

特徴

✓ロングセラー商品開発力の高い人材育成

新商品の成功率が向上する理論と手法をマスターできるので、利益の向上に役立つ人材が育ちます。

✓成功率の高いMIP開発力修得コース

40年以上の実績と理論に裏打ちされたシステマティックな手法なので、社内でノウハウを共有・フル活用できます。

✓消費者ニーズに詳しい人材育成

消費者心理を深く知る「洞察力」と天才コンセプトを生み出す「独創力」の両方が磨かれるので、新カテゴリー商品（MIP）をコンスタントに生み出す人材が育ちます。

✓梅澤伸嘉が直接指導

「キーニーズ法」と「S-GDI（キーニーズ洞察法）」の創始者、梅澤伸嘉が直接指導する唯一のコースです。

2つのプログラム

MIP開発の基本プロセス習得プログラム

MIP開発の基本プロセスを網羅したプログラムです。参加方法は以下の2パターンあります。

①**本コース（通い）**：スクールへ通って、さまざまな企業と一緒に習得します。

②**企業内コース**：各企業内にて、実施します。ご要望に合わせて自由にコース内容のアレンジが可能です。（オール／単発／組み合わせ）

《企業内限定》S-GDI内製化プログラム

自社でS-GDI（キーニーズ洞察法）を内製化できる人材を育成する企業内限定のプログラムです。「本コース（通い）」では実施していません。

MIP開発基本プロセス習得プログラム一覧

本コース(通い)日程

1	**スクール全容紹介**	スクールの目的、主な内容理解、何が習得できるかがわかる	1日
2	**成功商品開発とブランド強化「基本理論」**	「C/Pバランス理論」「未充足ニーズ理論」「MIP理論」「No1ブランド戦略理論」を学ぶ。	1日
3	**消費者ニーズ徹底理解実習**	「消費者ニーズ・ハンドブック」240の法則をケーススタディを通じて深く理解する。	3日
4	**MIPの理論と実践ロングセラー商品の作り方**	MIPの理解と潜在ニーズ発掘法を学ぶ。	1日
5	**キーニーズ洞察法による潜在ニーズ発掘実習**	「S-GDI法」の全体像の理解とそれによる潜在ニーズ発掘の練習をする。	1日
6	**商品コンセプト開発キーニーズ法（ニーズ型）実習**	数々のロングヒット商品を生み続けている「キーニーズ法」のニーズアプローチを学ぶ。	2日
7	**独創的アイデア発想法実習**	ユニークなアイデア発想のコツを学ぶ。(AHAゲーム、メラキア発送法、強制結合法)	1日
8	**商品コンセプト開発キーニーズ法（シーズ型）実習**	自社の技術を活用し、消費者ニーズに応える商品コンセプトの作り方を実習を通じて学ぶ。	2日
9	**商品コンセプトのシステマティック評価／改良実習**	S-GDI法の司会実習とその反応を元にしたシステマティックな結論付け/改良点の抽出法を学ぶ。	2日
10	**表現コンセプト開発実習**	コンセプト開発の集大成。手作り広告とパッケージ作りまで実習で行う。	2日
11	**設計品質づくりとシナリオストーリー**	商品パフォ-マンス開発のための設計品質づくりと売り方のヒントを得るための「シナリオスト-リ-法」を学ぶ。	1日

詳細は次ページ各コースのページをご覧ください。

《企業内限定》S-GDI内製化プログラム一覧

消費者ニーズの法則	消費者ニーズについて深く理解し、活用できるようにする	**期間:3日間**
S-GDI概論	早く、安く役に立つS-GDIについて関係者の理解を得る	**期間:1日間**
プロ司会者養成	プロ司会者として内製化できるレベルに技能養成	**期間:8日間**
システマティック分析技能養成	S-GDIの目的別分析法をマスターし、内製化できるレベルに技能養成	**期間:1日間** (1目的当り)
上位下位関係分析法	消費者ニーズの層構造を知る―未充足の強い生活ニーズを発掘―	**期間:3日間**
因果対立関係分析法	すべての行動・心理の実態と本質理解	**期間:3日間**

詳細は商品企画エンジン(株)までお問い合わせください。

梅澤伸嘉著書一覧

書名	出版社	発行年
『商品開発のための消費者研究』	日科技連出版	1972（共著）
『消費者調査のすすめ』	日本繊維製品消費科学会	1972（共著）
『消費者ニーズをどうとらえるか』	ダイヤモンド社	1977（共著）
『グループインタビュー調査』	ダイヤモンド社	1981
『食品産業における新製品開発』	恒星社厚生閣	1983（共著）
『消費者ニーズをヒット商品にしあげる法』	ダイヤモンド社	1984
『幸せを売る』	誠文堂新光社	1985（編著）
『生活者からの発想によるキーニーズ法商品コンセプト集（1）（2）』	日本能率協会総合研究所	1985
『ヒット商品づくりの文法』	ダイヤモンド社	1986
『グループインタビュー実践マニュアル』	日本能率協会総合研究所	1986
『企業分化革命』	ダイヤモンド社	1988
『商品コンセプト開発マニュアル』	日本能率協会総合研究所	1988
『創造性開発訓練講座（企業と人材）』	産業労働調査所	1988.7-1989.6
『商品力開発コース（通信教育テキスト）』	日本コンサルタントグループ	1991
『メラキアの発想』	ダイヤモンド社	1992
『成功商品開発マニュアル』	日本能率協会総合研究所	1992
『実践グループインタビュー入門』	ダイヤモンド社	1993
『消費者ニーズの法則』	ダイヤモンド社	1995
『消費者は二度評価する』	ダイヤモンド社	1997
『長期ナンバーワン商品の法則』	ダイヤモンド社	2001
『長期ナンバーワン商品の法則（中国語版）』	三思堂	2002
『長期ナンバーワン商品の法則（韓国語版）』	Kmabook	2003
『ヒット商品開発』	同文舘出版	2004
『The Winning Formula Market Initiating Products』	STERLING PUBLISHERS	2004
『最新　成功商品開発マニュアル』	日本能率協会総合研究所	2004（共著）
『グループダイナミックインタビュー』	同文舘出版	2005（編著）
『消費者心理のわかる本』	同文舘出版	2006
『ヒット商品打率』	同文舘出版	2008
『ヒット商品開発〈第2版〉』	同文舘出版	2009
『消費者心理のしくみ』	同文舘出版	2010
『「アイデア」を「お金」に変える思考ノート』	かんき出版	2013
『消費者ニーズ・ハンドブック』同文舘出版	同文舘出版	2013
『最新　新市場創造型商品コンセプト開発マニュアル』	日本能率協会総合研究所	2015
『30年売れて儲かるロングセラーを意図してつくる仕組み』	日本経営合理化協会出版局	2016

【著者紹介】

梅澤　伸嘉（うめざわ　のぶよし）経営学博士

1940年生まれ。日本大学大学院（心理学）卒業、文学修士。愛知学院大学大学院経営学研究科修了。サンスター㈱研究所、研究開発部を経てマーケティング部調査課長、ジョンソン㈱マーケティングリサーチマネジャーとして入社、新商品企画グループリーダー、マーケティングサービスマネジャーとして各種商品の開発、導入のかたわら、キーニーズ法、アッハゲーム、行動分析法、C／Pテスト、グループインタビュー法等を開発、改良。1984年独立。㈱マーケティングコンセプトハウスとして数々の企業のコンサルテーション（新商品開発、独創性開発、市場調査）に従事するかたわら、梅澤マーケティングスクール塾長、一般社団法人日本市場創造研究会代表理事を務める。

現在：商品企画エンジン㈱代表取締役会長

〈主要著書〉

『消費者ニーズ・ハンドブック―ロングセラー商品を生み出す240の法則―』2013年

『［ビジュアル図解］ヒット商品を生む！消費者心理のしくみ』2010年

『ヒット商品開発―MIPパワーの秘密―（第２版）』2009年

『ヒット商品打率―数打つから当たらない―』2008年

『消費者心理のわかる本―マーケティングの成功原則55―』2006年

（上記はいずれも同文舘出版より発行）、ほか多数 **（補足資料①参照）**

〔連絡先〕 商品企画エンジン（株）

〒108-0075　東京都港区港南2-16-8-2202

TEL/FAX 03-6712-8570〈http://www.sk-engine.com〉

メール：info@sk-engine.com

平成28年9月10日　初版発行　　略称：強い売りモノ

戦わずロングセラーにする

「強い売りモノ〈MIP〉」の創り方

著　者　Ⓒ梅　澤　伸　嘉

発行者　中　島　治　久

発行所　**同　文　舘　出　版　株　式　会　社**

東京都千代田区神田神保町 1-41　〒101-0051

営業（03）3294-1801　編集（03）3294-1803

振替 00100-8-42935　http://www.dobunkan.co.jp

Printed in Japan 2016

DTP：マーリンクレイン

印刷・製本：三美印刷

ISBN978-4-495-64831-2